O Câncer Não é uma Doença

É um Mecanismo de Cura

*Descubra a Razão Oculta do Câncer,
Cure Suas Causas Profundas
e Melhore Sua Saúde Como Nunca!*

Andreas Moritz

O Câncer Não é uma Doença

É um Mecanismo de Cura

Descubra a Razão Oculta do Câncer, Cure Suas Causas Profundas e Melhore Sua Saúde Como Nunca!

Tradução:
Cecília Bonamine

MADRAS®

Publicado originalmente em inglês sob o título *Cancer Is Not a Disease*, por Ener-Chi Wellness
Ener-Chi Wellness Press, Estados Unidos.
© 2005-2016, por Andreas Moritz.
Direitos de edição e tradução para todos os países de língua portuguesa (exceto Portugal).
Publicado por acordo com Ener-Chi Wellness Center, LLC, através de The Yao Enterprises, LLC.
Tradução autorizada do inglês.
© 2020, Madras Editora Ltda.

Editor:
Wagner Veneziani Costa (*in memoriam*)

Produção e Capa:
Equipe Técnica Madras

Tradução:
Cecília Bonamine

Revisão da Tradução:
Julia Lucietto

Revisão:
Maria Cristina Scomparini
Silvia Massimini Felix
Jerônimo Feitosa

Dados Internacionais de Catalogação na Publicação (CIP)
(Câmara Brasileira do Livro, SP, Brasil)

Moritz, Andreas, 1954-2012
 O câncer não é uma doença: é um mecanismo de
cura: descubra a razão oculta do câncer, cure suas
causas profundas e melhore sua saúde como nunca! /
Andreas Moritz; tradução Cecília Bonamine. –
São Paulo: Madras, 2020.
 Título original: Cancer is not a disease!: it's a
survival mechanism: discover cancer's hidden
purpose, heal its root causes, and be healthier than
ever
 Bibliografia.
 ISBN 978-85-370-1125-6

 1. Câncer – Aspectos psicológicos 2. Câncer –
Obras de divulgação 3. Câncer – Tratamento
alternativo 4. Mente e corpo I. Título.

18-13398 CDD-616.994
NLM-QZ 200

Índices para catálogo sistemático:
1. Câncer : Obras de divulgação : Medicina 616.994

É proibida a reprodução total ou parcial desta obra, de qualquer forma ou por qualquer meio eletrônico, mecânico, inclusive por meio de processos xerográficos, incluindo ainda o uso da internet, sem a permissão expressa da Madras Editora, na pessoa de seu editor (Lei nº 9.610, de 19/2/1998).

Todos os direitos desta edição, em língua portuguesa, reservados pela

MADRAS EDITORA LTDA.
Rua Paulo Gonçalves, 88 – Santana
CEP: 02403-020 – São Paulo/SP
Caixa Postal: 12183 – CEP: 02013-970
Tel.: (11) 2281-5555 – Fax: (11) 2959-3090
www.madras.com.br

Todos os Direitos Reservados – Por Motivos Legais

O autor deste livro, Andreas Moritz, não defende o uso de qualquer forma particular de cuidados médicos, mas acredita que os fatos, números e conhecimentos aqui apresentados devem estar disponíveis a quem esteja interessado em melhorar sua saúde. Embora o autor tenha procurado oferecer uma compreensão profunda dos tópicos discutidos e assegurar a exatidão e a integralidade de qualquer informação originada de outras fontes que não as próprias, ele e a editora não assumem qualquer responsabilidade por erros, equívocos, omissões ou quaisquer inconsistências aqui contidas. Qualquer desrespeito a pessoas ou organizações não é intencional. O presente livro não pretende substituir a recomendação e tratamento de um médico especialista no tratamento de doenças. O uso das informações aqui contidas fica inteiramente a critério do leitor. O autor e a editora não são responsáveis pelos efeitos ou consequências adversas resultantes do uso de quaisquer preparações ou procedimentos descritos no presente livro. As afirmações aqui feitas servem a objetivos educacionais ou teóricos apenas e baseiam-se, principalmente, na opinião e teorias de Andreas Moritz. O leitor deve sempre consultar um profissional de saúde antes de tomar qualquer suplemento alimentar, nutricional, fitoterápico ou homeopático, ou antes de iniciar ou encerrar qualquer terapia. O autor não pretende fornecer conselhos médicos ou qualquer substitutivo aos mesmos, nem qualquer tipo de garantia, expressa ou implícita, com respeito a qualquer produto, dispositivo ou terapia. Salvo expressão em contrário, nenhuma afirmação constante do presente livro foi revista ou aprovada pelo *Food and Drug Administration* ou pelo *Federal Trade Commission* dos Estados Unidos. Os leitores devem confiar em seu próprio julgamento ou consultar um especialista médico holístico para aplicações específicas a seus problemas individuais.

Desenho da Capa e Arte por Andreas Moritz

O desenho da capa faz parte da Arte Ener-Chi (veja <http://www.ener-chi.com>), destinada a restaurar o fluxo equilibrado do Chi em todos os órgãos e sistemas do corpo. Esse desenho em particular destina-se a manter a presença adequada do Chi no Sistema

Imunológico, prerrequisito essencial para a cura de qualquer câncer presente no organismo.

Nota do Editor Internacional

À época de finalizar esta edição atualizada e expandida, o autor incluíra, para corroborar suas afirmações, pesquisas acadêmicas publicadas, bem como informações encontradas em fontes *on-line* (até 2012), todas apresentadas cuidadosamente nas seções de Referências, Links e Recursos. Alguns links salvos já expiraram e, portanto, não foram incluídos. Com relação à Dedicatória, ele desejava especificamente que esta permanecesse inalterada, conforme escrita em 2009, e assim permaneceu.

Agradecimentos

A sabedoria e os *insights* reveladores de Andreas sobre saúde e bem-estar naturais – corpo, mente e espírito – são dádivas raras e uma bênção para todos. Reconhecidos com o tempo, continuam a enriquecer nossa vida ao expandir o pensamento, abrindo nosso coração e nos guiando em novas e inesperadas direções. Décadas de dedicação ao trabalho repercutiram no bem-estar de milhares de vidas de maneiras incontáveis e, por sorte, continuam a nos tocar profundamente.

Em essência, Andreas está sempre conosco – pelo brilho de sua inteligência, experiência e em suas obras, na admirável arte de cura, em suas mensagens inspiradoras e carinhosas e em todo o conhecimento que partilhava generosamente para nos ajudar a viver com saúde, felicidade e realização. Sua profunda percepção espiritual e sua compaixão, aliadas a uma total compreensão do corpo humano, têm servido de inspiração a muitas pessoas ao redor do mundo para que levem uma vida mais plena, construtiva e equilibrada.

Que seu profundo conhecimento e orientação continuem a dar conforto e carinho, envoltos em um apoio atemporal e a uma cura que vem do coração.

A família Ener-Chi e o Ener-Chi Wellness Center estendem sua gratidão amorosa a você, leitor.

Dedicatória

Dedico este livro a quem confia na sabedoria
e na inteligência do corpo para se curar

a quem deseja trabalhar com o corpo
e não contra ele

a quem não culpa ninguém, nem a si mesmo,
por sua doença ou infortúnio

a quem considera benéfico tudo o que lhe acontece,
por mais perigoso ou doloroso que, de início, possa parecer

a quem jamais questiona a capacidade inata
do corpo de se curar.

Índice

Introdução 17
Capítulo Um **– O Câncer Não é uma Doença** 32
    O poder da palavra 32
    Juízo equivocado 36
    Curar o câncer *versus* combatê-lo 37
    À procura de respostas 40
    O mito do gene/câncer 48
    O raio X da morte 58
    Diagnóstico médico – a causa mais comum
    de morte? 61
    O que aconteceu com a liberdade pessoal? 72
    Radiação diária 75
    O fracasso dos tratamentos contra o câncer 84
    A maioria das pesquisas sobre medicamentos
    é fraudulenta 90
    Principais falhas dos ensaios clínicos
    de medicamentos 91
    Práticas desonestas 92
    O "milagre" da remissão espontânea 94
    As expectativas moldam a realidade 95
    Fraude estatística 98
    O poder da crença 99
    As drogas contra o câncer tornam
    os tumores mais letais 101
    A sabedoria do câncer em ação 102

Controlar o crescimento do tumor
aumenta a metástase 103
Cuidado com tratamentos convencionais
contra o câncer 105
As lições do câncer 106
Criando um monstro onde ele não existe 108
Impasses médicos 110
Dá para confiar na quimioterapia? 114
O que é o câncer, afinal? 121
A sabedoria das células cancerosas 122
Como a infecção pode prevenir e curar o câncer 123
Por que as infecções podem salvar vidas 124
A magia da natureza 126
Germes não causam câncer 128
Ah, esses malvados radicais livres! 130
A mutação genética não causa câncer 132
Câncer: uma engenhosa missão de resgate 133

Capítulo Dois **– As Causas Físicas do Câncer** 135
    Identificação da origem do câncer 135
    Os estágios progressivos do câncer 138
        1. Congestão 141
        2. Bloqueio 142
            A relação câncer-proteína 143
            O que acontece efetivamente quando
            se consome carne 145
            Remoção de linfonodos no tumor
            mamário – inútil e danosa 147
            Asfixia em curso 149
            Câncer e doenças cardíacas – mesmas causas 150
            A morte por gorduras trans 152
            Consequências da atividade dos radicais livres ... 154
        3. Obstrução linfática 157
            Linfedema 160
        4. Problemas digestivos crônicos 164
        5. Obstrução do ducto biliar 166
    Alimentos e bebidas artificiais 169

Celulares e outros dispositivos sem fio mortais 175
A conexão radiação eletromagnética/metais pesados 179
Gengivite e câncer 181
    A Solução Dentária Soladey© 182
Filtros solares e óculos de sol – causa importante
do câncer 183
O fator vitamina D 192
Feliz e saudável – O papel da serotonina 194
Produtos farmacêuticos 196
    Cuidado com os medicamentos populares
    contra o câncer 200
    Cuidado com os medicamentos para a artrite 202
    Cuidado com aspirina e paracetamol 203
    Evite a armadilha dos medicamentos 204

Capítulo Três – Desmistificando o Câncer 206
Ligando as peças 206
As causas emocionais do câncer 208
É tudo psicossomático, não? 210
Os bem-sucedidos remédios de Mary 212
Câncer – uma reação à rejeição 213
Combatendo o fantasma da memória 214
Abandonando a necessidade de lutar 215
Câncer – um poderoso agente de cura 217
O poder de resolver situações de conflito 220
O câncer não é "falta de autoestima" 222

Capítulo Quatro – A Inteligência do Corpo em Ação 225
O câncer não conseguirá matá-lo 225
A tentativa desesperada do corpo para viver 229
Câncer de próstata 234
    Tratamentos arriscados 234
    Sobre a hipertrofia da próstata 237
Por que muitos cânceres desaparecem naturalmente 239

***Capítulo Cinco* – Outros Riscos Importantes de Câncer** 243
    Vidas tóxicas 243
        Flúor 243
        Produtos químicos na cozinha e banheiro 244
        Benzoato de sódio 246
        Mercúrio 247
        Álcool, alumínio e câncer de mama 247
        O sedentarismo mata 248
    Vacinação: uma bomba-relógio? 248
        A ligação entre vacina e autismo agora está clara 251
    O uso de sutiã prejudica a drenagem linfática 253
    Relação entre puberdade precoce e câncer de mama 254
    Lâmpadas fluorescentes causam câncer 255
    Açúcar: um veneno 255
    Soja: um carcinógeno para humanos? 257
    Por que batatas fritas podem causar câncer 260
    Luz elétrica e câncer 261
    Poluição atmosférica e estresse nas cidades 263
    Fornos micro-ondas 264
    Desidratação 266
    Como posso me proteger? 268

***Capítulo Seis* – O Que é Preciso Saber para Curar o Câncer** .. 282
    Câncer – quem o cura? 282
    Eliminando a necessidade do câncer 284
    Cúrcuma – o remédio "milagroso" da natureza 288
    Sintomas da menopausa previnem
    o câncer de mama 289
    Sol – o tratamento natural do câncer 290
    Dormir o suficiente 292
    Manter um horário regular para as refeições 296
    Seguir uma dieta vegano-vegetariana 298
    Atividade física e câncer 300
    Restabelecer o Chi, a força da vida 301
    Sacred Santémony – para a cura emocional,
    entre outras 303
    Terapias com frutas e verduras 305
    Graviola – mais eficaz que a químio 306

Índice

Solução Mineral Mestre (MMS) 308
Chá Ojibwa – chá Essiac 310
Tratamento com bicarbonato
e xarope de bordo (maple syrup) 312
Cristais orgânicos de enxofre 315
Termoterapia 315
Ashwagandha – uma cura ayurvédica 316
Fitoplâncton marinho – um superalimento
da natureza 316
Outras terapias úteis para o câncer 317

Resumo e Considerações Finais 322
A cura é a causa fundamental 322

Referências, Links e Fontes 326
Referências 326
Links e fontes 329

Pedras Ionizadas Ener-Chi 335
Índice Remissivo 337

Introdução

O que você lerá a seguir pode abalar ou até ruir as bases de suas crenças sobre seu organismo, sua saúde e sua capacidade de cura. O título, *O Câncer Não é uma Doença*, pode soar perturbador para muitos, provocador para alguns, porém motivador para todos. Este livro talvez seja profundamente revelador para quem esteja disposto a considerar a possibilidade de que o câncer não seja uma doença de verdade. Honestamente, é possível concluir que o câncer é uma tentativa elaborada e definitiva do organismo de se curar e permanecer vivo até onde as circunstâncias o permitam. Circunstâncias estas que, como se concluirá, estão muito provavelmente sob nosso alcance.

Talvez seja surpreendente saber que, se uma pessoa for afligida por qualquer uma das causas principais do câncer (que constitui a verdadeira doença), é bem mais provável que ela morra com mais rapidez caso seu organismo não produza células cancerígenas. Neste livro, explico a lógica e a compreensão inerentes de que o câncer é um processo de cura que deve ser apoiado, não abolido nem combatido. Também apresento evidências de que esse processo pouco ortodoxo de cura do câncer é bem mais eficaz do que os métodos que envolvem sua destruição.

Estou convencido de que o câncer – um dos mecanismos de cura mais sofisticados do organismo – só entrará em funcionamento caso se verifiquem algumas das seguintes precondições, raramente suspeitas:

1. **Os principais sistemas de desintoxicação e de remoção de resíduos do corpo tornaram-se ineficazes.**

2. **Uma situação grave de estresse psicoemocional foi resolvida ou deixou de ter relevância na vida da pessoa.**

Ambas as razões que contribuem para o desenvolvimento do câncer necessitam de uma explicação profunda e a isso me dedicarei ao longo do livro. Embora a primeira precondição soe razoável a quem esteja familiarizado com a conexão entre toxina e câncer, a segunda não fará sentido algum de imediato, mas prometo que isso acontecerá ao longo da leitura do livro.

Por enquanto, permitam-me assinalar que um câncer provocado por estresse nunca se desenvolve *no decorrer* do evento estressante, mas *após* tal situação ter sido de algum modo resolvida ou superada. Entre os eventos estressantes, podemos citar situações de desemprego temporário, processo de divórcio ou doença grave de algum ente querido conducente à morte, ser vítima de abuso emocional ou físico, sofrer um acidente traumático ou a perda de posses, casa, etc. Assumindo-se que o câncer é um mecanismo de cura, como advogo, faz sentido, então, que os sintomas de cura, como o desenvolvimento de um tumor, ocorram *após* e não *durante* uma crise ou conflito psicoemocional.

Há evidências de que esse mecanismo é ativado não só no desenvolvimento do câncer, mas também em outros problemas de saúde. Embora ambas as razões mencionadas quase sempre sejam coincidentes (ou seja, ocorram ao mesmo tempo), não necessariamente é o caso.

Em circunstâncias extremas, a exposição a elevadas quantidades de carcinógenos pode provocar o colapso das defesas do organismo, em questão de semanas ou meses. E, posteriormente, ao crescimento rápido e agressivo de um tumor cancerígeno como forma de reagir ao ataque. Na maioria dos casos, contudo, esses tumores, denominados malignos, demoram muito a se formar e tornar-se diagnosticáveis.

Infelizmente, muitos equívocos ou o total desconhecimento sobre as verdadeiras razões inerentes ao desenvolvimento de um tumor transformaram as células *anormais* em monstros cruéis cujo único objetivo é nos matar indiscriminadamente, talvez em retaliação a nossos pecados ou maus-tratos ao nosso organismo. Entretanto, como descobriremos, o câncer trabalha a nosso favor, não contra. Tampouco é uma ocorrência acidental e sem sentido.

A menos que mudemos nossa percepção sobre a verdadeira natureza do câncer, muito provavelmente ele irá resistir ao tratamento, em particular aos métodos mais *avançados* e tradicionais da medicina.

Introdução

Caso você tenha câncer e, sendo o câncer, de fato, parte das complexas reações de sobrevivência do organismo e não uma doença, deverá encontrar respostas às seguintes questões relevantes:

- Que razões obrigam o organismo a desenvolver células cancerosas?
- Uma vez identificadas essas razões, como elas o ajudarão a curar o organismo?
- O que determina o tipo e a gravidade do câncer que o atinge?
- Se o câncer é, de fato, um mecanismo de cura, o que será necessário fazer para evitar que o corpo recorra a medidas tão drásticas de autopreservação, no presente e no futuro?
- Uma vez que a composição genética original do organismo favorece sempre a continuidade da vida e a proteção contra adversidades de qualquer espécie, por que razão, então, o corpo viria a permitir uma alteração genética que conduzisse à sua destruição?
- Por que tantos cânceres desaparecem sozinhos, sem intervenção médica?
- Será que a radioterapia, a quimioterapia e a cirurgia realmente curam o câncer em algumas pessoas, ou os doentes se curam sozinhos, apesar de esses tratamentos radicais terem muitos efeitos colaterais?
- Que papéis desempenham o medo, a frustração, a baixa autoestima e a raiva reprimida na origem e surgimento do câncer?
- Por que tantas crianças hoje em dia desenvolvem tumores cerebrais e leucemia?
- Qual a lição de crescimento espiritual do câncer, se é que ela existe?

A fim de curar as causas que originam o câncer, é preciso encontrar respostas satisfatórias e práticas às questões anteriores. Elas serão descobertas durante a leitura deste livro. Quando achar uma resposta, o leitor experimentará uma sensação indiscutível de confiança e de conhecimento interior da verdade, alívio e até euforia.

Sentindo um impulso interior de dar um significado a esse evento transformador (o câncer), o leitor tirará grande proveito com a continuação da leitura deste livro. O câncer pode ser sua grande oportunidade de restaurar o equilíbrio em todos os aspectos de sua vida, mas também o arauto de grave trauma e sofrimento, caso o considere uma ameaça à sua vida. De qualquer maneira, descobrirá que o controle está em suas mãos. Talvez não seja capaz de alterar algo como o diagnóstico do câncer, mas, certamente, poderá controlar sua reação a ele. É esta que determinará, em última instância, seu retorno a um estado de plenitude ou a permanência na percepção fragmentada de ser vítima de uma moléstia terrível.

Para se viver em um corpo humano, é necessário ter acesso a certa quantidade de energia de sobrevivência. Pode-se usar essa energia interna para nutrir e curar o organismo ou gastá-la em um combate contra um mal que a teoria médica afirma existir para matá-lo. A escolha, no fim das contas, é sua.

Caso, conscientemente ou não, prefira descuidar de seu corpo, ou combatê-lo, em vez de tratá-lo com a devida atenção e respeito, é bem provável que ele tenha de lutar pela vida. Ao fim e ao cabo, o que está em jogo é menos a constatação de ser portador de um câncer, mas, sim, como o percebe e como irá lidar com ele.

O câncer é apenas *uma* das muitas maneiras possíveis que o organismo tem de forçar-nos a mudar o modo como nos vemos e nos tratamos, inclusive o corpo físico. Pode-se pensar que o câncer é algo terrível que nos torna vítimas ou impotentes diante de seus efeitos, ou considerá-lo uma oportunidade para defender nossos valores e nossa autoestima. Inevitavelmente, isso traz à tona a questão da saúde espiritual que, a meu ver, tem papel tão importante no câncer quanto os agentes físicos e emocionais.

Vemos o câncer como uma doença ilógica e imprevisível que parece atingir tanto as pessoas felizes quanto as infelizes, os ricos e os pobres, os fumantes e os não fumantes, os muito saudáveis e os nem tanto. E, embora a incidência de câncer entre crianças fosse bastante rara, não se pode dizer que ainda o seja.

Pessoas de todas as classes sociais e profissionais podem ter câncer. Contudo, se o leitor ousar olhar por trás da máscara dos sintomas físicos, tais como o tipo, o aspecto e o comportamento do tumor cancerígeno, verificará que o câncer não é tão aleatório ou imprevisível quanto parece.

O que torna 50% da população norte-americana propensa a desenvolver um câncer e a outra metade não? Culpar os genes não passa de uma desculpa para encobrir a ignorância sobre as causas reais ou para induzir as vítimas de câncer a recorrer aos caros programas de tratamento e prevenção.

Ao longo do livro, discutirei as mais recentes pesquisas sobre os possíveis fatores hereditários genéticos relacionados aos cânceres de mama, pulmão e muitos outros. O leitor se surpreenderá ao saber que a genética não é totalmente responsável pelo desenvolvimento de tipos de câncer idêntico entre membros de várias gerações da mesma família. De fato, os grandes geneticistas agora afirmam que o comportamento dos genes é, em última análise, determinado pela alimentação, pensamentos, emoções e estilo de vida. Os genes não passam a funcionar mal por acaso, a nos fazer adoecer e, depois, transmitir a mesma doença aos nossos filhos e netos. Na verdade, pesquisas recentes contradizem totalmente a velha crença segundo a qual a mutação genética pode causar ou disseminar o câncer.

O câncer sempre foi uma doença extremamente rara, exceto em países industrializados, durante os últimos 50-60 anos. Contudo, os genes humanos não se alteraram significativamente nos últimos milhares de anos. Por que tal alteração tão drástica ocorre justamente agora, atacando e destruindo o organismo de quase metade da população? A resposta a essa questão, que aprofundarei neste livro, é extraordinariamente simples: embora os genes possam sofrer mutações pelas razões que discutiremos adiante, eles não conseguirão matar ninguém, mesmo apresentando falhas ou lesões.

É importante saber o seguinte: o câncer raramente causa a morte de uma pessoa, embora seja inegável que muitos pacientes de câncer de fato morrem. No entanto, a menos que um tumor provoque uma obstrução mecânica importante em um órgão vital, impedindo seriamente a circulação do sangue, ou o bloqueio de sua drenagem linfática, é muito mais provável que um paciente de câncer venha a morrer por causa das razões que levaram à mutação celular e ao crescimento do tumor, do que do câncer em si.

Toda terapia de câncer deve se concentrar nas causas que originam o câncer, embora a maioria dos oncologistas comumente as ignore. Por exemplo, uma alimentação à base da chamada *junk food*, privada de qualquer valor nutricional e energia real, provoca condições caóticas e traumáticas no organismo idênticas às da inanição. Ao longo deste livro, analisarei com mais detalhes a forma pela qual esse processo de autodestruição requer uma reação importante de cura em favor do organismo.

Começa a se tornar cada vez mais evidente que quase todos os cânceres são precedidos de alguma espécie de acontecimento traumático no passado, como um divórcio, a morte de um ente querido, um acidente, a perda de emprego ou bens, um conflito permanente com um chefe ou um parente, uma catástrofe nacional séria, ou a exposição a toxinas e à radiação. Ao corpo não resta alternativa senão reagir a tais fatores de estresse profundo com mecanismos previsíveis de sobrevivência ou de reação que, talvez, envolvam um crescimento celular *anormal* temporário. Embora a maioria dos médicos ainda concorde com a teoria de que o tumor resultante é uma doença e não um mecanismo de cura, isso não significa que seja verdade.

Os tumores cancerígenos são meramente sintomas de uma doença causada por algo que pode não ser evidente à primeira vista. É claro, no entanto, que não se manifestam do nada. De um lado, os conflitos emocionais constantes, o ressentimento, a ansiedade, a culpa e a vergonha podem facilmente paralisar o sistema imunológico, as funções digestivas e os processos metabólicos básicos, criando, assim, condições para o desenvolvimento de um tumor cancerígeno.

Felizmente, a conexão entre estresse psicológico e câncer não mais se encontra no campo da ficção e incerteza. Amparados por vastas evidências científicas, os Centros de Controle e Prevenção de Doenças (*Centers for Disease Control and Prevention, CDCP*), dos Estados Unidos, publicaram esta importante declaração em seu website: "O estresse intenso e prolongado pode provocar uma série de efeitos negativos na saúde a curto e longo prazo. Ele tem a capacidade de inibir o desenvolvimento cerebral, comprometendo o funcionamento dos sistemas nervoso e imunitário. Além disso, o estresse infantil pode levar a problemas de saúde posteriores, inclusive ao alcoolismo, depressão, distúrbios alimentares, doenças cardíacas, câncer e outras doenças crônicas".[1]

Apesar da inegável evidência que respalda as afirmações dos CDCP, a maioria dos médicos raramente reconhece ou procura tratar as causas profundas da doença, ao contrário, eles concentram-se em erradicar os sintomas. Talvez essa falha crucial e potencialmente

---

1. <http://www.cdc.gov/violenceprevention/pub/healthy_infants.html>.

fatal que permeia quase a totalidade da medicina esteja enraizada no desconhecimento da conexão estresse/doença: com certeza, a relação mente/corpo não é ensinada nas faculdades de medicina.

Depois de ter observado milhares de pacientes vítimas de câncer, em um período de três décadas, comecei a identificar certo padrão de pensamento, de crença e de sentimento comuns à maioria. Para ser mais específico, ainda espero encontrar um adulto com câncer que não estivesse sobrecarregado por uma autoimagem débil, por preocupações e conflitos irresolvidos, inquietação constante ou por traumas/conflitos emocionais passados que ainda permeiam seu subconsciente e memória celular. Creio que o câncer, a doença física, ocorre apenas em presença de uma grande corrente imanifesta e bastante arraigada de inquietação emocional e de frustração.

Em geral, os adultos com câncer sofrem de baixa autoestima ou senso de merecimento, e quase sempre do que chamo de "negócios mal resolvidos" na vida. Na realidade, o câncer talvez seja, por assim dizer, a manifestação da origem de tal conflito interior não resolvido. Ademais, o câncer pode ajudá-los a se reconciliar com esse conflito e até resolvê-lo. Para eliminar as ervas daninhas, é preciso arrancá-las pela raiz. É assim que devemos tratar o câncer: de outra forma, ele acabará por reincidir.

Frequentemente, ouço o argumento de que a relação câncer/estresse emocional pode aplicar-se aos adultos, mas, certamente, não às crianças com leucemia ou câncer cerebral. Tendo a discordar. A posição do CDCP nesse quesito vem confirmar meu ponto de vista. O estresse infantil pode levar ao câncer, de acordo com o CDCP, sendo que pesquisas confirmaram que os seres humanos sentem estresse desde tenra idade, até mesmo no útero materno.

Está cientificamente provado que no útero materno ocorrem algumas das mais fortes influências experimentadas por uma criança. Já foi claramente demonstrado que o sofrimento emocional e físico de uma gestante tem forte impacto na saúde física e emocional do feto. Por exemplo, pesquisas citadas em meu livro *Timeless Secrets of Health & Rejuvenation* descrevem em detalhe as reações adversas de fetos aos ultrassons obstétricos que, futuramente, podem levar a problemas de desenvolvimento.

Há evidências de que as cesarianas tenham efeitos traumáticos nos recém-nascidos. Igualmente, não amamentar um bebê ou mantê-lo longe da mãe (em quarto separado) provocaria um trauma de separação biológica conducente inclusive à morte súbita infantil. Não ouvir nem sentir o batimento cardíaco da mãe levaria a severa ansiedade em uma criança. A ansiedade da separação talvez traumatize particularmente os bebês prematuros.

Ademais, as vacinas podem provocar reações de choque biológico, similares a miniacidentes vasculares, além de expor a criança às inúmeras toxinas carcinogênicas contidas nelas. É cada vez mais comum crianças apresentarem fortes reações alérgicas aos componentes das vacinas, a ponto de traumatizá-las e causar-lhes a morte. Em crianças sensíveis, a dor da injeção e a resultante reação de cura também podem ter consequências relacionadas com o trauma.

Sabe-se que a falta de amamentação provoca problemas emocionais, psicológicos e de desenvolvimento em crianças de tenra idade.

De acordo com estudos recentes, a exposição direta dos fetos e recém-nascidos à radiação emitida por telefones celulares afeta profundamente a saúde das crianças (consultar, no Capítulo 2, *Celulares e Outros Mortais Dispositivos sem Fio*).

Uma dieta inadequada, na qual se incluam açúcar refinado, leite pasteurizado, proteínas animais, frituras e outros alimentos sem valor nutritivo causaria efeito negativo considerável na saúde infantil. Entre outros fatores nocivos que afetariam a saúde e o desenvolvimento do feto estão o consumo pela gestante de bebidas alcoólicas, fumo, comidas sem valor nutritivo, medicamentos ou vacinas. Uma das descobertas mais perturbadoras demonstrou que meninas expostas a raios X correm mais riscos de desenvolver câncer de mama. Na esteira de relatórios que demonstraram haver um número excessivo de exames diagnósticos em adultos, novos relatórios revelaram que alguns desses exames não só causariam câncer em crianças, mas também induziriam o crescimento de novos cânceres em crianças em tratamento oncológico. Um exemplo: os pesquisadores do Memorial Sloan-Kettering Cancer Center, de Nova York, demonstraram que as meninas que fazem raio X do tórax para tratar câncer infantil correm mais risco de desenvolver câncer de mama precocemente. Mesmo aquelas que receberam doses baixas de um tratamento comum para o câncer enfrentam risco maior de contrair futuramente câncer de mama, relataram os cientistas.

Em outro relatório, a revista médica britânica *Lancet* publicou que as tomografias também podem causar câncer em crianças. As tomografias produzem imagens de lesões cerebrais, pneumonia e infecções pulmonares. Porém, se uma criança for exposta à radiação de apenas duas ou três tomografias, triplica o risco de desenvolver câncer cerebral. Cinco ou seis tomografias podem triplicar o risco de leucemia. Tratar a infecção em bebês com antibióticos é extremamente danoso a seu sistema imunológico em desenvolvimento.

De acordo com um relatório do *Environmental Working Group (EWG)*, as amostras de sangue de recém-nascidos continham uma média de 287 toxinas, inclusive mercúrio, retardadores de chama, pesticidas, aditivos alimentares, produtos de higiene e tratamento corporal, poluentes atmosféricos, compostos plásticos tóxicos e teflon. A maioria dessas toxinas é altamente carcinogênica.

De acordo com o relatório do EWG, no mês anterior ao parto, o cordão umbilical transfere o equivalente a pelo menos 316 litros de sangue da placenta para o feto, o que significa que o nascituro tem a mesma carga química da mãe. A aleitação por mães que não gozam de boa saúde pode, inclusive, contaminar o filho.

Descobriu-se que só a substância plástica bisfenol-A (BPA), disruptor endócrino capaz de causar erros cromossômicos no feto em desenvolvimento, provocou abortos espontâneos e danos genéticos permanentes. Essa substância química tóxica foi identificada em 96% das grávidas testadas.

Em resumo, o estudo detectou um verdadeiro coquetel químico em 99-100% das gestantes, suficiente para desencadear os estágios iniciais de desenvolvimento de câncer em fetos.

Uma pesquisa epidemiológica, feita em 2006, mostrou claros indícios, em 151 estudos independentes, de que a vacinação de crianças contra doenças infantis aumenta significativamente o risco de estas desenvolverem câncer no decorrer da vida. No Capítulo 1, tratarei mais detalhadamente dessa importante pesquisa.

Uma série de estudos demonstrou a associação do venenoso flúor adicionado à água potável pelas empresas de saneamento ao desencadeamento de câncer dos ossos (osteossarcoma) e outros tipos de câncer. A boa notícia é que, após terem aprovado durante décadas a adição de flúor à água potável canalizada, em janeiro de 2011, o CDCP fez uma séria advertência sobre a alta nocividade, para as crianças, dos níveis atuais de flúor presentes na água potável.

Infelizmente, muitas mães desinformadas continuam a usar água da torneira* fluorada para preparar a mamadeira dos bebês.

O corte precoce do cordão umbilical, antes dos necessários 40-60 minutos após o nascimento, é capaz de reduzir a oxigenação do sangue do bebê em mais de 40%, impedindo a filtragem das toxinas do sangue através da placenta. Comprovou-se que essa prática relativamente recente causaria efeitos negativos consideráveis no desenvolvimento da criança.

Todos os fatores que afetam o organismo físico da criança têm influência emocional e psicológica. Em outras palavras, não é necessário ser adulto para ser dominado por traumas emocionais.

Pesquisas também demonstram que o estresse infantil pode impactar a saúde na idade adulta. Um dos maiores estudos desse tipo, chamado de *Adverse Childhood Experiences* (Estudo sobre Adversidades na Infância), demonstra uma ligação entre:

1. fatores de estresse relacionados à violência, incluindo maus--tratos, abandono e exposição repetida à violência doméstica, *e*
2. comportamentos de risco e problemas de saúde na idade adulta.[2]

O estudo da ACE, resultado de uma colaboração entre os CDCP e a Kaiser Permanente's Health Appraisal Clinic, de San Diego, nos Estados Unidos contou com mais de 17 mil participantes numa pesquisa efetuada de 1995 a 1997. Recolheu e analisou informação detalhada sobre histórias de maus-tratos no passado, abandono e desestruturação familiar, bem como sobre os comportamentos atuais e estado de saúde dos participantes.

As descobertas da pesquisa da ACE foram publicadas em mais de 30 artigos científicos e revelaram que são comuns maus-tratos infantis, abandono e exposição a outras experiências adversas. Quase dois terços dos participantes do estudo relataram, pelo menos, uma experiência traumática na infância e mais de um em cada cinco relataram três ou mais. Essas descobertas sugerem que determinadas experiências oferecem mais riscos para as principais causas de doença e morte, aliadas à má qualidade de vida nos Estados Unidos. Lem-

---

* N. T.: Nos Estados Unidos, Canadá e na maioria dos países europeus, é comum o uso da água da torneira para beber e preparar alimentos.
2. <http://www.ncbi.nlm.nih.gov/pmc/articles/PMC3232061/>.

bre-se, o estresse emocional prolongado é capaz de comprometer o sistema imunológico e, consequentemente, tornar o corpo suscetível a qualquer tipo de doença, inclusive o câncer. Retomarei mais adiante essa importante questão.

Por fim, expor as crianças à radiação ionizante, por meio de tomografias, por exemplo, após uma pancada na cabeça é uma prática médica bastante arriscada e, em geral, desnecessária, capaz de levar facilmente a um tumor no cérebro e outros sérios problemas de saúde. De acordo com um estudo com mais de 40 mil crianças com traumatismo craniano, a simples observação é a melhor e mais saudável abordagem médica. Os resultados foram publicados na edição de junho de 2011 da revista *Pediatrics* (publicada on-line em 9 de maio de 2011). É evidente que o cérebro em desenvolvimento da criança tem pouca ou quase nenhuma proteção contra a radiação ionizante.

O primeiro capítulo deste livro oferece importantes conclusões sobre o que é o câncer e o que ele simboliza, analisado de uma perspectiva física. Talvez o leitor jamais tenha sido confrontado com tal entendimento do câncer. Essa nova e ainda atemporal compreensão do câncer permite outras abordagens direcionadas para a cura real de suas causas, em vez de ater-se simplesmente às suas manifestações sintomáticas.

Neste capítulo, o leitor poderá também conhecer as espantosas descobertas feitas por oncologistas de renome, demonstrando que o câncer não é provocado apenas pela mutação celular, mas requer o apoio e a participação do organismo como um todo. Além disso, poderá conferir as novas descobertas que demonstram por que tantos tumores cancerígenos diagnosticados são, na verdade, absolutamente inofensivos e desaparecem por si sós.

Os capítulos Dois e Três tratam, respectivamente, das causas físicas e espirituais/emocionais. Por uma questão de clareza, tentei separar essas categorias, embora reconheça ser tal divisão arbitrária e inexistente. Fiz isso com um propósito apenas: enfatizar a ideia de que para curar as causas do câncer é imperativo incluir a recuperação do bem-estar físico, emocional e espiritual do paciente. Deixar de lado um desses fatores abalaria as chances de uma recuperação plena, acabando por levar ao reaparecimento do câncer (a maioria dos cânceres tratados clinicamente por reincidência). No mínimo, tal abordagem incompleta afetaria seriamente a saúde mental e física do paciente e, acima de tudo, seu estado de felicidade e sua autoestima.

A afirmação seguinte, que constitui uma espécie de fio condutor de todo o livro, é muito importante na questão do câncer: "**O câncer não faz adoecer uma pessoa; é a doença dessa pessoa que provoca o câncer**". E a essa afirmação eu acrescentaria: "**Uma vez que um câncer tenha sido produzido, seu objetivo principal é restaurar o doente a uma condição equilibrada entre mente, corpo e espírito**".

Isso contradiz sobremaneira o que a medicina convencional e a mídia nos querem fazer crer e talvez até soe ultrajante. Todavia, se o câncer cura o doente ou o conduz à morte, tem, na verdade, muito mais a ver com o que se passa em sua vida pessoal do que com o câncer em si – ou seja, seu nível de agressividade ou a rapidez com que é detectado.

Vejamos, por exemplo, o caso de Dave. Aos 58 anos foi diagnosticado com câncer de pulmão durante um *check-up* de rotina. Embora se sentisse bem antes do diagnóstico, sua saúde deteriorou-se rapidamente nas duas semanas seguintes. Perdeu o apetite, não conseguia mais dormir, a respiração tornou-se bastante superficial e sofreu vários ataques de pânico e dores no peito. Morreu 20 dias após o diagnóstico. Na certidão de óbito, constava como *causa mortis* o câncer do pulmão, mas é óbvio que, sem o diagnóstico, não teria ocorrido nenhum desses avassaladores efeitos que induzem ao estresse.

Não resta dúvida de que o estresse emocional é capaz de desativar o sistema imunológico, impedindo que nosso organismo se cure e nos fazendo adoecer de verdade. Evidências clínicas comprovam que, durante situações de estresse profundo, há a possibilidade de morte por ataque cardíaco fulminante mesmo sem histórico de doença cardíaca ou obstrução arterial.

Para recuperar a saúde, é preciso sentir-se pleno em todos os níveis: físico, espiritual e mental. Uma vez identificadas adequadamente as causas do câncer e outros bloqueios, fica evidente o que é necessário fazer para atingir a recuperação total. Esse é o assunto abordado nos últimos capítulos deste livro.

É fato clínico comprovado que cada pessoa tem milhões de células cancerosas no organismo, o tempo todo, durante toda a vida. Entretanto, elas apenas emergem como tumores caso se multipliquem por vários bilhões. Quando o médico informa ao paciente que os tratamentos prescritos eliminaram com sucesso **todas** as células cancerígenas, ele se refere apenas aos exames capazes de identificar o tamanho detectável dos tumores cancerígenos.

Os tratamentos oncológicos padrão conseguem diminuir o número de células cancerosas a um nível detectável, mas certamente não conseguem erradicar **todas** elas. Se as causas do crescimento tumoral permanecerem intactas, o câncer pode se desenvolver de novo, a qualquer momento, em qualquer parte do corpo e a qualquer velocidade.

Curar o câncer tem pouco a ver com o ver-se livre de um grupo de células cancerosas detectáveis. Tratamentos como a quimioterapia e a radioterapia são certamente capazes de envenenar ou queimar muitas células cancerosas, mas também destroem células saudáveis da medula óssea, do trato gastrointestinal, do fígado, dos rins, do coração, dos pulmões, etc., o que conduz frequentemente a lesões permanentes e irreparáveis em parte ou na totalidade dos órgãos e sistemas do corpo.

Será surpresa que o efeito colateral número 1 da quimioterapia e da radioterapia seja o câncer? De fato, a quimioterapia mais mata do que *cura*, pois ela provoca novos tumores. Ao reduzirem os tumores, os fármacos quimioterápicos incentivam o crescimento, a divisão e a multiplicação das células mais fortes que se tornam quimiorresistentes. É o que faz os cânceres secundários serem tão fatais. Ademais, dada a alta incidência dos efeitos colaterais conhecidos e terríveis da quimioterapia, quase todo receptor dessas drogas citotóxicas apresenta um aumento da proteína HSF1,* ou fator de transcrição de choque térmico. O HSF1 auxilia as células cancerígenas danificadas por essas drogas a se recuperar e concluir suas atividades *cancerosas*.

O mesmo argumento vale para a radioterapia. A exposição à radiação em uma dose de 100 mSv[3] é a dose na qual fica evidente o aumento do risco de se ter câncer ao longo da vida. De acordo com pesquisas, uma dose 10.000 mSv[4] é letal. A radioterapia bombeia o organismo com 20.000-80.000 mSv, dependendo do tipo de câncer, o que a torna a mais letal das terapias oncológicas. A título de comparação, o vazamento

---

* N. T.: HSF1, sigla em inglês Heat Shock Factor 1.
3. Unidade básica usada na medição de radiação.
4. Para mais detalhes, veja o artigo de Mike Adams, NaturalNews.com: <http://www.naturalnews.com/032135_radiation_exposure_chart.html>.

de radiação da usina de Fukushima, no Japão, após o terremoto de 2011, seria considerado inofensivo.

Os produtos químicos tóxicos utilizados em quimioterapia causam uma inflamação de tal modo séria em cada uma das células do organismo que até os folículos capilares não conseguem se sustentar nos fios de cabelo. Não há uma verdadeira cura do câncer à custa da destruição de outras partes vitais do corpo. Esta só se alcança quando se tratam as causas do crescimento excessivo das células cancerosas, permitindo que o organismo confie em seu próprio processo de cura natural. O câncer é o processo de cura que o corpo deve escolher a fim de restabelecer a homeostase. Não reconhecer o câncer como um mecanismo de cura pode revelar-se fatal e, com frequência, é o que acontece.

Este livro dedica-se a apontar as causas do câncer, em vez de seus sintomas. Tratar o câncer como uma doença é a armadilha na qual têm caído milhões de pessoas, que pagaram caro por não terem tratado as causas subjacentes.

Embora creia firmemente que o desenvolvimento do câncer seja uma fase de cura definitiva e não uma doença, tenho plena consciência de que a maioria das pessoas considera o câncer uma doença temível. Não tenho a pretensão de que minha compreensão desse mal seja a única correta, mas sugiro que esteja entre as mais corretas.

O velho ditado, "O conhecimento é diferente nos diferentes estados de consciência", revela que *a verdade* é uma projeção subjetiva da mente, consciente ou subconsciente. Outrossim, se insistirmos que o câncer é uma doença terrível capaz de nos matar, essa crença provavelmente concretizará essa temida expectativa. Lembre-se, o trauma emocional reprime o sistema imunológico e impede a cura. Igualmente, se considerarmos o câncer uma fase de cura que trata de um desequilíbrio subjacente, essa verdade também nos ajudará a alcançar um resultado positivo correspondente à nossa expectativa animadora. Pesquisas recentes sobre o cérebro revelaram que o poder do pensamento positivo é o único indutor da cura do organismo.[5]

É lamentável que a maioria dos médicos, de modo geral, tenha desencorajado seus pacientes a participar da própria cura ou influenciá-la. Os pacientes raramente são incluídos no processo de cura. Em

---

5. Para mais detalhes, consulte meu artigo "Positive Expectation – A medical miracle", disponível em <www.ener-chi.com>.

vez disso, propaga-se que os tratamentos médicos são a única panaceia para os males da atualidade. Na verdade, a provável cura ou não de uma pessoa depende em grande parte de seu estado físico, mental e espiritual. Aceitar isso como um fato pode ter um tremendo efeito de autocontrole, essencial, em minha opinião, para que a cura aconteça e seja eficaz.

Atenção: no decorrer da leitura, caso o leitor encontre referências ao câncer como uma doença fatal, agressiva ou terminal ou a pessoas que morrem de câncer, etc., faço-o apenas no sentido de apresentar as interpretações oficiais das pesquisas e teorias médicas. Contudo, gostaria de deixar bem claro que meu entendimento e minha interpretação do fenômeno do câncer não são compatíveis com esse modelo médico atual. Não concordo com a ideia de que é o câncer que mata, e continuarei a desenvolver essa minha posição ao longo destas páginas.

A menos que um tumor cancerígeno conduza a uma obstrução mecânica fatal ou a um inchaço e subsequente sufocamento de um órgão, não se deve considerar que o câncer prejudique ou mate um organismo. Ao contrário, o câncer é um mecanismo de cura ou sobrevivência que ocorre quando há uma ameaça à vida por um ou vários motivos discutidos aqui. O câncer é um indicativo de que o organismo está perigosamente em desequilíbrio e talvez morra por qualquer causa que o tenha desequilibrado. Quando se ouve falar que a radiação ionizante ou as aspirinas provocam um dos tumores mais sérios e agressivos, deve-se ter em mente que os tumores resultantes constituem as tentativas de cura e de sobrevivência do organismo, não uma doença.

Este livro estabelece claramente a distinção entre as causas do câncer e seus sintomas. Estes, como por exemplo o crescimento de um tumor maligno, indicam apenas que o corpo já está tentando lidar com as causas profundas do câncer. O organismo precisa do nosso apoio em seu processo de cura, sem atacá-lo com tratamentos médicos nocivos. Caso contrário, o câncer – o processo de cura – corre o risco de não se completar, provocando o crescimento ulterior do tumor, e consequentemente ser considerado *incurável*.

O objetivo deste livro é dotar o leitor de conhecimentos e de confiança na sabedoria e inteligência infinitas do corpo, pelas quais a cura se dá por completo, fazendo com que o organismo regresse ao seu estado natural de equilíbrio e vitalidade.

Capítulo Um

O Câncer Não é uma Doença

O poder da palavra

O câncer é considerado a segunda maior causa de mortes nos Estados Unidos.* Houve, neste país, em 2010, um total estimado de 1.529.560 novos casos de câncer e 569.490 mortes por câncer, de acordo com a American Cancer Society (Sociedade Americana do Câncer, ACS). Entre os homens, os três diagnósticos mais comuns são o câncer de próstata, pulmão e o colorretal. Os principais tipos de câncer entre as mulheres são o de mama, pulmão e colorretal.

O National Cancer Institute (NCI) (Instituto Nacional do Câncer) dos Estados Unidos listou os principais tipos de câncer mortais (mortes entre 2003 e 2007):

1. Pulmão e brônquios: 792.495
2. Cólon e reto: 268.783
3. Mama: 206.983
4. Pâncreas: 162.878
5. Próstata: 144.926
6. Leucemia: 108.740
7. Linfoma não Hodgkin: 104.407
8. Fígado e dutos biliares intra-hepáticos: 79.773
9. Ovário: 73.638
10. Esôfago: 66.659

---

* N.T.: No Brasil, as estatísticas demonstram o mesmo. Em 2010, o câncer respondia por 15,6% das mortes no país, atrás das doenças cardiovasculares (29,5%). Fonte: IBGE.

Seja qual for seu nível de treinamento médico, parece razoável dizer que o câncer está matando mais. No entanto, apesar dos milhões de vidas perdidas e milhões de dólares gastos em pesquisas, os índices de câncer parecem não diminuir.

O problema extrapola o simples fato de não se entender as principais causas do câncer ou como melhor tratá-las. O dr. Samuel Epstein, em seu livro *National Cancer Institute and American Cancer Society: Criminal Indifference to Cancer Prevention and Conflicts of Interest*,* demonstra claramente que boa parte da culpa pelo aumento da incidência de câncer em nossa sociedade deve-se ao NCI e à ACS – associações estas bancadas com dinheiro público (e, portanto, pelo contribuinte) e incumbidas de lutar na guerra contra o câncer nos Estados Unidos –, dominadas que são por conflitos de interesse e detentoras de informações valiosas demais para realmente ajudar os americanos a prevenir e tratar o câncer. De fato, aproximadamente metade da diretoria da ACS é formada por médicos e cientistas estreitamente ligados ao NCI, muitos dos quais recebem financiamento de ambas as instituições, de forma ilícita.

O resultado? Os gastos com pesquisa, com dinheiro público e de fundos filantrópicos aumentaram 25 vezes, passando de 220 milhões de dólares em 1971 para 4,6 bilhões de dólares no ano 2000. Todavia, apesar da promessa grandiosa do presidente da NCI, Andrew von Eschenbach, feita em 2003, de eliminar o sofrimento e a morte por câncer em 2015, as taxas dessa doença aumentaram aproximadamente 18% e não dão sinais de arrefecimento.

Como resultado, o câncer acomete cerca de um entre dois homens e mais do que uma em cada três mulheres. No entanto, os bilhões de dólares dos impostos e de fundos beneficentes dedicados à pesquisa sobre o câncer concentram-se de forma esmagadora no tratamento e praticamente nada na prevenção. "A melhor defesa é o ataque", diz o velho ditado, contudo a sabedoria popular em torno do câncer demonstra exatamente o contrário.

Em parte, isso se deve aos lucros exorbitantes à disposição das empresas médicas e farmacêuticas para manter os tratamentos contra o câncer, em vez de preveni-lo, além de uma relutância em

---

* N.T.: *National Cancer Institute e American Cancer Society: Indiferença Criminal à Prevenção do Câncer e Conflitos de Interesse.*

abordar suas causas, que extrapolam as escolhas individuais de hábitos de vida. Em outras palavras, embora fatores como tabagismo e má alimentação sejam considerados importantes, ignoram-se as causas que podem afetar negativamente certos setores, como poluição ambiental, contaminantes nos produtos de consumo e tratamentos médicos tóxicos.

Quando medicamentos são considerados as únicas opções adequadas para tratar uma doença, manter pacientes enfermos e supermedicados é um negócio cada vez mais lucrativo. Tendo isso em mente, não é nenhuma surpresa que tratamentos alternativos ou *não aprovados* sejam sistematicamente desdenhados pela indústria médica e pelas instituições oficiais dedicadas ao câncer. É cada vez mais comum que os médicos que continuam a advogar métodos naturais de tratamento e enfatizar os benefícios importantes da prevenção holística do câncer sejam intimidados e tratados como charlatães, caso se recusem a seguir as *normas* bastante tendenciosas do NCI e da ACS. É significativo que o Food and Drugs Administration (FDA)* tenha aprovado 40 drogas para o tratamento de câncer, mas ainda tenha de endossar um único tratamento alternativo não patenteado.

Observando-se os fatos, fica evidente que os únicos a se beneficiarem da atual cultura do câncer são os profissionais de medicina e lobistas em posições de poder, e não seus pacientes. Como admitiu o dr. Samuel Broder, antigo diretor do NCI, em uma entrevista dada em 1998 ao *Washington Post*: "O NCI tornou-se o equivalente a uma empresa farmacêutica estatal". De fato, é o contribuinte americano que continua a subsidiar ensaios clínicos caros de remédios que, em última instância, serão revendidos a eles a preços inflados. Seja por prioridades errôneas de financiamento, omissão seletiva de novas pesquisas ou de tratamentos alternativos, os pacientes de câncer não estão sendo resguardados pelas instituições que deveriam protegê-los.

Em suma, nas últimas décadas, mais do que em qualquer período na história, infundiu-se na sociedade um medo tão grande do câncer que não é nenhuma surpresa que a maioria dos pacientes simplesmente obedeça aos médicos: combater sua terrível *doença* com drogas farmacêuticas e tratamentos tóxicos. Porém, ao não conseguirem

---

* N.T.: FDA é um órgão federal do governo americano responsável pela proteção e promoção da saúde pública por meio do controle e supervisão da segurança alimentar. Seria equivalente à Anvisa.

focar na prevenção barata e minimamente tóxica em detrimento de seus opostos, institutos ostensivamente imparciais como o NCI extrapolaram o problema do qual são encarregados de solucionar. Em consequência, as taxas de diagnósticos de câncer encontram-se em níveis impressionantes e continuam a subir. E, além dos casos diagnosticados de câncer, há dezenas de milhares de pessoas em situação de pobreza que têm câncer, mas talvez jamais cheguem a receber um diagnóstico porque não têm condições de acesso a um seguro-saúde ou a uma consulta médica.

É desnecessário dizer que as palavras em si têm um poder tremendo e *câncer* não é exceção. Em muitos casos, câncer não é apenas uma palavra, mas uma afirmação que se refere a um comportamento anormal ou incomum das células do corpo. Basta a simples menção da palavra câncer para trazer de imediato à mente imagens de dor e sofrimento. Imputar a qualquer indivíduo essa palavra pode inspirar instantaneamente temor e tensão em sua psique.

Todavia, em outro contexto, a palavra câncer refere-se a um signo astrológico. Se você for de Câncer e se lhe perguntarem seu signo, será que vai tremer de medo de sua morte iminente? **Tal reação é improvável, pois ser do signo de Câncer não implica *ter* câncer, a doença.** Porém, se o médico lhe disser que você tem câncer, sua reação muito provavelmente será de choque, paralisia, torpor, medo, desalento ou tudo isso junto. A palavra câncer tem o poder de desempenhar um papel bastante perturbador e instável em nossa vida, capaz de proferir uma sentença de morte e, como veremos neste livro, de realmente cumpri-la, no mais das vezes em virtude do papel que essas seis letras vieram a desempenhar em nossa sociedade aterrorizada.

Embora a condição de paciente de câncer tenha início com o diagnóstico, suas causas podem estar presentes muitos anos antes de seu portador ficar doente. Todavia, por um breve momento, a palavra câncer pode virar seu mundo de cabeça para baixo.

Quem ou o quê no mundo conferiu tão grande poder a essa simples palavra ou afirmação a ponto de governar a vida e a morte? Ou será que ela possui tal poder? Será que nossa convicção coletiva e social de que o câncer é uma doença terminal, com os tratamentos traumáticos e agressivos pós-diagnóstico, não seria responsável pela atual escalada dramática do câncer no hemisfério ocidental? Isso é um exagero, diria você! No presente livro, contudo, demonstrarei de forma convincente que o câncer não tem poder ou controle sobre nós, a menos que nossas crenças, percepções, atitudes, pensamentos e sentimentos sobre o câncer o permitam.

Teríamos tanto medo do câncer se soubéssemos sua causa ou, pelo menos, entendêssemos qual seu propósito subjacente? De forma alguma! Se nos dissessem a verdade, provavelmente faríamos de tudo para remover as causas do câncer e, ao fazê-lo, assentar as bases para que o próprio corpo se cure.

A falta de conhecimento no sentido popular – que chamaria também de ignorância – é, de fato, perigosa. Quase todo mundo, pelo menos no mundo industrializado, sabe que beber água de um poço contaminado ou de um lago poluído pode causar diarreias fatais. No entanto, relativamente poucas pessoas se dão conta do perigo que é guardar ressentimento, raiva ou medo, evitar o sol (que provoca deficiência de vitamina D), não dormir suficiente ou regularmente, manter o celular junto à cabeça por uma hora todos os dias, expor-se regularmente a raios X, mamógrafos ou tomógrafos, ou comer junk food cheia de aditivos químicos alimentares ou adoçantes artificiais. Tudo isso não é menos perigosos do que beber água poluída. Esses *hábitos* de vida podem levar mais tempo para matar alguém do que um veneno ou amebas microscópicas, porém ninguém duvida que o façam.

Juízo equivocado

Todos sabemos que, se os alicerces de uma casa forem sólidos, ela pode facilmente suportar tensões externas, como tempestades violentas ou até um terremoto. Como veremos, o câncer é, igualmente, um indício de que está faltando algo em nosso corpo ou em nossa vida. Ele revela que algum aspecto de nossa vida física, mental ou espiritual está em terreno instável e, no mínimo, bastante frágil.

Seria tolice um jardineiro regar as folhas murchas de uma árvore quando sabe que o verdadeiro problema não está na parte visível da planta, ou seja, suas folhas murchas. A desidratação das folhas é apenas um sintoma de falta de água na parte não aparente da planta: seu sistema radicular subterrâneo. Ao regar as raízes da planta, o jardineiro naturalmente foca na causa e, em consequência, toda a planta revive e retoma seu crescimento. Ao olhar treinado do jardineiro, as folhas murchas não são sintomas de uma doença alarmante, pois reconhece que o estado de desidratação das folhas é consequência direta da falta de nutrição, necessária para a manutenção das raízes e do resto da planta.

Embora esse exemplo da natureza possa parecer uma analogia simplista, ele fornece um conhecimento básico sobre alguns dos processos bastante complexos de doença no corpo humano, e descreve com precisão um dos princípios mais poderosos e fundamentais que controla todas as formas de vida no planeta. Por mais que tenhamos nos tornado competentes na manipulação das funções corporais graças aos instrumentos da medicina alopática, essa simples lei da natureza não pode ser eliminada ou violada sem pagar o alto preço de uma saúde precária nos níveis físico, emocional e espiritual.

Desafio ardentemente a afirmação de que o câncer mata. Além disso, demonstrarei que não é absolutamente uma doença. Muitos dos que receberam uma sentença de câncer *terminal* desafiaram o prognóstico e experimentaram total remissão. George, meu primeiro paciente de câncer renal, foi um deles. Quando me procurou, os médicos de um dos mais prestigiados hospitais universitários da Alemanha *deram* a ele apenas mais três semanas de vida. Segundo eles, o câncer estava muito avançado e generalizado para que se considerasse quimioterapia ou radiação. Como se verificou posteriormente, a falta de tratamento médico mostrou-se uma bênção para George.

Curar o câncer *versus* combatê-lo

George perdera um de seus rins para o câncer um ano antes. Ao sair da sala de operações, os médicos lhe deram um atestado de saúde. Usaram a famosa frase "extirpamos tudo" em sinal de esperança e incentivo ao paciente. Sem dúvida, fazia sentido para ele: afinal removeram o tumor e o rim inteiro. No entanto, apenas alguns meses depois, seu outro rim começou a ser tomado pelo câncer e o único conselho *razoável* que lhe deram foi que cuidasse de seus assuntos pessoais.

Felizmente, George não morreu. Em total desafio à sentença de morte pronunciada por seus médicos, George percebeu que podia fazer algo mais, pelo menos para viver mais alguns meses. Em apenas três semanas lidando com as causas profundas de sua doença, o câncer regrediu a uma ínfima parte e, seis meses depois, nos *check-ups* feitos na clínica alemã, não se encontrou vestígio algum do câncer *terminal*. Quinze anos mais tarde, George ainda goza de uma saúde excelente, sem sinal de disfunção no rim remanescente.

Não dei a George um diagnóstico, tampouco um prognóstico. De qualquer forma, não é o que faço. De que adiantaria dizer-lhe o quanto era ruim e irremediável sua condição? Ademais, a afirmação imparcial de um médico de que o câncer de seu paciente é terminal (que leva à morte) é, na verdade, um ponto de vista puramente subjetivo de uma situação bastante imprevisível. A sentença convincente e final do médico provém exclusivamente do histórico de suas observações de pacientes que sofreram sintomas semelhantes. Seu julgamento definitivo, contudo, elimina a chance de recuperação resultante de tratamentos alternativos desconhecidos pelo médico. Só porque a relativamente jovem medicina ocidental não sabe tratar o câncer com eficácia sem maltratar gravemente o paciente e arriscando a reincidência do câncer, isso não significa que as antigas formas de medicina sejam também inúteis. Há um bom motivo pelo qual determinadas formas de medicina ocidental holística, embora antigas, não tenham desaparecido: através de milênios, elas se mostraram realmente eficazes. Então, por que não ser abertos a seu potencial?

Na arena da medicina ortodoxa, não se encorajam os pacientes a esperar uma remissão espontânea do câncer. Ao serem realistas, os médicos querem evitar dar *falsas* esperanças a seus pacientes. Contudo, eu questiono se realmente existe tal coisa como falsa esperança. Ou há esperança ou não há; qualquer esperança sentida genuinamente não pode estar errada ou ser falsa.

A esperança pode agir como um poderoso placebo,[6] que é bem mais poderoso do que qualquer medicação contra o câncer. Além disso, a esperança pode até tornar uma droga quimioterápica perigosa em um placebo, reduzindo assim seus efeitos colaterais. As pesquisas demonstram claramente que os médicos que dão esperança e incentivo a seus pacientes têm maiores taxas de sucesso na cura do câncer e outras condições de saúde. Imagine quanto a combinação de esperança, apoio e entusiasmo pode conseguir!

O futuro não está escrito e os médicos não são necessariamente videntes capazes de adivinhar o que o futuro reserva para seus pacientes. Ninguém no mundo pode prever com absoluta certeza o que irá acontecer em um futuro próximo ou distante. Um médico

---

6. Para uma análise profunda do efeito placebo como um poder de cura do corpo, veja o Capítulo Um de meu livro *Timeless Secrets of Health & Rejuvenation*.

pode ter um bom palpite sobre qual o resultado mais provável de uma doença, mas esse prognóstico raramente pode ser considerado científico ou receber carimbo de absoluta certeza. Em suma, é dever do médico motivar e jamais tirar a esperança de seu paciente, não importa o nível de gravidade aparente da situação.

Para ilustrar esse ponto, um jovem com um tumor cerebral extremamente raro e inoperável cuja história foi documentada, em 2007, no horário nobre da TV americana, desafiou o prognóstico de uma vida curta e continua a levar uma vida ativa e vibrante anos após esse fato. Chegou até a casar depois. E esse é apenas um dos vários exemplos semelhantes em que os pacientes foram aconselhados a não ter nenhuma esperança e acabaram por desafiar as expectativas realistas dos médicos, recuperando a saúde e vivendo bem além dos prognósticos mais otimistas. A história da medicina é cheia de tais milagres inexplicáveis. Faríamos bem em tentar explicá-los ou quiçá recriá-los.

De volta a George, meu paciente de câncer renal terminal. A fim de evitar complicações resultantes do diagnóstico de doenças, tais como fazer uma pessoa acreditar que é uma vítima impotente, o que fiz foi encorajar e motivar George a perceber, em primeiro lugar, os vários motivos responsáveis pelo desencadeamento e desenvolvimento do câncer. De fato, mal mencionei a palavra câncer em sua presença. Sendo um executivo inteligente e bem-sucedido, George rapidamente percebeu que não adiantava nada permanecer com a ideia fixa de que o câncer de algum modo tomou conta dele, empurrando-o para a morte. Sabia bem que a mentalidade de vítima só serviria para matá-lo mais rapidamente. George já conhecia o valor do autofortalecimento e do pensamento positivo. Meu foco era compartilhar com ele os métodos mais básicos e práticos para tornar o corpo mais saudável, vital e resiliente. Em minha opinião, George nem era doente: somente tinha esquecido como viver de maneira saudável e logo percebeu que não mais era vítima das circunstâncias, mas responsável por seu corpo e mente. Essa noção de autofortalecimento deixou-o eufórico e logo permitiu que sua família e amigos, antes tristes e pesarosos, partilhassem de seu recém-descoberto prazer de viver.

Em seguida, seu corpo naturalmente começou a cuidar dos detalhes, entre os quais a remoção do próprio câncer, uma proeza bem pequena, já que suas causas deixaram de existir.

A remissão total do câncer de George não foi nem resultado da cura do que parecia ser uma doença horrível que se autoperpetua nem um milagre. Foi simplesmente o processo de devolver ao corpo o que ele precisava para recuperar seu estado de equilíbrio mais natural e normal. George apenas acabou com os motivos que levavam seu organismo a lutar pela vida. Tão simples quanto parece, ele se curou ao se responsabilizar por todos os aspectos de sua vida, inclusive seu corpo e hábitos de vida.

A lição que se tira da experiência de George é que a cura verdadeira acontece quando se para de lutar e, ao contrário, opta-se por confiar e adotar os mecanismos naturais e ancestrais de cura do corpo – pois, de fato, *combater* o câncer, como veremos, é o que realmente impede a cura real e duradoura.

À procura de respostas

Todo tipo de câncer já foi sobrevivido por alguém, independentemente de seu estágio de desenvolvimento. Portanto, ainda que apenas uma pessoa tivesse logrado curar seu câncer, é porque deve haver um mecanismo para isso, assim como existe um mecanismo para criá-lo. Todo ser humano no planeta tem capacidade para ambos.

Se você recebeu um diagnóstico de câncer talvez não seja possível modificá-lo, mas sem dúvida tem o poder de alterar as consequências destrutivas que ele pode causar, tal como fez George. O modo como se encara o câncer e as medidas que se escolhe tomar após o diagnóstico são determinantes para o futuro bem-estar ou sua ausência (Veja Capítulo Três, "Desmitificando o Câncer").

A referência indiscriminada ao câncer como uma doença mortal, seja por profissionais ou leigos, transformou esse mal em um distúrbio com trágicas consequências para a maioria dos pacientes e seus familiares. O câncer converteu-se em sinônimo de pavor, sofrimento e morte extraordinários. Essa percepção permanece apesar do fato de que até 90-95% de todos os tumores cancerígenos aparecem e desaparecem por iniciativa própria.

Não se passa um dia sem que o corpo produza milhões de células cancerosas. Algumas pessoas, sob sério estresse temporário, produzem mais células cancerosas que o normal. Estas últimas se aglomeram como tumores que irão desaparecer novamente assim que o impacto do estresse tenha diminuído ou em seguida a uma reação de cura (conforme os sintomas da doença). No Capítulo Três, explicarei melhor a forma exata e previsível em que isso ocorre.

Nesta altura, gostaria de mencionar que, segundo pesquisa médica, as secreções de Interleucina 2, poderoso hormônio anticancerígeno do DNA, diminuem sob coação física ou mental, e aumentam novamente quando se recupera o equilíbrio. Baixas secreções de Interleucina 2 aumentam a incidência de câncer no organismo, enquanto as secreções normais deste hormônio mantêm o câncer a distância.

Em geral, contudo, nem sempre as pessoas estão sob grave estresse o tempo inteiro. Dado que a incidência de câncer aumenta e diminui com a experiência de estresse grave, muitos tumores cancerígenos desaparecem sem qualquer tipo de intervenção médica e sem causar grande preocupação. Logo, **neste exato momento, milhões de pessoas passeiam por aí com tumores no organismo sem ter a mínima ideia que os têm. Da mesma forma, milhões de pessoas curam esse mal sem nem se dar conta.** Em geral, há mais remissões espontâneas de câncer do que se diagnosticam e tratam.

O *New York Times* publicou um artigo, na edição de outubro de 2009, que, sem dúvida, levantou algumas questões reveladoras em vista dos fatos que se tornaram altamente inconvenientes para a indústria do câncer e seus defensores. O artigo, escrito por Gina Kolata, chama-se "O câncer pode desaparecer sem tratamento, mas como?".

No artigo, a jornalista assinalava que a trajetória do câncer mirava uma única direção, como uma flecha do tempo: ou seja, crescer e piorar. Todavia, em outubro de 2009, um estudo publicado no *Journal of the American Medical Association – JAMA (*Revista da Associação Médica Americana*)* apontou que "dados de mais de duas décadas de exames de detecção de câncer de mama e próstata colocaram em dúvida essa concepção".

Tecnologias mais sofisticadas detectam tumores menores que não causariam problemas se não fossem descobertos. Esses tumores estão latentes e são tão inofensivos quanto pequenas cicatrizes na pele. Como afirma o artigo, eles deixariam de crescer, diminuiriam ou, ao menos no caso de alguns tumores de mama, desapareceriam.

"A antiga crença é de que o câncer é um processo linear", afirma o dr. Barnett Kramer, diretor associado da Divisão de Prevenção de Câncer dos *National Institutes of Health (NIH)*.* "Uma célula sofre

---

* N. T.: Os Institutos Nacionais da Saúde são um conglomerado de centros de pesquisa que formam a agência governamental de pesquisa biomédica do Departamento de Saúde e Serviços Humanos dos Estados Unidos.

uma mutação e pouco a pouco sofre outras mais. Não se supõe que as mutações se revertam espontaneamente."

Até pouco tempo, tanto os pesquisadores quanto os médicos supunham erroneamente (e projetaram essa hipótese como fato científico) que o câncer é resultado de uma mutação celular (alteração da composição genética da célula) que posteriormente ganha vida própria. Entretanto, as pesquisas médicas de ponta indicam que uma divisão celular cancerosa descontrolada e inútil não ocorre de modo algum.

Como afirma o dr. Kramer, está se tornando cada vez mais claro que os tumores necessitam mais do que mutações para avançar. Precisam da cooperação das células que o circundam e, inclusive, afirma, "de todo o organismo, a pessoa", cujo sistema imunológico ou níveis hormonais, por exemplo, podem esmagar ou alimentar um tumor.

É isso, diz o dr. Kramer, que torna o câncer um "processo dinâmico". Sua afirmação, evidentemente, levanta uma questão fundamental: se a única função do câncer é ser, em última instância, uma sucessão fatal de mutações celulares, por que o organismo inteiro, inclusive o cérebro, o sistema nervoso e todas as células que circundam o câncer, permite seu crescimento? A resposta é tão fascinante quanto animadora.

Como afirma o título deste livro, o câncer não é uma doença: é um mecanismo de cura. O organismo permite o crescimento de um câncer enquanto for de seu interesse. Assim que a cura de sua causa profunda terminar, assim que corpo e mente retomarem seu estado de equilíbrio adequado, o câncer não tem mais propósito e se transforma em um tumor benigno ou latente, ou desaparece completamente.

Para alguns oncologistas e pesquisadores, foi difícil aceitar a ideia de que o câncer não segue um caminho unidimensional previsível. Porém, ao que tudo indica, cada vez mais céticos estão aceitando essa ideia e reconhecendo que, embora esteja em desacordo com tudo o que pensavam, o câncer pode, de fato, desaparecer por si só.

Um desses convertidos é o dr. Robert M. Kaplan, presidente do departamento de serviços de saúde da Faculdade de Saúde Pública da Universidade da Califórnia, em Los Angeles. "No fim das contas, não tenho muita certeza sobre isso, mas acredito que sim", disse ele. E acrescentou: "O peso da evidência sugere que há razão para acreditar".

Mais um oncologista, o dr. Jonathan Epstein, da Universidade Johns Hopkins, nos Estados Unidos, disse que já há comprovação do desaparecimento de tumores no caso do câncer testicular. Segundo ele, existem evidências de que, durante uma operação de testículos, o cirurgião encontra apenas tecido cicatricial no local diagnosticado com um tumor de grandes dimensões.

Os indícios crescentes de que o câncer pode retroceder ou deter-se são agora inegáveis. Os pesquisadores, portanto, não têm alternativa senão reavaliar suas noções sobre a natureza do câncer e seu desenvolvimento. Assim, em minha opinião, a menos que reconheçam que o câncer é um mecanismo de cura orquestrado por todo o organismo para corrigir um desequilíbrio profundo, eles continuarão a procurar maneiras de combater o câncer em vez de apoiar seu processo de recuperação. Contudo, isso requer confiança na sabedoria do corpo e sua capacidade natural de cura, sem supor que o corpo está inerentemente defeituoso ou enfraquecido.

A descoberta de que a mutação celular sozinha não é capaz de gerar um câncer, mas deve ser acompanhada pelas células que o rodeiam e pelo organismo inteiro, fala por si só. Sempre considerei o câncer um amigo do corpo que o assiste em tempos turbulentos. Com certeza, o organismo parece tratar o câncer como um aliado, não um inimigo. Acredito que devamos fazer o mesmo.

Em seu artigo, Gina Kolata relata uma afirmação fascinante feita pela dra. Thea Tlsty, professora de patologia na Universidade da Califórnia, em São Francisco, Estados Unidos, e uma das mais renomadas oncologistas do mundo. A dra. Tlsty afirma que as células cancerosas e pré-cancerosas são tão comuns e abundantes que quase todas as pessoas de meia-idade ou mais estão repletas delas. Essa descoberta foi feita em autópsias de pacientes que faleceram de outras causas, sem ideia de que eram portadores de células pré-cancerosas ou cancerosas. Nenhum deles apresentava grandes tumores ou sintomas de câncer. "A pergunta realmente interessante não é por que *temos* câncer, mas por que *não* temos", disse a dra. Tlsty.

Em contexto semelhante, gostaria de formular uma pergunta bastante intrigante: por que alguns pacientes com câncer sentem-se doentes e outros vivem uma vida completamente normal e saudável? Elucidarei esse tópico crucial ao longo do livro.

A jornalista levanta ainda outro ponto curioso: "Quanto mais perto uma célula se encontra do caminho de um câncer agressivo, dizem os pesquisadores, é mais provável que reverta seu curso. Assim, por exemplo, as células que são precursoras iniciais do câncer cervical são reversíveis. Segundo um estudo, 60% das células cervicais pré-cancerosas, encontradas em exames de Papanicolau, retornam à normalidade no período de um ano e 90% em três anos". Será que isso não mostra uma tendência diversa da previamente proposta pelos oncologistas?

Sem dúvida, surge a pergunta: não seria melhor deixar de tratar alguns tumores para que retornem a seu estado de dormência, tornando-se assim inofensivos, ou desapareçam por si sós? Durante muitas décadas, médicos e agências de saúde têm incutido na população em geral a ideia de que a detecção precoce é vital para a descoberta e o tratamento do câncer em estágio inicial. Argumentam que isso permite um tratamento melhor e eficaz. Contudo, mais uma vez, seus conceitos talvez sejam errados desde o início.

Kolata explica que "o processo dinâmico do desenvolvimento do câncer parece ser a razão pela qual a detecção dos cânceres de mama ou de próstata mostra um grande número de tumores em estágio inicial sem um declínio correspondente nos cânceres em estágio avançado". Em outras palavras, a descoberta de tantos tumores adicionais por meio de métodos de detecção mais modernos e avançados não reduziu a incidência de cânceres em estágio avançado. Claramente, isso contradiz a afirmação de que a detecção precoce, que normalmente leva a um tratamento precoce, não tem qualquer benefício a longo prazo na prevenção ou redução a longo prazo da incidência de câncer. Também implica que é melhor não tratar muitos tumores cancerígenos, apoiando a hipótese de que a maioria dos tumores em estágio inicial não se desenvolve. Com relação ao câncer de mama, há evidências indiretas de que alguns realmente desaparecem. A detecção precoce de tumores de mama e próstata não conseguiu reduzir sua ocorrência.

Por um bom motivo, o Hospital Johns Hopkins oferece aos pacientes com pequenos cânceres de próstata uma opção de *acompanhamento ativo* em lugar de remover ou destruir a próstata. Nos casos excepcionais de crescimento do câncer, é possível ainda optar pela remoção. Contudo, o diagnóstico temível de ter um câncer de próstata desencoraja a maioria dos homens a *esperar para ver*. "A maioria prefere a remoção", diz o dr. Epstein do Johns Hopkins. Atribuo essa situação lamentável a décadas de alarmismo absurdo por parte dos médicos e a obsessão, entre os pacientes, por uma solução rápida.

Devo acrescentar que doses elevadas de radiação ionizante emitidas por aparelhos de detecção, como a tomografia computadorizada (TC) e a mamografia, etc., contribuíram, na verdade, para a incidência de vários tipos de câncer. Tumores relacionados com a exposição à radiação incluem leucemia, mieloma múltiplo, câncer de mama, de pulmão e de pele (Veja o Capítulo Cinco, *Radiação Ionizante*).

Pesquisadores canadenses observaram o comportamento de pequenos cânceres renais (carcinomas das células renais), que estão entre os tipos de tumores conhecidos por regredir ocasionalmente, mesmo quando em estágio avançado. O ensaio clínico duplo-cego, conduzido pelo dr. Martin Gleave, do Departamento de Ciências Urológicas do Hospital Geral de Vancouver, no Canadá [*New England Journal of Medicine*; 338:1265-1271, 30 de abril de 1998], comparou um tratamento com o imunomodulador, interferon gama-1b, com um placebo em pacientes com câncer de rim metastásico.

Em que pese a falta de testes com placebos, o Interleucina 2 e o Interferon tornaram-se os componentes principais da maioria das estratégias imunoterapêuticas para o carcinoma metastásico das células renais. Esperava-se que o estudo demonstrasse que esses imunomoduladores controlariam ou reverteriam o câncer renal, bastante resistentes à quimioterapia. Seis por cento dos voluntários de ambos os grupos tinham tumores que regrediram ou permaneceram estáveis, o que levou os pesquisadores a concluir que o tratamento não melhorou os resultados. Os 6% que tiveram algum benefício demonstraram que o tratamento não fez nenhuma diferença, exceto que os participantes do grupo placebo viveram em média 3,5 meses a mais do que os que fizeram a quimioterapia.

Segundo o dr. Gleave, tem aumentado o número de pessoas que fazem ultrassons e TCs por motivos não relacionados com o câncer e descobrem que possuem um pequeno nódulo em um dos rins. O procedimento-padrão, nesses casos, é a remoção cirúrgica desses tumores; porém, com base em suas descobertas, o médico tem questionado essa necessidade.

De acordo com a reportagem do *The New York Times*, a universidade canadense onde leciona o dr. Gleave está participando de um estudo nacional de pacientes com pequenos tumores renais, no qual eles respondem a questões sobre o que acontece quando fazem exames radiológicos de rotina para detectar seu possível aumento.

Aparentemente, cerca de 80% não se alteraram ou regrediram nos três anos seguintes.

A conclusão que extraio dessa importante pesquisa é que não estamos vendo que é impossível ganhar do corpo. O organismo regride ou impede o crescimento de um tumor quando considera necessário e não o contrário. Se um tumor for envenenado, queimado ou removido, o organismo pode sentir necessidade de criar outro a fim de completar sua recuperação.

A principal falha na teoria médica do câncer baseia-se na premissa de que é necessário contê-lo para salvar a vida do paciente. Até bem pouco tempo, quase todos os cientistas partilhavam da opinião de que, a menos que um câncer fosse tratado ou removido, sua tendência era crescer, disseminar-se e, por fim, matar o paciente. Obviamente, isso não é verdade. Milhões de pessoas sobrevivem com todos os tipos de tumores sem qualquer problema, e até mesmo ignoram que os têm, segundo os estudos da dra. T. Tlsty e outros cientistas de renome.

A verdade é que relativamente poucos tumores cancerígenos são de fato *terminais*. Um vasto número deles não é diagnosticado ou detectado até que seja feita uma autópsia. Em geral, esses pacientes morrem de outras causas que não o câncer e talvez até não apresentem os sintomas que levariam os médicos a prescreverem os exames-padrão para detecção do câncer. Não é surpreendente que cerca de 30 a 40 casos de tumores de tireoide, pâncreas e próstata são descobertos em autópsias e não pelos médicos? Será o câncer uma doença tão perigosa quanto nos levam a crer?

Em 1993, a revista médica britânica *Lancet* publicou um estudo demonstrando que a detecção precoce leva a um tratamento desnecessário. Isso pode ser vantajoso para a indústria farmacêutica, mas pouco ou nada bom para os pacientes de câncer, verdade seja dita.

Como ilustração, embora 33% das autópsias revelem câncer de próstata, apenas cerca de 1% dos pacientes morre desse mal. Após os 75 anos, a metade dos homens pode desenvolver câncer de próstata, mas as taxas de mortalidade oscilam entre 0,1-2,4% apenas. Mais especificamente, a taxa relativa em cinco anos de sobrevida ao câncer de próstata, no período de 1995-2002, nos Estados Unidos era de 99%.*

---

* N. T.: No Brasil, a taxa de sobrevida no mesmo período foi de 96% (fonte: *O Estado de S.Paulo*).

Por raça, 99,9% para brancos e 97,6% para negros, independentemente se apresentavam pouco ou nenhum sintoma, se eram saudáveis ou não ou se fizeram tratamento. As recomendações do governo americano (de agosto de 2008) desestimulam o tratamento para pacientes acima dos 75 anos em razão de seus efeitos colaterais importantes e por apresentar mais desvantagens que benefícios.

Devemos observar que essas baixas taxas de mortalidade aplicam-se em especial a pacientes que nunca foram diagnosticados com câncer ou que tenham feito tratamento. O próprio governo americano admite que as taxas de mortalidade aumentam quando se trata o câncer, sugerindo que o tratamento mata.

Uma vez diagnosticado e tratado, a maioria dos cânceres não desaparece por conta própria, já que são alvo imediato de um arsenal de armas letais, como quimioterapias, radiação e remoção cirúrgica. Tumores latentes, que raramente causam qualquer problema ao organismo, podem, por sua vez, estimular reações defensivas e tornar-se agressivos, assim como as bactérias relativamente inofensivas que se convertem em superbactérias quando atacadas por antibióticos. Não faz sentido algum submeter o organismo a tratamentos radicais que enfraqueçam ou destroem seu mais importante sistema de cura, o imunológico, no momento em que se faz imperioso seu fortalecimento.

O problema é que, hoje em dia, os pacientes de câncer, alarmados pelo diagnóstico, submetem seu corpo a tratamentos cirúrgicos, radioterápicos e quimioterápicos agressivos, algo que os conduzirá mais rapidamente à morte, até que, por fim, não tenham mais opções.

A questão mais importante que esses pacientes devem se perguntar não é sobre o tamanho ou grau de agressividade do seu câncer, mas quais as razões que levaram seu organismo a ter de lutar por sua sobrevivência. Por que algumas pessoas passam pelo processo do câncer como se fosse uma gripe, por exemplo? Pura sorte ou há um mecanismo em ação que as cura e recupera sua saúde? Em outras palavras, qual o elemento oculto que impede a cura natural do câncer, que o faz parecer tão perigoso?

As respostas a essas questões estão no portador do câncer e independem do grau de malignidade do câncer em particular ou do grau avançado para o qual progrediu. Você acredita que o câncer é uma doença? É bem provável que sua resposta seja afirmativa, já que a opinião *esclarecida* da indústria médica e da mídia alimentou as massas por muitas décadas.

Todavia, a pergunta mais importante e que raramente se faz é: "Por que você acha que o câncer é uma doença?". A resposta pode ser: "Porque sei que o câncer mata mais gente a cada dia". Perguntaria então: "Como sabe que é o câncer que mata?". Provavelmente seu argumento seria que, se muita gente que tem câncer morre, então deve ser o câncer que mata. É o que dizem os especialistas médicos.

Deixe-me fazer outra pergunta, bastante estranha: como você sabe com certeza que é filha/filho de seu pai e não de outro homem? Por que sua mãe contou? O que o leva a pensar que sua mãe contou-lhe a verdade? Talvez porque não tenha motivo imperioso para não acreditar. Porém, a não ser que seu pai faça um teste de DNA, você jamais saberá com certeza que a pessoa que acredita ser seu pai o seja de verdade. Ao contrário, são suas ligações emocionais e uma falta de investigação profunda que tornaram sua crença subjetiva em algo que *sabe* ser uma verdade irrefutável.

Tal metáfora pode parecer estranha, porém analogias semelhantes são comuns às nossas atitudes com relação ao câncer. Embora não exista prova científica que demonstre ser o câncer uma doença em vez de um processo de cura, a maioria das pessoas insistirá que é uma doença porque assim foram levadas a crer. No entanto, essa crença não passa de um boato baseado em opiniões alheias. Por último, a doutrina infalível de que o câncer é uma doença provém de alguns médicos que publicaram seus sentimentos ou crenças subjetivas sobre suas observações em revistas médicas ou relatórios médicos. Outros médicos concordaram com essas opiniões, acabando por se tornar um *fato consolidado* a afirmativa de que o câncer é uma doença letal. Contudo, a verdade talvez seja bem diferente e mais racional e científica do que isso.

O mito do gene/câncer

Segundo uma pesquisa publicada na revista médica alemã *Deutsches Aerzteblatt* pelo renomado biólogo molecular e celular professor dr. Peter Duisberg (Universidade da Califórnia em Berkeley, Estados Unidos), a teoria de que a mutação genética é causa dos tumores malignos foi construída em terreno frágil. A prestigiosa revista *Cell Cycle* [2011;10 (13); 2100-14] também divulgou as falhas da atual teoria mutação-câncer, feita por Duisberg.

Durante muitos anos, os oncologistas acreditaram que os tumores malignos se desenvolviam quando a mutação entre três e seis genes, chamados oncogenes, provocasse um crescimento anormal e descontrolado de células normais. Um oncogene é um gene encontrado nos cromossomas das células cancerosas cuja ativação está associada à conversão inicial e continuada de células normais em células cancerosas.

A maioria das células saudáveis morre e é substituída por novas em ciclos de dez dias a quatro meses. As células plasmáticas, por exemplo, vivem por dez dias antes de ser substituídas. As células ósseas têm um ciclo de vida natural de três meses, e as sanguíneas podem viver por quatro meses antes de morrer. A teoria corrente da mutação do câncer advoga que os oncogenes impedem a ocorrência da morte celular precoce, fazendo com que as células sobrevivam e se proliferem. De fato, segundo essa teoria, a mutação genética é um evento necessário responsável pela transformação celular maligna.

O problema dessa teoria é que todos os tumores malignos que apresentam anormalidade cromossômica (aneuploidia) nem sempre contêm esses alegados oncogenes cancerígenos. Além disso, carcinomas do mesmo tipo que contêm oncogenes mutados na maioria das vezes nem mesmo partilham esses mesmos oncogenes.

É uma falácia propor que uma anormalidade cromossômica seja precondição para o crescimento celular anormal quando carcinógenos, como o amianto, por exemplo, podem causar crescimento de tumores sem a presença de quaisquer oncogenes mutados.

Outro problema dessa teoria é que as anormalidades cromossômicas podem existir por décadas antes de um tumor se formar, ou talvez nem cheguem a isso. Por outro lado, uma pessoa sem anormalidade cromossômica ou mutação genética pode desenvolver um tumor. A ideia de que uma anormalidade cromossômica conduza inevitável e prontamente a um crescimento celular maligno é uma hipótese sem base comprovada, conveniente apenas a quem tira proveito dela.

Não se pode ter tudo: ou a mutação genética induz o crescimento celular anormal ou não. Se a mutação oncogênica não causa o câncer, nem mesmo após 40 anos, deve haver outras razões para isso.

Sem dúvida, a multibilionária indústria farmacêutica não tem interesse em descobrir as reais causas do câncer. Ao contrário, seu foco é desenvolver drogas extremamente caras destinadas a impedir a mutação genética, embora esta última claramente não seja uma das causas do câncer. Mais uma vez, estamos sendo ludibriados e pagando um alto preço por isso. Até o momento, a taxa de sucesso dessa abordagem é desanimadoramente pequena.

Nos últimos dez anos, amplas pesquisas científicas conduzidas no campo da biologia celular demonstraram que não são os genes que causam a doença, mas as mudanças ambientais que influenciam e alteram esses genes desde o ventre da mãe até o último minuto da vida de uma pessoa. Já sabemos, por intermédio de importantes oncologistas, como o dr. Kramer, que as mutações genéticas sozinhas, sem a cooperação do organismo circundante, não provocam a ocorrência do câncer ou sua proliferação.

Os biólogos celulares também reconhecem que as condições e eventos nos ambientes externos e na fisiologia interna e, mais importante, a percepção de nós mesmos e do mundo ao nosso redor, têm influência direta no comportamento genético. Ou seja, cada pensamento, sentimento, emoção, crença e experiência que temos, cada porção de alimento que ingerimos, o ar que respiramos, a forma como interagimos com os outros e nos cuidamos têm impacto instantâneo sobre nossos genes. Como diz o dr. Kramer, o câncer é um fenômeno dinâmico e não isolado, ou uma realidade imutável; em essência, é um processo constantemente modificado por seu ambiente: a pessoa e seu entorno.

É importante entender que os genes não passam por uma mutação porque se *cansam* de ser normais ou porque querem se tornar *malignos*. Ao contrário, as células devem passar por uma mutação a fim de sobreviver em um ambiente tumoral hostil e tóxico criado por fatores não genéticos. Um ambiente tumoral – ambiente celular mal oxigenado e altamente acídico – é ideal para o crescimento de células cancerígenas e dos microrganismos encontrados nos tumores cancerosos. Como ficará claro ao longo da leitura, é essa a condição ideal para que o organismo se recupere. Neste capítulo ainda, explicarei o papel importante dos microrganismos na remissão das células cancerígenas.

Por mais difícil que seja aceitar esse argumento, as pesquisas demonstram claramente que as mutações genéticas ou *defeitos* não podem ser a causa do câncer. Embora a mutação genética possa ser um fator no desenvolvimento do câncer, é verdade também que milhões de pessoas com genes *defeituosos* jamais desenvolverão as doenças a eles associadas.

Como demonstraram experiências laboratoriais conduzidas pelo dr. Bruce Lipton, um dos mais renomados biólogos celulares do mundo, autor do *best-seller* A Biologia da Crença, é possível remover o núcleo genético de uma célula cancerosa. Todavia, durante várias semanas ou meses, a célula continuará a viver e se comportar exatamente da mesma maneira *anormal* que antes. Dane-se o poder atribuído aos genes.

Os biólogos usam a palavra "silenciar" para descrever um processo pelo qual o ambiente e o comportamento regulam a expressão genética e os *comutadores* que ativam o câncer. Os genes abrangem um mapa complexo que se adapta constantemente às mudanças externas e tanto podem evoluir com tais mudanças quanto se deteriorar com elas. Se um mapa genético se deteriora, haverá uma mutação genética.

Porém, esses mapas genéticos não são capazes de causar ou perpetuar as doenças. Se fossem, a célula se danificaria ou morreria assim que seu núcleo fosse removido. Uma célula saudável continua a viver normalmente por semanas a fio, mesmo que seu núcleo tenha sido removido. Igualmente, uma célula doente continuará a exibir esse mesmo comportamento com ou sem genes.

O principal papel do DNA é copiar (RNA)* seu mapa genético, usando-o para produzir as muitas proteínas necessárias às várias funções corporais. Para entender o que é realmente o câncer, temos que entender este fato importante: o mapa genético de uma célula se altera *somente* quando a informação enviada à célula por seu ambiente externo invoca uma reação contínua de estresse no interior da célula.

Em termos práticos, o que isso significa? Cada célula do nosso corpo produz adrenalina ou outros hormônios de estresse que ativam a reação luta-fuga quando sentirmos estar sob ameaça tanto externa quanto interna. É comum, em situações de medo, sentir o corpo tremer. É como se todas as células do corpo literalmente vibrassem em reação ao medo.

---

*   N.T.: RNA, ácido ribonucleico.

Uma ameaça externa pode vir de uma série de influências vindas de fora: aditivos alimentares artificiais, como aspartame e glutamato monossódico, antibióticos ou esteroides; atravessar uma avenida movimentada, temor de enfrentar o cônjuge ou figura de autoridade, a perda do emprego ou insegurança profunda.

Sob a influência da liberação dos hormônios de estresse, há uma diminuição das funções das células normais. De fato, o mapa genético (DNA) recebe uma informação atípica que, por sua vez, altera o comportamento do gene da célula. Consequentemente, as substâncias químicas naturais produzidas pelo DNA, como o anticancerígeno Interleucina 2 e o antiviral Interferon, começam a cair instantânea e significativamente. A saúde e as defesas da célula ficam seriamente comprometidas se a ameaça e o estresse persistirem por mais do que apenas alguns minutos ou horas. Esse tipo de estresse é uma realidade diária para milhões de pessoas no mundo inteiro. As células não conseguem cumprir suas responsabilidades normais quando estão sob cerco por dias, meses ou até anos. A medicina alopática tem um nome para essa reação normal das células sob estresse prolongado: doença crônica.

A ingestão de qualquer medicamento sintético (todos contêm substâncias químicas tóxicas que suprimem ou de outra forma manipulam os processos naturais do corpo) é perniciosa às células do organismo. Do mesmo modo, a exposição prolongada ou regular a estressores como pensamentos negativos, medo, raiva, agressividade, má alimentação, falta de sono, pouca exposição ao sol, desidratação e toxinas, alteram o comportamento das 60-100 trilhões de células corporais.

O câncer acontece quando o equilíbrio celular é ameaçado e a célula tem de fazer uso de medidas radicais para se defender ou se proteger. As células mais fracas são as que sofrem primeiro.

A mutação de uma célula normal em cancerosa não passa de uma reação biologicamente programada de sobrevivência a uma ameaça que a impede de realizar seu trabalho de acordo com o mapa genético original do organismo. Para lidar bem com essa ameaça, o corpo é obrigado a alterar seu mapa genético. Mas interpretar essa mutação genética necessária como um processo doentio é um tanto descabido e falacioso.

A possibilidade de que o câncer seja um mecanismo de cura e sobrevivência jamais foi considerada no passado nem faz parte da discussão sobre esse mal, atualmente. Isto teve e ainda tem consequências fatais.

Não faz muito tempo, os cientistas acreditavam que a Terra era plana e imóvel. Afinal, observavam que o sol se punha no horizonte à tarde e nascia de novo de manhã do outro lado da esfera terrestre. Era difícil de desafiar essa verdade incontestável, pois era um fenômeno que as massas testemunhavam todos os dias. Sabiam que o mundo natural dependia do nascer e do pôr do sol, dos ciclos de dia e noite. Mal sabiam que o que achavam que viam não era o que ocorria de verdade.

Hoje rimos de tal ignorância. Foi preciso que Colombo chegasse às Américas em 1492 e que Fernão de Magalhães circunavegasse a Terra de 1519 a 1521 para que se provasse definitivamente que a Terra é redonda. Do mesmo modo, com as doenças modernas, e com o câncer em especial, estamos convivendo com os mesmos mitos passados de geração a geração. Será que não estamos caindo na mesma armadilha de acreditar cegamente no que outros aceitaram como verdade subjetiva e pessoal?

Mas hoje é diferente, podemos dizer, pois temos pesquisas objetivas e verificáveis para provar o que é real e o que não é. Sinto decepcioná-lo.

Primeiro, quase todos os estudos científicos baseiam-se nas ideias, sentimentos, pensamentos e expectativas dos cientistas que conduzem os experimentos: assim é a natureza da hipótese.

Segundo, as pesquisas estão sujeitas a um número quase infinito de influências possíveis e bastante variáveis, bem como a um simples erro humano, o que pode alterar o resultado do experimento de várias formas imprevisíveis.

Terceiro, por ser bancada ou controlada por agências que têm certos interesses ou tendências, a moderna pesquisa científica é repleta de práticas enganosas destinadas a manipular suas descobertas. Por exemplo, as descobertas feitas por pesquisadores da Universidade da Califórnia, publicada em *Annals of Medicine* (Anais de Medicina), em outubro de 2010, demonstraram que 92% dos 145 ensaios clínicos conduzidos entre 2008 e 2009 são inválidos por não terem revelado o tipo de placebo usado. Em um dos casos, ao escolherem um placebo que efetivamente aumenta o nível do colesterol no grupo controle, os pesquisadores facilmente puderam provar que uma estatina, como a artovastatina cálcica, é mais eficaz que o placebo. Todavia, o FDA sancionou essa prática claramente não científica como investigação científica *objetiva*.

Não é nem um pouco promissor quando se permite que uma pesquisa tendenciosa e falha como essa seja aceita. Em geral, essas pesquisas questionáveis são usadas para amparar novos estudos, que por sua vez também são inexatos. E o pior é quando essas correntes de falsidades científicas influenciam de forma negativa o tratamento dos pacientes. Por exemplo, a *Clínica Mayo* chocou a indústria do câncer quando revelou que não só um importante estudo de 2009 foi forjado, mas que essa descoberta invalidaria uma década inteira de outras pesquisas, e até já influiu no tratamento dado pelos médicos aos pacientes de câncer.

Mesmo com a revelação da fraude e ainda que as indústrias farmacêuticas sejam multadas por manipular pesquisas ou por não revelar os efeitos colaterais de seus medicamentos, a vida continua. As grandes empresas farmacêuticas de capital aberto, como a *Merck* e a *Pfizer*, são grandes demais para quebrar, mesmo que sejam consideradas culpadas por provocar uma fraude médica imensa.

É absurdo esperar que qualquer estudo clínico conduzido por um gigante da indústria farmacêutica publique resultados desfavoráveis às suas expectativas. O conflito de interesses parece claro – no entanto, a maioria delas financia a vasta maioria das pesquisas mundiais. Esse monopólio lucrativo, que escolhe o tipo de pesquisa a ser feita, é o que define a tão celebrada prova científica. É um conflito de interesses tão extraordinário que chega a ser chocante não se falar sobre isso.

Quarto, embora existam pesquisadores genuinamente altruístas que não possuem interesses financeiros ou profissionais sobre os resultados específicos de suas pesquisas científicas, a ciência moderna raramente descobre algo que já não tenha esperado encontrar ou validar.

Os pesquisadores precisam de verbas para pesquisas. A fim de se qualificarem para receber essas doações e também para ganhar a vida, têm de fazer inúmeras concessões para promover os ganhos financeiros de seus patrocinadores ou investidores que, naturalmente, esperam um retorno significativo de seus investimentos.

Por exemplo, quando geneticistas sugeriram que os genes controlam o organismo e o comportamento, desenvolveram o altamente lucrativo *Human Genome Project – HGO (Projeto do Genoma*

Humano) para provar essa hipótese. Patrocinado pelo dinheiro do contribuinte, bem como pelas indústrias farmacêuticas que queriam um pedaço do bolo, esses cientistas tinham apenas um objetivo: atender às expectativas dos conglomerados farmacêuticos para patentear genes para novos (e caros) tratamentos revolucionários que lhes gerariam uma dinheirama.

O mapeamento do genoma humano é amplamente anunciado como um passo importante para a criação de novos medicamentos e outros aspectos da assistência médica. O HGO permanece um dos maiores projetos de investigação da ciência moderna. Tendo acesso irrestrito ao esquema genético do corpo humano, a genômica coloca a ciência médica em posição perfeita para prognosticar mais acertadamente quem tem riscos de desenvolver desordens genéticas.

Conforme esperado, a maioria dos médicos e organizações de saúde e pacientes consideram o HGO um avanço. Quem em sã consciência poderia se opor à descoberta das causas genéticas do câncer? Por isso, além das companhias farmacêuticas, a maioria dos grupos de defesa de portadores de doenças, fundações, agências governamentais, pesquisadores, universidades empresas de biotecnologia apoiam o Projeto Genoma.

E, embora eu não me oponha de forma alguma ao uso da genômica como método de aumentar o escopo e eficácia da medicina regenerativa, usada para tratar lesões graves como a da espinha dorsal, por exemplo, ou até o recrescimento de membros ou órgãos amputados, vejo um problema: o aumento dos exames de detecção para a descoberta de doenças genéticas duplicarão ou triplicarão o número de pacientes que talvez *necessitem* de tratamento médico, o que pode então fazê-los ficar doentes de verdade. Em nome da prevenção, milhões de pessoas irão se submeter a exames de investigação genética a fim de *assegurar* que não ficarão doentes no futuro, bem antes do desenvolvimento de qualquer sinal de doença – somente para prejudicar o organismo por meio de *tratamentos* preventivos de descobertas genéticas que talvez não viessem nunca a lhes causar qualquer problema.

Infelizmente, muitas pessoas nas nações industrializadas reverenciam a genômica como prova infalível de viver mais e livre de doenças. Doutrinadas pela indústria médica e coagidas pelo temor de uma possível doença genética, essas pessoas acreditam que não têm controle sobre o corpo e, portanto, devem submeter-se a um *check-up* genético. Em minha opinião, essa é a forma definitiva de escravidão médica; no entanto, ao que parece, está sendo elogiada por todos.

Todavia, é fato consumado o processo de criar novas doenças descobrindo genes problemáticos em quase toda pessoa examinada (a maioria de nós tem alguns genes defeituosos), ou renomeando doenças existentes como genéticas. Por exemplo, a identificação dos genes BRCA1 e BRCA2, suscetíveis ao câncer mamário, provocou uma onda de interesse no exame genético entre as mulheres com risco de mutação nesses genes. Entre as que já haviam testado positivo para esses genes mutantes, mais da metade voluntariamente *optou* por *mastectomias* completas. Preferiram amputar os seios para assegurar o não desenvolvimento do câncer de mama.

Claro que a mastectomia não é garantia de que seus problemas potenciais acabaram. Uma pesquisa holandesa publicada no *New England Journal of Medicine*, em julho de 2001 [345:159-164], alerta que "o efeito protetor da mastectomia profilática deve ser comparado às possíveis complicações cirúrgicas e problemas psicológicos decorrentes". Segundo o estudo, até 30% das mulheres que optam pela mastectomia terão complicações cirúrgicas, dependendo do tipo de procedimento e a duração do acompanhamento pós-cirúrgico. Um estudo de longo prazo sobre a mastectomia profilática relatou a repetição de operações não esperadas em 49% das mulheres. Além disso, descobriu-se também que esse procedimento reduz em apenas 50% o risco de câncer mamário. O mais impressionante é que uma pesquisa de 2010 demonstrou que, de fato, a prática cada vez mais popular de mastectomia preventiva não traz qualquer benefício a cerca de 95% das mulheres.

Embora certamente lamentável para as mulheres afetadas, essa prática gera grandes lucros financeiros para a indústria médica, incluindo os cirurgiões plásticos. Entretanto, em minha opinião, a realização injustificada e extremamente arriscada desses procedimentos drásticos, invasivos e ineficientes, em vez de encorajar as mulheres a enfrentar as causas reais do câncer de mama, é uma roleta-russa médica arriscadíssima, independentemente de seu potencial lucrativo.

Amputar um membro para impedir uma possível fratura parece ilógico para a maioria de nós. Amputar voluntariamente mamas saudáveis para impedi-las de, um dia, contraírem um câncer não é menos incoerente. É verdade que a mastectomia total pode diminuir a possibilidade de um câncer, mas apenas porque quase não há mais tecido mamário. Não se deve considerar prova de que os genes de susceptibilidade têm relação com a causa real do câncer de mama. A existência desses genes sugere uma correlação possível, mas supor uma relação causa-efeito é um salto lógico questionável. A mutação genética talvez seja vital para que o organismo se ajuste ou cure a causa subjacente: o ambiente físico que provocou essa mutação genética.

Já que os genes mutados não podem causar o câncer e, sendo necessária a participação do ambiente externo das células, do organismo inteiro e do indivíduo para tornar o câncer possível, é bem provável que a mutação genética seja um efeito das mudanças anormais no ambiente celular do que a causa direta do câncer. Embora um gene mutado seja um cofator necessário para o desenvolvimento do câncer, ele apenas indica que nosso ambiente (e/ou de nossos pais), hábitos alimentares, estilo de vida e estados psicológicos e, mais especificamente, a exposição aos danos da radiação clínica já comprometeram nossa saúde e vitalidade. O que torna a mutação genética um efeito do câncer, não sua causa.

Pesquisas surpreendentes presumivelmente publicadas pela *American Medical Association* (AMA) indicam que a chamada base genética da doença é uma falácia completa. Não acredite nos médicos que dizem que a doença é causada apenas pelo código genético. É charlatanismo puro!

De acordo com uma pesquisa feita pelo dr. P. Ioannidis, da Escola de Medicina da Universidade de Stanford nos Estados Unidos, é um exagero acreditar que a única maneira de impedir doenças genéticas é fazer mais e mais exames. Ele afirma que a pesquisa médica contemporânea é recheada de erros em resultado de "caprichos estatísticos aliados à natureza humana e à natureza competitiva das publicações científicas". Embora não sejam fraudulentas em si, muitas pesquisas perpetuam as imprecisões médicas, pois interpretam os dados para servir a hipóteses específicas ou baseiam-se em dados de outros estudos que não foram profundamente verificados pela comunidade médica.

Escreve o dr. Ioannidis: "Não é uma fraude ou um projeto de pesquisa débil, apenas expectativa estatística. Alguns resultados serão mais consistentes, outros não. Mas as revistas científicas e os pesquisadores gostam de publicar associações importantes". A análise dos dados pelos pesquisadores, mesmo em estudos bem esquematizados, é, em geral, distorcida por seus próprios preconceitos ou pelo desejo de apresentar resultados que sejam aceitos pela indústria médica, o que permite seu sustento e o de seu trabalho.

O raio X da morte

A radiação iônica produzida pelos aparelhos de raio X, entre eles a mamografia e a tomografia computadorizada (TC), faz com que elétrons sejam expulsos de suas órbitas e se desprendam de átomos ou moléculas. Esse processo ioniza os elétrons e os torna reativos e danosos. Os campos magnéticos de alta frequência causam danos às células do corpo, pois produzem radicais livres que podem facilmente danificar o DNA e comprometer as capacidades reprodutivas das células.

A radiação iônica pode também danificar diretamente o DNA ionizando ou desintegrando suas moléculas (quebras de fitas duplas), contribuindo assim para as mutações, translocações cromossômicas e fusões genéticas, de acordo com o Centro de Pesquisas Radiológicas do Centro Médico da Universidade de Columbia, em Nova York.

Ao danificar as células, a radiação iônica pode, em seguida, causar o câncer. E se este, um mecanismo de cura, for incapaz de corrigir ou reparar o dano, pode sobrevir a morte. A maioria dos cientistas acredita que a morte resultante seja causa direta do câncer em vez da radiação; mas, explicarei, o câncer não passa da tentativa de o organismo lidar com o dano causado pela radiação para se salvar.

De acordo com um estudo publicado em novembro de 2007 no *New England Journal of Medicine*, desde a criação da TC, nos anos 1970, cerca de 67 milhões de TCs por ano foram feitas nos Estados Unidos, sendo 5 milhões apenas em crianças. Elas eram apenas 3 milhões em 1980. O diretor da pesquisa, dr. David Brenner, da Universidade de Columbia, também estima que o excesso de exames tomográficos pode causar 3 milhões a mais de cânceres nos próximos 20 a 30 anos.

A TC é a que mais contribui para a exposição radioativa clínica na população americana, sendo particularmente danosa às crianças, como explica o NCI:[7] "Como resultado, o risco de desenvolver um

---

7. <http://www.cancer.gov/about-cancer/causes-prevention/risk/radiation/pediatric-ct-scans>.

câncer por radiação pode ser muito mais elevado para uma criança do que para um adulto exposto à mesma TC".

As crianças, de fato, são dez vezes mais sensíveis à radiação do que os adultos, tornando-as bem mais propensas a ter leucemia e outros tipos de câncer. No caso da leucemia, o período mínimo entre a exposição radioativa e o surgimento da doença (período de latência) é de dois anos. Para tumores sólidos, estima-se que o período de latência seja superior a cinco anos.

Essas são notícias alarmantes para pais e filhos, confirmadas pelas maiores organizações americanas e internacionais responsáveis pela avaliação de riscos radioativos. Todos "concordam que talvez não haja um 'patamar' mínimo de radiação para induzir tumores, isto é, nenhuma quantidade de radiação deveria ser considerada segura", afirma o NCI. Segundo esse relatório *on-line*, "dados recentes de sobreviventes da bomba atômica e outras populações irradiadas demonstram uma pequena, mas significativa, elevação no risco de câncer, mesmo em níveis baixos de radiação, que são relevantes para os TCs pediátricos".

Em outras palavras, pais zelosos que levam os filhos para fazer tomografias, por qualquer motivo, podem estar brincando com a vida deles. Precisam pesar os riscos de uma complicação menor e um potencial incerto de leucemia e outros tipos de câncer. Uma opção menos arriscada para dores de estômago ou um trauma craniano leve seriam as ultrassonografias, tão eficazes quanto um TC para o diagnóstico de muitas doenças.

Isso não significa que o ultrassom seja 100% seguro. Muitos estudos demonstraram que os ultrassons pré-natais podem prejudicar os sistemas bioquímico, imunológico e nervoso do feto. A renomada pesquisadora médica Alice Stewart também descobriu em sua pesquisa chamada *Oxford Child Cancer Study* que fetos expostos a ultrassons pré-natais tinham taxas elevadas de leucemia juvenil.

Contudo, o risco é ainda menor do que os potentes raios X das TCs, que causam leucemia, como se descobriu nos anos 1950. Como David Brenner da Universidade de Colúmbia disse ao jornal *USA Today*: "Cerca de um terço de todas as TCs feitas hoje em dia são medicamente desnecessárias... Praticamente qualquer pessoa que aparece na emergência de um hospital queixando-se de dor de barriga ou dor de cabeça crônica passará automaticamente por uma TC. Isso se justifica?".

É importante, em especial, avaliar esses riscos em relação às crianças, mais vulneráveis que os adultos aos efeitos desses procedimentos diagnósticos. Um estudo de 2011 descobriu que um bebê tem oito vezes mais risco de sofrer um câncer fatal causado por uma TC do abdômen do que um adulto na faixa de 50 anos. Os resultados dessa pesquisa foram publicados na edição *on-line* de 3 de janeiro de 2011 dos *Archives of Pediatrics and Adolescent Medicine* [DOI: 10.1001/archpediatrics.2010.270]. Os pesquisadores da Universidade de Michigan examinaram o uso de raio X, TCs e outros aparelhos clínicos de radiação em crianças, e descobriram que a criança média receberá, em geral, sete procedimentos de imagem com radiação até os 18 anos. (Esse estudo não incluiu raios X dentários, que apresentam um risco adicional.)

O estudo descobriu que não só as crianças são mais sensíveis à radiação do que adultos, mas também tendem a receber duas a seis vezes mais radiação para produzir imagens nítidas, pois os TCs são sempre calibrados para adultos. Mesmo quando existem precauções de segurança para reduzir as doses de radiação para as crianças, elas não são amplamente implementadas.

Só as TCs causarão quase 30 mil casos desnecessários de câncer por ano, levando a cerca de 14.500 mortes, de acordo com outro estudo publicado nos *Archives of Internal Medicine* [Cancer Risks and Radiation Exposure from Computer Tomographic Scans; 2009;169(22):2049-2020].

Uma lista de cânceres considerados radiogênicos foi publicada pela Agência de Proteção Ambiental dos Estados Unidos, em setembro de 1999, *Federal Guidance Report* No. 13, EPA 402-R-99-001. Entre eles, câncer de esôfago, estômago, cólon, fígado, pulmão, ossos, pele, mama, ovário, bexiga, rins, tireoide e leucemia. Em outras palavras, haveria probabilidade de todos ou qualquer um desses tumores se desenvolverem por conta da radiação desnecessária absorvida por procedimentos diagnósticos comuns.

Todavia, outro risco raramente considerado é que as imagens radiológicas quase sempre resultam em diagnósticos equivocados e falsos positivos, aumentando a necessidade de mais exames e, portanto, mais radiação, possivelmente iniciando um ciclo vicioso.

A radiação ionizante não só aumenta o risco de câncer, mas também provoca danos no DNA das artérias, levando a uma doença cardiovascular. Lembre-se: um TC do tórax tem cem vezes mais radiação do que um raio X. Isso pode ser bastante para causar um dano irreversível no DNA e nas células de artérias coronárias já inflamadas. De fato, ele pode causar maior estreitamento das artérias e diminuir a elasticidade dos vasos, provocando um bloqueio arterial.

Mesmo que um TC não cause a morte imediata das células, cada exposição adicional a raios X ou a outro tipo de radiação ionizante pode se tornar fatal. Considero, portanto, um risco expor à radiação qualquer pessoa que sofra de uma doença, especialmente o câncer, doenças coronarianas e diabetes. Em última análise, a radiação ionizante não é segura para ninguém.

E os raios X dentários?

Durante 30 anos, tenho alertado tanto pacientes quanto dentistas sobre o grande risco dos raios X dentários e para que procurem usar maneiras alternativas de detectar problemas dentários. De acordo com uma pesquisa publicada, os raios X dentários podem causar tumores cerebrais malignos.

Diagnóstico médico – a causa mais comum de morte?

De acordo com o falecido pesquisador médico professor dr. John Gofman (1918-2007), professor emérito de Biologia Molecular e Celular da Universidade da Califórnia, em Berkeley, Estados Unidos, as evidências sugerem que pelo menos 50% das mortes por câncer e mais de 60% das mortes por arteriosclerose seriam causadas por raios X. Isso incluiria um mínimo de 281.437 mortes por câncer e 369.640 por doenças cardíacas por ano, nos Estados Unidos, tendo por base os dados de mortalidade dessas doenças, em 2010, segundo os CCDPs. Sendo assim, o total de mortes por danos radiativos, por ano, seria de 651.077 (dados de 2010).

Além da tecnologia clínica que leva tantos à morte pela radiação ionizante, o dr. Gofman afirmou ter indícios que provam que ela também causa 75% de novos tumores. Por ser uma descoberta tão chocante, merece mais explicação.

Gofman foi autor de vários livros e mais de cem artigos científicos em revistas especializadas em áreas como química nuclear/física, doenças cardíacas, relação entre cromossomas humanos e os efeitos biológicos da radiação, com referência especial às causas do câncer e males hereditários.

Em um artigo chamado "Radiação: Cura ou Causa?", publicado no *Report Newsmagazine*, em 22 de janeiro de 2001, a autora Marnie Ko descreve a pesquisa do dr. Gofman e levanta o tipo de perguntas que deveríamos ter feito à comunidade médica há muito tempo. O dr. Gofman foi o primeiro cientista eminente que teve coragem de confrontar a comunidade científica com a evidência de que a radiação ionizante é o fator principal por trás do câncer e das arterioscleroses.

As descobertas do dr. Gofman não foram bem-vindas para os que afirmam estar combatendo o câncer, quando, na realidade, estão criando os motivos para tal batalha.

Outros que lucravam bastante com a indústria do câncer ficaram particularmente apreensivos. Entre eles, o dr. John Radomsky, presidente da Associação Canadense de Radiologistas. Embora, admitindo não ter lido o artigo do dr. Gofman e uma série de artigos científicos sobre o risco da radiação causar câncer, ele insistiu, no entanto, na afirmação de que "a segurança da radiação não é um problema".

Alguns não podiam admitir que contribuíram direta, embora involuntariamente, para a morte de muitos pacientes ao expô-los aos raios mortais. Em 1996, radiologistas britânicos tentaram impedir um documentário sobre o trabalho do dr. Gofman no programa *20/20** da televisão americana. O Royal College of Radiologists** afirmou que suas conclusões eram "inconsistentes, inexatas, equivocadas e desnecessariamente alarmistas". Não conseguiram, entretanto, fazer uma apreciação da integridade da pesquisa do dr. Gofman que, com ou sem suas conclusões, é significativa.

O dr. Gofman certamente não era um teórico da conspiração nem um excêntrico à procura de holofotes. Era professor da faculdade de medicina da Universidade da Califórnia desde 1947. Foi coinventor da monitor cardíaco portátil VIDA, usado para detecção e sinalização de arritmias cardíacas e inventor de um eletrodo cardiográfico ainda usado em boa parte dos hospitais americanos. Quando jovem cientista nuclear, o dr. Gofman codescobriu o urânio-233 e foi fundamental no isolamento do primeiro miligrama de plutônio.

---

*   N.T.: O 20/20 é um programa de televisão exibido na rede norte-americana ABC desde 6 de junho de 1978.

**   N.T.: O Royal College of Radiologists é a entidade profissional especializada em oncologia e radiologia clínicas no Reino Unido.

Posteriormente, nos anos 1940, liderou uma equipe de pesquisadores na descoberta do papel das lipoproteínas, conhecidas hoje como colesterol.

A pesquisa do médico sobre os riscos radioativos surgiu de sua preocupação profunda com o bem-estar e a saúde das futuras gerações humanas.

Sua advertência de que a maioria dos novos cânceres é resultado de formas ionizantes de radiação médica por instrumentos diagnósticos aparentemente não invasivos, inclusive raios X, TCs, mamografias e fluoroscopias, não se baseava em suspeitas, mas em dados e evidências existentes. Basicamente, tudo o que fez foi analisar o amplo espectro dos dados científicos disponíveis em sua área de pesquisa – o que não havia sido feito antes. Isso desvendou a enorme abrangência de um problema crescente.

A descoberta da conexão mortal entre doença cardíaca e a radiação de baixo nível levou Gofman a fazer uma análise demográfica e estatística para avaliar os efeitos da radiação clínica em uma população inteira.

Em 1999, o dr. Gofman completou um estudo de 699 páginas, publicado pelo Comitê de Responsabilidade Nuclear,* de São Francisco, Califórnia, Estados Unidos. Nele concluiu que "desde sua introdução, em 1896, a radiação para fins clínicos tornou-se um cofator necessário na maioria dos casos fatais de câncer e de cardiopatia isquêmica". Ele cita, em particular, os raios X, TCs e similares – em conjunção com outros fatores de risco, como má alimentação, tabagismo, abortos e o uso de pílulas anticoncepcionais – como a causa principal de fatalidades por câncer.

Gofman analisou com cuidado todos os possíveis fatores causais (cofatores) e separou, de todos os outros fatores de risco, os efeitos da radiação ionizante sobre o câncer.

O conceito de cofatores *necessários* não é novo na medicina moderna. No famoso relatório do *Surgeon General*** de 1964 sobre o tabagismo como causador do câncer de pulmão, os autores

---

*   N.T.: The Committee for Nuclear Responsibility (Comitê de Responsabilidade Nuclear) é uma ONG fundada por Gofman em 1971 para disseminar opiniões antinucleares ao público em geral.

** N. T.: *Surgeon General*, que significa cirurgião-chefe, é o porta-voz do governo federal dos Estados Unidos em assuntos de saúde pública.

escrevem: "Reconheceu-se que, com frequência, é imperiosa a coexistência de diversos fatores para o surgimento de uma doença, e que um desses fatores pode ter um papel preponderante; ou seja, sem ele, outros fatores (como susceptibilidade genética) raramente levam à ocorrência de uma doença".

A premissa de Gofman, de mais de uma causa para cada caso de câncer, foi logo confirmada pelo dr. Kramer e outros oncologistas importantes.

Embora a taxa de câncer de mama seja maior nas mulheres que herdam uma cópia mutada de um gene suscetível ao câncer de mama (BRCA1 e 2) do que em outras, "essa herança certamente não garante o desenvolvimento do câncer em cada célula mamária – embora cada uma dessas células contenha a mutação", diz o dr. Gofman.

Todavia, como assevera o dr. Gofman, só a mutação não basta para causar o câncer ou seu avanço: são necessárias uma ou mais causas adicionais para transformar uma dessas células mamárias em câncer. Nos Capítulos Dois, Três e Cinco darei uma lista completa de cofatores, muitos dos quais devem coexistir para que o câncer se desenvolva e avance. Como podemos deduzir do estudo de Gofman, a radiação ionizante deve ser uma das causas do desenvolvimento do câncer.

Em outras palavras, só a radiação não produz o câncer. Do mesmo modo, tampouco a má alimentação, ou só o cigarro, ou o estresse emocional. O processo cancerígeno envolve o organismo como um todo: alimentação, hábitos de vida, relacionamentos, sociedade e meio ambiente. É preciso que esse ponto fique bastante claro.

Se um desses cofatores estiver ausente, o câncer não acontece. Consequentemente, para provocar um câncer de mama, basta uma combinação crônica de diversos cofatores: deficiência de vitamina D pela não exposição regular ao sol, realização de mamografias duas vezes por ano, ingestão de alimentos repletos de óleos vegetais hidrogenados ou um processo de divórcio longo e estressante. Tal resultado não se verificaria, por exemplo, se a dieta fosse saudável e não fossem realizadas mamografias. E, com exposição regular ao sol, a probabilidade de desenvolver um câncer seria bastante remota.

"Por definição, a ausência de um cofator *necessário* impede o resultado", diz o dr. Gofman. Esse conhecimento basta para qualquer pessoa impedir ou até reverter um câncer, simplesmente ao remover alguns ou todos os cofatores existentes.

Obviamente, alguns cofatores têm mais consequência que outros. Gofman descobriu que a radiação clínica, em particular, é um cofator altamente importante para a mortalidade por câncer ou por cardiopatia isquêmica. Segundo ele, na ausência da radiação, muitos ou a maioria dos casos não teriam ocorrido. Em minha opinião, sua pesquisa levou a uma conclusão contundente e surpreendente: embora não tenha sido o único fator colaborador nesses casos, a radiação médica foi um cofator *necessário*.

Em seu estudo, o dr. Gofman comparou taxas de mortalidade por câncer e cardiopatias isquêmicas, entre 1940 e 1990, em cada uma das nove regiões demográficas americanas com o número médio de médicos por 100 mil habitantes. Ele pressupôs que, pelo fato de os médicos solicitarem exames ou tratamentos envolvendo radiação, o número de aplicações radiológicas deveria ser aproximadamente proporcional ao número de médicos disponíveis à população.

Sua pesquisa fez esta surpreendente associação: as taxas de mortalidade por câncer e cardiopatia isquêmica aumentaram em proporção direta ao número de médicos em cada um dos nove distritos demográficos. Em comparação, as taxas de mortalidade de quase todas as outras causas diminuíram à medida que aumentava a densidade de médicos. Em outras palavras, onde havia mais prescrições de raios X, mais pessoas morriam dessas duas *doenças assassinas*.

Antes de Wilhelm Conrad Roentgen descobrir o raio X, em 1895, e suas aplicações tornarem-se populares, o câncer e as arterioscleroses eram incomuns. Embora os raios X tenham ajudado a salvar muitas vidas desde então, também levaram muitas outras mais. Embora sejam úteis para diagnósticos específicos, como fraturas ósseas, há métodos alternativos, como a ultrassonografia – ou, melhor ainda, a tecnologia de imagem térmica –, que são tão eficazes quanto, mas não apresentam os mesmos efeitos colaterais.

A tecnologia de imagem térmica é um exame não invasivo e não radioativo que, na minha opinião, é bem superior aos raios X e ao ultrassom. Ela tem a capacidade de detectar o desenvolvimento de um tumor muitos anos antes de um raio X, e sem apresentar os efeitos colaterais danosos associados à radiologia. Ver um desequilíbrio térmico que retrata um distúrbio circulatório nos seios, por exemplo, pode ajudar uma pessoa a tomar as medidas necessárias para impedir que esse distúrbio se manifeste, mais tarde, em forma de tumor.

Termologia é a ciência médica que faz diagnósticos a partir do registro de imagens infravermelhas do corpo humano usando câmeras (termográficas) infravermelhas sensíveis de alta resolução. A termografia mamária utiliza os princípios da termologia como técnica diagnóstica na detecção precoce de câncer mamário em um ambiente clínico ou para monitorar seu tratamento. A termografia mamária é totalmente sem contato e não produz qualquer forma de energia radioativa na superfície ou no interior do corpo. A taxa de precisão na detecção de tumores cancerígenos no seio é (a partir de 2009) de 94,8%, de acordo com um estudo comparativo publicado no *Journal of Medical Systems* [abril de 2009; 33(2):141-53]. Em comparação, a taxa de precisão da mamografia é de apenas 45-50%.

A pegadinha? O custo das câmeras de imagens térmicas é relativamente mais baixo do que TCs ou tecnologias por imagem similares. Portanto, arrecadam bem menos fundos para a indústria médica. Talvez seja essa a razão pela qual são raramente empregados por hospitais e médicos em geral.

É quase consenso que, no caso do câncer, a prevenção é o melhor remédio. No entanto, apesar de haver métodos diagnósticos e preventivos menos perigosos (e quase sempre mais eficazes), a indústria médica continua a insistir que apenas TCs e ultrassons são confiáveis. Todavia, essa atitude, embora financeiramente lucrativa, serve apenas para agravar os problemas. Na maioria dos casos, basta evitar a radiação ionizante e alguns outros cofatores para se permanecer livre do câncer.

Estamos apenas começando a testemunhar as consequências de se fiar excessivamente na tecnologia moderna no lugar das competências diagnósticas humanas e na intuição médica. Esta última foi fundamental a certas formas ancestrais de medicina, como a ayurvédica e a chinesa. Hoje, é mais fácil deixar uma máquina diagnosticar os sintomas de uma doença em vez de usar as capacidades de observação e de investigação humanas para determinar a causa desses sintomas.

Os exames médicos sofisticados parecem reduzir os erros do diagnóstico médico que, em tese, diminuiriam a incidência e a probabilidade de ações judiciais contra os médicos. O diagnóstico médico também tem a função de salvar vidas. Os erros médicos, contudo, nunca foram tão frequentes e sérios quanto agora, e os processos judiciais por negligência abundam.

De fato, de acordo com um artigo escrito pela dra. Barbara Starfield, doutora em Medicina e Saúde Pública, da Escola de Higiene e Saúde Pública da Universidade Johns Hopkins, os erros médicos divulgados talvez sejam a terceira causa de mortes nos Estados Unidos. Pelo menos 225 mil mortes por ano neste país (a partir do ano 2000) resultaram de causas iatrogênicas, ou seja, provocadas por médicos, tanto por erros diagnósticos quanto por tratamentos médicos.[8]

Tomando por base que, segundo o FDA, apenas entre 1% e 10% dos erros médicos não são denunciados, supõe-se que o número real de mortes nesse sentido deva ser de milhões e, portanto, superior às taxas de mortalidade por câncer e cardiopatias combinadas. De acordo com o relatório, com base na menor estimativa, mais pessoas morrem em razão de erros médicos do que em acidentes automobilísticos, câncer de mama ou AIDS.

Pessoalmente, não culpo os médicos por esse mal-estar. A maioria dos médicos tem interesse genuíno no bem-estar de seus pacientes e estão comprometidos em auxiliá-los o melhor que podem, mas em vez disso só podem ajudar de acordo com o que foram ensinados a fazer, ou pior, com o que eles *não* foram ensinados. Em estudo publicado pelo *New England Journal of Medicine* [1993 (28 de janeiro); 328 (4):246-252], os pesquisadores assinalaram o quase completo desconhecimento sobre o uso de formas não convencionais de medicina pelos pacientes. Suas conclusões foram: "Sugerimos que as faculdades de Medicina incluam no currículo informações sobre terapias não convencionais e ciências sociais clínicas (Antropologia e Sociologia). A recente criação dos Estudos de Práticas Médicas Não Convencionais nos Institutos Nacionais de Saúde (NIH) deve ajudar a promover a pesquisa e educação acadêmica nessa área".

A atitude predominante na medicina convencional é que a medicina moderna conforme ensinada nas faculdades é a única forma científica, comprovada e confiável de medicina. A homeopatia, *ayurveda, tai chi*, ioga, meditação, atividade física e até a oração não *pertencem* ao campo da medicina real, mesmo que, em alguns casos, sejam comprovadamente mais eficazes do que a medicina convencional.

Para começo de conversa, ao contrário da medicina convencional, a medicina não convencional não mata milhões de pessoas todos os anos. O mais surpreendente é que ainda se considera a medicina

---

8. *Journal of the American Medical Association (JAMA)*, Vol. 284, No.4, 26 de julho de 2000.

convencional como o sistema mais avançado de medicina já existente, quando na verdade há muito pouca ciência por trás dela.

Um editorial, "Onde está o Bom Senso? A Pobreza da Evidência Médica" ("Where is the Wisdom? The Poverty of Medical Evidence"), do editor do *British Medical Journal*, dr. Richard Smith [BMJ 1991 (5 de outubro); 303:798-799], explica o dilema do sistema médico ocidental. O artigo cita uma afirmação sensata, feita pelo renomado consultor de políticas de saúde, David Eddy, professor de políticas e administração de saúde da Universidade de Duke, na Carolina do Norte, Estados Unidos. "Talvez haja 30 mil revistas biomédicas no mundo e elas têm tido um crescimento estável de 7% ao ano desde o século XVII", escreve o dr. Smith, **"ainda assim apenas 15% das intervenções médicas são sustentadas por sólidas evidências científicas" disse o dr. Eddy.**

"Isso acontece, em parte, porque apenas 1% dos artigos nas revistas de medicina são cientificamente sólidos e, em parte, porque muitos tratamentos sequer foram analisados", de acordo com ele. Por quê? Um dos motivos é, como já discutimos, que a maioria desses artigos cita outros artigos que fazem argumentos improcedentes ou infundados, de acordo com o dr. Smith.

O dr. Eddy acrescenta uma perspectiva ainda mais perturbadora a essa situação. Por inúmeras razões, ele começou a questionar a lógica e a legitimidade dos tratamentos que era obrigado a usar em sua prática médica. Ele começou a carreira médica como cirurgião cardiotorácico na Universidade Stanford, na Califórnia. Logo começou a investigar os tratamentos médicos comuns para analisar em detalhes as evidências que embasavam esses tratamentos.

Para descobrir tais evidências, ele pesquisou artigos médicos publicados desde 1906, mas não conseguiu achar estudos controlados randomizados para a maioria dos tratamentos-padrão. Posteriormente, identificou as afirmações convencionais em livros e revistas médicas sobre os tratamentos-padrão e descobriu que elas simplesmente foram passadas de geração a geração, inclusive tratamentos para doenças tão diversas quanto glaucoma e entupimentos das artérias femorais e poplíteas, bem como câncer colorretal. Em outras palavras, encontrou pouca ciência e mais tradição oral e oitivas. Para os praticantes e defensores dos métodos *não convencionais* de cura natural, essa acusação é bastante familiar.

Há inúmeros exemplos de tratamentos médicos que se mostraram ineficazes, mas que continuam a ser rotineiramente administrados a milhões de pacientes. No artigo *Believing in Treatments that Don't Work* ("Acreditando em Tratamentos que não Funcionam") (Well, 2009), o médico emergencista dr. David H. Newman explica como a ideologia médica costuma substituir a medicina baseada em evidências.

Por exemplo, a ideologia médica impõe a administração de betabloqueadores a pacientes que sofreram um ataque cardíaco após a coagulação abrupta de uma artéria coronariana. Nos momentos iniciais após o infarto, o coração apresenta batimentos rápidos e intensos. Durante décadas, os médicos ministraram betabloqueadores para acalmar o coração. Essa abordagem *lógica*, contudo, não tem suporte na evidência científica. Ao contrário, 26 entre 28 estudos demonstram que a administração precoce de betabloqueadores a enfartados não salva sua vida, mas causa sua morte.

Em 2005, por exemplo, o estudo mais abrangente sobre fármacos demonstrou que os betabloqueadores nos momentos iniciais e vulneráveis pós-infarto provocaram aumento da insuficiência cardíaca.[9] "Consequentemente, seria prudente iniciar a terapia com betabloqueadores no hospital apenas quando a condição hemodinâmica pós-infarto se estabilizar", afirmam os pesquisadores.

Ao contrário da grande maioria da comunidade médica, sempre acreditei que a reação vigorosa do coração após um infarto é a melhor maneira de salvar o organismo. Dar betabloqueadores para reduzir o consumo cardíaco de suprimentos limitados de oxigênio, mas ao mesmo tempo conter a função cardíaca nesse momento crucial, é questionável e arriscado. Para desfazer o entupimento, o coração precisa bombear com mais força, não menos. De novo, o organismo tem estratégias perfeitas de sobrevivência superiores às intervenções da medicina humana.

Embora tenha sido cientificamente comprovado que a utilização desses fármacos no pós-infarto aumenta a incidência de uma insuficiência cardíaca mortal, a maioria dos médicos ainda acredita ser um tratamento médico válido e científico. Chamo isso de charlatanice legalizada.

---

9. *Lancet*, 5 de novembro de 2005; 366(9497):1622-32.

Eis uma lista de outros exemplos em que a ideologia médica contradiz a evidência científica:

- Os antidepressivos como o Prozac, embora apresentem muitos efeitos colaterais danosos, continuam a ser distribuídos a milhões de pessoas apesar dos inúmeros estudos comprovando que são tão eficazes quanto placebos no tratamento da depressão.
- A taxa de sucesso da moderna terapia do câncer é muito menor do que a resposta mais fraca de um placebo. Em média, a remissão ocorre em apenas 7% dos pacientes com câncer.
- Os indícios sugerem que os antibióticos para infecções do ouvido, bronquite, sinusites e dores de garganta fazem muito mais mal do que bem. No entanto, os médicos continuam a prescrevê-los a mais de um entre sete americanos todos os anos, causando uma miríade de efeitos colaterais que, com frequência, exigem mais tratamento, a um custo de 2 bilhões de dólares/ano, além de contribuir para o desenvolvimento de superbactérias que resistem a todos os tratamentos médicos conhecidos.
- Os médicos fazem aproximadamente 600 mil cirurgias da coluna vertebral por ano, a um custo estimado de mais de 20 bilhões de dólares, apesar de, na maioria dos casos, não haver comprovação de que essas cirurgias sejam mais eficazes do que tratamentos não cirúrgicos.
- Estudos comprovaram que a cirurgia artroscópica para correção da osteoartrose do joelho não é mais eficaz que uma cirurgia fraudulenta, em que os cirurgiões ministram uma anestesia leve aos pacientes enquanto fingem que operam. Essas cirurgias também não se mostram mais eficazes que uma terapia física não invasiva. No entanto, mais de 500 mil americanos submetem-se a esse tipo de cirurgia a custo aproximado de 3 bilhões de dólares/ano.
- Embora não haja comprovação da eficácia dos xaropes para tosse, os médicos ainda os prescrevem rotineiramente, embora possam prejudicar e até matar crianças. Em crianças bem pequenas, os remédios para gripes e tosses, vendidos em farmácias, podem causar sérios efeitos colaterais, inclusive arritmias cardíacas, convulsões, parada respiratória

e morte. De fato, as complicações e superdosagens desses medicamentos considerados seguros respondem por dois terços das emergências em hospitais infantis, de acordo com estudos de pesquisadores publicados na revista médica *Pediatrics* (novembro de 2010). Dois terços desses casos ocorreram por deixar medicamentos ao alcance de crianças, e um terço porque a dosagem foi intencional e correta. E tudo isso apesar de o FDA ter proibido a prescrição de remédios para tosse para crianças com menos de 4 anos de idade.

Os custos e as baixas taxas de sucesso desses tratamentos, entre muitos outros, levam-nos a questionar sua utilização até hoje. É inegável a sedução de tratamentos baseados na mentalidade de que *há uma pílula para todos os males*. Submetemo-nos a exames e tratamentos por acreditar neles como símbolos, apesar dos efeitos reais. Ao não compreender e confiar que o organismo é um sistema integrado com seus próprios mecanismos naturais de cura, procuramos consolo na ideia de soluções fáceis.

Porém, a verdade desconfortável que devemos encarar é que a maioria dessas intervenções caras, invasivas, ineficazes e/ou prejudiciais, em suma, acaba por nos fazer mais doentes. Devemos nos perguntar o seguinte: esse antibiótico vai mesmo curar uma simples sinusite? Preciso mesmo de uma cirurgia lombar? A quimioterapia é mesmo a única maneira de me livrar do câncer? Estou pronto para analisar os dados em vez da ideologia? Estou pronto para as evidências? A verdade?

Embora a indústria médica queira nos convencer de que a prevenção e métodos de cura natural comprovados pelo tempo não passam de charlatanice, não são só os hereges médicos a pregar no deserto uma análise de nossa atitude médica moderna. O número maior de evidências fala por si só: nossas crenças sobre a medicina moderna estão nos matando cada vez mais.

Mesmo nas raras ocasiões em que as agências encarregadas de monitorar a indústria médica tomam decisões baseadas no cuidado real com o paciente em detrimento dos resultados financeiros, estas sempre vêm muito tarde e não conseguem abordar as causas profundas dessa situação desastrosa.

Por exemplo, o FDA chegou às manchetes, em março de 2011, ao anunciar a retirada do mercado cerca de 500 medicamentos não aprovados, vendidos regularmente durante décadas. A maioria dessas medicações, entre elas Pediahist,* Cardec,** Rondec,*** e centenas de outras, têm sido prescritas mesmo antes de o FDA estabelecer seu processo de aprovação. Eles afirmam que as novas medidas vêm em resposta a descobertas feitas por seu sistema de informação de eventos adversos. Mas essa proibição também significa que centenas de medicamentos agora irão passar pelo sistema de aprovação do FDA, trazendo assim milhões de dólares em novas receitas. Enquanto isso, o FDA parece estar fazendo muito pouco com relação aos relatórios sobre sérias complicações oriundas de drogas já aprovadas, tais como a Gardasil, uma vacina para o HPV (papilomavírus humano), por exemplo.

O que aconteceu com a liberdade pessoal?

Está claro que mesmo as agências de vigilância governamental nem sempre levam em consideração os interesses do paciente. Em última instância, o conhecimento individual é nossa melhor defesa em um ambiente clínico cada vez mais obcecado com lucros em detrimento dos pacientes, e com base em fundamentos frágeis de evidências manipuladas e meias verdades.

Todavia, o mais assustador em relação ao ambiente clínico atual é que, em virtude de o diagnóstico médico tradicional ser considerado sacrossanto, diminuem cada vez mais as opções disponíveis aos pacientes para tratar e curar o organismo. Apesar dos efeitos desanimadores dos tratamentos clínicos ortodoxos, a liberdade individual na escolha de métodos de cura alternativos para tratar de doenças está cada vez mais sob ataque, em especial quanto ao direito de os genitores discernirem o que é melhor para seu filho. De fato, se levar seu filho ao médico, é provável que o diagnóstico o leve a ser acusado de assassinato.

O complexo industrial médico teve uma vitória sem precedentes, há alguns anos, no caso de Kristen LaBrie, de 38 anos. Mãe de um

---

*   N.T.: Princípio ativo do medicamento pseudoefedrina/bronfeniramina/dextrometorfano para alívio dos sintomas de sinusite, coriza, espirros e tosse causados por resfriados, infecções to trato respiratório superior e alergias.
**   N.T.: Princípio ativo do medicamento Carbinoxamina-Pseudoefedrina, Bronfeniramina-Pseudoefedrina, para alívio temporário de sintomas causados por resfriados comuns, gripes, alergias e outras doenças respiratórias, como sinusites e bronquites.
*** N.T.: Princípio ativo do medicamento maleato de clorfeniramina e cloridato de fenilefrina, para alívio de rinites alérgicas e vasomotoras sazonais e perenes.

filho autista diagnosticado com câncer, ela foi processada, julgada e considerada culpada por tentativa de assassinato, negligência culposa e outras acusações, simplesmente por tentar proteger o filho da quimioterapia venenosa. Ela afirmou em testemunho, em vão, que sinceramente acreditava que os tratamentos quimioterápicos estavam matando seu filho mais rapidamente do que o câncer. Em vez de manter o filho com a dor e o sofrimento causados pela quimioterapia, ela decidiu parar de administrar os medicamentos. Mas a preocupação sincera com o filho rendeu-lhe 40 anos de prisão!

Esse é um exemplo bastante perturbador de até onde o governo e a indústria médica irão para decidir o que é melhor para as crianças – mesmo com dados e evidências abundantes a sugerir que os tratamentos convencionais são ineficazes ou até contraprodutivos.

Confrontadas com a *sabedoria* médica convencional cara, ineficaz e danosa, não é surpresa que as pessoas recorram cada vez mais à medicina alternativa. Como resposta, a indústria médica vem aumentando a retórica contra esses tratamentos, em sua maioria, sensatos. Todavia, a popularidade e o crescente sucesso obtido pela medicina alternativa em melhorar a vida de milhões de pessoas, nos últimos 30 a 40 anos, levaram a uma agressividade e arrogância por parte dos representantes da medicina convencional, que afirmam ser a única medicina científica a que professam e que não há corroboração às abordagens alternativas aos tratamentos médicos. A maioria acredita nessa falácia e ainda afirma que as práticas médicas estabelecidas são endossadas por evidências científicas, embora haja muito poucas nesse sentido.

Um artigo de 2003, "Death by Medicine (Morte pela Medicina)", escrito pelo Prof. Dr. Gary Null; dra. Carolyn Dean; Martin Feldman, Debora Rasio e Dorothy Smith, mostra outra realidade. O relatório preparado por eles com amplas referências prova que:

- 2,2 milhões por ano de pessoas hospitalizadas apresentam reações adversas aos medicamentos prescritos.
- 20 milhões de antibióticos para infecções virais são desnecessariamente prescritos por ano.
- 7,5 milhões de procedimentos médicos e cirúrgicos são feitos anualmente.
- 8,9 milhões de pessoas por ano são desnecessariamente hospitalizadas.

- 783.936 pessoas por ano morrem em virtude de erros médicos ou dos efeitos colaterais causados pelo tratamento clínico.

É verdadeiramente irônico dar-se mais credibilidade a um sistema médico jovem e, na maior parte, sem comprovação do que a sistemas milenares de medicina que mantiveram saudáveis civilizações inteiras. Hoje, as aplicações diagnósticas e tratamentos altamente *avançados* da medicina convencional têm o poder de gerar uma enorme pandemia, inibindo o sistema imunológico por gerações. Enquanto isso, os métodos naturais de diagnóstico e tratamento de doenças estão sendo ignorados e reprimidos de propósito.

Quando estudei a medicina ayurvédica, há duas décadas, aprendi o antigo método de "leitura de pulso", utilizado há 6 mil anos, que permite detectar, de pronto, qualquer tipo de desequilíbrio em qualquer parte do corpo. Além disso, um bom médico ayurvédico é capaz, em menos de um minuto, de identificar a causa profunda de qualquer doença pelos seus sintomas, sem fazer uso de testes sanguíneos, eletrocardiogramas ou radiografias. Nosso fascínio e foco deveriam estar nas causas da doença, em vez de seus sintomas.

Aprendemos que a medicina moderna salva vidas. Gastam-se milhões de dólares por ano no estudo de tudo aquilo que pode nos fazer adoecer, desde bactérias, vírus, toxinas e até a luz do sol! O trabalho do dr. Gofman e de outros mostra que os efeitos destrutivos cruéis da radiação clínica superam de longe os erros médicos e os acidentes. Os diagnósticos de doenças servem para preveni-las e restaurar nossa saúde, não para nos fazer mais doentes e possivelmente morrer.

O Juramento de Hipócrates tradicionalmente feito pelos médicos por ocasião de sua formatura, no qual juram praticar a medicina eticamente, diz o seguinte: "Também prescreverei regimes de estilo de vida que beneficiem meus pacientes, de acordo com minha melhor capacidade e julgamento, e não lhes causar mal". E mais: "Não darei droga letal a ninguém, caso isso me seja solicitado".

De acordo com o Conselho Geral de Medicina americano, os deveres de um médico devem incluir os seguintes mandamentos:

- Fazer do cuidado com seu paciente sua principal preocupação.
- Proteger e promover a saúde dos pacientes e do público.
- Manter atualizados seu conhecimento e habilidades profissionais.

Os gregos foram os primeiros a introduzir a total separação entre matar e curar. Até então, no mundo primitivo, o médico e o feiticeiro eram a mesma pessoa. Ele tinha o poder de matar e de curar. De algum modo, apesar do avanço tecnológico na área médica, ironicamente regredimos a um mundo primitivo em que os que têm poder de curar também são autorizados a matar. Ora, mais uma vez, os médicos têm licença para matar. Podem ignorar a evidência de que a radiação ionizante mata uma série de pacientes, que as vacinas podem causar doenças mortais que, em tese, devem prevenir,[10] ou que os fármacos prescritos não curam as doenças, mas suprimem seus sintomas, provocando novas doenças em razão de seus efeitos colaterais.

Os conselhos de Medicina nos Estados Unidos punem os médicos (como também progenitores como Kristen LaBrie) que não desejam causar mal a seus pacientes nem querem prescrever-lhes medicamentos ou exames diagnósticos perigosos. Esses médicos moralmente éticos terão suas licenças cassadas, podendo inclusive ser alvo de processos por negligência médica.

Pessoalmente, vivenciei a conexão mortal entre diagnóstico e doença séria quando tinha apenas 17 anos. Meu pai foi erroneamente diagnosticado com um raro problema renal. O tratamento à base de remédios gerou horríveis efeitos colaterais que fizeram com que seu corpo, antes esbelto, inchasse quatro vezes mais do que seu peso normal em uma semana. Não conseguia nem reconhecê-lo. O erro médico acabou sendo admitido, mas o tratamento agressivo já havia afetado seu organismo, causando danos a seu coração. Tratamentos posteriores perfuraram seu estômago e ele morreu aos 54 anos, após um ano sofrendo, confinado a uma cama.

Por que os efeitos colaterais dessas tecnologias médicas nunca foram testados antes de elas serem adotadas em hospitais e apresentadas a médicos e seus pacientes? Voltarei posteriormente a essa importante questão.

Radiação diária

De fato, a radiação nociva pode vir de outras fontes além das da tecnologia médica. Ela permeia nossa vida diária de diversas maneiras,

---

10. Veja meu livro *Vaccine-nation: Poisoning the Population, One Shot at a Time* (Vacinação: Envenenando a População, Uma Injeção de Cada Vez).

particularmente por meio das engenhocas tecnológicas ou novos equipamentos. Por exemplo, de acordo com uma pesquisa, que discutirei em mais detalhes no Capítulo Dois, na proximidade de um telefone celular até as radiações não ionizantes emitidas provocam a quebra da fita simples ou dupla do DNA por regiões, produzindo as chamadas proteínas de choque térmico (HSP).

Nossas células produzem essas proteínas de modo a neutralizar estímulos danosos. A exposição regular a essas formas inaturais de radiação levam a sérios danos por estresse e inúmeras mutações genéticas. Em outras palavras, a exposição repetida ou regular tanto à radiação ionizante quanto à não ionizante conduz a uma ampla gama de doenças que a ciência médica agrupa posteriormente na categoria de desordens genéticas.

As descobertas feitas por pesquisadores genéticos de um número cada vez maior de genes mutantes em pessoas com câncer ou outras supostas doenças desviaram nossa atenção das causas reais que prejudicam nosso organismo. Aqui se encontra o verdadeiro perigo do Projeto Genoma Humano. Com os vastos recursos gastos na pesquisa do DNA humano, em nenhum caso o conhecimento da sequência do DNA de qualquer gene em particular contribuiu para a cura do câncer. Como todas as promessas feitas pela ciência médica de que "estamos perto de criar uma cura para o câncer", a medicina genômica ainda não conseguiu fazer uma diferença significativa.

Tanto acadêmicos quanto leigos acreditam que a pesquisa genética vai moldar o futuro da medicina, mas ninguém consegue definir com exatidão o que isso significa. A pesquisa genética não é tão óbvia quanto querem acreditar as pessoas e os investidores do projeto do genoma.

Um artigo intitulado "State of the Art", na edição de 13 de fevereiro de 2011, do prestigioso jornal alemão *Die Süddeutsche Zeitung* fez uma análise realista da situação da pesquisa genética. Embora as sequências da maioria dos 3,2 bilhões de pares de base do DNA tenham sido decodificadas, isso cobre os materiais genéticos apenas, segundo a revista. Nada se sabe sobre a interação e o relacionamento entre o DNA, RNA, proteínas, circunstâncias vitais e condições ambientais. O artigo conclui que mal sabemos a quantidade de genes do corpo humano, embora seja estimada em 20 a 22 mil.

Se essa estimativa estiver correta, temos mais de 60 bilhões de pares de base do DNA sobre os quais pouco sabemos! O que faz a interpretação genômica ser tão pouco confiável e potencialmente falaciosa é o fato de que a sequência de DNA sempre varia de pessoa para pessoa. Ninguém partilha do mesmo DNA – isso é óbvio. Mas o fator de imprevisibilidade torna impossível determinar o que é normal em um genoma e o que não é. Afinal, não somos máquinas idênticas, mas únicas em muitos aspectos.

É fato que o corpo humano usa apenas 1,5% de seu genoma para a produção de proteínas. Nada se sabe sobre o papel dos outros 98,5% do DNA – que foi arrogantemente chamado de DNA *lixo*.* Seria temerário acreditar que o corpo não faz uso dele. Novamente, parece que estamos brincando com algo incrivelmente complexo e profundo sem nos darmos conta de que não temos o conhecimento básico sobre seu funcionamento. É irresponsabilidade fundamentar uma tecnologia inteiramente nova em algo sobre o qual não temos o mínimo conhecimento.

Já começamos a ver, por exemplo, as consequências maléficas dos alimentos geneticamente modificados (GM): milhões de acres de colheitas desses alimentos não vingaram por causa da manipulação de algumas das mais poderosas leis da natureza – graças à cegueira irresponsável e à ganância empresarial. Muitos já estão familiarizados com as sérias consequências provocadas pela manipulação genética dos alimentos.

Sem se dar conta, todos os dias, centenas de milhões de pessoas já comeram alimentos geneticamente modificados que podem causar alterações permanentes ao DNA. Essas mutações nos permitem processar esses alimentos, que jamais existiram no planeta, porém esse "ajuste" acaba por causar anormalidades pouco conhecidas, embora permanentes. Não há comprovação científica de que o consumo de alimentos transgênicos ou geneticamente modificados seja seguro. De fato, não há publicações de estudos clínicos, submetidos à revisão por pares, sobre os efeitos dos alimentos GM sobre a saúde humana. Devemos, simplesmente, confiar nas empresas que

---

*   N.T.: Essa afirmação, feita há 11 anos, foi desmentida por pesquisas recentes que descobriram que, embora o restante do genoma humano não seja capaz de codificar a produção de proteínas, ele tem influência direta sobre o modo como elas atuam no organismo.

fabricam esses alimentos (e lucram com isso). Entretanto, dúzias de estudos e relatórios demonstram que rações GM dadas a animais causam cânceres, danos estomacais e intestinais, e inúmeros outros sintomas de sério desequilíbrio na homeostase, inclusive a morte.

O que levanta a questão: por que queremos comer esses alimentos? Afortunadamente, a discussão global resultou em alguns passos positivos. A maioria dos países europeus baniu a importação de produtos GM. Contudo, essa proibição irrita o governo americano que é o maior promotor e produtor desses alimentos. E como os produtores não são obrigados legalmente a rotular seus produtos como transgênicos (desde 2012),* é virtualmente impossível estabelecer a ligação entre transgênicos e câncer nos humanos.

Parece lógico deduzir que, se ainda somos incapazes de fazer uma engenharia genética segura dos alimentos mais básicos, não estamos nem perto de conseguir *curar* geneticamente qualquer doença. Todavia, apesar de nossa compreensão superficial de toda a sua mecânica e implicações, a medicina genômica é largamente considerada como a nova medicina deste século. De fato, a genômica já desempenha um papel importante no diagnóstico, monitoramento e tratamento de doenças, criando uma tecnologia diagnóstica nova e onerosa e medicamentos cada vez mais caros.

Não é nenhuma surpresa que as empresas de biotecnologia estejam cada vez mais envolvidas no projeto de exames diagnósticos para confirmação de opiniões médicas quando há a suspeita de que uma condição específica se baseie em mutações genéticas e sintomas. E como todas as doenças têm um componente genético – seja herdado ou resultante da reação do organismo a estresses ambientais como radiações, vírus ou toxinas – são simplesmente ilimitadas as implicações no sentido de aumentar o alcance e a influência (e, portanto, os ganhos financeiros) da medicina genômica.

A tendência da farmacologia atual é criar novas classes de medicamentos relacionados com a informação sobre a sequência genômica e a função da estrutura proteica, em lugar do método tradicional de tentativa e erro. Esses novos fármacos tem como alvo

---

* N.T.: Em 14 de julho de 2016, o Congresso americano aprovou uma legislação sobre a rotulagem de alimentos que contenham organismos geneticamente modificados. Fonte:<http://revistagloborural.globo.com/Noticias/Agricultura/noticia/2016/07/congresso-dos-eua-aprova-lei-sobre-rotulagem-de-alimentos.html>.

apenas partes específicas do organismo, prometendo, portanto, menos efeitos colaterais do que a maioria dos medicamentos atuais, o que induz médicos e pacientes a usá-los. Esse novo ramo da farmacologia é conhecido por farmacogenômica e já está sendo utilizado em todas as doenças críticas, como câncer, distúrbios cardiovasculares, HIV, tuberculose, asma e diabetes.

A terapia genética, que faz uso de genes normais para substituir ou suplementar genes defeituosos, é considerada a aplicação mais interessante da ciência do DNA. Embora não discuta a utilidade dessa abordagem na reparação dos defeitos genéticos em pessoas com certas doenças hereditárias específicas, como a hemofilia, por exemplo, tenho reservas quanto ao fortalecimento da imunidade ao introduzir um gene que impede o crescimento tumoral. Isso porque acredito na intercomunicabilidade holística da saúde individual. Para ilustrar, faz sentido substituir o piso de uma casa cujo alicerce está podre e começa a afundar? Claro que não. É mais sensato e vantajoso cuidar primeiro do alicerce: consertar as partes deterioradas, impedir os danos e recuperar sua capacidade de suportar o restante da edificação. De igual modo, introduzir um gene novinho em folha em um organismo já tomado por toxinas, malnutrido e estressado não é uma forma inteligente de tratar uma doença.

Para se curar uma pessoa, é preciso restaurar a homeostase do organismo, não só corrigir um defeito em uma ou mais partes. Aumentar a imunidade de forma não natural é tão ou mais arriscado do que suprimi-la. Não temos ideia dos efeitos a longo prazo decorrentes da manipulação genética, tanto em nós quanto em nossos filhos. Isso jamais foi feito antes.

Uma coisa é nascer com um defeito genético herdado que se manifesta como uma desordem rara, como a talassemia, hemofilia, síndrome de Down, distrofia muscular, hemocromatose ou neurofibromatose. Mas outra completamente diferente é adquirir mutações genéticas durante anos em razão de mudanças nos hábitos de vida ou de influências nocivas no ambiente.

A maioria dos distúrbios é multifatorial ou poligênica, ou seja, envolve os efeitos de genes múltiplos na combinação com modos de vida e mudanças ambientais. Tais distúrbios incluem câncer, doenças cardíacas, diabetes, esclerose múltipla, asma, hipertensão, obesidade e infertilidade. Embora haja a tendência de serem herdadas, elas não cabem em padrões simples, como é o caso das doenças genéticas. Todavia, o Projeto Genoma tenta fazer essa conexão até mesmo onde elas não existem.

Cada vez mais doenças estão sendo incluídas no Projeto Genoma em virtude da descoberta de genes mutados que aparecem antes da manifestação da doença ou durante. Entretanto, isso apenas dissocia as pessoas de seu próprio organismo. Afinal, não aprendemos a acreditar que não temos controle sobre nossos genes, mas eles sobre nós?

Pesquisadores russos têm demonstrado repetidamente que os genes podem ser reparados e os órgãos reconstruídos sem recorrer a terapias com células-tronco ou outros tratamentos caros. E até quando falamos ou pensamos, nosso DNA escuta e responde.

Em nenhum lugar da literatura científica sobre o Projeto Genoma há menção ao fato biomédico comprovado de que, em última instância, os genes sozinhos nada controlam. A principal função do gene é reproduzir células que, por sua vez, são responsáveis pela saúde e o desempenho dos órgãos e sistemas corporais. A eficiência dos genes em fazer isso depende de nós e ao que nos expomos.

Em vídeo gravado, o dr. Bruce Lipton explica que, graças a um processo chamado de *mecanismos epigenéticos*, um único gene pode criar mais de 30 mil versões de produtos, como proteínas e enzimas. O organismo faz isso o tempo inteiro. Tanto nossa mente consciente quanto a inconsciente, que aciona um vasto número de reações bioquímicas no cérebro e no resto do organismo, são responsáveis por ativar ou desativar os genes.

Embora os genes não possam ser *ativados* ou *desativados*, esse é um termo que a genética gosta de usar. Na realidade, ou esses genes existem ou não, pois a estrutura genética não desaparece ou é desativada. O que a torna ativa ou inativa é o fato de serem lidas ou não. O que permite que sejam lidas ou ignoradas é nosso pensamento, sentimento, comportamento, alimentação, ambiente e hábitos de vida. De igual modo, um conflito com outro ser humano ou a perda do emprego ou de dinheiro (que constitui um conflito de separação) pode rapidamente causar o mesmo conflito de separação dentro das células, impedindo, portanto, a leitura dos genes. A má leitura dos genes pode causar alterações no comportamento celular, ou seja, na chamada mutação celular. E, assim como podemos causar uma anomalia (a ilegibilidade) em um gene, também podemos reescrever a expressão genética e modificá-la de modo a torná-la legível – ou seja, a um estado de equilíbrio e saúde.

Mesmo nos casos de anomalias genéticas, como a síndrome de Down, deve haver uma causa para esse raro e espontâneo dano ao DNA. Para cada efeito há uma causa subjacente, mesmo que esta seja desconhecida pela investigação científica.

Há diversas influências ambientais às quais um feto pode ser exposto; qualquer uma delas pode, por exemplo, originar a criação de um cromossomo extra, como no caso da síndrome de Down.[11] Hoje em dia, há diversas fontes que podem alterar o DNA e seus genes.

É fácil observar que herdar os genes anormais de nossos pais não significa que também herdemos sua doença. Há algo mais que afeta nossa saúde além dos genes.

De fato, todos os genes no corpo são controlados pelo ambiente celular e suas influências, inclusive nossas percepções e crenças pessoais. Se, de fato, há um gene defeituoso no organismo, como o dr. Kramer e outros oncologistas renomados descobriram e provaram, ele não é capaz de causar ou produzir o crescimento de um câncer. É bastante provável que cada pessoa que sofra de uma doença grave **também** tenha genes alterados em seu organismo, causados por mudanças no ambiente celular e não por ocorrências acidentais. E, independentemente da ocorrência ou não da mutação genética, o fato é que os genes não podem causar o câncer ou outras supostas moléstias. Deve haver outros fatores em ação para que o sistema de equilíbrio e autocura do organismo se desestabilize e adoeça.

É fácil pressupor que os genes defeituosos sejam responsáveis, por exemplo, pela ocorrência de cataratas congênitas em crianças. A catarata é a opacidade do cristalino, a lente interna dos olhos, e quando ocorre em crianças ou recém-nascidos, pode levar à cegueira precoce. A suspeita de que cataratas infantis têm relação genética é especialmente convincente quando todas as crianças de uma família partilham do mesmo problema.

Por outro lado, é válido também acreditar que uma deficiência nutricional ou hormonal na mãe pode causar catarata no filho.

---

11. A síndrome de Down é um distúrbio congênito causado pela existência de um 21º cromossomo, geralmente em cada célula do corpo. Veja http://www.cdc.gov/ncbd-dd/birthdefects/downsyndrome.html.

Um estudo publicado em 1996 na revista *Lancet* [Edward B. Blau, Congenital Cataracts and Maternal Vitamin D Deficiency, Lancet 34 7(9001):626 (02/03/1996)] mostrou que o surgimento de catarata no feto pode ser atribuído à deficiência de vitamina D na mãe. Já que a vasta maioria de pessoas tem deficiência dessa vitamina, conclui-se que isso contribuiria para muitos problemas de saúde.

As crianças não herdam a vitamina D em virtude de um defeito genético, mas de um hábito de vida prejudicial. Como demonstrou esse estudo, a deficiência ocorre quando a mãe deixa de tomar sol regularmente. Se ela passa esse hábito infeliz ao filho que, por sua vez, nunca recebeu vitamina D no ventre, essa criança, mesmo mamando no peito, continuará a ter falta dessa vitamina, pois não há no leite materno quantidade suficiente dela. O que não é nenhuma surpresa, principalmente quando a própria mãe também tem falta dessa vitamina.

Um estudo publicado em *Pediatrics* (janeiro de 2011) demonstra como é importante a vitamina D no desenvolvimento do feto e do recém-nascido. Nesse estudo, os pesquisadores mediram os níveis de vitamina D no sangue do cordão umbilical de, aproximadamente, mil recém-nascidos saudáveis. Monitoraram depois as crianças com problemas respiratórios e alergias por um período de cinco anos, comparando as descobertas com o nível de vitamina D no nascimento. Descobriram que 20% dos recém-nascidos apresentavam deficiência daquela vitamina e que esta estava associada a uma ocorrência frequente de problemas respiratórios e alergias, posteriormente.

A vitamina D é essencial para o funcionamento do sistema imunológico saudável, e as mães que querem que seus filhos cresçam com saúde devem elas mesmas manter níveis adequados dessa vitamina.

Entre outras funções, a vitamina D (que, na verdade, é um hormônio esteroide) é responsável pela homeostase do cálcio. Há comprovação de que há uma correlação entre deficiência de cálcio (hipocalcemia) e a catarata. Uma criança com déficit de vitamina D está sujeita a ter catarata ao nascer ou até no útero.

Nos adultos, já se sabe há tempos que a deficiência dessa vitamina pode causar raquitismo,[12] bastante comum em países com pouca incidência solar, como a Inglaterra e a Irlanda. Entretanto, é

---

12. Raquitismo é uma doença que resulta da mineralização inadequada dos ossos de crianças e adolescentes, deixando-os frágeis e com deformações, por causa de uma deficiência de cálcio, vitamina D e íons de fosfato. Pela falta de exposição ao sol, o

cada vez mais evidente que o déficit de vitamina D pode ser responsável por muitos outros distúrbios, inclusive o câncer.

De fato, a ciência moderna sugere que a chamada *vitamina do sol* tem relação estreita com a regulação dos genes associados a muitas doenças, de câncer até esclerose múltipla. Um recente estudo australiano revelou, por exemplo, que as taxas de esclerose múltipla crescem à medida que se distancia da linha do equador em ambos os hemisférios, em razão das diferenças na exposição solar.

Além de se prevenir contra a esclerose múltipla, o adulto também precisa se precaver contra o diabetes de tipo I, osteoporose e, claro, o câncer, ingerindo um suplemento de 4.000-8.000 UIs* diários de vitamina D, de acordo com uma pesquisa conduzida pela Faculdade de Medicina de San Diego, Universidade da Califórnia, e Faculdade de Medicina da Universidade de Creighton, Omaha, Nebraska, ambas nos Estados Unidos.

É interessante, para dizer o mínimo, que algo tão simples e barato como a vitamina D consiga tratar e prevenir muitas doenças modernas, mantendo o equilíbrio natural do organismo. Talvez seja parte do motivo pelo qual o governo americano continue a insistir que são necessários apenas 400-800 UIs diários de vitamina D (apenas 10% do necessário) e que dê todo o seu apoio a tratamentos financeiramente mais lucrativos. Enquanto isso, cerca de 90% da população americana tem um déficit crônico de vitamina D, adoecendo cada vez mais. A vitamina D constitui uma ameaça particular à atual indústria médica por ser totalmente gratuita, obtida apenas pela exposição solar, além de segura e capaz de prevenir algumas das mais lucrativas doenças de nossa sociedade.

O que mais a medicina convencional não quer que saibamos sobre a vitamina D? Se esta regula tantos aspectos da saúde e a população geral tem um déficit dela, não é lógico concluir que podemos esperar inúmeras doenças resultantes desse problema generalizado?

Além dessa e de outras terapias à base de vitaminas que melhoram a saúde e combatem muitas doenças, é importante que as pessoas estejam cientes das muitas formas de toxidade no ambiente atual, cada dia mais venenoso. Alimentos, cosméticos e muitos outros

---

organismo não consegue produzir a vitamina D necessária para acrescentar minerais aos ossos.

* N. T.: IU é a sigla de International Unit, unidade internacional geralmente usada para medir vitaminas solúveis como a A, D e E. No exemplo acima, seriam 100-200 mg.

itens da vida diária estão repletos de substâncias químicas danosas. Todavia, muitas dessas toxinas são vigorosamente defendidas pelas diversas companhias que as produzem, vendem e usam.

É importante notar que há outros riscos significativos resultantes da ingestão de suplementos de vitamina D. Esses suplementos não só aumentam a absorção de cálcio, mas também de chumbo, arsênio e cádmio, caso os níveis de cálcio, magnésio e fósforo no organismo sejam inadequados. Portanto, ao ingerir um suplemento de vitamina D, devemos ter certeza de que a ingestão desses nutrientes seja suficiente (através da alimentação ou suplementação). O problema é que é difícil ter certeza da presença desses minerais no sangue ou nos tecidos corporais.

A questão óbvia é por que não se estimula a exposição solar como um método custo zero para a redução da incidência de câncer e da mortalidade? Mesmo as lâmpadas UV geradoras de vitamina D são baratas em comparação com tratamentos médicos que não chegam nem perto do que a vitamina D pode fazer em benefício dos pacientes com câncer.

Recomendo o uso de lâmpadas UV cada três dias durante o inverno para manter ótimos os níveis de vitamina D. Já nas estações mais quentes do ano, recomendo a exposição ao sol (para mais detalhes, veja meu livro *Heal Yourself with Sunlight*).

Em suma, a melhor forma de impedir e até de tratar o câncer é assumir a responsabilidade pela própria saúde por meio do conhecimento sobre os suplementos vitamínicos e terapias nutricionais, evitando as várias toxinas presentes no ambiente moderno. No mínimo, é mais sensato do que escolher os tratamentos convencionais de câncer que, além dos baixos índices de sucesso, são muito mais recentes do que os da medicina natural e holística.

O fracasso dos tratamentos contra o câncer

Como exemplo, vejamos o efeito placebo. Um placebo[13] ("agradarei", em latim) é um elemento indispensável a toda pesquisa

---

13. Placebo é um termo que descreve a administração de uma pílula de açúcar ou um procedimento inerte a fim de testar a eficácia ou não de um fármaco ou procedimento. Em um artigo no jornal britânico *The Guardian* (20 de junho de 2002), Jerome Burne relatou que "novas pesquisas sugerem que os placebos funcionam surpreendentemente bem, de fato, bem melhor do que algumas das medicações convencionais".

científica. O efeito placebo baseia-se simplesmente nos sentimentos subjetivos de um indivíduo. A eficácia da medicação é testada pelo indivíduo que acredita em suas propriedades únicas e imprevisíveis. Em certas pessoas que têm uma disposição de confiança e esperança, há uma reação positiva ao placebo. Outras, talvez, sejam depressivas, o que afeta sua capacidade de reagir positivamente a qualquer tipo de tratamento.

Como resultado, um estudo pode *provar* que um fármaco em particular seja eficaz para certo tipo de câncer, por exemplo. No entanto, se o experimento repetido for conduzido com voluntários diferentes, a droga pode se apresentar ineficaz quando comparada ao placebo. Por essa razão, as companhias farmacêuticas instruem seus pesquisadores pagos a publicar somente as descobertas mais favoráveis sobre esses vários experimentos. As partes do estudo em que o medicamento não obteve qualquer vantagem (ou apenas uma vantagem insignificante) sobre o placebo são simplesmente omitidas do relatório final da pesquisa.

As empresas farmacêuticas, quando reportam suas descobertas ao FDA, precisam provar apenas que o fármaco testado mostrou algum benefício a algumas pessoas. Se os pesquisadores conseguem recrutar candidatos suficientes com uma disposição positiva, portanto mais propensos a produzir uma boa reação placebo ao tratamento com a droga, eles tiraram a sorte grande. Podem assim produzir uma pesquisa convincente e, portanto, uma medicação comercializável. Isso é conveniente para os fabricantes de remédios, pois a aprovação do FDA é concedida aos medicamentos anticâncer com base nas taxas de resposta que são, na melhor das hipóteses, entre 10-20% (como aconteceu com remédios populares como Avastin, Erbitux e Iressa). Além disso, é pela diminuição do tumor em lugar da mortalidade que se mede o sucesso de muitos estudos clínicos sobre o câncer. Em outras palavras, mesmo se a maioria dos voluntários morre mas seus tumores diminuem, através de tratamentos agressivos, o estudo seria aplaudido como um grande sucesso e uma descoberta médica.

Todavia, o maior problema das medicações populares anticancerígenas é que são tão perigosas que podem matar os pacientes antes do câncer. Uma dessas medicações, Avatin, aparentemente eleva o risco de morte em até 350% quando combinada com a quimioterapia. Foi associada a uma incidência elevada de eventos fatais adversos em razão de coágulos sanguíneos, perfuração gastrointestinal, sangramento cerebral, cegueira, doenças neurológicas e até a morte. Isso, claro, além dos efeitos já desastrosos da radiação e da quimioterapia.

Igualmente, as cirurgias invasivas são, em geral, ineficazes, pois apenas removem o tecido canceroso sem analisar as causas que permitiram a progressão do câncer. E, ainda assim, alguns médicos vangloriam o potencial de medicações experimentais: porém elas não foram testadas e, por causa da sua natureza química, são totalmente inseguras.

Em última instância, qualquer tentativa de tratar o corpo humano como uma máquina que reage a manipulações mecânicas ou químicas está destinada ao fracasso. Tal abordagem é a um só tempo anticientífica, antiética e potencialmente danosa. Para muitos pacientes de câncer cujos sistemas imunológicos já estão comprometidos, uma dose que seja de quimioterápicos ou de radiação, ou uma cirurgia ou uma pílula experimental, pode ser fatal.

O dr. Charles Moertel, oncologista sênior da famosa Clínica Mayo em Rochester, Minnesota, Estados Unidos, resumiu com exatidão o dilema dos tratamentos modernos de câncer: "**Nossos tratamentos mais eficazes estão cheios de riscos, efeitos colaterais e problemas práticos, e apenas uma pequena fração de nossos pacientes, depois de padecer com eles, é agraciada com um período temporário e, em geral, incompleto de regressão tumoral**".

A taxa de sucesso da terapia moderna contra o câncer é ínfima, bem menor que a da mais fraca reação do placebo. Em média, a remissão ocorre em apenas 7% dos pacientes. Ademais, não há indícios de que essa débil porcentagem de *tasca de sucesso* resulte dos tratamentos oferecidos, mas apesar deles. O que é mais provável, pois o não tratamento do câncer apresenta uma taxa bem mais alta de êxito. Um tratamento medicamentoso que prometa uma remissão temporária de 10% dos pacientes não é uma terapia promissora, mas uma aposta perigosa com sua vida.

De fato, tratar uma doença, câncer inclusive, primeiro com um placebo pode ter melhores resultados do que as terapias mais otimistas. A maioria das pessoas considera o placebo algo que só funciona se o paciente não souber que é um placebo – o clássico truque *do poder do pensamento positivo*.

Todavia, pesquisas surpreendentes da Escola de Medicina de Harvard e do Centro Médico Beth Israel Deaconess sugerem que os placebos podem funcionar sem esse artifício. Ao contrário das pesquisas tradicionais, em que os pacientes não sabem que estão tomando um placebo ou um medicamento, os pacientes que tomaram o placebo foram informados de que estavam tomando apenas pílulas de açúcar. Todavia, relataram uma melhora duas vezes maior nos sintomas do que os participantes que tomaram as *verdadeiras* pílulas.

Minha afirmação constante de que a maior parte da ciência médica não passa de ilusão foi confirmada por uma pesquisa científica revolucionária envolvendo o, até agora, subestimado poder de cura por trás das expectativas do paciente. O estudo intitulado "O Efeito da Expectativa do Tratamento sobre a Eficácia do Medicamento: o Efeito Analgésico do opiáceo Remifentamil"[14] pode desmontar os princípios sob os quais a ciência médica lançou suas fundações, até agora. Todavia, essa descoberta pode abrir as portas para um modo inteiramente diverso de tratar uma doença.

Eminentes pesquisadores da Universidade de Oxford, do Centro Médico Universitário de Hamburg-Eppendorf, da Universidade de Cambridge e da Universidade Técnica de Munique descobriram que o fator determinante decisivo e mais poderoso da eficácia ou ineficácia de um tratamento medicamentoso é a própria mente do paciente. A pesquisa, publicada na edição de 16 de fevereiro de 2011 da revista médica *Science Translational Medicine* (Vol. 3, Edição 70, p.70ra14, *DOI*:10.1126/scitranslmed.3001244], elimina qualquer dúvida de que o efeito placebo é responsável pela cura – não um tratamento medicamentoso ou um procedimento cirúrgico.

No resumo da pesquisa, os pesquisadores afirmam: "Evidências obtidas a partir dos dados comportamentais e de relatos dos pacientes sugerem que suas crenças e expectativas podem modelar os efeitos terapêuticos e adversos de determinada droga". Descobriram que as expectativas divergentes dos pacientes alteram a eficácia de um opiáceo potente (analgésico) em voluntários saudáveis, com o uso de imagem cerebral.

No estudo, os sujeitos de pesquisa foram informados de que não receberiam analgésicos – embora estivessem – e o resultado é que as medicações se mostraram completamente ineficazes. De fato, a pesquisa demonstrou que os benefícios dos analgésicos podiam ser

---

14. <http://www.ncbi.nlm.nih.gov/pubmed/21325618>.

potencializados ou completamente eliminados ao manipular as expectativas dos voluntários, o que significa, em síntese, que o alívio ou não dos sintomas depende apenas do paciente.

Essa pesquisa em particular também identificou as regiões do cérebro que são influenciadas pelas expectativas do paciente. "Com base na evidência subjetiva e objetiva, afirmamos que a expectativa individual sobre o efeito de um medicamento tem influência crítica sobre sua eficácia terapêutica e que os mecanismos de regulação cerebral diferem em função da expectativa." Agora, tente dizer isso ao seu médico da próxima vez que ele lhe prescrever um remédio!

Obviamente, isso deveria ter consequências importantes no cuidado do paciente e para o teste de novos medicamentos, mas duvido que terão. Não dá lucro dizer aos pacientes que eles podem se curar sozinhos. Ainda assim, formas alternativas e complementares de medicina podem se beneficiar com a incorporação desses princípios em suas abordagens.

Agora vamos analisar alguns pontos específicos dessa pesquisa fascinante. Foi solicitado a um grupo teste de pacientes saudáveis que tinham a mesma intensidade de dor contínua, causada por aplicação de calor nos pés, que classificassem os níveis de dor em uma escala de 1 a 100. Sem saber, todos os pacientes recebiam uma medicação por via intravenosa. O nível médio de dor relatado foi de 66.

Na primeira fase do experimento, os pacientes, sem saber, recebiam Remifentanil, uma das medicações mais eficazes e potentes. A taxa de dor caiu para 55.

Na segunda fase, os pacientes foram informados que receberiam um analgésico por via intravenosa. Acreditando nisso, os pacientes reportaram uma taxa de dor de 39.

Sem alterar a dose da droga, os pacientes foram informados de que o analgésico não seria mais administrado e que deveriam esperar um retorno da dor. Em consequência, a pontuação da dor aumentou para 66. Embora os pacientes ainda recebessem Remifentanil, começaram a experimentar o mesmo nível de dor do início do experimento, quando não receberam qualquer medicação.

A Professora Irene Tracey, da Universidade de Oxford, Inglaterra, disse à BBC: "É fenomenal, superlegal. É um dos melhores analgésicos que temos e a influência do cérebro pode tanto aumentar seu efeito ou removê-lo completamente". Ela assinalou que o estudo foi conduzido com pessoas saudáveis que sentiam dor por um período curto de tempo.

As pessoas com dor crônica que tentaram sem sucesso muitos medicamentos não seriam receptivas, pois suas expectativas não foram correspondidas muitas vezes antes. Consequentemente, podem prontamente transformar suas próprias dúvidas (expectativas negativas) em uma profecia autorrealizada de não recuperação. Em outras palavras, a recuperação ou cura não depende do tratamento em si, mas da crença positiva ou negativa do paciente na eficácia do tratamento.

"Os médicos precisam de mais tempo para consultar e investigar o lado cognitivo da doença; o foco está na fisiologia, não na mente, o que pode ser um entrave ao tratamento", afirmou a professora.

George Lewith, professor de Pesquisa em Saúde da Universidade de Southampton, no Reino Unido, afirmou, enfaticamente, que essas descobertas levantam a questão da validade científica de muitos ensaios clínicos randomizados: "É um balde de água fria nos teses clínicos randomizados que não levam em consideração a expectativa".

George Lewith* é um médico sério, dado seu recorde impressionante e impecável de conquistas e contribuições ao mundo da ciência médica. A Universidade de Southampton agraciou-o com a cátedra de professor de Pesquisa em Saúde. Publicou mais de 200 relatórios de revisão de pares e 17 livros. O jornal britânico *The Times*, em um artigo em 6 de setembro de 2008, incluiu George Lewith no *The Lifestyle 50*, uma lista com as "50 pessoas mais importantes que influíram na maneira como nos alimentamos, exercitamo-nos e pensamos a nosso respeito".

O que torna esse estudo tão fascinante e importante é que as imagens cerebrais obtidas durante o experimento mostraram quais foram as regiões do cérebro afetadas pelas expectativas subjetivas dos pacientes.

Os pesquisadores descobriram alterações significativas na atividade neural nas regiões cerebrais envolvidas na intensidade da dor. Os efeitos do alívio da dor na expectativa positiva foram associados à atividade no sistema endógeno modulador da dor, ao passo que os efeitos da expectativa negativa foram associados à atividade no hipocampo e no córtex frontal médio. Portanto, a ocorrência de uma expectativa

---

* N.T.: O dr. George Lewith faleceu em 17 de março de 2017, aos 67 anos.

de um resultado positivo ou negativo de um tratamento particular altera a química cerebral e a capacidade de cura do organismo.

Este é um parágrafo extraído da primeira edição de meu livro, *Timeless Secrets of Health & Rejuvenation* (1995), que faz mais sentido agora do que nunca: "O mecanismo da cura por placebo concentra-se na crença do paciente de que um medicamento, uma operação ou um tipo diferente de tratamento vai aliviar sua dor ou curar sua doença. A confiança profunda ou sentimento seguro de recuperação é tudo o que o paciente tem à sua disposição para iniciar uma reação de cura. Utilizando a conexão poderosa de mente/corpo descrita anteriormente, o paciente pode liberar opioides naturais (analgésicos morfínicos) de áreas do cérebro que são ativadas por certos processos de pensamento. Os neurotransmissores de alívio da dor são conhecidos como endorfinas, 40 mil vezes mais poderosos que a mais potente heroína".

Em linha com essas considerações, o professor Anthony Jones, da Salford Royal NHS Foundation Trust, afirmou: "Os estudos conduzidos em nosso laboratório e no de outros indicam que a expectativa é um condutor-chave na percepção da dor e nos efeitos analgésicos dos placebos. Isso, portanto, confirma aquela ideia com relação aos efeitos das medicações, o que foi demonstrado previamente em relação aos efeitos do óxido nitroso medicinal. Porém, o estudo atual evidencia bem que esse fenômeno não se deve ao fato de o sujeito da pesquisa dizer o que ele acha que o investigador quer ouvir".

A maioria das pesquisas sobre medicamentos é fraudulenta

As implicações desse estudo são profundas e cientificamente revolucionárias. Elas solapam a validade de todos os estudos já conduzidos por deixar de incluir esse fator crucial: a expectativa do paciente ou do sujeito da pesquisa que toma a verdadeira medicação. Reiterando as palavras do dr. Lewits: é um balde de água fria.

Ter um grupo placebo para comparação não torna um teste clínico de medicamento confiável ou científico, nem pode assegurar a verdadeira eficácia da medicação. Os sujeitos da pesquisa que recebem a droga verdadeira têm as mesmas expectativas subjetivas e imprevisíveis que os membros do grupo placebo. As empresas farmacêuticas gostam de dar a impressão de que o efeito placebo ocorre apenas no grupo com placebo e não no grupo com medicamento. Mas como os membros de ambos os grupos não sabem, de início, se estão tomando a droga verdadeira ou não, os resultados da pesquisa são, em última instância, determinados pela expectativa de cada pessoa sobre o resultado benéfico, independentemente do grupo a que ela pertence.

Mesmo se uma droga testada mostrar maiores benefícios que o placebo, isso ainda não prova sua eficácia. Pelo contrário, pode meramente sugerir que o efeito placebo é mais forte no grupo com medicamento – o que é uma grande descoberta, em si.

Principais falhas dos ensaios clínicos de medicamentos

Por que o placebo seria mais forte do que uma substância inócua nos participantes que recebem a substância ativa? Bem, como todos os participantes da pesquisa esperam receber o remédio verdadeiro, não um placebo, eles terão uma expectativa positiva bem mais intensa no momento em que sentirem os efeitos colaterais do medicamento, dos quais foram informados, como prisão de ventre, diarreia, dores de cabeça, tonturas, náuseas, boca seca, etc. Percebendo que estão entre os receptores da substância ativa em virtude dessa observação, a expectativa de uma possível recuperação aumenta a taxa de sucesso do medicamento. Os pesquisadores afirmam que isso é prova da eficácia do medicamento testado e dão credibilidade zero à expectativa, ora elevada, por parte dos participantes.

Embora alguns dos participantes da pesquisa possam estar esperançosos e entusiasmados por receber o novo medicamento, outros que tentaram vários medicamentos similares antes, com pouco ou nenhum proveito, podem ter uma expectativa mais comedida ou até negativa com relação a seus benefícios. Sendo a expectativa do paciente um fator relevante, de acordo com o estudo, todos os estudos científicos previamente conduzidos que não levaram em conta esse fator são enganosos e devem ser descartados como inválidos. Isso se aplica a praticamente todos os estudos controlados duplo-cego já feitos.

Outra razão pela qual os ensaios clínicos de medicamentos são tão anticientíficos e fraudulentos é que não são conduzidos em um ambiente verdadeiramente duplo-cego. Todos os participantes, independentemente de receberem um medicamento ativo ou comprimido inócuo, eram informados de que participariam de um teste clínico de um remédio para uma doença específica, como hipertensão, colesterol ou diabetes. Só essa simples informação, divulgada durante a campanha de recrutamento de voluntários, gera uma expectativa nos participantes de que, talvez, a nova droga experimental possa ajudá-los a melhorar a saúde. Essa expectativa positiva pode, de fato, ser a razão principal para que se voluntariem.

Jamais houve um ensaio clínico sem divulgação do tratamento a ser avaliado. Por um lado, os pesquisadores afirmam ser seu estudo infalível, pois os participantes não sabem se receberão um medicamento ou um placebo. Por outro lado, informam a todos os participantes de antemão que pelo menos metade deles pode receber um medicamento farmacêutico para aliviar os sintomas de sua doença.

Ou seja, pelo menos um em cada dois participantes deve sentir o efeito placebo *antes* do início do ensaio clínico.

Todo cientista clínico sabe que a crença em uma droga ou tratamento pode produzir uma reação de cura. Exatamente por isso há um grupo placebo em cada ensaio clínico. Por que, então, os cientistas insistem que só as drogas podem curar as doenças?

A pesquisa médica obviamente usa dois pesos e duas medidas. Caso estivessem certos de que apenas as drogas podem curar e tratar doenças, por que precisariam incluir placebos em suas pesquisas?

A pesquisa não levou em consideração que, ao informar os participantes de que metade deles irá receber uma droga experimental e a outra, um placebo, ela cria um fator importante de incerteza de expectativas diversas e imprevisíveis nos sujeitos de pesquisa. É pseudociência na melhor das hipóteses e, na pior, fraude descarada.

A única maneira de conduzir um estudo objetivo seria informar a cada participante que receberá o medicamento com a substância ativa e, na verdade, dar-lhe um placebo. Depois, iniciar a segunda fase com os mesmos participantes, em outro momento, e ministrar a medicação verdadeira e informá-los sobre isso. Se as descobertas desse estudo estiverem corretas, é bem provável que os participantes vão ter o mesmo resultado em ambas as fases. Se as descobertas forem incorretas, isso mostrará que a medicação pesquisada tem benefícios verdadeiros. Essa seria uma pesquisa honesta e científica.

Práticas desonestas

A fim de impedir resultados decepcionantes para o medicamento testado, as indústrias farmacêuticas instruem os pesquisadores a escolher participantes mais jovens e saudáveis para testes contra uma doença-alvo. Contudo, essa prática é irrealista e enganosa. Na vida real, a maioria dos medicamentos é prescrita a pacientes doentes, fracos e idosos, muito menos propensos a ter expectativas positivas. A doença nos torna desanimados e deprimidos.

As empresas farmacêuticas conhecem esse segredinho e, portanto, recusam pacientes verdadeiramente doentes ou deprimidos em seus estudos clínicos. Lembre-se de quando teve uma gripe ou qualquer outra doença. Com certeza, deve ter se sentido fraco e desinteressado nas coisas que normalmente gostava. Como todos sabemos, é preciso estar entusiasmado com um tratamento (expectativa positiva) para tirar benefícios legítimos dele, ou melhor, da reação placebo que pode ser desencadeada em você.

Mesmo que as farmacêuticas consigam manipular o resultado da chamada *pesquisa* em favor de uma nova medicação, há sempre um grande número de testes que demonstram sua ineficácia.

Para ser considerada eficaz, uma medicação deveria funcionar para todas as pessoas testadas. Porém, como a expectativa do paciente é um fator altamente variável e imprevisível, alguns desses ensaios clínicos demonstram os benefícios da medicação e outros não. O FDA permite por lei que as indústrias farmacêuticas escolham os testes que deram certo e descartem os que não.

Quando a pesquisa finalmente é apresentada ao FDA e às revistas médicas para a revisão dos pares e publicação, ela terá a aparência de um estudo cientificamente válido. O relatório da pesquisa leva o selo da *prova* da eficácia da droga.

A verdade, entretanto, é que todos os estudos conduzidos dessa forma são forjados, inúteis e potencialmente arriscados para a população de pacientes, causando sérios efeitos colaterais, inclusive a morte. Não é de se admirar que, todos os anos, o FDA seja compelido a retirar do mercado inúmeras medicações em virtude de sua toxidade ou periculosidade. Centenas de milhares de americanos morrem por ano, envenenados por essas drogas perigosas.

No fim das contas, é impossível provar se um paciente tem sua condição melhorada por tomar a medicação ou porque acredita que o tratamento lhe fará bem. Contudo, essa nova pesquisa sobre a dor indica que este é o caso.

O "milagre" da remissão espontânea

A tríade mente/corpo/espírito demonstra-se claramente nos milhares de pacientes de câncer que experimentam remissões espontâneas. Pesquisas mostraram que, em algumas horas de tratamento holístico, é possível reduzir drasticamente um tumor quando o desenvolvimento pessoal motiva o paciente. Basta que ele perceba um propósito espiritual em sua doença para que ela entre em remissão.

Em geral, isso acontece quando a doença não é mais considerada uma ameaça, mas uma bênção disfarçada. Em outras palavras, em vez de se sentir uma vítima de uma doença sem sentido, o paciente torna-se um participante ativo no processo de cura. A expectativa de ser abençoado por algo que antes considerava uma maldição estimula algumas das reações mais poderosas de cura que o organismo tem à sua disposição.

O mecanismo de esperar e, em seguida, experimentar o alívio da dor com um placebo não é diferente do mecanismo que transforma um grande tumor, desintegrando-o em menos de um minuto.

Presenciei a desintegração e desaparecimento total de um tumor de bexiga do tamanho de uma laranja, em um ultrassom ao vivo, durante uma sessão de 15 minutos de energia sonora feita por mestres chineses de Qigong. É óbvio que, sem a expectativa esperançosa e receptiva de que a cura irá ocorrer, nada aconteceria. Se a porta estiver fechada, ninguém entra em casa.

Em vez de instilar o medo da morte em um paciente, é dever do médico ajudá-lo a desenvolver expectativas positivas que se traduzirão em reações bioquímicas no cérebro e no coração, necessárias para a cura completa de seu organismo. Por outro lado, informar ao paciente que ele sofre de uma doença incurável introduz uma expectativa capaz de dar uma sentença de morte não intencional.

Se o médico ou, pior, uma máquina como a TC (*e máquinas não mentem*) passa uma sentença de morte a um paciente, só a expectativa natural de que isso venha a acontecer é capaz de causar sua morte, não a doença em si. Em vista dessa vulnerabilidade, o paciente passa a ver o médico como seu salvador, seu Deus. E, se Deus me diz que estou morrendo, provavelmente é verdade. Renunciar nosso poder em favor de alguém que se faz de Deus nos torna escravos, incapazes e dependentes. O cerne da atual crise da saúde está no fato de permitirmos que um diagnóstico, ou melhor, sua interpretação negativa governe nossa vida.

Só o título da primeira edição de *O Câncer Não é uma Doença – É um Mecanismo de Sobrevivência*[15] ajudou milhares de pessoas a restaurar a confiança em si mesmas e em seu organismo. A verdadeira prática da medicina deveria ser transformar uma expectativa negativa em positiva. A pesquisa anteriormente mencionada deveria ser estudada por cada médico e aplicada a toda área de medicina moderna, mas isso tornaria obsoleta boa parte da medicina moderna.

Ainda assim, graças a esses pesquisadores brilhantes, agora temos um modelo para explicar cientificamente que a cura depende da expectativa, estado mental e atitude do paciente, e não do médico e de seus tratamentos medicamentosos.

Até o momento, a maioria dos dogmas da medicina virou tudo de ponta-cabeça. Espero sinceramente que, pelo bem da sobrevivência da humanidade, a medicina moderna passe por uma revolução que a recoloque no caminho certo. Tenho fé de que haja uma luz no fim do túnel.

As expectativas moldam a realidade

As expectativas negativas e positivas têm a capacidade de conduzir a acontecimentos incomuns. Já ouvimos falar de pesquisas que mostram que os ataques cardíacos ocorrem, em geral, às segundas-feiras por volta das 9 horas da manhã, para ser mais exato. Atribui-se esse fato às dificuldades e tensões esperadas durante a semana de trabalho. De igual modo, morre-se menos, durante os dias que antecedem o Natal, e mais, logo depois dele.

Outro fenômeno, descoberto pela Escola de Saúde Pública de Yale e do Instituto Nacional de Envelhecimento* nos Estados Unidos, que jovens com expectativas positivas sobre a velhice são menos propensos a sofrer ataques cardíacos ou AVCs ao atingirem a maturidade.

---

15. Esta edição nova e atualizada chama-se *O Câncer Não é uma Doença – É um Mecanismo de Cura*.
* N.T.: Em inglês, National Institute on Aging (NIA): é uma divisão dos Institutos Nacionais de Saúde sediados no estado de Maryland, nos Estados Unidos. Essa autarquia tem por objetivo entender a natureza do envelhecimento, melhorando a qualidade de vida dos idosos.

Um estudo conduzido pelas universidades de Yale e de Miami, nos Estados Unidos, demonstraram que pessoas de meia-idade e idosos que tenham uma atitude positiva em relação à velhice vivem sete anos a mais.

Em um estudo clássico, cem indivíduos acima dos 80 anos foram colocados em um ambiente que retrocedia 30 anos no tempo: antigas canções tocadas no rádio, vestimentas condizentes com a época. Em algumas semanas, todos os marcadores fisiológicos e bioquímicos da velhice caíram em média 15 anos. Ao voltarem para casa, entretanto, sua idade mental voltou 15 anos em apenas um dia.

Uma reportagem feita no site da CNN por Elizabeth Cohen, correspondente sênior de medicina, relatou a remissão autoinduzida e espontânea do câncer em David Seidler, ganhador do Oscar de melhor roteiro original do filme *O Discurso do Rei*, em 2011. O roteirista, então com 73 anos, sofria de câncer na bexiga e usou um método simples de visualização para desintegrar o tumor em menos de duas semanas, antes da operação programada, para surpresa de seu médico.

Há literalmente milhares de exemplos em que a imaginação, a expectativa, a visualização, a percepção e a atitude, entre outras, manifestaram aquilo com que a mente estava se ocupando. A medicina mente/corpo não é uma espécie de superstição ou ilusão: é ciência pura, conforme confirma a seguinte pesquisa.

O leitor acreditaria que olhar a foto de um parceiro romântico é suficiente para diminuir a dor como faz um analgésico ou narcótico, como a cocaína? Bem, um estudo da Universidade de Stanford descobriu que sim.

Na pesquisa, publicada na revista médica *PLos ONE* em 13 de outubro de 2010 [doi:10,1371], os pesquisadores escanearam o cérebro de estudantes apaixonados enquanto eles observavam a foto dos parceiros ao mesmo tempo em que recebiam na pele níveis variados de calor. Em média, os níveis de dor reduziram-se entre 33 e 44%, de acordo com o neurocientista Jarred Younger. Os analgésicos não apresentam resultados melhores.

Segundo um relatório, publicado na edição de setembro de 2006, da revista *Hospitalist*, "muitos pacientes irão experimentar uma redução de apenas 30-50% no alívio da dor". Ademais, os analgésicos podem apresentar efeitos colaterais, incluindo náusea, tontura, sonolência, prisão de ventre, secura na boca, suor, falência hepática e morte. Em outras palavras, não é preciso confiar nos medicamentos para se ter alívio da dor.

Em outro estudo ainda, publicado pela revista *Psychological Science* em novembro de 2006, os psicólogos da Universidade da Califórnia, Los Angeles, Estados Unidos, acompanharam 25 mulheres e seus namorados por um período de seis meses, sujeitando-os a diferentes níveis de dor.

Ao sentir dor, as mulheres foram avisadas para segurar a mão do namorado ou de um estranho, ambos escondidos atrás de uma cortina. A resposta à dor foi significativamente menor em ambos os casos.

Quando pediram que vissem a fotografia do namorado, ou de um estranho, enquanto estavam sendo submetidas ao desconforto, as mulheres tiveram, no mínimo, a mesma redução da dor. De fato, o alívio era ainda maior no caso do estranho, o que significa que o alívio da dor não necessariamente envolve analgesia induzida pelo amor. O sentimento de proximidade ou segurança que as mulheres esperavam receber ao olhar a foto de seu amado, ou o toque da mão de alguém, é tudo o que o cérebro precisa para enviar os opiáceos necessários para aliviar a dor.

Esses estudos são inestimáveis, pois comprovam que a cura tem íntima correlação com os sentimentos. Não somos robôs. Para curar um câncer, precisamos do apoio, estímulo e segurança do mundo ao redor a fim de que possamos gerar o tipo de expectativa (positiva) necessária para que a cura aconteça. Um diagnóstico ou prognóstico negativo que ameace o paciente dizendo que se não tomar esse remédio vai morrer ou que o torne uma vítima indefesa de uma doença terrível, além de não ajudar em nada, pode ser responsável pela piora da sua saúde ou, o que é pior, por sua morte.

Muitos fármacos só funcionam porque se espera isso deles, não porque tenham algum efeito bioquímico no organismo. Sem a crença de estar recebendo um benefício verdadeiro, o cérebro simplesmente irá bloquear o funcionamento do medicamento.

Como vimos no primeiro estudo, é inútil administrar um placebo informando ser um analgésico. O poder da mente pode tanto anular os benefícios potenciais da droga quanto desencadear as reações bioquímicas previstas. Explicado de outra maneira, a mente diz ao corpo para dar início ou não às reações bioquímicas necessárias para a cura.

Várias pesquisas confirmaram que a cura do organismo é regulada pelo cérebro. Esse fato foi demonstrado repetidas vezes, inclusive por diversas pesquisas sobre antidepressivos, em que esses não conseguiram superar os efeitos do placebo. A boa notícia é que estamos no controle do cérebro, que cumpre nossas instruções sob a forma de crenças e expectativas, positivas e negativas, conscientes e inconscientes. Ou seja, somos o que acreditamos. Assim, talvez, seja hora de mudar a maneira como pensamos no poder que temos sobre nossa própria capacidade de cura.

Fraude estatística

A indústria do câncer tenta usar a evidência científica para convencer-nos a entregar nossa vida em suas mãos. Contudo, muitas histórias de sucesso da quimioterapia limitam-se a tipos relativamente obscuros de câncer, como linfoma de Burkitt* e coriocarcinoma,** tão raros que muitos médicos jamais viram um caso. A leucemia infantil constitui menos de 2% de todos os cânceres e, portanto, tem pouca influência na taxa de sucesso global. O alegado histórico de sucesso nos casos de linfoma de Hodgkin não passa de mentira. As crianças tratadas têm 18 vezes mais chances de desenvolver tumores malignos secundários posteriormente (*New England Journal of Medicine*, 21 de março de 1996).

Segundo o NCI [*NCI Journal* 87:10], nos Estados Unidos os pacientes que fizeram quimioterapia tinham 14 vezes mais chances de desenvolver câncer nos ossos, articulações e tecidos moles. Todavia, caso um genitor se recuse a fazer tratamento quimioterápico para um filho com linfoma, ele corre o risco de ser processado juridicamente e perder seu poder pátrio. Em suma, embora apenas 2% a 4% dos cânceres respondam à quimioterapia, a prescrição de drogas quimioterápicas para a maioria dos cânceres tornou-se um procedimento-padrão. A proporção de pessoas em tratamento quimioterápico nos Estados Unidos é de 75%.

O oncologista dr. J. Bailer afirmou sem meias palavras: "As estatísticas de sobrevivência ao câncer no período de cinco anos são bastante falaciosas pois incluem doenças outras que não câncer e,

---

* N.T.: O linfoma de Burkitt é uma forma relativamente rara e agressiva de linfoma não Hodgkin.
** N.T.: Coriocarcinoma é uma forma de câncer que ocorre no sistema reprodutivo feminino.

em virtude da possibilidade de detecção precoce da doença, alguns pacientes parecem viver mais tempo, o que não é verdade. Há cada vez mais mortes entre a maioria dos pacientes de câncer com mais de 30 anos (...) (Contudo) mais mulheres com doenças mais amenas ou benignas estão sendo incluídas nas estatísticas e consideradas 'curadas'. Quando as autoridades governamentais citam o número de sobreviventes para demonstrar o sucesso na batalha contra o câncer, estão fazendo uso impróprio das taxas de sobrevivência". [*New England Journal of Medicine*, setembro/outubro de 1990].

As estatísticas oficiais sobre o câncer nos Estados Unidos simplesmente omitem os afro-americanos, um grupo que tem a maior taxa de incidência de câncer. Também não incluem pacientes com câncer de pulmão, que é a causa número um de mortes relacionadas ao câncer no homem e a segunda nas mulheres. Entretanto, os dados estatísticos incluem milhões de pessoas com doenças não letais e facilmente curáveis, como o câncer não invasivo, o de colo do útero, o de pele e o carcinoma *ductal in situ* – o tipo mais comum de câncer de mama não invasivo. Até condições pré-cancerosas que, na maioria das vezes, não evoluem para um câncer, estão incluídas nas desanimadoras taxas de sucesso da moderna terapia do câncer.

Com uma taxa de mortalidade 6% mais alta em 1997 do que em 1970, não há nada a sugerir que a moderna terapia do câncer seja científica, eficaz ou que valha a dor, o esforço e os altos custos. Contudo, essa tendência permanece até hoje e, levando-se em conta uma taxa de insucesso de pelo menos 93%, não se pode considerar a terapia médica do câncer um tratamento, mas, sim, uma ameaça séria à saúde pública.

O poder da crença

Segundo as leis da física quântica, em qualquer experimento científico, o observador (pesquisador) influencia e altera radicalmente o objeto da observação (relação observador-observado). Esse princípio fundamental da física aplica-se a nós também. Afinal, nosso organismo é composto de moléculas feitas de átomos que, por sua vez, são compostas de partículas subatômicas feitas de energia e informação. Na verdade, não há um vestígio de matéria no que consideramos criação física. Nossa percepção sensorial é que faz as coisas parecerem sólidas e concretas.

Os pensamentos são meramente formas de energia e informação que influenciam outras formas similares, inclusive as células do corpo. Por exemplo, quando estamos tristes, nossa postura corporal se altera e os olhos perdem o brilho. As células oculares, como todas as outras células do corpo, reagem aos pensamentos, como um soldado segue as ordens de seu superior. Em suma: **se acreditamos piamente que temos um câncer ou se o temermos, corremos grande risco de manifestá-lo no organismo**.

O efeito placebo funciona de ambas as maneiras. A crença de que temos uma doença mortal pode ser tão poderosa quanto a crença de que um determinado fármaco irá nos curar. A energia e informação que compõem os átomos, moléculas, genes, células, órgãos e sistemas do organismo não têm propósitos pessoais ou ardis, mas obedecem a ordens. Manifestamos tanto o que gostamos quanto o que não gostamos. Em outras palavras, somos o que acreditamos. Ademais, essas crenças são determinadas pela forma como vemos ou percebemos as coisas. Com certeza, nossa interpretação do câncer como uma doença irá manifestá-la em nós. De outra maneira, o câncer seria apenas um mecanismo de sobrevivência ou um sinal para cuidarmos dos aspectos de nossa vida que negligenciamos até o momento.

Acreditando que o câncer é uma doença, a tendência é lutarmos contra ele tanto em nível físico quanto emocional e espiritual. Se tivermos força de vontade e as armas que estivermos usando forem poderosas, talvez seja possível subjugar o inimigo pelo menos por um tempo. Nesse caso, ficaremos orgulhosos por termos vencido o câncer e, talvez, elogiemos os médicos ou o tratamento médico que suportamos por terem salvado nossa vida. Se formos fracos e usarmos as mesmas armas em uma tentativa de destruir o câncer, vamos sucumbir ao que chamamos de inimigo nefasto. O médico irá expressar com tristeza que o organismo não *reagiu* suficientemente bem ao tratamento (as armas), afirmando que tentou de tudo e que nada mais poderia ser feito. Omitirá o fato de que as armas ministradas a nosso organismo podem ser fatais.

A quimioterapia é tão venenosa, que algumas gotas na pele podem causar queimaduras. No concreto, elas podem causar buracos. É classificado como risco biológico, o derramamento de qualquer droga quimioterápica no hospital ou em seu caminho, e seu descarte requer a presença de especialistas com roupas especiais.

Imagine as perfurações causadas pelas repetidas infusões de produtos quimioterápicos no interior das células sanguíneas, dos dutos linfáticos e dos tecidos orgânicos. Através da iridologia, observei a íris de pacientes que fizeram quimioterapia ou radioterapia e detectei a erosão e o dano consideráveis causados aos tecidos no organismo inteiro. Sim, essa droga destrói as células cancerígenas, mas, com elas, as células saudáveis. Ocorre inflamação no organismo inteiro. Por essa razão, há a perda dos cabelos e pelos em geral e a digestão se torna difícil. Muitos pacientes desenvolvem anorexia – perda do apetite ou do desejo de se alimentar. Porém, esse não é o único risco esperado das modernas terapias. "A quimioterapia e a radioterapia podem aumentar em mais de cem vezes o risco de desenvolver um segundo câncer", segundo o dr. Samuel S. Epstein [*Congressional Record*, 9 de setembro de 1987].

As drogas contra o câncer tornam os tumores mais letais

Nos últimos 20 anos, tenho *ousado* afirmar que os tratamentos convencionais contra o câncer, aí inclusos os medicamentos quimioterápicos, radioterapias e inibidores antiangiogênicos usados para inibir o crescimento dos tumores cancerosos, são responsáveis, em grande parte, por torná-los mais agressivos e se disseminarem a outras partes do corpo (erroneamente chamado de metástase). Com o passar dos anos, fui ridicularizado e difamado e recebi ameaças de morte por publicar meu posicionamento implacável sobre o assunto.

O NCI afirma em seu *website*: "Os inibidores antiangiogênicos são excepcionais no combate ao câncer, pois tendem a inibir o crescimento dos vasos sanguíneos em lugar das células cancerígenas. Em alguns casos, esses inibidores são mais eficazes se combinados com terapias adicionais, em especial a quimioterapia". Entretanto, um estudo de 2012, patrocinado pelos NIHs, traz à luz o porquê de a *eficácia* dessas medicações anticancerígenas ter vida curta, podendo se transformar em um cenário tenebroso com consequências possivelmente fatais. A pesquisa demonstra que o tratamento agressivo (usado para diminuir ou remover tumores pequenos, de crescimento lento ou encapsulados e inofensivos) pode fazer com que o corpo inteiro seja tomado por tumores altamente agressivos.

O estudo revolucionário, publicado na edição de 17 de janeiro de 2012, da revista *Cancer Cell*,[16] descobriu que um grupo de células pouco exploradas, que fazem parte de todo tumor cancerígeno primário, serve como guardião contra a progressão e a metástase do câncer. Uma classe relativamente nova de drogas anticancerígenas, conhecidas como inibidores angiogênicos, diminui ou destrói essas células, chamadas pericitos, interrompendo o fornecimento de sangue aos tumores.

A hipótese assumida por cientistas e oncologistas ao redor do mundo de que a interrupção do sistema de suporte de vida de um tumor, ou seja, seus vasos sanguíneos, conseguiria regredir permanentemente um tumor é limitada. Mal sabiam que isso abriria uma caixa de Pandora e criaria um pesadelo.

A sabedoria do câncer em ação

Vista de uma perspectiva holística e verdadeiramente científica, a hipótese citada tem sérias falhas. Sempre argumentei que o câncer é uma das tentativas derradeiras de cura que o organismo possui para retornar a uma condição equilibrada (homeostase), e esse estudo ilustra com clareza a afirmação de que o câncer constitui um dos mecanismos de proteção mais evoluídos e sofisticados do corpo.

O estudo descobriu que as terapias que diminuem o tumor pela interrupção do fluxo sanguíneo nas células pode, inadvertidamente, torná-lo mais agressivo e metastático. Dito de outra forma, para impedir que o tumor se descontrole e invada outras partes do organismo, este último desenvolve tenaz e propositadamente mais vasos sanguíneos. Por que o corpo faria tal coisa?

Bem, todas as células cancerosas que se tornaram anaeróbicas, ou seja, foram privadas de oxigênio (por causa da deficiência de oxigênio causada por congestão) precisam passar por uma mutação a fim de sobreviver e produzir energia sem o uso de oxigênio. A fim de aumentar o fornecimento de oxigênio para essas células congestionadas e fazer com que os pericitos impeçam a progressão e a metástase do câncer, o organismo precisa desenvolver novos vasos sanguíneos. Em vista disso, a atual abordagem clínica de destruir esses vasos é contraprodutiva e deve ser considerada perigosa. Ela destrói o próprio sistema utilizado pelo corpo para assegurar que um tumor canceroso específico perma-

---

16. *Cancer Cell*, Volume 21, Issue 1, 66-81, 17 de janeiro de 2012, <http://www.cell.com/cancer-cell/retrieve/pii/S1535610811004478>.

neça um evento isolado e curável, e não se transforme em uma doença generalizada, incontrolável e autoperpetuadora.

Para que não restem dúvidas, as drogas quimioterápicas não destroem apenas as células do câncer, mas também as células protetoras do câncer e dos vasos sanguíneos que transportam oxigênio para as células cancerosas e normais. A radiação ionizante e a quimioterapia são carcinogênicas e, portanto, fazem com que células cancerosas se desenvolvam praticamente em qualquer parte do organismo.

Controlar o crescimento do tumor aumenta a metástase

Não há dúvida de que as drogas quimioterápicas, angiogênicas ou a radioterapia podem promover a regressão significativa do câncer, mas não sem antes pagar o alto preço de produzir uma profusão de novos cânceres. Além dos bilhões de cadáveres de células cancerosas e pericitos mortos que esse genocídio biológico deixa para trás, há também bilhões de células inflamadas ou danificadas que aumentam sobremaneira as chances de desenvolvimento de uma série de cânceres novos, agressivos e mortais.

Esses cânceres em geral são muito pequenos para ser detectados de imediato pelos instrumentos diagnósticos, e os médicos cirurgiões podem orgulhosamente afirmar que removeram tudo, pelo menos por um tempo. No entanto, em um período de um ano ou dois, esses tumores inevitavelmente crescem e são detectáveis, e os mesmos médicos dirão que o câncer não só voltou, mas sofreu metástase para outras partes do corpo.

O estudo anterior evidenciou uma descoberta inesperada que pode provar que os tratamentos atuais contra o câncer, entre eles a quimioterapia, a radioterapia e a terapia angiogênica, contribuem sobremaneira para o desenvolvimento de cânceres agressivos e terminais, diminuindo significativamente as chances de sobrevivência.

Nessa pesquisa, o prof. dr. Raghu Kalluri, diretor da Divisão de Biologia Molecular da Beth Israel Deaconess Medical Center e professor de Medicina da Faculdade de Medicina de Harvard, pretendia descobrir se o ataque de pericitos inibiria o crescimento do tumor da mesma maneira que outras drogas angiogênicas. Afinal, os pericitos são parte importante da vasculatura do tecido,[17] envolvendo os vasos

---

17. Os vasos e tecido que carregam ou circulam fluidos, como o sangue ou a linfa no organismo.

sanguíneos e sustentando seu crescimento. O que Kalluri e sua equipe encontraram, entretanto, foi surpreendente e perturbador.

Em um artigo intitulado "Estudo mostra como um grupo de células cancerosas impede a metástase do câncer – descobertas paradoxais sobre como os pericitos impedem a metástase",[18] Bonnie Prescott, da Beth Israel Deaconess Medical Center, da Faculdade de Medicina de Harvard, descreve as devastadoras implicações do estudo em mais detalhes.

No caso do câncer de mama, "Kalluri e seus colegas descobriram que, ao reduzir o número de pericitos em 60% dos tumores cancerosos, notaram uma diminuição de 30% nos volumes do tumor, em um período de 25 dias", escreve Prescott.

Já que essa diminuição considerável do tumor impedirá ou desacelerará o crescimento do câncer, a sabedoria médica convencional dita ser este um efeito desejável, sendo que os oncologistas saudaram essa abordagem como revolucionária no tratamento oncológico. Contudo, os pesquisadores também descobriram que, ao destruir o volume de pericitos em 60-70%, o número de tumores de pulmão secundários aumentou três vezes, indicando sua metástase.

"Olhando apenas o crescimento do tumor, os resultados foram bons", diz Kalluri. **Mas, quando se observava o quadro geral, a inibição dos vasos tumorais não controlava a progressão do câncer. Este, na verdade, estava se disseminando.**

Demonstramos que um tumor grande com mais pericitos é menos metastático que um tumor menor do mesmo tipo com menos pericitos", diz o dr. Kalluri, que corroborou essas descobertas em múltiplos tipos de câncer, repetindo os mesmos experimentos com implantes de carcinomas de células renais e melanomas, escreve Prescott.

Todas essas descobertas questionam o argumento dado pelos profissionais médicos a seus pacientes com câncer de que a regressão do tumor pelo tratamento é um objetivo desejável. Imagine ser diagnosticado com um tumor canceroso e o médico lhe propor um tratamento que reduza o tamanho do tumor em 30%, mas, ao mesmo tempo, aumente as chances de desenvolvimento de tumores secundários em impressionantes 300%!

---

18. <http://www.bidmc.org/News/InResearch/2012/January/Kalluri_Cancer.aspx>.

Cuidado com tratamentos convencionais contra o câncer

A história das terapias anticancerígenas convencionais está repleta de casos em que o tratamento se tornou mais devastador do que a própria doença. A pesquisa citada nos dá subsídios para entender que o organismo não é negligente nem irresponsável quando fabrica novos vasos sanguíneos para sustentar o crescimento de um tumor. Ao contrário, está equipado com sabedoria e meios físicos excelentes para encontrar as melhores rotas de sobrevivência, independentemente das circunstâncias, tais como toxidade, congestão e estresse emocional.

Atacar as células tumorais ainda é um ataque ao organismo, que se exacerba quando médico e paciente consideram, de forma simplista, que as células cancerosas são monstros malignos que devem ser destruídos a qualquer custo. O diagnóstico e posterior tratamento contra o câncer são atos estressantes e violentos contra o organismo e estimulam uma reação de luta-fuga que atinge cada parte do organismo. O medo da morte ativa a liberação contínua de hormônios de estresse no sangue – suficientemente poderosos para paralisar o sistema digestivo e imunológico e estreitar vasos sanguíneos importantes, inclusive os que sustentam os pericitos protetores do câncer.

Como demonstrou esse novo estudo, a destruição dos pericitos acompanha o aumento drástico do número de tumores secundários em outras partes do corpo, que não é uma máquina, mas um ser vivo: reage com emoções e alterações bioquímicas a tudo o que pensamos, sentimos e ao que nos expomos. A ameaça ao corpo, em qualquer nível, prejudica sua capacidade de cura.

O câncer tem um significado ou propósito mais profundo do que a eventual destruição, e a ignorância sobre o verdadeiro intuito do câncer está na raiz desses tratamentos mal orientados. O organismo usa sua própria programação de sobrevivência e cura para manter o câncer sob controle e deixar que este faça seu trabalho: ou seja, a limpeza das toxinas e resíduos acumulados, impedindo que o câncer se dissemine ou surja em outras partes do corpo.

Após examinar 130 amostras de cânceres de mama de vários estágios e tamanhos, e comparando os níveis de pericitos com prognósticos, os cientistas descobriram que as amostras com números inferiores de pericitos nos tumores tinham correlação com os cânceres mais invasivos, metástases distantes e taxas de sobrevivência de cinco-dez anos menores do que 20%.

Para entender o exato mecanismo por trás do risco drasticamente aumentado de metástase após o tratamento quimioterápico, recomendo a leitura do estudo que considero ser um dos mais importantes estudos sobre câncer já feitos. Tenho certeza de que não sou o único a partilhar dessa crença.

"Esses resultados são provocativos e influenciarão os programas clínicos que têm como alvo a angiogênese do tumor", afirma Ronald A. DePinho, presidente do MD Anderson Cancer Center da Universidade do Texas. Para Kalluri e sua equipe, as descobertas sugerem que certas premissas sobre o câncer devem ser revisitadas. "Devemos voltar e auditar o tumor e descobrir quais células têm um papel protetor e compará-las com as que promovem o crescimento e a agressão", diz Kalluri. "Nem tudo é preto e branco. Há algumas células no interior de um tumor que são de fato boas em certos contextos."

As lições do câncer

Para mim, não faz sentido algum usar drogas e radiação ionizante, ambas causadoras de câncer, para diminuir tumores malignos no curto prazo, ao mesmo tempo em que cânceres existentes se tornam mais invasivos e letais, provocando o surgimento de novos tumores em partes distantes do tumor original. A miopia dessa abordagem parece óbvia, e milhões de pessoas caíram na armadilha de ganhar um pouco, mas perder tudo.

Com relação às drogas quimioterápicas, os cientistas do Comprehensive Cancer Center e do Departamento de Química da Universidade de Alabama em Birmingham, nos Estados Unidos, investigaram, em 2012, a possibilidade suspeita de que as células cancerígenas mortas deixadas após a quimioterapia causariam metástase em outras partes do corpo. "E se ao matar as células cancerosas com a quimioterapia, inadvertidamente induzimos as estruturas do DNA que tornam as células cancerosas sobreviventes mais invasivas? A ideia é um soco no estômago", disse a prof. dra. Katri Selander, professora assistente da Divisão de Hematologia e Oncologia da Universidade do Alabama e pesquisadora em um pronunciamento à imprensa. Já se descobriu que as células cancerosas mortas ativam uma via no organismo mediada como proteína chamada receptor 9 do tipo toll ou TLR9 presentes no sistema imunológico e em muitos tipos de cânceres. "Se o TLR9 estimula a metástase, os pesquisadores trabalharão para descobrir terapias que bloqueiem ou regulem esse caminho molecular", disse a dra. Selander.

A terapia angiogênica já mostrou ser causadora de metástase fatal e a quimioterapia também vai pelo mesmo caminho, pelo mesmo motivo e outros mais.

Anos atrás, um importante oncologista americano me perguntou se uma limpeza do fígado e da vesícula auxiliaria sua mulher que sofria de câncer de pulmão em estágio terminal. Ele me disse que, por mais de seis anos, tentaram todas as drogas quimioterápicas mais avançadas, sem sucesso. Após cada sessão quimioterápica, mais tumores malignos cresciam nos pulmões e se espalhavam ao fígado e ossos (agora sabemos o porquê). Disse a ele que, nesse estágio avançado, ela nada tinha a perder, mas poderia reverter a situação ao limpar o fígado, o sangue e os tecidos das toxinas acumuladas, o que tornaria o crescimento do tumor desnecessário.

O oncologista pessoalmente monitorou e registrou os resultados da primeira limpeza do fígado de sua mulher. Ele me informou que ela eliminou, no mínimo, 2.500 cálculos biliares, e isso perdurou por mais de três dias (algo quase incomum). Quatro semanas depois, ele informou que os tumores do fígado e dos ossos desapareceram completamente e que apenas uma minúscula parte permanecia no pulmão esquerdo. Recomendei que continuasse com a limpeza até o desaparecimento total dos cálculos. Segundo ele, sua mulher tornou-se outra pessoa desde o procedimento. A antiga prisão de ventre passou e sua pele parecia rejuvenescida – a palidez e a cor acinzentada sumiram. Ela ganhou a energia que tinha há 20 anos, e a profunda depressão sofrida desde o primeiro diagnóstico de câncer acabou.

Pessoalmente, vi pacientes de câncer que reverteram com sucesso e de forma natural essa temida doença, mas foram convencidos a fazer mais uma sessão de quimioterapia para se livrar de tudo. Todos morreram em um dia ou dois após o primeiro tratamento.

Os métodos da medicina moderna não combatem a doença, mas o organismo. A doença é o modo que o organismo tem de se curar, e os tratamentos modernos são a maneira segura de impedir ou até de destruir essa capacidade.

Criando um monstro onde ele não existe

Tudo isso levanta uma questão muito importante: será que o câncer não seria uma doença, mas um mecanismo de cura do organismo destinado a remover algo que não deveria estar lá? Em caso positivo, não faria mais sentido ajudar o corpo em seu impulso natural de remover tais obstruções em vez de impedir seu esforço por meios agressivos e destrutivos? A maioria das pessoas inteligentes concordaria. Pois, se não há obstrução, não haveria mais necessidade de o corpo continuar a depender desse mecanismo desesperado como o câncer.

Diz-se que só se conhece uma coisa experimentando. Se removermos a causa de uma doença fazendo com que desapareça sozinha, com certeza saberemos que não havia doença alguma. Houve motivos para que o organismo fizesse algo que normalmente não faz. Quando impedimos o organismo de conduzir suas atividades normais, só lhe resta aplicar medidas corretivas que possam ao menos contornar a situação e restaurar algumas de suas funções básicas. Porém, um organismo verdadeiramente saudável não pode manter um câncer: é desnecessário.

Infelizmente, a maioria de nós, ocidentais, não passa pela experiência de aprendizado do autofortalecimento, ou seja, apoiar o organismo enquanto ele está doente e permitindo que ele se cure, em vez de combater a doença com tratamentos tóxicos. Se uma doença se instala, logo pensamos que há algo errado no organismo, quando, na realidade, ele está tentando retificar uma situação difícil que criamos ou permitimos, por qualquer motivo conhecido ou desconhecido. Se continuarmos a acreditar que o organismo é que nos está fazendo adoecer, essa interpretação errônea da realidade irá se transformar em uma doença real.

Ademais, se muitos acreditam na mesma coisa, esta se torna um *fato* com o qual temos de viver. Em pouco tempo, toda uma população passa a conhecer e se comportar de acordo com esse fato, ou seja, com medo e apreensão. Essa verdade passa a ser uma profecia autorrealizada, desprezando os instintos e o bom senso.

Coletivamente, criamos uma atmosfera conducente à doença. A maioria dos ocidentais procura um médico para qualquer probleminha. Até durante a gravidez, a bateria de exames que a mãe e o feto devem fazer destina-se a programar a mãe e a criança à dependência eterna dos médicos.

Agora, ao que parece, *é obrigatória* a presença de um obstetra* no parto, embora bilhões de bebês saudáveis tenham nascido sem sua presença. Também *precisamos* de médicos para administrar as várias vacinas infantis (outra causa de câncer), para prescrever antibióticos para infecções de ouvido ou garganta, para avaliar se é necessária a remoção das amígdalas ou do apêndice, prescrever remédios contra nervosismo e déficit de atenção, pois vivemos de açúcar, aditivos alimentares e *fast-food*, ou privados do amor e atenção dos pais. Além disso, é necessário um médico para nos receitar estatinas para colesterol alto, pílulas diuréticas para pressão alta e angioplastia para desobstruir artérias entupidas. A lista alarmante é imensa. E quem lucra com isso? Com certeza, não é o paciente.

Os idealizadores da programação coletiva conseguiram manipular as indústrias de alimentos e médicas em seu benefício e controle próprios. Sem conseguir pensar com independência, muitos perderam a confiança na capacidade inata e instintiva de o organismo se curar. Ao contrário, recorrem a uma indústria que não tem interesse real em mantê-los saudáveis.

Mais do que nunca há várias curas naturais para o câncer, mas nenhuma está sendo pesquisada, endossada ou promovida pelos que afirmam ser guardiões da saúde da nação. A AMA, o FDA e os principais centros oncológicos sentem-se ameaçados pelo sucesso das terapias alternativas. É fácil entender isso, dada a taxa de 93% de insucesso das terapias convencionais.

Os renomados pesquisadores em saúde Robert Houston e Gary Null foram contundentes sobre as razões ocultas da estratégia da indústria do câncer: "Uma solução para o câncer significaria o término dos programas de pesquisa, a obsolescência das capacidades, o fim dos sonhos de glória pessoal; o triunfo contra o câncer secaria as contribuições às instituições de caridade que se autoperpetuam (...). Seria uma ameaça mortal aos sistemas clínicos atuais, pois tornariam obsoletos os caros tratamentos cirúrgicos, radiológicos e quimioterápicos, nos quais foram investidos muito dinheiro, treinamento e

---

*   N.T.: Nos Estados Unidos e na Europa não há obrigatoriedade da presença de obstetras no parto, apenas de parteiras.

equipamento (...). A nova terapia deve ser desacreditada, negada, desencorajada e desautorizada, independentemente dos resultados clínicos reais, e de preferência sem nenhum teste clínico".

O renomado oncologista e professor da Universidade da Califórnia (Berkeley e Davis), nos Estados Unidos, dr. Hardin Jones, deu sua opinião sobre o dilema: "É bem mais provável que, em termos de expectativa de vida, a chance de sobrevivência não seja melhor do que sem o tratamento, e há a possibilidade de que o tratamento diminua o tempo de sobrevivência ao câncer". Após analisar as estatísticas de sobrevivência ao câncer durante várias décadas, o dr. Jones concluiu que: "(...) pacientes ficariam bem ou melhor se não fossem tratados". A afirmação perturbadora dele jamais foi refutada. E afirmou: "Meus estudos provaram conclusivamente que os pacientes de câncer que recusam a quimioterapia e a radioterapia vivem de fato quatro vezes mais do que os tratados, inclusive casos de câncer de mama não tratados".

Quando não tratar o câncer dá melhores resultados do que tratá-lo, surge a pergunta: por que as agências de saúde permitem, encorajam e até impõem tratamentos que comprovadamente mataram pacientes de forma prematura? Talvez a AMA tenha a resposta. Um de seus objetivos e obrigações é proteger os ganhos de seus membros (os médicos). A maior receita da AMA deriva do tratamento contra o câncer. Na média, cada paciente vale US$ 50 mil. Se uma cura do câncer for oficialmente reconhecida nos Estados Unidos, ela ameaçaria a receita e a subsistência de seus membros. Os estatutos daquela associação praticamente proíbem a promoção de uma cura para o câncer.

Após 60 anos de pesquisa incessante e centenas de bilhões gastos em tratamentos para o câncer que custaram a vida de centenas de pacientes, enfrentamos o desafio coletivo de nossa própria sobrevivência. A única alternativa razoável para impedir esse monstro inventado é aprender as habilidades de autocura. A outra opção possivelmente levará o país à falência, pode ameaçar nossa subsistência e guiar-nos ao abismo da autodestruição.

Impasses médicos

Quem tem um bom conhecimento médico sabe que o sintoma de uma doença não é, em si, a doença verdadeira. Contudo, hoje em dia, a maioria dos médicos trata os sintomas como se fossem a doença. Os livros de medicina, mesmo sem conhecer as causas de mais de

40 mil doenças listadas, relatam *tratamentos eficazes* para curá-las. As agências de saúde, fundadas originalmente para proteger a população contra falsas alegações de cura, insistem na afirmação de que apenas as medicações podem diagnosticar e curar doenças. Os agentes têm como alvo os profissionais que afirmam curar usando métodos diferentes dos propagados pela indústria médica e cartéis farmacêuticos.

Da mesma forma, qualquer um que aconselhe uma erva ou alimento natural e inofensivo para a cura de doenças é ridicularizado, difamado e corre o risco de ser processado. O fato de as medicações aprovadas terem prejudicado inúmeras pessoas não parece encorajar essas agências a alertar as massas a pensar duas vezes antes de tomá-las. Isso permitiria salvar a vida de quase 1 milhão de pessoas que morrem todo ano, em virtude dos efeitos colaterais devastadores causados pelos remédios.

Apesar disso, as prescrições de medicamentos encontram-se em níveis epidêmicos. Em 2011, quase um/dois em cada dois americanos faziam uso de medicamentos prescritos por mês, expondo-se a diversos efeitos colaterais e desfrutando poucos benefícios.[19] Uma dose de ceticismo saudável em relação aos medicamentos e uma abertura à medicina alternativa por parte dos médicos seriam um passo positivo na área da saúde. Contudo, a tendência atual sugere que tais melhorias não vão acontecer tão cedo.

É inevitável criar efeitos colaterais danosos ao organismo quando se tratam os sintomas sem remover suas causas profundas. Será científico ou razoável tratar uma doença cuja causa permanece obscura? Será que um importante oncologista pode afiançar sua *expertise* médica quando trata o câncer sem ter ideia de sua origem ou causa? É como aplicar um curativo em um membro amputado. Não faz o mínimo sentido.

Um dos principais problemas é que, atualmente, as faculdades de medicina não ensinam os alunos a pensar por si mesmos quando se trata de entender as causas profundas de uma doença. Os médicos devem seguir um rígido protocolo de tratamento e, caso não o façam, correm o risco de perder a licença. Podem até acabar na cadeia

---

19. *Archives of Internal Medicine*, 13 de junho de 2011, veja <http://www.ncbi.nlm.nih.gov/pubmed/21670331>.

como muitos médicos que, por bondade ou compaixão, ofereceram tratamentos alternativos não autorizados a seus pacientes. É razoável, portanto, esperar que os clínicos e suas tecnologias nos digam quais são as causas profundas das doenças?

Em geral, permanecemos na Idade das Trevas no que concerne à verdadeira cura. Segundo relatórios independentes, feitos pela prestigiada revista médica *New England Journal of Medicine*, uma ala do Congresso Americano e da Organização Mundial da Saúde (OMS), 85 a 90% de todos os procedimentos médicos usados pela instituições médicas hoje em dia não têm comprovação nem corroboração científica. Aí estão incluídos todos os procedimentos diagnósticos e modalidades de tratamento oferecidas por médicos ou hospitais – principalmente a quimioterapia ou a radioterapia.

Se não podemos contar com os médicos para nos assistir ou aconselhar nossa busca pela saúde e cura, será que os pesquisadores médicos nos dariam as respostas? Improvável, pois a maioria deles ou é funcionário ou recebe financiamento de grandes indústrias farmacêuticas, cujo maior interesse é dominar e eliminar os sintomas e não a doença em si. A maior força motivadora por trás do sistema de saúde atual, ou melhor dizendo, do sistema de doença, é a constante necessidade ou ganância de acumular dinheiro, poder e controle. O desejo de ajudar a humanidade a ter saúde e vitalidade é partilhado apenas por médicos ou profissionais de saúde que têm amor e compaixão genuínos por seus semelhantes.

Mais uma vez, infelizmente a indústria médica e a farmacêutica não estão interessadas em descobrir a cura real do câncer ou de qualquer outra doença crônica, pois tornaria obsoleto qualquer tratamento dos sintomas da doença. A remoção da causa de uma doença quase nunca requer uma abordagem separada que lide com seus sintomas, pois eles desapareceriam assim que se analisassem suas causas subjacentes. A não ser em emergências, são desnecessários os métodos caros de intervenção clínica, como remédios alopáticos, procedimentos diagnósticos complexos, radiação e cirurgias. Esses procedimentos também enganam os pacientes e são potencialmente danosos à saúde.[20] O resultado é uma fonte de receitas permanente e

---

20. Para mais detalhes, veja *Timeless Secrets of Health & Rejuvenation*.

inesgotável para as indústrias farmacêuticas, acionistas, instituições médicas e profissionais médicos.

Se o sistema universal de saúde* tornar-se uma realidade nos Estados Unidos, veremos um aumento maciço de doenças e fatalidades a elas relacionadas. Muitos dos que não conseguem pagar as caras despesas médicas ou um seguro ou convênio de saúde tendem a procurar métodos mais naturais e baratos para tratar as doenças ou, então, deixam de procurar tratamento. Dada a alta incidência de mortalidade entre os que recebem tratamento médico, o risco de morte dos sem tratamento é na realidade bem baixo.[21] (Leia mais em meu livro *A Limpeza do Fígado e da Vesícula* [2012], Capítulo Três, na seção "Medicina Moderna – A Maior Máquina de Matar da Humanidade".)

O não tratamento, o risco baixo de mortalidade, contudo, deve ser desencorajado pelo *sistema de saúde gratuito*. Quando morei em Chipre nos anos 1980, testemunhei uma população inteira, que costumava confiar em métodos naturais de cura durante milhares de anos, repentinamente ser fisgada pelo sistema médico moderno por causa de sua gratuidade. A tática mais eficaz de *marketing* é a gratuidade de um serviço ao qual as pessoas nunca teriam acesso. A oferta de um sistema gratuito de saúde iludiu os cipriotas, alemães, franceses, ingleses e canadenses, e acontecerá o mesmo nos Estados Unidos, caso implementado.

Não quero dizer que essa tendência seja culpa exclusiva do sistema médico. Enquanto as pessoas não se responsabilizarem por sua saúde física e emocional, por seus hábitos alimentares e de vida, é inevitável a existência de tal sistema. Milhões de pessoas passam por experiências danosas resultantes de tratamentos médicos incomprovados. Os pacientes de câncer, por exemplo, enfrentam os efeitos colaterais mais traumáticos em virtude da natureza altamente invasiva dos tratamentos envolvidos, pois estes miram a destruição e não a cura. Seus benefícios potenciais não só são questionáveis, mas também inexistentes, segundo um dos estudos documentados mais abrangentes.

---

*   N.T.: Nos Estados Unidos não existe sistema universal de saúde. Uma tentativa foi feita pelo presidente Barack Obama, o popularmente chamado Obamacare, que tem sido atacado pelo presidente Donald Trump.

21. Veja a evidência científica no Capítulo Quinze, "O que os médicos deveriam lhe dizer", em *Timeless Secrets of Health & Rejuvenation*.

Dá para confiar na quimioterapia?

Tony Snow, secretário de imprensa da Casa Branca durante a presidência de George W. Bush, morreu em julho de 2008 aos 53 anos, após uma série de sessões de quimioterapia para o câncer de cólon. Em 2005, Snow teve o cólon removido e submeteu-se a seis meses de quimioterapia. Dois anos depois, foi removido cirurgicamente um tumor no abdômen, perto da área do câncer original. Segundo a dra. Allyson Ocean, oncologista gastrointestinal da Faculdade de Medicina Weill Cornell de Nova York, essa era uma condição clínica bastante tratável. "Muitos pacientes, graças às terapias que oferecemos, podem trabalhar e viver plenamente durante o tratamento. Quem considera essa doença uma sentença de morte está enganado." Porém, sabemos agora, a dra. Allyson estava completamente errada.

As manchetes da mídia anunciaram que a causa da morte de Snow foi o câncer de cólon, embora soubessem que ele havia removido o cólon. Aparentemente, o tumor maligno *retornou* (de onde?) e *atingiu* o fígado e outras partes do corpo. Mas a verdade por trás desse câncer *fantasma* foi que a remoção do cólon restringiu seriamente suas funções eliminadoras normais, sobrecarregando, portanto, o fígado e os fluidos teciduais com lixo tóxico. As primeiras sessões de quimioterapia inflamaram e prejudicaram irreversivelmente um grande número de células do organismo, afetando seu sistema imunitário – receita perfeita para o surgimento de novos tumores. Então, incapaz de curar as causas do câncer original (além de criar novas), o organismo de Snow desenvolveu novos tumores no fígado e em outras partes do corpo.

A grande imprensa, claro, ainda insiste que Snow morreu de câncer de cólon, perpetuando assim o mito de que somente o câncer mata as pessoas, não o tratamento. Ninguém parece levantar a importante questão de que é extremamente difícil para um paciente curar-se do câncer enquanto se submete aos venenos sistêmicos mortais da quimioterapia e da radioterapia.

Antes de Tony Snow começar o tratamento quimioterápico para o segundo câncer de cólon, ele ainda parecia saudável e forte. Porém, após algumas semanas de tratamento, sua voz começou a ficar rouca, a aparência frágil e de cor acinzentada e perdeu os cabelos. Esses são os sintomas de um envenenamento químico, não de câncer.

Alguma vez a grande imprensa informou sobre a evidência científica esmagadora que demonstra que a quimioterapia tem benefício zero na taxa de sobrevivência de cinco anos dos pacientes de câncer de cólon?[22] Ou quantos oncologistas apoiam seus pacientes e os protegem contra o tratamento quimioterápico que sabem os levará à morte mais prematuramente do que se não fizessem qualquer tratamento? É possível confiar nossa vida nas mãos dos médicos quando a maioria deles nem consideraria a quimioterapia no caso deles?

O que eles sabem que nós não sabemos?

Espalham-se as notícias de que, nos Estados Unidos, as fatalidades causadas por médicos aumentam a cada ano. Talvez muitos médicos não confiem em sua prática, e por bons motivos.

"A maioria dos pacientes de câncer neste país morre de quimioterapia... Ela não elimina o câncer de mama, cólon ou pulmão. Esse fato foi documentado por mais de uma década. Todavia, os médicos ainda prescrevem a quimioterapia para esses tumores... É mais provável mulheres com câncer de mama morrerem mais rapidamente com quimioterapia do que sem", segundo o dr. Alan Levin.

A pesquisa abrangeu dados do *Registro de Câncer* da Austrália e do *Departamento de Vigilância Epidemiológica e Resultados Finais* dos Estados Unidos, para o ano de 1998. A taxa relativa de sobrevivência de cinco anos de adultos com câncer na Austrália, em 2012, foi de mais de 60%, não menor do que a dos Estados Unidos. Em comparação, uma mera contribuição de 2,3% da quimioterapia na sobrevivência ao câncer não justifica os altos custos e o sofrimento imenso dos pacientes com os efeitos colaterais sérios e tóxicos resultantes desse tratamento.

Com uma tímida taxa de 2,3% de sucesso, vender a quimioterapia como um tratamento médico é um dos maiores embustes já cometidos. A quimioterapia gera para a indústria médica a quantia colossal de 300 mil a 1 milhão de dólares por ano, e para seus promotores, mais de 1 trilhão de dólares. Os médicos ganham 375 mil dólares por paciente de quimioterapia, radioterapia, raio X, cirurgia, estadias hospitalares, médicos e anestesiologistas, segundo o Departamento de

---

22. Confirmação do reparo dos erros de pareamento do DNA (MMR) como marcador preditivo para a falta de benefício de quimioterapia 5-FU nos estágios II e III do câncer de cólon: uma reanálise molecular conjunta de testes randômicos de quimioterapia. (D. J. Sargent, S. Marsoni, S. N. Thibodeau, et al.)

Comércio americano. Amealhar tanto dinheiro com tanta facilidade é tentador para qualquer médico. Enquanto isso, um paciente genuinamente curado é uma mina de ouro perdida. Não é surpresa que a indústria médica tente defender esse embuste com todas as armas.

Em 1990, o respeitadíssimo epidemiologista alemão dr. Ulrich Abel, da Clínica de Tumor da Universidade de Heidelberg, conduziu a pesquisa mais abrangente de cada estudo clínico importante já feito sobre quimioterapia. O dr. Abel solicitou a 350 centros médicos todos os relatórios publicados sobre quimioterapia. Além disso, revisou e analisou milhares de artigos científicos publicados nas maiores revistas médicas. A tarefa de coletar e avaliar esses dados levou diversos anos.

O estudo epidemiológico[23] do dr. Abel deveria ter alertado cada médico e paciente sobre o risco de um dos tratamentos mais comuns contra o câncer e outras doenças. Em seu estudo, Abel chega à conclusão de que a taxa de sucesso total da quimioterapia era "péssima". Em suas palavras, não há evidência científica disponível em qualquer estudo que mostre que a quimioterapia **"estenda de forma considerável a vida de pacientes que sofram de cânceres orgânicos mais comuns"**.

Abel assinala que a quimioterapia raramente melhora a qualidade de vida e a descreve como um "deserto científico", afirmando que, embora não haja evidência científica de que ela funcione, tampouco o médico ou o paciente estão dispostos a abandoná-la. A grande imprensa jamais reportou esse estudo importante, o que não é surpresa, dado o manifesto interesse das empresas farmacêuticas que patrocinam a mídia. Uma pesquisa *on-line* não retornou nenhuma análise sobre o trabalho de Abel em revistas médicas, embora tenha sido publicada em 1990. Acredito que não seja porque seu trabalho não tivesse importância, mas porque é irrefutável.

Devo mencionar a essa altura que o livro do dr. Abel sobre quimioterapia é de 1995, não sendo considerado atual; ademais, tratava apenas de carcinomas, e não de sarcomas.

Contudo, seu trabalho sobre os benefícios inadequados da quimioterapia com respeito a carcinomas aplica-se à vasta maioria dos

---

23. *Quimioterapia do Câncer Epitelial Avançado:* uma revisão críticam, Biomedicina e Fármacoterapia (*Chemotherapy of Advanced Epithelial Cancer:* a critical review, Biomedicine and Pharmacotherapy), 1992; 46: 439-452.

cânceres. Carcinomas são tumores epiteliais de origem ectodérmica ou endodérmica. Os tumores sólidos no tecido nervoso e nos tecidos epiteliais ou suas glândulas adjuntas são exemplos de carcinoma. Cerca de 85% dos cânceres são carcinomas, inclusive os cervicais, de mama, de próstata, de pele e cerebral.

O dr. Abel foi violentamente atacado quando publicou seu estudo. Como muitos grandes pesquisadores, ele deve estar apreensivo agora. Para que um cientista consiga manter o emprego e continue a receber doações para sua próxima pesquisa, é preciso que atenda às expectativas da indústria médica, ou pelo menos que mantenha a boca fechada. Os pacientes têm o direito de ser informados sobre a base científica de seu tratamento e não devem hesitar em pedir a seu oncologista que apresente estudos comparativos (aleatórios), demonstrando a eficácia do tratamento em termos de sobrevivência e/ou qualidade de vida.

Portanto, os dados atuais mostram que a quimioterapia tem uma taxa de sucesso de apenas 2,3% nos Estados Unidos e 2,1% na Austrália. É difícil chamar uma taxa de 2,3% de sucesso quando fazer nada é bem mais proveitoso.

Muitos médicos chegam a prescrever quimioterapia a pacientes com tumores muito avançados para remoção cirúrgica, mesmo sabendo que não há benefícios. Todavia, afirmam que a quimioterapia é um tratamento eficaz e seus confiantes pacientes acreditam que *eficácia* é igual a *cura*. Os médicos, claro, referem-se à definição de droga eficaz do FDA, ou seja, a que atinge 50% ou mais de redução do tamanho de um tumor em 28 dias. Esquecem-se de dizer aos pacientes que não há qualquer correlação entre a diminuição do tumor em 28 dias e a cura do câncer ou aumento da expectativa de vida. **Jamais se demonstrou que a diminuição temporária de um tumor pela quimioterapia cure o câncer ou aumente a expectativa de vida.**

Em outras palavras, é possível viver com um tumor não tratado tanto tempo quanto com um tumor que diminuiu ou foi eliminado por quimioterapia ou radioterapia. Os tumores em si quase nunca causam a morte, a não ser que obstruam o duto biliar ou outras vias vitais. Com certeza, no câncer primário, o tumor nunca ameaça a saúde ou a vida. E, no entanto, é tratado como se fosse a coisa mais perigosa do mundo. Todo o progresso feito em relação à detecção precoce e à diminuição bem-sucedida dos tumores não foi capaz de aumentar a sobrevivência do paciente hoje ao que era 50 anos atrás. É bastante óbvio que, seja qual for o tratamento-padrão usado, ele está errado.

Ademais, nunca se demonstrou que a quimioterapia tivesse efeitos curativos sobre o câncer. Em contrapartida, o organismo ainda pode se curar, exatamente o que ele tenta fazer ao desenvolver o câncer. Essa é uma reação de cura e não de doença. A doença é a tentativa do corpo de se curar de um desequilíbrio existente. E, às vezes, essa reação de cura continua mesmo se a pessoa for submetida à quimioterapia ou radioterapia. Infelizmente, como demonstrou a pesquisa mencionada anteriormente, as chances de uma cura real se reduzem quando os pacientes são tratados com quimioterapia.

Os efeitos colaterais do tratamento são horríveis e penosos para os pacientes e seus entes queridos, tudo em nome do tratamento médico de confiança. Embora a quimioterapia tenha a promessa de melhorar a qualidade de vida do paciente, é óbvio perceber que uma droga que o faz vomitar e perder o cabelo, além de prejudicar seu sistema imunológico, está fazendo o oposto.

Os venenos mortais da quimioterapia causam inflamação em cada parte do corpo, provocando lesões bucais letais; atacam o sistema imunológico, destruindo bilhões de leucócitos (glóbulos brancos do sangue); e penetram no revestimento interno dos intestinos. O efeito mais comum entre os pacientes quimioterápicos é a completa falta de energia. As medicações adicionais comumente prescritas aos pacientes podem impedi-los de perceber alguns dos efeitos colaterais, mas dificilmente reduzem o efeito destruidor e supressor da própria quimioterapia.

Tais efeitos foram enaltecidos pela comunidade médica como prova de sua eficácia: de fato, a quimioterapia diminui e destrói algumas células *cancerosas*, pois é o que faz com *todas* as células. Porém, não ocorre a esses defensores da quimioterapia que o caos destruidor no organismo inteiro está prejudicando o paciente e criando condições para a instalação de novas doenças?

E o que é pior, muitos dos que enaltecem as drogas anticancerígenas (caso estas realmente existam) são criteriosos com relação aos tratamentos que advogam. Por exemplo, pesquisadores canadenses da Universidade de Alberta descobriram que o ácido dicloroacético

(DCA), usado no tratamento de doenças metabólicas, ajuda a destruir os tumores de pulmão, de mama e cerebral sem prejudicar os tecidos circundantes saudáveis, pois corrige a glicólise anaeróbica ou sistema ácido-láctico.

Então, por que a indústria médica ou a mídia não está interessada? Muito simples, porque a droga não requer patente e, portanto, não pode ser vendida pelas empresas farmacêuticas para gerar lucros imensos. O que significa que essa descoberta importante vai permanecer na obscuridade.

Deve-se salientar, contudo, que, para reverter a glicólise com o DCA, é melhor que as vias congestionadas do organismo estejam limpas para a adequada oxigenação celular e regressão tumoral. De outra forma, não há certeza quanto à reação do organismo. Em 2010, descobriu-se que, no caso de tumores colorretais implantados em ratos sob condições hipóxicas, o DCA apresentou um decréscimo não esperado na apoptose, resultando em maior crescimento dos tumores. Essas descobertas sugerem que, pelo menos em alguns tipos de câncer, o tratamento com DCA pode ser prejudicial à saúde, o que ressalta a necessidade de mais testes antes de considerá-lo um tratamento seguro e eficaz. Além disso, o tratamento não é universalmente eficaz, sendo, portanto, um dos raros exemplos de um fármaco que pode ser eficaz para muitos pacientes, mas longe de ser uma panaceia.

Os pacientes de câncer podem achar que a fadiga é parte da doença, o que raramente é o caso. O cansaço incomum é atribuído à anemia, um efeito colateral normal da quimioterapia que diminui drasticamente os glóbulos vermelhos, reduzindo a disponibilidade de oxigênio aos 60-100 trilhões de células do organismo. É possível sentir a energia ser expulsa de cada célula do corpo: uma morte física sem morrer. A fadiga causada pela quimioterapia tem impacto negativo nas atividades diárias em 89% dos pacientes. E, sem energia, não há alegria ou esperança, e todas as funções corporais se desestabilizam.

Um efeito colateral duradouro é a falta de reação do organismo às abordagens nutricionais ou de fortalecimento imunológico aos tumores cancerígenos. Tudo isso pode explicar por que os **pacientes que não recebem qualquer tratamento têm uma taxa de remissão quatro vezes maior do que os que recebem.** O triste é que a quimioterapia não cura 96% a 98% de todos os cânceres. Não existe evidência conclusiva de que, na maioria dos cânceres, a quimioterapia tenha alguma influência positiva na sobrevivência ou qualidade de vida.

Em resumo, promover a quimioterapia como tratamento real para o câncer é, no mínimo, bem enganador. Em razão do dano permanente ao organismo, a quimioterapia tornou-se a causa principal de doenças causadas pelo tratamento, como doenças coronarianas, hepáticas, intestinais, do sistema imunológico, infecções, lesões cerebrais, dor crônica e envelhecimento rápido. Além de não ajudar a tratar o câncer.

Antes de se submeterem aos venenos da quimioterapia, os pacientes devem questionar os médicos sobre pesquisas ou sólidas evidências de que a diminuição de um tumor se traduz em mais tempo de sobrevivência. Caso digam que a quimioterapia é a melhor chance de sobrevivência, saberão que eles estão mentindo ou são desinformados. Como o dr. Abel e outros pesquisadores demonstraram com clareza, não há tal evidência na literatura médica.

Claro, se um oncologista prescreve a quimioterapia para um paciente de câncer pancreático, embora seja comprovadamente um tratamento ineficaz nesse caso, esse ato irresponsável isenta-o de um processo jurídico se o paciente morrer. Ironicamente, se o médico não prescrever a quimioterapia, a família pode processá-lo por negligência médica.

A estrutura do sistema médico atrai os pacientes recém-diagnosticados com câncer direto à armadilha da quimioterapia. Se um paciente fosse informado de que deveria pagar 100 mil dólares por uma quimioterapia que garantiria umas duas semanas de vida a mais, ele pensaria duas vezes antes de dar seu consentimento, arruinando assim a vida de sua família. Sem mencionar os efeitos colaterais horrorosos que enfrentaria durante os últimos dias de vida. Porém, se o seguro-saúde paga o tratamento, não há o que ponderar e os pacientes concordam de imediato com esse *tratamento salva-vidas*, mesmo que não haja prova de que isso ocorra.

De acordo com outro estudo, "a incapacidade de erradicar o câncer pode ser tão fundamental quanto a falsa identificação de um alvo".[24] Em outras palavras, embora a quimioterapia consiga aniquilar nacos de tecidos, ela é incapaz de identificar a raiz do problema.

---

24. <Veja http://www.ncbi.nlm.nih.gov/pubmed/16027397>.

Por quê? Porque os tumores que a quimioterapia tenta mirar e *curar* não passam de meios que o organismo tem de criar células extras para lidar com um problema existente. Ou seja, um corpo verdadeiramente saudável não mantém o câncer, pois não tem necessidade disso.

O que é o câncer, afinal?

De acordo com o modelo médico atual, o câncer é um termo geral que descreve um grupo de cem males distintos que têm um fator em comum: crescimento descontrolado e disseminação de células anormais. Nosso organismo produz naturalmente mais células quando necessário. Por exemplo, aqueles que fazem musculação ou exercício regularmente percebem que houve aumento nos músculos. Contudo, se as células começam a se dividir sem qualquer razão aparente, elas formarão uma massa extra de tecido que é considerado tumor. Se o tumor é *maligno*, os médicos referem-se a ele como canceroso.

Na medida em que desconhecemos os mecanismos básicos subjacentes que conduzem ao câncer nem lidamos adequadamente com eles, esse mal permanecerá um mistério. O câncer é um fenômeno enigmático que foi falsamente rotulado de *doença autoimune*, ou seja, quando o organismo se volta contra si mesmo. A verdade é bem diferente, pois o organismo foi projetado para suster a vida o maior tempo possível. Mesmo o chamado gene da morte tem um único propósito: impedir a autodestruição do organismo. Os genes da morte existem para assegurar que as células morram no fim de seu ciclo de vida e sejam substituídas por novas.

Se o corpo é projetado para a vida e não para a autodestruição, não faz nenhum sentido ele permitir o crescimento de tecido celular extra e sua própria morte. O principal obstáculo para a descoberta da cura do câncer é o fato de que o tratamento moderno se baseia na falsa premissa de que o organismo às vezes tenta se autodestruir. Os estudantes de medicina são ensinados a entender o mecanismo de desenvolvimento de uma doença, mas absolutamente nada sobre suas origens.

Para os estudantes, vista superficialmente, uma doença parece ser algo destrutivo e danoso ao organismo. Vista de uma perspectiva mais profunda, contudo, a mesma doença não passa de uma tentativa do corpo de se limpar e se curar, ou pelo menos de prolongar sua vida. Como os livros de medicina oferecem poucas explicações sobre as verdadeiras causas da doença, é compreensível que a maioria dos médicos hoje em dia acredite que o organismo tem tendências autodestrutivas e até suicidas. Afirmando serem objetivos e não supersticiosos, eles inadvertidamente admitem a decisão repentina e misteriosa de determinadas células de deixar de funcionar e ardilosamente atacar de modo fortuito outras células e órgãos do corpo.

Com base nessa crença puramente subjetiva e inconsistente, médico e paciente tornam-se quase obcecados em tentar proteger o corpo de si mesmo. Todavia, apesar de tais incontestáveis noções de verdade, nada disso significa que o organismo de fato tente ou provoque sua própria destruição. Seria surpreendente afirmar que o câncer jamais matou alguém?

A sabedoria das células cancerosas

As células cancerosas não fazem parte de um processo nocivo. Quando as células se *disseminam* (metástase)[25] pelo corpo, não é seu propósito ou objetivo interromper as funções vitais do organismo, infectar as células saudáveis e eliminar seu hospedeiro. As células só se autodestroem quando termina seu ciclo de vida e elas são renovadas, um processo natural e programado que acontece diariamente. As células cancerosas, como qualquer outra, sabem que, se o corpo morre, elas também morrerão. Um tumor canceroso não é nem a causa da destruição progressiva nem conduz à morte do organismo. Nada há nas células cancerosas que remotamente tenha a capacidade de matar. Se perguntarmos a qualquer pessoa se ela sabe como o câncer mata, não teremos uma resposta definitiva ou correta. A mesma pergunta feita a um médico também não resultará melhor. É improvável que alguém diga que o câncer não mata.

Ao contrário do que se diz, o que conduz à morte de um órgão ou do organismo é o desperdício do tecido celular saudável, que resulta de uma privação contínua de nutrientes e energia vital. **A redução drástica ou paralisação do fornecimento dos nutrientes vitais às células de um órgão não é, em princípio, uma consequência de um tumor canceroso, mas na verdade sua maior *causa*.**

---

25. Jamais foi provado que as células cancerosas se movimentam pelo organismo e indiscriminadamente formem novas colônias. Ao contrário, novas colônias podem crescer pelas mesmas razões que as anteriores.

Por definição, uma célula cancerosa é uma célula normal e saudável que passa por uma mutação genética a ponto de conseguir viver em um ambiente anaeróbico, ou seja, onde não haja oxigênio. Dito de outra forma, se privarmos um grupo de células de oxigênio (sua principal fonte de energia), algumas delas morrerão, mas outras evoluirão de forma engenhosa: elas serão capazes de viver sem oxigênio e se adaptarão a fim de obter algumas de suas necessidades energéticas a partir de resíduos celulares metabólicos (discutirei esse tópico em detalhes no próximo capítulo).

Esse processo é similar ao das bactérias que se dividem em dois grupos principais, aeróbico ou anaeróbico,[26] ou seja, as que precisam de oxigênio e as que podem viver sem ele. As bactérias aeróbicas prosperam em um ambiente oxigenado. Elas são responsáveis pela digestão de alimentos e fabricação de nutrientes importantes, como as vitaminas do complexo B. As bactérias anaeróbicas, por outro lado, surgem e prosperam apenas em ambientes sem oxigênio. Elas desintegram resíduos, depósitos tóxicos e células mortas.

Como a infecção pode prevenir e curar o câncer

A vida na Terra não seria possível sem as bactérias, os fungos e os vírus. Sua existência e contínua interação com os humanos e animais durante milhões de anos treinaram e desenvolveram o que ora chamamos de sistema imunológico. Nossa capacidade de viver em harmonia com o ambiente externo é, de fato, baseada em nossa relação duradoura com esses germes.

Embora tenhamos o mesmo número de germes quanto de células no organismo, aprendemos a temê-los e a combater especialmente aqueles considerados patogênicos. Não nos ensinaram que a infecção aguda é um evento desejável e até necessário para se viver sem a ocorrência de uma doença fatal.

O contato com um germe e uma possível infecção fortalecem o sistema imunológico até seu completo desenvolvimento e capacidade de viver em completa harmonia com o ambiente natural. O que não significa, obviamente, que seja necessário ficar doente para desenvolver um sistema imunitário saudável. A maioria das infecções

---

26. Há algumas bactérias que são tanto aeróbicas quanto anaeróbicas.

ocorre silenciosamente, sem que jamais se desenvolvam os sintomas de doença.

Desde que a vacinação em massa foi introduzida ao redor do mundo, quase toda criança está infectada com diferentes vírus por vacina desde o nascimento até pelo menos 15 anos de idade. Algumas vezes, aplica-se a vacina tríplice viral (sarampo, caxumba e rubéola). As vacinações interrompem abruptamente ou até inibem a imunização natural. Essa intervenção imprudente pode causar consequências inesperadas e potencialmente destruidoras na vida de uma pessoa.

Desde que se descobriu ser um pré-requisito para um trato gastrointestinal saudável a presença de agentes infecciosos (como o *E. coli* nos intestinos), deixamos de considerá-los inimigos. Porém, isolando esses germes de seu ambiente natural, reproduzi-los e manipulá-los em laboratório e depois injetá-los na corrente sanguínea sob a forma de vacinas pode transformar esses agentes infecciosos, normalmente benéficos, em armas mortais contra as quais o organismo não tem defesas.

Um animal ou ser humano recém-nascido pode ficar cego se o privarmos de luz por um longo período de tempo. Da mesma forma, o sistema imunológico celular é inútil se não for exposto aos germes presentes na atmosfera.

Por que as infecções podem salvar vidas

A infecção é uma das grandes curas que existem. De fato, ela pode impedir o câncer e outros males e, é verdade, curá-los. Em um estudo epidemiológico de 2005, cobrindo mais de 151 estudos previamente conduzidos, os pesquisadores do Departamento de Saúde e Epidemiologia da Universidade da Colúmbia Britânica, no Canadá, descobriram uma associação inversa entre infecções agudas e o desenvolvimento do câncer [*Cancer Detection and Prevention*, 2006; 30(1):83-93. Epub, 21 de fevereiro de 2006].

Segundo o resumo do estudo, intitulado "Infecções agudas como meio de prevenção do câncer: efeitos opostos às infecções crônicas?", há uma associação entre a exposição a doenças infecciosas febris infantis e a subsequente redução de riscos ao melanoma, cânceres do ovário e múltiplos combinados, significativa nos últimos dois grupos.

Além disso, estudos epidemiológicos sobre as infecções agudas comuns em adultos e o posterior desenvolvimento de câncer descobriram que essas infecções estão associadas com riscos reduzidos para meningioma, glioma, melanoma e cânceres múltiplos combinados, em especial nos últimos três grupos. Em geral, a redução do risco aumentou com a frequência de infecções, sendo que as infecções febris proporcionavam a maior proteção. Dito de outra forma, as crianças que tiveram todas as infecções infantis típicas tinham mais proteção contra o desenvolvimento do câncer na idade adulta.

Em uma época em que o câncer afeta uma em cada duas pessoas, essa descoberta deveria ter sido noticiada e ensinada nas faculdades de Medicina. As políticas de saúde dos Estados Unidos deveriam ser alteradas radicalmente, mas nada aconteceu. Ainda recomendam que se evite ter caxumba. É irrelevante para eles que uma inconveniência temporária de uma infecção inofensiva possa proteger uma pessoa de desenvolver uma forma destruidora de câncer, 20 ou 30 anos mais tarde, que, por sua vez, é atacada por métodos de tratamento mortais (quimioterapia, radioterapia e cirurgia).

A descoberta de que as infecções agudas são claramente antagonistas ao câncer nos ajuda a entender por que a febre artificialmente induzida teve êxito no tratamento oncológico em países europeus, especialmente na Alemanha. Claro, muitos médicos agora tratam a febre como uma doença e, em geral, prescrevem medicações tóxicas para estancar o *fogo perigoso*. No entanto, como a febre é um modo natural do organismo de curar e eliminar patogênicos, como vírus e bactérias infecciosas, esmagá-la com medicação impede qualquer cura efetiva no organismo.

Felizmente, alguns bons pesquisadores ora se posicionam a favor das táticas de cura inatas do organismo, que nossas mães e avós sempre souberam. O microbiologista francês dr. André Lwoff descobriu que a febre cura até doenças incuráveis. Um dos principais oncologistas do mundo, dr. Josef Issels, escreveu: "A febre induzida artificialmente tem o maior potencial no tratamento de muitos males, inclusive o câncer". E o professor da Universidade de Oxford, na Inglaterra, dr. David Mychles, e sua equipe demonstraram a eficácia da febre induzida no tratamento de doenças, inclusive câncer.

Há mais evidências históricas de que a infecção impediu o câncer na população. Por exemplo, Roma era rodeada de pântanos, criadouros naturais dos mosquitos da malária. A febre provocada pela malária manteve as taxas de câncer dos romanos bem abaixo da média do resto da Itália. Para combater a epidemia, o governo decidiu drenar os pântanos. Logo depois, as taxas de câncer na cidade aumentaram drasticamente, aproximando-se das do restante da Itália.

A magia da natureza

A posição oficial da OMS é a de que os agentes infecciosos são responsáveis por quase 22% das mortes por câncer no mundo desenvolvido e 6% nos países industrializados. O câncer do fígado é atribuído às hepatites virais B e C; o câncer cervical, à infecção do vírus papiloma humano. Já o risco do câncer de estômago se deve à presença da bactéria *helicobacter pylori*. Em alguns países, a esquistossomose aumenta o risco de câncer da vesícula e, em outros países, a fasciolíase hepática aumenta o risco de colangiocarcinoma nas vias biliares. As medidas preventivas incluem vacinação e proteção contra infecções e infestações. Tudo isso, sem dúvida, faz muito sentido a qualquer pessoa, a menos que se conheça um pouco da magia da natureza.

Toda vez que o excesso de matéria residual se acumula e necessita se decompor, há um aumento natural das bactérias destrutivas. Por que temos mais bactérias do que células em nosso organismo? A maioria das bactérias é produzida dentro dos órgãos e muito poucas vêm de fora. O organismo também *produz* bactérias a partir de coloides ínfimos e indestrutíveis de vida no sangue e nas células. Um dos pesquisadores médicos mais geniais do mundo, o professor Antoine Béchamp (1816-1908), chamou esses compostos celulares minúsculos de "microzimas". O cientista alemão dr. Günther Enderlein, que publicou artigos sobre essa pesquisa em 1921 e 1925, referiu-se a eles como "protitas", ou seja, minúsculas organelas plasmáticas observáveis pelo microscópio. Esses pontos ou coloides são indestrutíveis e podem sobreviver mesmo após a morte.

De acordo com o fenômeno chamado de pleomorfismo, essas "protitas" desenvolvem-se ou mudam de forma em resposta a alterações (equilíbrio ácido/base) no sangue ou ambiente celular. À medida que o ambiente celular se torna ácido e tóxico, as protitas se transformam em microrganismos que são projetados para desintegrar e remover células mortas, toxinas e resíduos metabólicos que o corpo é incapaz de remover.

Caso seja necessária a destruição ulterior de células mortas ou fracas e de resíduos, as protitas transformam-se em vírus e, por fim, em fungos. Sabemos como é difícil tratar fungos nas unhas ou pés.

Eles se alimentam de matéria orgânica morta. A presença de tecido congestionado, putrefato ou morto na pele dos dedos força o corpo a produzir e/ou atrair mais e mais fungos para ajudar na decomposição das partes mortas do pé ou das unhas.

Todos sabem que as células cancerosas estão cheias de todos os tipos de microrganismos. A medicina alopática não explica como eles penetram nas células, a menos que sejam virais. A maioria dos médicos pressupõe que os germes vêm de fora, mas essa ideia foi refutada e até contestada por Louis Pasteur, o inventor da teoria dos germes.

Como demonstraram os brilhantes cientistas Beauchamp e Enderlein, esses germes são criados dentro das células em resposta à presença de tecido celular subnutrido ou mal oxigenado, ou outro resíduo tóxico que o organismo não consegue remover sozinho. Seu objetivo é decompor essas células danificadas e fracas. Essa atividade microbial é comumente chamada de *infecção*. Como o câncer, uma infecção não é uma doença, mas uma tentativa sofisticada e conjunta do corpo e dos micróbios para impedir o sufocamento e o envenenamento causados por resíduos tóxicos acumulados nos tecidos, no sistema linfático ou no sangue.

Acumular lixo doméstico por muito tempo atrai moscas e bactérias que geram um odor fétido, o que não é culpa delas, pois apenas estão digerindo a matéria em decomposição. Da mesma maneira, os micróbios que são atraídos às células doentes ou nelas produzidos não são parte do problema, mas da solução.

Uma infecção, se devidamente cuidada através de abordagens naturais de limpeza e nutrição,[27] pode impedir, na prática, a mutação genética de células aeróbicas em cancerosas. Conforme mais de 150 estudos conduzidos nos últimos cem anos ou mais, a regressão espontânea de um tumor deu-se após infecções fúngicas, virais e por protozoários.[28] Durante episódios febris, os tumores se dispersam e as células cancerosas são imediatamente removidas pelo sistema linfático e outros órgãos excretores.

---

27. Veja: *Timeless Secrets of Health & Rejuvenation*.
28. Pesquisa feita por S. A. Hoption Cann, J. P. van Netten e C. van Netten (julho de 2003) – Departamento de Saúde e Epidemiologia da Universidade da Colúmbia Britânica; Special Development Laboratory, Royal Jubilee Hospital e Departmento de Biologia, Universidade de Victoria, Colúmbia Britânica, Canadá.

Durante uma infecção séria, que nada mais é do que uma reação adequada de cura iniciada por bactérias e pelo sistema imunológico, uma quantidade considerável de resíduo tóxico é degradada e removida do organismo, o que, mais uma vez, permite que o oxigênio atinja as células desprovidas de oxigênio. Ao entrar em contato com este, as células cancerosas morrem ou então voltam a ser células normais. Não há motivo para a existência do tumor, daí a ocorrência da remissão do câncer nesses pacientes. Em alguns casos, os tumores cerebrais do tamanho de um ovo literalmente desapareceram em 24 horas.

Assim sendo, a abordagem-padrão de suprimir uma infecção e a febre resultante dela entre pacientes hospitalares é responsável pela perda de milhões de vidas que poderiam ser salvas, permitindo que o organismo se curasse naturalmente.

O problema já começa na infância, pois ensina-se os pais a temer estes processos naturais. Ao levar os filhos ao médico, ele receita antibióticos ao menor vestígio de febre. Todavia, a febre é meramente indicativa de que o sistema imunitário da criança é forte e reativo [*Pedriatics*, junho de 2001 Vol. 107 No. 6, p.1241-1246].

Há mais de cem estudos sugerindo que os germes não causam câncer e que as infecções podem ser um meio de prevenção do câncer pelo fortalecimento do sistema imunológico. As vacinas e medicações que interferem nesse processo são responsáveis por sistemas imunológicos fracos que permitem, na verdade precisam, que o câncer cresça como um meio emergencial de cura do corpo.

Podemos, assim, concluir que a infecção não deve ser temida, mas permitida como parte do sistema natural do organismo para manter seu equilíbrio e se livrar das toxinas. A tendência precipitada da medicina alopática em responder a toda e qualquer infecção com antibióticos acaba por enfraquecer nosso sistema imunológico, tornando-nos vulneráveis a graves doenças no futuro.

Germes não causam câncer

Os germes envolvidos em uma infecção tornam-se ativos e infecciosos somente quando já há um acúmulo de matéria residual ou de danos ao tecido. Isso vale tanto para infecções bacterianas e virais quanto para as geradas no corpo ou introduzidas pelo ambiente externo. Os microrganismos destrutivos não progridem em um ambiente limpo, com boa circulação e bastante oxigênio. Não há nada a descartar e, portanto, nenhuma necessidade de reação imune para proteger o organismo.

Mesmo se germes danosos entrassem no tecido celular de um corpo saudável, eles não causariam mal. Um vírus não consegue simplesmente penetrar no núcleo de uma célula bem oxigenada, pois a exposição ao oxigênio pode matá-lo. Uma célula bem oxigenada também produz poderosas drogas antivirais, como o interferon. Se, por qualquer motivo, um vírus entrar em contato com uma célula, mas sua presença não for benéfica ao organismo, o vírus será destruído pelos mecanismos de defesa naturais da célula ou pelo sistema imunológico geral. Os vírus não ajudam as células a se tornarem cancerosas, a não ser no melhor interesse do organismo. Não devemos cair na armadilha de confundir essa ação como um ato de autodestruição. **É importante relembrar, nesta altura, que o câncer não é uma doença, mas um mecanismo de cura que ocorre quando falharam todas as outras medidas de proteção.**

Há um objetivo e inteligência profundos em cada nível da criação física, da menor das partículas ao mais complexo agregado de estrelas no Universo. Não é porque muitos cientistas e médicos preferem considerar o comportamento da natureza como aleatório e incoerente que ela seja caótica e imprevisível de verdade.

O câncer não é caótico como os especialistas querem nos fazer crer. Ele tem objetivo e significado tal como um vírus ou bactéria. O primeiro apenas infecta o núcleo de uma célula que está a ponto de se tornar anaeróbica. Encontrar material virótico nas células cancerosas não significa, portanto, que os vírus causem câncer. De fato, eles tentam prevenir a morte do organismo. São criados para o corpo e pelo corpo. É perfeitamente normal que células debilitadas e deterioradas transformem seus coloides em bactérias, vírus e fungos a fim de impedir mais dano ao organismo causado pelo acúmulo de matéria residual tóxica.

Conter uma infecção com medicações antibacterianas destrói a maior parte da população bacteriana. Contudo, é esta que estimula a reação imune desejada para eliminar do organismo as toxinas causadoras do câncer.

O programa moderno de vacinação é amplamente responsável pela significativa deterioração da imunidade natural entre as populações vacinadas ao redor do mundo. O organismo não adquire imunidade real a doenças infecciosas expondo-se a vacinas (só a produção de anticorpos não cria imunidade). De fato, com cada vacina, o sistema imunológico torna-se mais enfraquecido. O ganho a curto prazo de se tornar livre de sintomas por essa varinha de condão pode ter sérias repercussões a longo prazo.

Os resíduos tóxicos e celulares no organismo podem agir como uma bomba-relógio, mas não queremos ouvir seu tique-taque. Enfiamos a cabeça na areia, esperando de algum modo que o problema desapareça. Contudo, quando o barulho começa a se tornar enervante e o paciente sente os sintomas da doença, a visita ao médico pode destruir o relógio, mas a bomba ainda permanece intacta. É questão de tempo ela explodir. Mas, sem um mecanismo de alerta, o golpe virá como uma surpresa desagradável.

Por outro lado, permitir que o organismo receba auxílio dos úteis germes destruidores pode desativar totalmente a bomba. As secreções tóxicas desses micróbios estimulam o sistema imunológico a lançar um ataque contra a formação cancerosa potencial. Uma remissão espontânea do câncer não é um milagre raro. Acontece a milhões de pessoas que, sem saber, dispersam essas *bombas-relógio* por meio de uma infecção, como um simples resfriado ou gripe. É assim que 95% de todos os cânceres vão e vêm sem sinal ou intervenção médica.

Com base em informações estatísticas, podemos estimar que o tratamento oncológico com métodos supressores como a radioterapia, a quimioterapia e a cirurgia reduz de 28% a 7% ou menos as chances de uma remissão completa. Em outras palavras, o tratamento clínico é responsável pela morte de mais de um em cada cinco pacientes de câncer. Será que a quimioterapia é mesmo uma boa ideia?

Ah, esses malvados radicais livres!

Afinal, o que são esses radicais livres que todo mundo fala? Não é verdade que estão por trás de muitos tumores cancerosos e outros males? Se for verdade, como podemos nos defender deles sem removê-los com o uso de antioxidantes como a vitamina C?

Os radicais livres de oxigênio são em geral responsáveis por causar a maioria dos males comuns ao ser humano, como o câncer, o endurecimento das artérias e o envelhecimento da pele. Quase todos nós conhecemos o termo estresse oxidativo e há, no mercado, muitos suplementos alimentares que apregoam benefícios antioxidantes. Contudo, estudos feitos pelo Centro Alemão de Pesquisas do Câncer (Krebsforschungszentrum) demonstraram que essas moléculas altamente reativas talvez sejam bem menos danosas do que se pensava. Segundo os pesquisadores, aparentemente nem mesmo é possível influenciar esses processos oxidativos por substâncias que agem como antioxidantes.

Os radicais livres são moléculas de oxigênio altamente reativas. São responsáveis pela oxidação do ferro e pela rancidez de gorduras. São encontrados nas artérias obstruídas com placas. Muitos pesquisadores acreditam que os radicais livres estão envolvidos na formação das células cancerosas. Contudo, como as bactérias, os radicais livres têm uma má reputação injustificada. Se existem desde o começo da vida na Terra, por que agora causariam câncer em uma de cada duas pessoas, quando há cem anos apenas uma entre 8 mil pessoas tinham esse destino? Será que os radicais livres se tornaram mais cruéis nos últimos cem anos, ávidos por nos oxidar até a morte? A resposta é um estrondoso "Não"!

Os radicais livres oxidam e destroem apenas o que já está débil e é potencialmente danoso ao organismo. Jamais atacam um tecido celular saudável e vital. As células débeis e fracas e o material residual metabólico acumulado – normalmente, removido através do sistema linfático – tornam-se um risco quando se encontram retidos nos tecidos e os radicais livres não conseguem fazer seu trabalho. Aumentar a atividade dos radicais livres e disseminar germes infecciosos são, portanto, as melhores alternativas aos esforços de limpeza e eliminação próprios do organismo, especialmente quando o sistema imunológico já está comprometido. Em consequência, nem os radicais livres nem os germes podem legitimamente ser considerados uma causa de doença e do envelhecimento. Sendo a doença um mecanismo de cura e o envelhecimento uma forma de congestão avançada do organismo, os radicais livres podem, de fato, ser considerados efeitos benéficos da doença e do envelhecimento.

Quanto mais as infecções forem *evitadas* ou contidas por meio de intervenções médicas, menos eficientes se tornam o fígado e os rins, bem como os sistemas imunes, linfáticos e digestivos, na manutenção dos tecidos celulares livres de depósitos danosos e nocivos.

Contudo, nem só as infecções e os radicais livres agem como purificadores: a dor também é um sinal de cura. A dor é um sinal de que o corpo está ativamente envolvido na reação de cura que inclui a restauração e a própria purificação de tecidos danificados. Ao conter a dor com remédios, há um curto-circuito entre a comunicação interna do organismo e os mecanismos de cura, forçando-o a reter seus próprios resíduos, acabando por sufocar-se neles. O câncer é uma consequência natural de lidar com essa situação angustiante e inatural.

A mutação genética não causa câncer

As células cancerosas são células normais aeróbicas que foram geneticamente reprogramadas para sobreviver em um ambiente anaeróbico. Por que um núcleo celular saudável que contenha o código genético (DNA) da célula repentinamente se priva de oxigênio e se transforma em canceroso? É uma pergunta simples que está no centro de um mistério complexo em torno do câncer.

Aqueles que sabem instintivamente que a lei de causa e efeito se aplica a todo fenômeno natural devem se perguntar se o câncer é, afinal, apenas o efeito natural de uma causa profunda e inatural. Tratar o câncer como se fosse um doença perniciosa sem remover suas causas profundas não passa de charlatanismo. É claro que tal abordagem tem consequências fatais para a maioria dos pacientes de câncer. Em vez de reduzir a ocorrência e a mortalidade dessa enfermidade, as abordagens clínicas usuais para tratar o câncer contribuem, na verdade, para aumentá-las.

Não adianta culpar os genes, pois o código genético de uma célula cancerosa não está alinhado com o DNA original encontrado em outras células normais do organismo. Contudo, os genes não decidem repentina e espontaneamente se *mal-ignar* ou se tornarem malignos, como dizem. Os códigos genéticos não agem sobre o nada, porém, quando o ambiente celular se modifica, eles se alteram ou se desalinham com os códigos originais.

Uma pesquisa americana[29] descobriu que os genes DNA-PK e p53 são componentes essenciais do sistema de reparação do organismo. Porém, se algo dá errado, a célula se divide e se multiplica sem controle. O DNA-PK em geral repara os genes lesionados. Contudo,

---

29. Cancer Research, 61, 8723-8729, 15 de dezembro de 2001.

as células cancerosas também conseguem controlar o poder do DNA-PK de se reparar do dano causado por tratamentos anticâncer. Isso que faz com que essas células se tornem mais resistentes à terapia e explica por que os tratamentos ortodoxos contra o câncer, radioterapia e a quimioterapia, são um fracasso.

Quanto mais intenso é o tratamento anticâncer, mais cruel e poderoso ele se torna, reduzindo sobremaneira as chances de sobrevivência, pois o ataque repetitivo às bactérias com antibióticos aumenta sua resistência, tornando-as *superbactérias*.

Ora, o p53 age como um sistema de sinalização, enviando mensagens que impedem que as células danificadas se dividam e formem tumores. Esse gene poderoso se altera em cerca de 80% dos cânceres. Contudo, o foco da pesquisa não deveria ser a descoberta de qual tipo de mutação genética ocorre, mas as alterações no organismo que a tornam necessária.

Repetindo, os genes não se alteram sem motivo. Eles só o fazem se forem obrigados a sofrer uma mutação em resposta a mudanças adversas no ambiente celular.

Câncer: uma engenhosa missão de resgate

Qual, então, o tipo de situação extrema que forçaria uma célula saudável a abandonar seu projeto genético original e parar de usar oxigênio? A resposta é surpreendentemente simples: falta de oxigênio. As células normais tiram sua energia da combinação de oxigênio com glicose. A mutação celular só ocorre nos ambientes com pouco ou nenhum oxigênio. Sem este, as células devem encontrar outros meios de atender às suas necessidades energéticas.

A segunda opção mais eficiente para a obtenção de energia é pela fermentação. As células anaeróbicas (cancerosas) prosperam em áreas onde há acúmulo de resíduos metabólicos e são capazes de extrair energia da fermentação, do ácido láctico, por exemplo. É como se um animal faminto comesse suas próprias fezes.

Ao reutilizar o ácido láctico, as células cancerosas conseguem, primeiro, extrair energia para seu sustento e, segundo, remover resíduos potencialmente perigosos do ambiente das células saudáveis. Se as células do câncer não retirarem o ácido láctico do ambiente celular, este irá se acumular e conduzir a uma acidose fatal, isto é, à destruição das células saudáveis em razão dos altos níveis de acidez. Sem a presença do tumor metabolizado pelo ácido láctico, este poderia perfurar as paredes dos vasos sanguíneos e, com outros materiais residuais e contaminantes, entrar na corrente sanguínea. O resultado seria envenenamento do sangue e, posteriormente, a morte.

    O organismo vê o câncer como um mecanismo de defesa importante que provoca o crescimento de novos vasos sanguíneos para garantir que as células cancerosas recebam o necessário suprimento de glicose para poder sobreviver e se disseminar. O organismo sabe que as células cancerosas não causam a morte, mas a impedem, pelo menos momentaneamente, até que a deterioração de um órgão leve à morte de todo o organismo. Se os mecanismos desencadeantes do câncer forem devidamente tratados, ou seja, se o corpo estiver equilibrado e em condições de se desintoxicar naturalmente, esse resultado terrível pode ser evitado.

    O câncer não é um indicativo de que o corpo está prestes a se destruir. Não é uma doença, mas o mecanismo final e mais desesperado de sobrevivência que o corpo tem à sua disposição. Ele apenas controla o corpo quando falharam todas as outras medidas de autopreservação. Para curar realmente o câncer e tudo o que ele representa na vida de alguém, devemos entender que, ao permitir que algumas de suas células cresçam de forma anormal, o organismo apenas visa a seu próprio bem.

Capítulo Dois

As Causas Físicas do Câncer

Reitero: o câncer não é uma doença que acontece fortuita e insidiosamente. Sua maior incidência, hoje em dia, deve-se à reação de nosso organismo a um estilo de vida de desequilíbrio crônico e de sobrecarga tóxica que toma diversas formas. Portanto, pode-se dizer que o câncer tem várias causas. Embora tenha aludido a muitas delas, vamos revê-las abaixo:

- exposição a produtos químicos, em especial pesticidas e agentes poluidores;
- ingestão de alimentos processados ou artificiais (bem como suas venenosas embalagens);
- tecnologias sem fio, eletricidade *suja* e radiação proveniente das tecnologias de diagnóstico clínico;
- drogas farmacêuticas;
- falta de exposição ao sol e uso de protetores solares;
- obesidade, estresse e maus hábitos alimentares.

Identificação da origem do câncer

Para descobrir e entender as causas físicas do câncer, é preciso antes abandonar a ideia de que o câncer é uma doença: não há alternativa. Ou confiamos na sabedoria inata do organismo e sua capacidade de curar-se ou não. No primeiro caso, animamo-nos com o que o organismo faz em nosso benefício e, no segundo, o temermos. A perspectiva do que o câncer significa para cada um de nós determina, em última instância, se iremos nos curar ou continuar uma batalha difícil.

A crença comum de que o câncer é uma doença representa uma força poderosa com a qual quase todo paciente se confronta. Embora essa crença se baseie em um equívoco sobre sua verdadeira natureza, ela gera uma preocupação com a saúde que, por sua vez, aumenta mais a crença de doença. *Tentar* ser saudável mostra que há um desequilíbrio em todos os níveis corporais, mentais e espirituais. Uma pessoa equilibrada e saudável não tenta ser saudável: isso nem passa pela sua cabeça. Ela simplesmente aceita e apoia a capacidade de o corpo se regular por si só.

É assim que ocorrem as remissões espontâneas. O organismo utiliza sua capacidade máxima de cura quando não está preocupado com o estresse, o medo e os *tratamentos* prejudiciais. Como sempre, há algo a se aprender com cada situação, inclusive ter câncer. A vontade de uma pessoa de enfrentar, aceitar e aprender com as questões levantadas pelo câncer torna essa doença uma experiência significativa, potencialmente inspiradora e, algumas vezes, emocionante. Descobri, ao longo de centenas de entrevistas com pessoas que sobreviveram ao câncer, nos últimos 30 anos, que quase todos partilhavam da mesma experiência: ele provocou as mudanças mais importantes e positivas de sua vida.

Na sociedade moderna, aprendemos a privilegiar as aparências em detrimento de uma visão mais abrangente e oculta das coisas. Para cada sintoma, existe uma causa profunda, a vida ensina. No entanto, a causa permanece oculta e parece não ter relação com o sintoma. As abordagens, puramente mecanicistas, para o tratamento do organismo, conforme aplicadas pela medicina alopática, geralmente fracassam em localizar e curar essas causas ocultas. E assim permanecerão, a menos que comecemos a considerar o organismo um *processo* constituído de uma combinação esplêndida de energia, informação e inteligência, e não um conjunto de diferentes partes, como uma simples máquina.

Tratar o corpo como um mero aglomerado de células e moléculas equivale a aplicar uma tecnologia medieval ao mundo atual. As modernas tecnologias e computadores originaram-se dos princípios de informação e energia que vieram à luz com o estudo da física quântica. No entanto, com relação à compreensão da natureza da vida e ao tratamento do corpo humano, ainda confiamos basicamente nos princípios newtonianos obsoletos e incompletos. Entender como funciona o corpo humano é relativamente simples quando se aplicam os princípios da física quântica.

Como consciência, alma ou espírito, somos a única fonte de energia e informação que controla nosso corpo. Nossa presença no corpo, o que fazemos, comemos, bebemos, sentimos e pensamos, determina a capacidade de nossos genes de controlar e sustentar nossa existência física.

Dito de outra forma, embora os genes pareçam estar em controle das funções essenciais do organismo, como demonstraram milhares de estudos científicos, quem os controla somos nós. Por exemplo, pesquisas mostraram que a vitamina D, que o organismo produz como resposta à exposição ao sol, regula mais de 2 mil genes que, por sua vez, regulam nosso sistema imunológico, a digestão, os mecanismos de reparo e cura, os valores sanguíneos, etc. Sendo assim, sem nos expormos ao sol, regularmente inativamos esses genes e nos tornamos suscetíveis a tipos diversos de reações de cura menos ideais, inclusive o câncer. Em um cenário extremo, se nós (a presença consciente) não estamos mais presentes em nosso corpo, a energia e a informação são retiradas de cada célula. O nome disso é morte física.

Visto de um ponto de vista superficial, podemos concluir que a morte transformou o corpo em um amontoado desordenado de partículas inúteis. Caso tenhamos uma perspectiva mais abrangente da morte, seremos capazes de vê-la como o começo de uma nova vida: todos os átomos que anteriormente compunham essas células realocaram-se para assumir novos formatos mais uma vez, como o ar, água, terra, plantas, frutas, animais ou outros seres vivos. A vida não termina com a morte: apenas a forma muda. Ademais, nossa consciência permanece inalterada, pois não sendo física é indestrutível.

Ora, se retirarmos parcialmente nossa energia e conectividade objetiva de algumas partes de nosso corpo, estas não se moveriam desordenada e caoticamente? É isso que a medicina chama de doença, quando o corpo não mais se encontra à vontade ou alinhado com sua ordenação normal. No entanto, a doença não passa de uma ilusão perceptiva. Como a morte, a doença nada mais é do que uma provedora de nova vida. **Todavia, ao contrário da morte, a doença nos oferece a oportunidade de recuperar a vida enquanto permanecemos nessa forma física.** O câncer surge quando uma parte ou partes de nós não estão mais vivas – física, emocional ou espiritualmente. O câncer é capaz de ressuscitar essas áreas entorpecidas, suprimidas ou congestionadas, sejam elas de natureza física ou não.

Essa ressurreição, que se inicia com maior atenção a essas zonas mortas de nossa vida, pode ocorrer de diversas formas. Podemos aos poucos nos dar conta de que temos receio ou somos negligentes com nosso corpo, no todo ou em parte, com nosso futuro ou passado, com a natureza, a alimentação, outras pessoas, o futuro do planeta ou outras questões. De repente, começamos a perceber a profundidade das intensas emoções negativas que abrigamos com relação a nós mesmos ou a outrem. Ou, então, como permitimos que certos alimentos, bebidas ou drogas, como os analgésicos, esteroides e antibióticos, contaminassem nosso maravilhoso organismo. O câncer é um alerta que nos estimula a retomar nossa vida quando ela não está mais em equilíbrio ou perdeu a motivação.

A doença, câncer, ocorre apenas onde os canais ou dutos de circulação ou eliminação de resíduos foram consistentemente bloqueados por um longo período. Este capítulo trata das causas puramente físicas do câncer, embora para entender o câncer seja preciso analisá-lo no contexto de causas emocionais e espirituais.

Os estágios progressivos do câncer

Como este livro se direciona principalmente para o leigo, evitarei os complexos jargões médicos e referências a estudos científicos. Melhor, explicarei passo a passo como se desenvolve a maioria dos cânceres. O leitor perceberá a linha mestra que une sintoma, câncer, com suas camadas de origem. Juntos iremos desvendar o mistério do câncer ao analisar seus estágios progressivos em ordem inversa. Lembre-se de que cada causa é apenas outro efeito de outra causa ainda. No final das contas, chegaremos à causa original do câncer, que explicarei no Capítulo Quatro.

Mencionei, anteriormente, que uma célula cancerosa é a que perdeu a capacidade de cumprir suas responsabilidades pré-programadas para assegurar equilíbrio e homeostase ao organismo. Em vez disso, essa célula se voltou a um novo tipo de ocupação profissional que descreveríamos como "tratador de esgoto". Não é coincidência ou azar, mas uma necessidade ou bênção oculta que as células cancerosas ingiram os subprodutos danosos do metabolismo. Como veremos, a única maneira de esse material residual escapar do ambiente celular é por meio das *bocas famintas* das células cancerosas.

Um consenso entre a maioria da população médica e leiga é que a degradação gradual das células normais em cancerosas deve-se a erros fortuitos feitos pelo organismo, talvez por hereditariedade, comumente chamados de predisposição genética. Essa teoria não só desafia a lógica, mas também o propósito intrínseco da evolução.

Cada grande descoberta feita pelo homem revelou que algo, aparentemente, inútil ou mesmo prejudicial está, na verdade, imbuído de sentido e propósito. A morte das flores de uma árvore frutífera não deve ser confundida com um ato de autoaniquilação. Em outras palavras, é da força destrutiva que nasce a fruta. Embora a ideia de que o câncer é uma arma mortal que o organismo cria para se destruir (uma doença autoimune) tem como base os exames clínicos, ela não reflete um alto grau de argúcia científica, e, certamente, desafia todo sentido de sabedoria e lógica. Precisamos de uma interpretação nova e diferente desses exames para entender o câncer e por que ele acontece?

Como mencionado anteriormente, em 1900 apenas uma entre 8 mil pessoas tinha câncer. Agora, uma em cada duas pode desenvolver algum tipo de câncer em algum estágio da vida. Só nos Estados Unidos, quase 1 milhão de pessoas morrem todo ano de doenças crônicas, a maioria delas de câncer. Este ultrapassou as doenças coronarianas como a causa número um de morte. O que está acontecendo? Nada no mundo natural sugere que isso seja normal. A ignorância sobre a causa real do câncer tornou-o uma doença perigosa.

Durante cada dia da vida adulta, o organismo renova cerca de 30 bilhões de células. Destas, cerca de 1% sofre uma mutação genética programada e se torna cancerosa. Nosso sistema imunológico está programado para detectar tais células e destruí-las. A *força-tarefa de limpeza* é tão eficiente, pontual e minuciosa, que essas células cancerosas anaeróbicas não têm nenhuma chance. Todavia, é essencial para a própria sobrevivência do organismo que o sistema imunológico permaneça estimulado o suficiente para manter suas defesas e a eficácia de sua capacidade de autopurificação.

O que naturalmente levanta a questão sobre o motivo pelo qual o mesmo sistema imunológico se absteria de atacar as células cancerosas que sofreram uma mutação em resposta a uma séria congestão (conforme explicado a seguir). Dito de outra forma, por que o sistema imunológico faria uma distinção entre esses dois tipos de cânceres e decidiria destruir um grupo de células cancerosas em detrimento de outras?

Essa importante questão merece uma resposta. O câncer não é uma doença, mas uma reação imune prolongada que visa resolver uma condição existente de congestão tóxica que sufoca um grupo de células. Por que, afinal de contas, o sistema imunológico tentaria dificultar seus próprios esforços para impedir a entrada no sangue de resíduos tóxicos metabólicos e matar o organismo? Dadas as circunstâncias, essas células cancerosas são preciosas e úteis demais para ser eliminadas.

Mesmo se elas entrarem nos dutos linfáticos e forem transportadas a outras partes do corpo,[30] enquanto fossem úteis o sistema imunológico ainda tentaria mantê-las vivas. As células cancerosas não se disseminam fortuitamente pelo corpo: podem prosperar em qualquer parte que esteja congestionada ou com falta de oxigênio.

Tanto as células saudáveis quanto as cancerosas estão carregadas de linfócitos T, tipos específicos de glóbulos brancos que matam as células cancerosas. No caso de câncer renal e melanomas, por exemplo, os glóbulos brancos constituem 50% da massa de cânceres. Como os linfócitos T reconhecem tecido celular estranho ou mutado, tal como as células cancerosas, espera-se que essas células imunes ataquem as cancerosas de imediato. Contudo, o sistema imunológico permite que as células cancerosas recrutem-no para desenvolver grandes tumores e disseminá-los a outras partes do organismo. As células cancerosas produzem proteínas específicas que avisam as células imunes para deixá-las em paz e ajudá-las a crescer.

Por que o sistema imunológico colaboraria com as células cancerosas no crescimento e proliferação de tumores? Porque o câncer é um mecanismo de sobrevivência, não uma doença. O organismo utiliza o câncer para manter afastadas dos sistemas linfático e circulatório as letais substâncias carcinogênicas e os resíduos metabólicos cáusticos. Isso impede que as toxinas atinjam o coração, o cérebro e outros órgãos vitais. Matar as células cancerosas prejudicaria a sobrevivência do organismo.

---

30. É a chamada *metástase*. Contudo, não há evidência de que a metástase realmente ocorra. É mais provável que um segundo câncer se desenvolva em outras partes do corpo pela mesma razão que o primeiro.

É importante saber que o organismo ataca um tumor canceroso somente após ter sido dispersa a congestão que levou ao crescimento do tumor; por exemplo, após uma infecção importante como catapora ou gripe, como mencionamos no Capítulo Um.

1. Congestão

Sobre que tipo de congestão estamos falando aqui e de onde ela vem? Permita-me ilustrar com o seguinte exemplo: em uma grande cidade como Nova York, o tráfego flui tranquilamente durante os horários normais e aos domingos, porém na hora do rush há muito mais carros circulando do que a cidade pode comportar. O resultante congestionamento pode obrigar o motorista a levar horas em vez de minutos do trabalho até sua casa, mas, no fim, acaba chegando. A isso chamo de congestionamento temporário.

Contudo, a situação será diferente caso haja um acidente sério e as vias estejam completamente bloqueadas, afetando a circulação de automóveis, caminhões, ônibus, pessoas, em suma. O efeito é o mesmo para todos os envolvidos: impossível chegar a seu destino. A menos que se remova a causa do tráfego, eles permanecerão onde estão.

Se para acabar com o congestionamento alguém propusesse usar um trator e empurrar todos os autos da pista, acharíamos loucura. Contudo, é exatamente o que a alopatia faz com o câncer, onde um engarrafamento mais ou menos permanente desenvolveu-se no organismo causado pelo surgimento de um bloqueio em alguma parte. É impossível que nutrientes como oxigênio e glicose cheguem a seus destinos e que resíduos celulares sejam eliminados. Em vez de usar fármacos tóxicos ou *tratores* cirúrgicos para destruir ou remover células afetadas pelo congestionamento, seria bem mais sensato procurar o bloqueio que levou ao congestionamento.

Já analisamos como as células normais se transformam em cancerosas quando não conseguem oxigênio para se metabolizar. Sem o metabolismo celular, o organismo congelaria e morreria em minutos. Para manter algum tipo de metabolismo sem o uso de oxigênio, embora longe do ideal, as células devem se tornar (mutar) anaeróbicas, ou seja, capazes de utilizar os resíduos metabólicos acumulados e liberar ao menos um pouco do calor e energia necessários ao organismo. É miopia culpar e, em seguida, punir essas células por tal ato de sabedoria instintiva.

A razão subjacente a essa situação, podemos perceber, é o obstáculo que impede o oxigênio e outros nutrientes de chegar às células. Há basicamente apenas um tal obstáculo, embora tenha dois componentes: o engrossamento das paredes capilares sanguíneas e a congestão dos ductos linfáticos.

2. Bloqueio

Lembre-se de que estamos tentando procurar a origem ou origens do câncer, passo a passo, indo do sintoma à causa. O bloqueio ou obstrução que causou o congestionamento deve-se aparentemente à pane de um automóvel, mas na realidade é causado por outro fator, como fadiga, distração ao volante, abuso de velocidade ou de álcool.

No corpo humano, esse congestionamento é gerado pelo espessamento das paredes dos vasos sanguíneos, que impedem a devida passagem de oxigênio, água, glicose e outros nutrientes vitais do sangue às células. Os nutrientes no sangue passam pela parede dos vasos sanguíneos e gravitam às células através de um processo chamado de osmose. Após descarregar essa carga preciosa, o sangue retorna aos pulmões, fígado e sistema digestivo para retirar mais.

Alguns nutrientes, como a água e o oxigênio, passam pelos vasos sanguíneos livremente, ao passo que outros necessitam de um condutor ou guia. A insulina, um hormônio secretado por células pancreáticas especializadas, faz esse papel. Ela é liberada quando algum dos vários estímulos é detectado, entre eles a ingestão de proteínas e a glicose no sangue.

Uma vez injetada no sangue pelo pâncreas, a insulina retira a glicose do sangue transportando-a aos músculos, ao tecido adiposo e às células hepáticas, onde ou é convertida em energia (adenosina trifosfato ou ATP) ou armazenada como gordura. Esse processo metabólico básico, responsável por manter o organismo vivo e saudável, é perturbado quando as paredes dos vasos sanguíneos começam a engrossar.

Por que o organismo permitiria o espessamento das paredes dos vasos sanguíneos? A resposta pode chocar o leitor: impedi-lo de sofrer um ataque cardíaco, um AVC ou outra forma repentina de degeneração.

O fluido mais importante do corpo é o sangue, pois fornece oxigênio a todos os tecidos. Se o sangue engrossa, o organismo começa a ficar privado de oxigênio. No sangue espesso, as plaquetas se irritam e começam a se aglutinar, o que dificulta a passagem do sangue pelos capilares minúsculos que suprem as células do corpo com oxigênio e outros nutrientes. Se as células cerebrais, nervosas ou cardíacas são privadas de oxigênio ou de nutrientes, uma série de distúrbios crônicos pode ocorrer, como ataques cardíacos, AVCs, esclerose múltipla, fibromialgia, mal de Alzheimer, mal de Parkinson, câncer cerebral e muitos outros problemas secundários.

A relação câncer-proteína

Essa relação tornou-se óbvia desde que estudos científicos de larga escala, inclusive o *Estudo da China*,* demonstraram a ausência virtual de câncer entre as pessoas que não ingerem proteína animal. Mais de cem estudos epidemiológicos de diversos países com dietas diversas relataram uma relação entre consumo de carne e risco de câncer. Com base no trabalho de Richard Doll e Richard Peto em 1981 [*Journal of the National Cancer Institute* 1981; 66:1191-1308], estimou-se que, aproximadamente, 35% (faixa de 10-70%) dos cânceres pode ser atribuído à dieta, similar, em magnitude, com a contribuição do fumo ao câncer (30%, faixa de 25-40%). Há alguns anos, uma grande pesquisa americana demonstrou com fatos contundentes que o consumo de carne vermelha e processada apresenta o maior risco alimentar de desenvolver câncer.

Os pesquisadores Genkinger e Koushik do NIH (Instituto Nacional do Câncer) examinaram os dados da saúde de 494 mil participantes. Nesse estudo, que durou oito anos [publicado em *PLoS Med.* 4 de dezembro de 2007(12): e345 de e *on-line* 11 de dezembro de 2007. doi:10.1371/journal. pmed. 0040345], os pesquisadores compararam a taxa de ocorrência de câncer entre 20% dos participantes que consumiam mais carne vermelha e processada[31] com os dados de 20% que consumiam menos.

Os resultados foram drásticos: os participantes que consumiam mais carne vermelha tinham 25% a mais de risco de desenvolver câncer colorretal e 20% a mais de desenvolver câncer de pulmão.[32] A maior ingestão de carne tem correlação com um risco maior de câncer

---

* N.T.: *China Study,* no original em inglês, é um livro escrito pelo médico vegano dr. T. Colin, Campbell. O estudo, feito em um período de 20 anos em diversas províncias chinesas, descreve os efeitos da proteína animal no corpo humano.

31. Carne de boi, carneiro, porco e vitela; carnes salgadas, defumadas ou curadas.

32. Os cânceres pulmonar e colorretal são a primeira e segunda causas de morte por câncer, respectivamente.

pancreático em homens. Nas meta-análises de câncer colorretal, que incluíram estudos publicados até 2005, as associações indicaram que a ingestão de carne vermelha estava associada com um risco de 28-35%, enquanto as carnes processadas tinham um risco de 29-49%.

Os pesquisadores indicaram que um em cada dez casos de câncer pulmonar ou colorretal poderia ser evitado com a limitação da ingestão de carne. Segundo o Estudo da China e outras pesquisas feitas durante os últimos 60 anos, o câncer poderia se tornar uma doença rara se evitássemos a ingestão de proteínas animais.

Outros estudos descobriram associações entre consumo de carne e o risco de câncer de vesícula, mama, cervical, endométrico, esofágico, renal, hepático, bucal, cervical, ovariano, pancreático, prostático e gliomas. Por outro lado, há diversos estudos (inclusive estudos publicados no *American Journal of Epidemiology* [15 de julho de 2007;166(2):170-80. Epub 7 de maio de 2007] e nos *Archives of Internal Medicine* [10 de dezembro de 2007;167(22):2461-8]) que apontam que uma dieta à base de verduras ou de frutas e vegetais protege conta o câncer.

Os pesquisadores do estudo do NIH sugeriram que a carne contém uma série de componentes carcinogênicos, inclusive alguns formados durante seu cozimento ou processamento (por exemplo, aminas heterocíclicas e nitrosaminas). Observaram que a carne contém outros carcinógenos, como ferro heme (um tipo de ferro encontrado na carne), nitratos e nitritos, gordura saturada, antibióticos, hormônios e sais.

Observou-se que todas essas substâncias parecem afetar o metabolismo hormonal, aumentar a proliferação celular, causar danos ao DNA, estimular o aumento do fator de crescimento semelhante à insulina (IGF)* e promover o dano de células por radicais livres – que podem levar ao câncer. As crianças que comem carnes processadas aumentam em 74% o risco de desenvolver leucemia, segundo a pesquisa publicada na revista médica *BMC Cancer* [janeiro de 2009]. Em adultos, é fato que o consumo de carnes processadas aumente em 67% o risco de câncer pancreático e em 59% o de vesícula. Apenas duas porções diárias aumentam em 20% a probabilidade de câncer intestinal.

---

* N.T.: Fator de crescimento semelhante à insulina, é uma proteína produzida no fígado em resposta ao hormônio de crescimento (GH); importante no desenvolvimento da musculatura, no aumento dos níveis de glicose no sangue, na redução dos níveis de gordura corporal.

O que acontece efetivamente quando se consome carne?

Um dos agentes mais importantes no espessamento do sangue é a proteína dos alimentos, principalmente a animal. Vamos supor que se coma um pedaço médio de carne de boi, frango ou peixe. Quando comparado com o estômago de um leão ou lobo, o humano produz apenas a quantidade relativa de 1/20 de ácido hidroclorídrico necessário para digerir essa refeição com grande concentração de proteínas.

Além disso, a relativa concentração de ácido hidroclorídrico presente no suco gástrico do estômago de gatos ou lobos é, no mínimo, cinco vezes mais do que nos humanos. Um gato ou lobo consegue comer e digerir facilmente os ossos de uma galinha, o que para nós é impossível. A maior parte da proteína de um cadáver, portanto, passará ao intestino delgado, sem ser digerida, e lá ou se putrefará (80%) ou entrará na corrente sanguínea (20%).

O fígado consegue quebrar um pouco da proteína absorvida que forma a ureia e o ácido úrico. Esses materiais residuais passam aos rins para eliminação com a urina. Entretanto, com o consumo regular de proteínas animais, como carne bovina, frango, peixe, ovos, queijo e leite, mais e mais cálculos intra-hepáticos se formam nos ductos biliares do fígado,[33] reduzindo, portanto, a capacidade do fígado de degradar essas proteínas.

Os alimentos proteicos estão entre os que mais produzem ácidos e espessam o sangue. Portanto, a circulação no sangue de uma pequena porção de proteína provocará o espessamento do sangue. Para evitar o perigo de um ataque cardíaco ou derrame, o organismo irá tentar despejar a proteína no fluido que envolve as células (tecido conjuntivo), afinando o sangue e evitando o risco iminente de sérias complicações cardiovasculares, pelo menos por um tempo. Contudo, a proteína despejada começa a transformar o líquido intercelular em uma substância gelatinosa. Nessa condição, os nutrientes que se dirigem às células podem ser apanhados em um caldo espesso, aumentando o risco de morte celular por inanição.

O organismo procura evitar a morte celular dando início a outra reação de sobrevivência mais sofisticada ainda, quase engenhosa. Para remover as proteínas do líquido intercelular, o organismo reconstrói a proteína convertendo-a em fibras colágenas, que são 100% proteína (veja **Ilustração 1**). Desse modo, o corpo consegue formar a proteína na

---

33. Veja *Limpeza do Fígado e da Vesícula* para as causas de pedras nos ductos biliares e vesícula e como removê-las com segurança e sem dor.

Espessamento da Parede Capilar

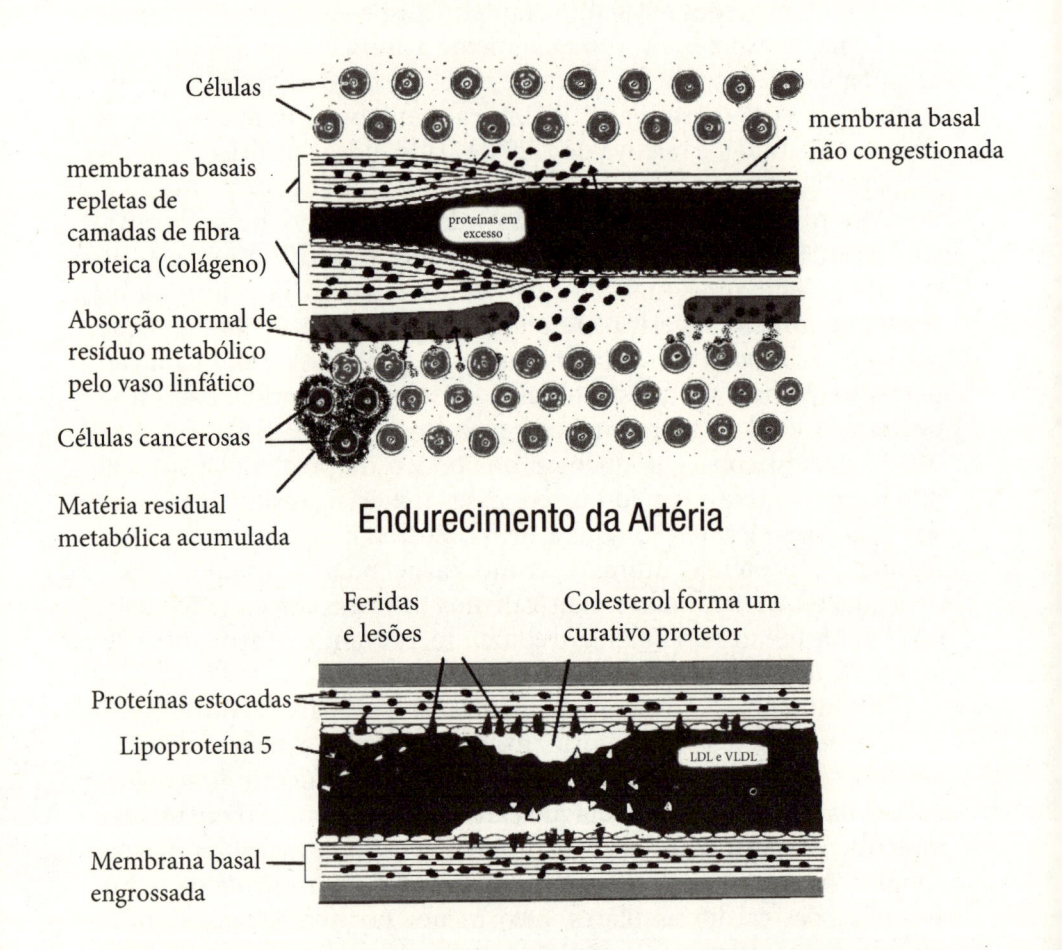

Células

membranas basais repletas de camadas de fibra proteica (colágeno)

proteínas em excesso

membrana basal não congestionada

Absorção normal de resíduo metabólico pelo vaso linfático

Células cancerosas

Matéria residual metabólica acumulada

Endurecimento da Artéria

Feridas e lesões

Colesterol forma um curativo protetor

Proteínas estocadas
Lipoproteína 5

LDL e VLDL

Membrana basal engrossada

Ilustração 1: Quando a proteína acaba circulando no sangue.

membrana basal das paredes dos vasos sanguíneos. Embora acomode o excesso de proteína, a membrana basal pode se tornar oito vezes mais grossa do que o normal. Assim que as paredes capilares forem saturadas com proteína ou colágeno, as membranas basais das artérias começam a fazer a mesma coisa, acabando por levar ao endurecimento das artérias.[34]

---

34. Esse é o tema do Capítulo Nove de *Timeless Secrets of Health and Rejuvenation*, que discute em profundidade as causas de doenças coronarianas, AVCs e colesterol alto, demonstrando como eliminar essas causas rapidamente e com segurança.

O corpo, agora, deve enfrentar um desafio bem maior. As paredes espessas dos capilares (e, possivelmente, das artérias) tornaram-se um obstáculo, bloqueando o fornecimento de nutrientes às células. As paredes dos vasos sanguíneos impedem que o oxigênio, a glicose e até a água penetrem as barricadas proteicas, privando assim as células de seus nutrientes essenciais. Menos glicose chega às células. Em consequência, o metabolismo celular cai a um nível mais baixo de eficiência e a produção de resíduos diminui, como um motor mal regulado ou abastecido com gasolina ou óleo de má qualidade.

Além da congestão das paredes dos vasos sanguíneos, surge outro complicador. Parte do excesso proteico é absorvido pelos ductos linfáticos que acompanham cada capilar sanguíneo. A função dos ductos linfáticos e seus linfonodos é remover e filtrar as quantidades normais de resíduos metabólicos celulares. Também eliminam resíduos celulares resultantes da destruição diária de mais de 30 bilhões de células descompostas. Como as células têm proteínas em sua composição, a maior parte dos resíduos coletados está cheia de proteínas celulares usadas. O excesso de proteínas resultantes da ingestão de carne, peixe ou leite, por exemplo, sobrecarrega o sistema linfático, levando à estagnação do fluxo linfático e à retenção de líquidos. Consequentemente, ocorre a incapacitação dos ductos linfáticos que, congestionados, não conseguem absorver os resíduos metabólicos, levando a uma alta concentração de material residual metabólico no líquido que circula as células.

Remoção de linfonodos no tumor mamário – inútil e danosa

A remoção cirúrgica dos linfonodos e dos vasos linfáticos como parte do procedimento-padrão médico no caso de câncer de mama é, a um só tempo, inútil e prejudicial, segundo um estudo publicado no *The Journal of the American Medical Association* [JAMA.2011;305(6):569-575.doi:10.1001/jama.2011.90].

Em uma pesquisa pioneira, 115 centros médicos acompanharam 891 mulheres portadoras de câncer em estágio inicial por cerca de 6,3 anos e observaram os benefícios da remoção do linfonodo. A média de idade das participantes era de 50 anos.

O estudo descobriu que, no caso das mulheres cujo câncer se espalhou aos linfonodos, a remoção cirúrgica destes não aumentou sua taxa de sobrevivência. Após cinco anos, 82,2% das mulheres cujos nódulos axilares foram removidos ainda estavam vivas e em remissão, comparadas com 83,9% das mulheres que não fizeram a operação.

Não só isso, a remoção dos linfonodos também aumentou as chances de um dano mais sério. De fato, nas mulheres que tiveram os linfonodos removidos houve 70% de aumento nas infecções, dores e linfedema, em comparação aos 25% das que não fizeram a remoção cirúrgica.

Para surpresa da comunidade médica, os pesquisadores descobriram que a remoção do linfonodo não impede a disseminação do câncer a outros linfonodos. O que, claramente, desafia a hipótese de que as células cancerosas que se fixam nos linfonodos são responsáveis pela metástase (disseminação do câncer).

Esta é a lógica por trás da crença médica convencional: "Ao remover um linfonodo que contenha células cancerosas, estas não mais conseguem se disseminar a outros linfonodos ou atingir outras partes do corpo. Portanto, a prática de remover os linfonodos é um método confiável e preventivo contra a metástase do câncer". O que parece lógico a muitos médicos e pacientes, contudo, só faz sentido se acreditarmos que as células cancerosas movimentam-se para infectar outras células e torná-las cancerosas também. Porém, essa é mais uma hipótese sem embasamento científico.

Como o estudo mencionado comprova, a remoção cirúrgica dos linfonodos que contêm células cancerosas nada faz para impedir a metástase. Devemos, então, com base nesse estudo, concluir que, como já discutimos, o câncer não se dissemina de um lugar a outro.

Sempre me posicionei contra a remoção dos vasos linfáticos e os linfonodos, partes importantes e vitais do sistema linfático, responsável pela filtragem e remoção dos detritos. Pacientes com câncer de mama, em especial, dependem de um sistema linfático intacto. Sinto-me entusiasmado com essa equipe de pesquisadores que teve a coragem de conduzir estudo tão importante e expor abertamente um dos procedimentos mais antigos, cruéis e alarmantes.

NÃO se justifica a remoção dos linfonodos sem que haja alteração no índice de sobrevivência ao câncer. A pesquisa conduzida "demonstrou definitivamente que a dissecção do linfonodo axilar não é benéfica". Ademais, "a sobrevivência independia do grau do linfonodo", afirmaram os autores. Por que impor às mulheres tal suplício quando não há efeito sobre a sobrevivência?

Apesar da evidência científica, centros médicos, hospitais e médicos que ignoram ou preferem ignorar essa pesquisa por motivos financeiros continuarão a remover os linfonodos axilares de pacientes com câncer de mama.* De fato, algumas instituições importantes nem considerariam participar desse estudo, segundo os autores. Os cirurgiões, particularmente, esperam que as más notícias (a de que remoção cirúrgica do linfonodo é desnecessária e danosa) sejam esquecidas com o tempo, como sói acontecer na indústria médica. Além disso, a mídia em geral nem mesmo noticia esse estudo importante.

A retirada dos linfonodos axilares causa à mulher uma série de problemas de saúde futuros. E o que é pior, reduz-se a chance de cura real do câncer e aumenta-se a chance de recorrência.

O autor de um editorial que acompanha o estudo, dr. Grant W. Carlson, professor de cirurgia do Instituto de Câncer Winship da Universidade de Emory, em Atlanta, nos Estados Unidos, afirmou sem meias palavras: "Creio que estamos fazendo muito mal (ao remover rotineiramente tantos nódulos)". Mas, como muitos médicos e pacientes não dão atenção a essa afirmação feita pelo bom médico, *a guerra aos pacientes com câncer* continua com força total.

Asfixia em curso

O resultado da acumulação de detritos no ambiente celular é que as células não só ficam privadas de oxigênio e outros nutrientes vitais, mas também começam a se asfixiar em seus próprios resíduos. Dadas as circunstâncias, a alteração drástica do ambiente celular compele-as a se transformar em células anormais.

A mutação celular não ocorre porque os genes decidiram ser malignos. Eles não ligam e desligam sem motivo. Os códigos genéticos não têm qualquer tipo de controle ou poder: existem apenas para auxiliar a reprodução das células. Contudo, o código genético altera-se naturalmente quando o ambiente da célula passa por mudanças importantes. Ao reduzir drasticamente a concentração de oxigênio no ambiente celular, os genes criam um novo código, por pura necessidade, permitindo que as células sobrevivam em um ambiente anaeróbico, usando uma

---

* N. T.: Os resultados destes e outros estudos levaram à pesquisa do linfonodo sentinela, em que o oncologista injeta um corante no tumor, antes da cirurgia, e a substância migra para o primeiro linfonodo da axila, que é retirado. Se estiver livre de comprometimento, não há necessidade de esvaziar a axila.

parte dos detritos metabólicos para gerar energia. As células mutantes podem absorver ácido láctico, por exemplo, e ao metabolizá-lo conseguem suprir suas necessidades energéticas. Embora esse tipo anormal de metabolismo celular tenha efeitos colaterais danosos, ao fazer isso o organismo pode impedir, pelo menos por curto período de tempo, o envenenamento fatal do órgão afetado ou do sangue. Ao manter algumas células anaeróbicas vivas durante a mutação celular, o órgão é salvaguardado contra o colapso e a falência irreversíveis e repentinos. **Todas essas modificações tornam o câncer um mecanismo de sobrevivência destinado a manter o paciente vivo pelo tempo necessário que permitirem as circunstâncias.**

Câncer e doenças cardíacas – mesmas causas

É bom saber que muitos dos fatores que levam ao câncer são elementos igualmente importantes da doença cardiovascular. Um dos mais importantes é a viscosidade do sangue e a velocidade de seu fluxo. Quando o sangue é muito espesso e flui com mais vagar, o paciente tem mais risco de coágulos, que são uma causa conhecida de metástase.

Outra questão que une as duas doenças é a formação de placas nas artérias. A sabedoria convencional diz que isso é resultado da ingestão elevada de gorduras saturadas, mas não é o caso. Um artigo pioneiro publicado na revista *Lancet* relatou que, em um coágulo da aorta, os pesquisadores encontraram mais de dez compostos diferentes na placa arterial, mas nenhum vestígio de gordura saturada. Contudo, havia algum colesterol presente, o que se explica por sua ação como pomada em lesões arteriais, algo como uma ferida interna. Entretanto, o colesterol não foi responsável pelo coágulo, e não havia presença de gordura saturada.

Essa descoberta vai frontalmente contra o que vem sendo ensinado há anos, e podemos nos perguntar como isso ainda acontece. Mais uma vez, há milênios esse princípio natural é visível no reino animal. Por exemplo, um gato é carnívoro e, portanto, consome gordura saturada e colesterol. Tomando-se por base essa lógica, dir-se-ia que todos eles deveriam morrer de ataques cardíacos, o que não acontece.

Vale mencionar, a essa altura, que apenas as paredes capilares e arteriais podem armazenar o excesso de proteína. As vênulas e as veias, ao contrário dos capilares e das artérias, recolhem o dióxido de carbono e levam-no aos pulmões. Elas basicamente transportam sangue *vazio*, que já *descarregou* seus nutrientes e o excesso de proteínas, transferindo-os aos tecidos conjuntivos. O sangue está pronto para retornar aos pulmões para absorver as moléculas de oxigênio, carbono e nitrogênio do ar. Essas quatro moléculas formam os aminoácidos necessários para o desenvolvimento das proteínas celulares.[35]

Conforme o sangue atravessa o sistema digestivo, ele carrega outros nutrientes necessários à energia e nutrição da célula e, talvez, proteínas de origem animal. As proteínas concentradas (encontradas na carne bovina, de frango, peixe, ovos e derivados de leite) nunca são armazenadas nas paredes das vênulas e veias, mas nas paredes dos capilares e artérias. Os depósitos proteicos nas membranas basais[36] dos capilares e artérias machucam e inflamam as células que compõem esses vasos sanguíneos.

Para tratar essas lesões, o organismo anexa uma placa protetora, inclusive o colesterol, ao interior da parede arterial a fim de impedir que os perigosos coágulos sanguíneos entrem na corrente sanguínea e disparem um ataque cardíaco ou derrame. As vênulas e as veias, por outro lado, estão sempre livres de placas, pois suas membranas basais não são expostas às proteínas prejudiciais. Por esse motivo, os cirurgiões cardíacos retiram as veias das pernas e usam-nas como desvios em bloqueios arteriais. Contudo, uma vez colocada no lugar de uma artéria coronariana, uma veia torna-se exposta à proteína excedente e como resultado começa a desenvolver uma placa protetora ao redor de sua parede interna.

O colesterol é malvisto, pois muitos médicos não conhecem seu objetivo real. Se mais gente soubesse que o *colesterol ruim* (LDL) impede o sangramento das paredes das artérias congestionadas e, possivelmente, a formação de coágulos sanguíneos letais, poderíamos considerar o LDL um salva-vidas. Se perguntarmos ao médico por que o chamado colesterol ruim agrega-se apenas às artérias e não às veias, embora esteja presente no sangue venoso e arterial, quiçá agucemos sua curiosidade nesse sentido. Talvez perceba que o colesterol não é o inimigo aqui. De fato, o organismo utiliza o LDL para curar cada ferida, interna ou externa. De fato, o LDL é um salva-vidas.

---

35. Mais detalhes sobre a autossuficiência proteica do organismo encontram-se na seção sobre vegetarianismo em *Timeless Secrets of Health & Rejuvenation*.
36. Uma membrana bastante fina que sustenta as células que compõem as paredes dos vasos sanguíneos mantendo-as no lugar.

Retomo o tópico do endurecimento das artérias, pois não há diferença radical entre a doença cardíaca e o câncer. Eles têm dois fatores em comum: o entupimento das paredes dos vasos sanguíneos e a obstrução linfática. Como as células cardíacas não se tornam cancerosas, se ficarem privadas de oxigênio, por certo tempo, elas morrem de acidose e se desligam. Isso se chama ataque cardíaco, embora, na realidade, não seja um ataque, mas privação de oxigênio. Em outras partes do organismo, um ambiente similar de falta de oxigênio fará com que algumas células continuem a viver, mas não sem antes se transformar em células cancerosas. Em outras palavras, o câncer tecidual só ocorre no organismo se o sistema circulatório (inclusive os vasos sanguíneos e linfáticos) sofrer uma obstrução por longo período.

A morte por gorduras trans

A proteína não é a única razão para a ocorrência da obstrução causada por câncer. Algumas gorduras conhecidas como ácidos graxos trans, comumente chamados de gorduras trans, ligam-se às membranas das células, impedindo-as de receber oxigênio, glicose e até água. Sem oxigênio, as células desidratadas se danificam, tornando-se cancerosas.

Em particular, o consumo de gorduras poli-insaturadas encontradas em produtos refinados e pobres em vitamina E, como óleo vegetal, maionese, molhos de salada e margarinas, leva a um risco mais elevado de câncer, principalmente o de pele. Como a maioria dos alimentos com proteína animal contém gorduras que são expostas a altas temperaturas durante sua preparação, ou até contém gorduras adicionadas, como frango frito ou isca de peixe, o risco de câncer aumenta drasticamente quando combinados ou ingeridos com frequência. O resultado é que os alimentos com concentração de proteínas e gorduras refinadas impedem que o oxigênio penetre nas células.

Contudo, há certas gorduras que podem ser armas poderosas contra o câncer – uma delas é o azeite extravirgem. De acordo com a revista *Archives of Internal Medicine* (1998), a ingestão de gorduras poli-insaturadas aumenta em 69% o risco de câncer de mama. Em contraste, a ingestão de gorduras monoinsaturadas, como os encontrados no azeite de oliva, reduz em 45% o câncer de mama. Um estudo publicado na revista científica *BMC Cancer* relata que os polifenóis, potentes antioxidantes encontrados no azeite de oliva extravirgem, conseguiram prevenir a disseminação do câncer de mama.

De fato, a dieta mediterrânea, que se caracteriza pelo consumo de azeite de oliva minimamente processado, tem sempre sido associada a baixos índices de diversos tipos de câncer e de doenças cardíacas. Descobriu-se que o azeite de oliva previne o dano oxidativo, regula a função das plaquetas (prevenindo assim coágulos sanguíneos) e diminui a inflamação.

Isso contrapõe os resultados do consumo de gorduras poli-insaturadas que atraem radicais livres e se oxidam, tornando-se rançosas quando expostas ao ar. Os radicais livres são gerados quando as moléculas de oxigênio perdem um elétron, tornando-os altamente reativos. A ingestão dessas gorduras agressivas faz com que elas se colem às membranas celulares como uma mancha de óleo no mar, que engolfa e sufoca pássaros e criaturas marinhas. Portanto, a atividade dos radicais livres nessas gorduras tem um grave efeito prejudicial nas células, tecidos e órgãos. Embora precisemos de um certo número de radicais livres no organismo para curá-lo e mantê-lo limpo, a ingestão de gorduras oxidadas pode inundá-lo com esses sequestradores, inflamando e prejudicando as células.

Óleos refinados e poli-insaturados e gorduras, assim que expostos ao ar e à luz solar antes do consumo, podem formar radicais livres. Também podem se formar nos tecidos após a ingestão de óleos ou gorduras. As gorduras poli-insaturadas são de difícil digestão pois não existem na natureza, sendo perigosas para o organismo. A margarina, por exemplo, tem uma molécula a menos do plástico e, portanto, sua digestão é dificílima. Os radicais livres, que são os purificadores naturais do organismo, tentam se livrar das gorduras criminosas que se prenderam às membranas celulares. Ao digerir essas gorduras maléficas, os radicais livres também causam danos às membranas celulares, o que é considerado a causa principal do processo de envelhecimento e degeneração.

Pesquisas mostraram que de cada cem pessoas que consumiram grandes quantidades de gorduras poli-insaturadas, 78 delas apresentaram sinais clínicos claros de envelhecimento precoce tanto no organismo quanto na aparência. Em contraste, um estudo sobre a relação entre gorduras alimentares e risco de desenvolver a doença de Alzheimer demonstrou, para surpresa dos pesquisadores, que as gorduras naturais e saudáveis podem, de fato, reduzir em 80% esse risco. O estudo também mostrou que o grupo com a menor taxa de Alzheimer comia aproximadamente 38 gramas dessas gorduras saudáveis por dia, ao passo que o grupo com a maior taxa dessa doença consumia apenas metade.

Outro equívoco acerca do debate sobre câncer é o colesterol, particularmente o ruim, LDL. Um estudo da Universidade de Tohoku, no Japão, sugere, por exemplo, a importância desse difamado tipo de colesterol na produção da vitamina D derivada da exposição solar que, por sua vez, melhora as funções cerebrais. Ademais, as estatinas, frequentemente prescritas para a diminuição dos níveis de colesterol, podem, de fato, causar danos ao coração.

Consequências da atividade dos radicais livres

As células danificadas pela atividade anormal dos radicais livres são incapazes de se reproduzir adequadamente, prejudicando assim as funções importantes do organismo, entre elas as dos sistemas imunológico, digestivo, nervoso e endócrino. Desde que foram introduzidas em larga escala à população as gorduras poli-insaturadas, os índices de doenças degenerativas, entre elas o câncer de pele, aumentaram drasticamente. De fato, essas gorduras tornaram os raios solares *perigosos*, algo que jamais teria ocorrido sem que os alimentos fossem alterados ou manipulados pela indústria alimentícia, tal como atualmente.[37]

Quando se removem as gorduras poli-insaturadas dos alimentos naturais, eles precisam ser refinados, desodorizados e até hidrogenados, dependendo do produto em que são usados. Durante esse processo, algumas das gorduras poli-insaturadas passam por transformações químicas que, por sua vez, transformam-nas em gorduras trans, comumente chamadas de óleos vegetais hidrogenados. A margarina tem em sua composição até 54% de gorduras trans em comparação com a gordura vegetal, com 58%.

Os consumidores de mais gorduras trans derivadas do queijo, leite ou alimentos processados têm 48% mais risco de sofrerem de depressão em comparação com aqueles que não consomem tais alimentos. É essa a conclusão a que chegaram os pesquisadores das

---

37. Mais detalhes em meus livros, *Heal Yourself with Sunlight* ou *Timeless Secrets of Health & Rejuvenation*.

universidades de Navarra e Las Palmas de Gran Canaria, na Espanha, que estudaram os efeitos do consumo da gordura trans em 12.059 espanhóis. Publicado na revista *PLoS One*, em janeiro de 2011, o estudo também mostrou que os efeitos das gorduras trans no estado de espírito podem ser maiores nos americanos que, normalmente, consomem mais alimentos processados, principal fonte de gorduras trans, segundo os autores. O consumo estimado de gorduras trans pelos americanos é 6,2 vezes maior do que entre os europeus.

De igual modo, pessoas com depressão crônica ou um diagnóstico prévio de depressão tem 60% mais chance de serem obesos e duas vezes mais de serem fumantes do que os não depressivos, segundo um grande estudo publicado na edição de março/abril de 2008 da revista *General Hospital Psychiatry*. O estudo compilou dados de mais de 200 mil adultos em 38 estados americanos, dos distritos de Colúmbia, Porto Rico e das Ilhas Virgens Americanas.

Em outro estudo ainda, conduzido pela Universidade Johns Hopkins, nos Estados Unidos, os pesquisadores descobriram que os participantes com histórico de depressão tinham quatro vezes mais chances de desenvolver câncer de mama. O artigo completo está na edição de setembro da revista *Cancer Causes and Control* [2000;11;8:751-758].

Outra pesquisa, publicada em 2003, na revista *Psychosomatic Medicine* [65,884], estabeleceu uma associação intrigante entre a depressão e o câncer pancreático nos homens.

Ainda não está claro se a depressão pode realmente causar o câncer, mas, certamente, age como cofator. A depressão bloqueia o sistema imunológico, o que leva à obesidade e, muito provavelmente, ao fumo, ambos fatores conducentes ao câncer.

Lendo os rótulos, é possível saber se há a presença de óleos hidrogenados vegetais nos alimentos. A maioria dos alimentos processados os contém: pães, salgadinhos, batatas chips, biscoitos, pastéis, bolos, quase todos os alimentos assados, misturas para bolos e doces, alimentos congelados, molhos, vegetais congelados e cereais matutinos. Ou seja, quase todos os alimentos das prateleiras, processados, refinados, preservados e não frescos podem conter gorduras trans. Elas inibem a capacidade das células de usar oxigênio necessário para a oxidação dos gêneros alimentícios em dióxido de carbono e água. Claro que as células que não conseguem completar seus processos metabólicos tendem a se tornar cancerosas.

As gorduras trans também engrossam o sangue ao aumentar a viscosidade das plaquetas, multiplicando as chances de coágulos e o acúmulo de depósitos graxos que levam a doenças cardíacas. Os pesquisadores de Faculdade de Medicina de Harvard que acompanharam 85 mil mulheres, durante um período de oito anos, descobriram que aquelas que consumiam margarina corriam um risco maior de doenças coronarianas. Um estudo galês encontrou um elo entre a concentração dessas gorduras trans artificiais e a morte por doenças cardíacas. Parece que o governo holandês já proibiu a venda de margarinas que contenham gorduras trans.

Por que um risco maior de doenças cardíacas é tão importante ao se pensar no câncer? Repito: porque o câncer e a doença cardíaca partilham das mesmas causas. Um ataque cardíaco ocorre quando uma parte do músculo cardíaco é privado de oxigênio e morre. O câncer ocorre quando uma parte de um órgão ou sistema corporal fica sem oxigênio e morreria caso as células corporais não conseguissem sofrer uma mutação e se tornassem cancerosas. Se os bloqueios conducentes à hipoxia não forem removidos, é bem provável que a pessoa venha a morrer de câncer ou falência cardíaca. Muitas vezes, os pacientes de câncer não morrem desse mal, mas do coração. Em minha experiência com centenas de pacientes de câncer, constatei que todos eles também sofriam de problemas cardiovasculares.

Não é novidade que a deficiência crônica de oxigênio das células está por trás do câncer e outras doenças degenerativas como a cardíaca. Durante os anos 1930, o dr. Otto Warburg descobriu que as células cancerosas têm uma taxa de respiração menor que a média em comparação com as células normais. Ele ponderou que as células cancerosas prosperavam em um ambiente de pouco oxigênio e que níveis elevados de oxigênio as prejudicariam e até matariam. Ganhador do Prêmio Nobel de Medicina em 1931, Warburg resumiu em duas sentenças o problema do câncer: **"O câncer tem apenas uma causa principal. É a substituição da respiração aeróbica normal das células do organismo por uma respiração celular anaeróbica".**

Outros cientistas logo seguiram os passos de Warburg e afirmaram: "A falta de oxigênio, sem dúvida, tem um papel importante na transformação das células normais em cancerosas". Dr. Harry Goldblatt, *Journal of Experimental Medicine* (1953).

"A insuficiência de oxigênio significa energia biológica insuficiente que pode resultar desde fadiga leve a doença fatal. O elo entre a insuficiência de oxigênio e doença foi agora firmemente estabelecido." Dr. W. Spencer Way, *Journal of the American Association of Physicians* (dezembro de 1951).

"O oxigênio tem papel preponderante no funcionamento adequado do sistema imunológico, isto é, na resistência à doença, às bactérias e aos vírus." Dr. Parris Kidd, biólogo celular.

"Em todos os estados doentios graves, há sempre falta de oxigênio... Baixos níveis de oxigênio nos tecidos corporais são indicativos certos de doença (...) A hipoxia, ou falta de oxigênio nos tecidos, é a causa fundamental de todas as doenças degenerativas." Dr. Stephen Levine, renomado biólogo celular.

"O câncer é uma condição interna do organismo, onde a oxidação tornou-se tão empobrecida que as células corporais degeneraram-se além do controle fisiológico." Dr. Wendell Hendricks, Hendricks Research Foundation.

"Sem oxigênio, o organismo adoece, e se esse estado persistir ele irá morrer. Duvido que haja qualquer controvérsia sobre isso." Dr. John Muntz, cientista nutricional.

"Quem respira mais, vive mais." – Elizabeth Barret Browning

3. Obstrução linfática

O que é a linfa e por que sua importância é vital ao organismo? A linfa surge como plasma sanguíneo, que vem embalado com todos os tipos de *mantimentos*, entre eles oxigênio, glicose, minerais, vitaminas, hormônios, proteínas, além de anticorpos e glóbulos brancos. O plasma sanguíneo atravessa os capilares sanguíneos e se junta ao líquido tissular que envolve todas as células. O líquido tissular é também conhecido como fluido intracelular, líquido intersticial ou tecido conjuntivo. As células tomam os nutrientes do líquido tissular e nele liberam os resíduos metabólicos.

Cerca de 90% do líquido tissular retorna à corrente sanguínea onde se transforma de novo em plasma sanguíneo. Os 10% remanescentes são chamados de *linfa*. Com exceção do dióxido de carbono, a linfa contém todos os resíduos metabólicos produzidos pelas células (que são geradas como parte da rotatividade normal das células). Os capilares linfáticos absorvem a linfa e removem seu *lixo*, prevenindo assim o sufocamento e os danos à célula.

O grau de nutrição, saúde e eficiência celular depende do grau de rapidez e remoção dos materiais residuais da linfa. Como a maioria dos resíduos celulares não passa diretamente ao sangue via excreção, eles se acumulam no líquido tissular até serem removidos pelo sistema linfático. Os vasos linfáticos levam esse material potencialmente danoso aos linfonodos para que sejam depurados e desintoxicados. Os linfonodos, estrategicamente localizados em todo o organismo, também removem fluidos, impedindo o inchaço e o ganho excessivo de peso do corpo.

Uma das funções principais do sistema linfático é manter o líquido intersticial livre de substâncias tóxicas causadoras de doenças, o que o torna um dos sistemas mais importantes para a saúde e bem-estar. Poucos médicos, no entanto, referem-se a ele nas consultas com seus pacientes.

Praticamente todo tipo de câncer é precedido de uma condição importante e contínua de congestão linfática. Os locais onde a drenagem linfática for insuficiente é onde os tumores cancerosos primeiro se manifestam. Se várias áreas do corpo forem afetadas dessa maneira, os tumores se manifestam em diversos lugares. O sistema linfático trabalha em conjunto com o sistema imunológico para manter o organismo livre de resíduos metabólicos, toxinas, patógenos, materiais nocivos e resíduos celulares.

Além de má circulação do sangue, os ductos linfáticos e linfonodos congestionados causam um acúmulo de matéria residual danosa ao líquido intersticial. Em seguida, há um espessamento desse líquido normalmente fino, impedindo a distribuição adequada de nutrientes às células, enfraquecendo-as ou lesando-as. A mutação celular ocorre quando o sangue é impedido de levar o oxigênio às células.

A questão mais premente é: onde tem início a congestão linfática? Há várias respostas, mas as mais importantes têm a ver com a bílis e a dieta alimentar. A redução das secreções biliares no fígado e na vesícula, por causa da acumulação de cálculos biliares,[38] prejudica a capacidade do estômago e do intestino delgado de digerir os alimentos adequadamente.

---

38. Veja, em *Limpeza do Fígado e da Vesícula*, detalhes sobre os cálculos do fígado e da vesícula e como limpá-los com segurança.

Os alimentos mal digeridos são decompostos por bactérias intestinais, permitindo a penetração nos ductos linfáticos do intestino de quantidades substanciais de resíduos e substâncias venenosas, como as aminas, cadaverinas, putrescinas e outros biólitos altamente carcinogênicos produzidos por alimentos fermentados ou pútridos.

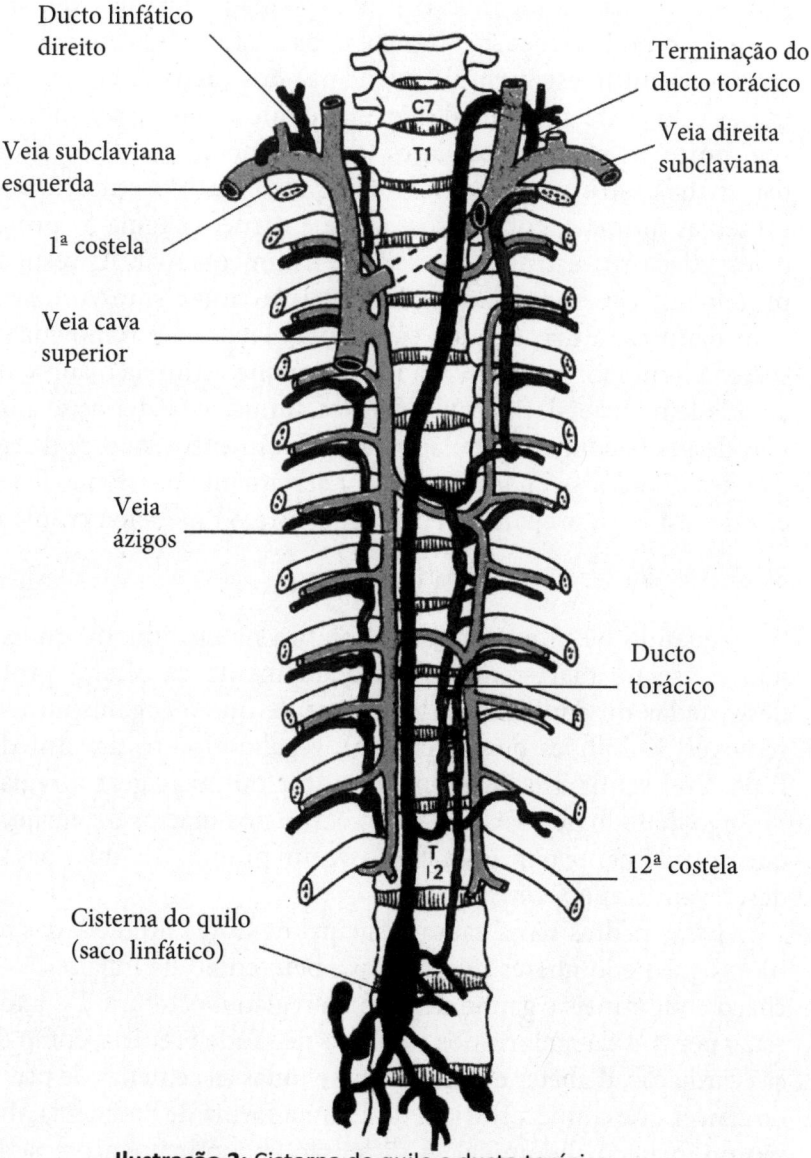

Ilustração 2: Cisterna do quilo e ducto torácico.

Com as gorduras e proteínas mal digeridas, esses venenos penetram na maior estrutura linfática do organismo, o ducto torácico e sua base, a cisterna do quilo (*cysterna chyli*), uma dilatação sacular (na forma de um saco ou oval), situada na frente das duas primeiras vértebras lombares no nível do umbigo (veja **Ilustração 2**). Ela se estende a outros vasos linfáticos menores saculiformes.

As toxinas, antígenos e proteínas não digeridas de origem animal, como peixe, carne, frango, ovos e laticínios, causam a inflamação ou intumescimento (linfedema) dos sacos linfáticos. Assim que as células de um animal morrem, o que acontece segundos após sua morte, as enzimas celulares imediatamente começam a desintegrar suas estruturas proteicas. O aquecimento/cocção/fritura das proteínas animais, como ovos, peixe e carne, coagula as proteínas e despedaça sua estrutura molecular tridimensional. As resultantes proteínas *degeneradas* não só são inúteis ao organismo, como se tornam danosas, a não ser que sejam imediatamente removidas pelo sistema linfático. Sua presença naturalmente estimula o aumento da atividade microbial. Parasitas, vermes, fungos e bactérias se alimentam desses resíduos acumulados. Em alguns casos, ocorrem reações alérgicas. Tudo isso pode prejudicar seriamente o sistema de remoção de resíduos, preparando o terreno para o linfedema crônico.

Linfedema

Quando há uma congestão linfática na cisterna do quilo, esta não consegue mais remover adequadamente as células proteicas desgastadas ou danificadas (lembre-se de que o organismo tem de remover 30 bilhões de células/dia), resultando em um linfedema. É possível sentir um linfedema ao tocar ou massagear a região do umbigo deitado de costas. Eles são como nós macios ou enrijecidos, que normalmente têm a dimensão de um punho. Algumas pessoas o descrevem como *pedras no estômago*.

Essas pedras são a causa principal de dores no meio das costas (dorsalgias) e lombares (lombalgias), bem como de inflamação e inchaço abdominais e ganho de peso na região da cintura. De fato, elas estão por trás da maioria dos sintomas de saúde precária, como doenças cardíacas, diabetes e câncer. Quase todas as centenas de pacientes de câncer que conheci sofriam de alguma forma de linfedema, distensão ou inchaço abdominal. A distensão abdominal é acompanhada,

As Causas Físicas do Câncer

em geral, de inchaço no rosto e nos olhos, papada e engrossamento do pescoço – indicações de congestão linfática avançada.

Para muitas pessoas, o aumento da circunferência da cintura é um incômodo inofensivo ou parte do processo de envelhecimento. Afinal, hoje em dia, quase todo mundo tem uma barriguinha, é normal. Não percebem que estão alimentando uma bomba-relógio que pode ser detonada um dia e prejudicar partes vitais do organismo. O câncer quase sempre indica a existência de tal bomba-relógio.

Oitenta por cento do sistema linfático se localiza no trato intestinal e está associado a ele, o que torna essa área do corpo o maior centro da atividade imunitária. Não é coincidência. A parte do organismo onde muitos dos agentes causadores de doença são combatidos ou gerados é, de fato, no trato intestinal. O linfedema e outros tipos de obstrução nessa parte importante do sistema linfático devem-se a um acúmulo de resíduos intestinais tóxicos conducente a complicações potencialmente sérias em qualquer outra parte do organismo.

Toda vez que houver obstrução de um ducto linfático, existe uma acumulação da linfa ao redor da obstrução. Consequentemente, os linfonodos localizados ao longo desse ducto obstruído não conseguem mais neutralizar ou purificar os fagócitos vivos ou mortos e seus micróbios ingeridos, células tissulares desgastadas, células danificadas por doenças, produtos de fermentação, pesticidas nos alimentos, partículas inaladas ou tóxicas, células de tumores malignos e muitas das milhões de células cancerosas geradas a cada dia por toda pessoa saudável.

A destruição incompleta desses produtos pode causar a inflamação, o crescimento e a congestão dos linfonodos com sangue. Além disso, o material infectado pode entrar na corrente sanguínea causando envenenamento séptico e doenças agudas. Na maioria dos casos, no entanto, a obstrução linfática ocorre gradualmente durante muitos anos, sem quaisquer sintomas sérios além de inchaço do abdômen, dos membros superiores e inferiores ou do rosto e olhos. Essa condição é chamada de retenção de líquidos, precursora principal de doença crônica. Muitos pacientes de câncer sofrem um ou mais sintomas como esses bem antes de serem diagnosticados com essa doença.

A obstrução linfática contínua geralmente conduz à mutação celular. Quase todo câncer resulta da congestão crônica da cisterna de quilo. O ducto torácico, que drena a cisterna do quilo e leva a linfa até o pescoço para o ducto linfático esquerdo, acaba por ser sobrecarregado pelo constante fluxo de material tóxico e também se congestiona. O ducto torácico se liga a vários outros ductos

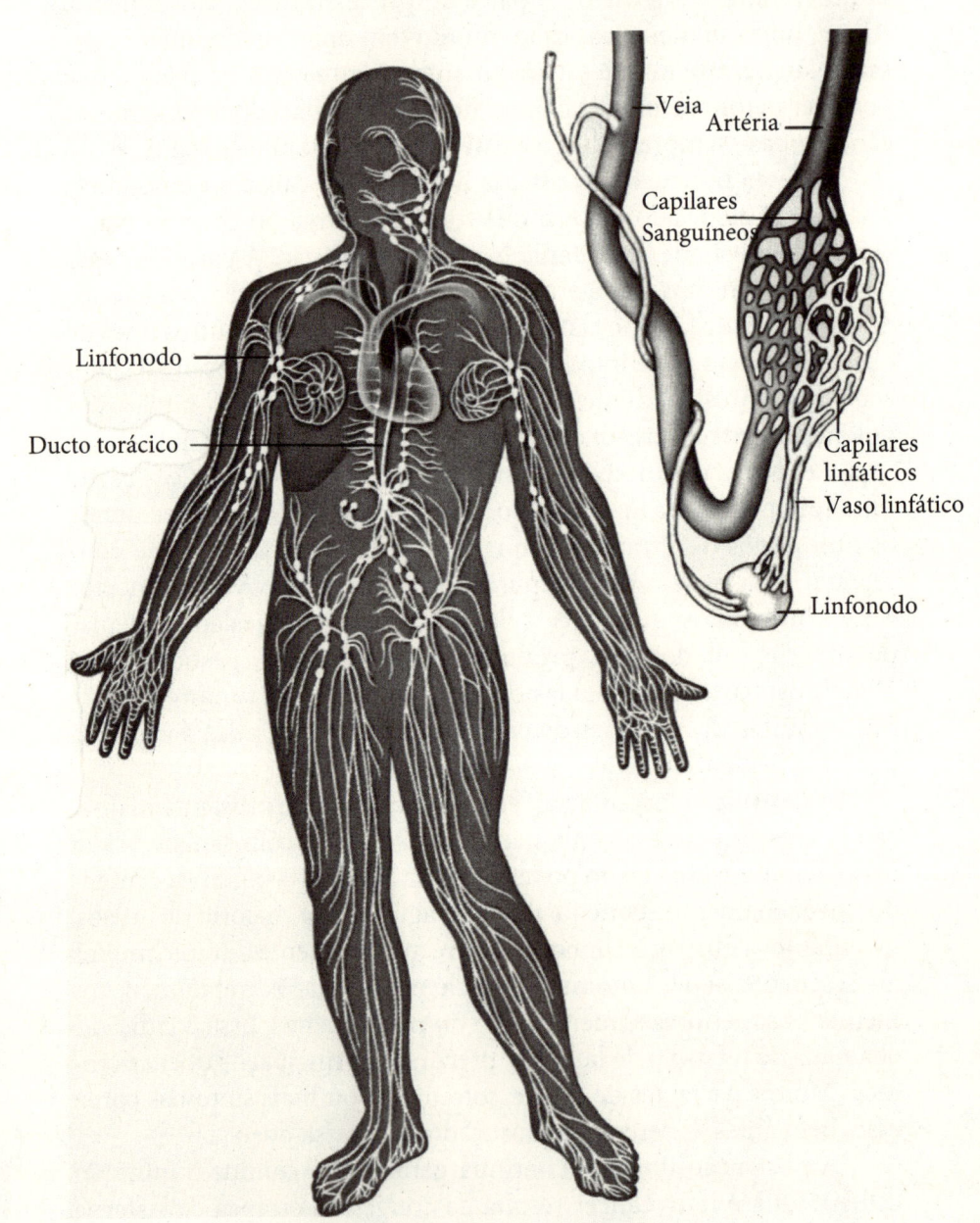

Ilustração 3: Sistema linfático e linfonodos.

linfáticos (veja **Ilustrações 2 e 3**) que despejam seus resíduos no canal de drenagem torácico. Como o ducto torácico tem de remover 85% dos resíduos celulares e outros materiais bastante tóxicos produzidos pelo organismo diariamente, uma obstrução causa a retrolavagem dos resíduos em outras partes mais distantes do organismo, resultando no inchaço característico do linfedema local, comumente nos tornozelos.

Quando os resíduos metabólicos e detritos celulares gerados diariamente permanecem presos em uma área do corpo durante algum tempo, os sintomas doentios começam a se manifestar. Os resíduos retidos acabam por se tornar desencadeadores do crescimento celular anormal. A lista a seguir discrimina alguns exemplos típicos de indicadores mórbidos que resultam da obstrução linfática crônica localizada:

- Obesidade
- Cistos no útero e ovários
- Dilatação da glândula prostática
- Reumatismo nas articulações
- Dilatação do ventrículo esquerdo
- Insuficiência cardíaca congestiva
- Bronquite e congestão pulmonar
- Dilatação da área do pescoço
- Rigidez do pescoço e ombros
- Dores nas costas
- Dores de cabeça
- Enxaquecas
- Tonturas
- Vertigens
- Zumbido nos ouvidos
- Dores de ouvido
- Surdez
- Caspa
- Resfriados constantes
- Sinusite
- Febre do feno
- Certos tipos de asma
- Dilatação da tireoide
- Doenças nos olhos
- Visão fraca
- Inchaço nos seios
- Caroços nos seios
- Problemas renais
- Dores lombares
- Inchaço nas pernas e tornozelos
- Escoliose
- Distúrbios mentais
- Perda de memória
- Problemas estomacais
- Baço dilatado
- Síndrome do intestino irritável
- Hérnia
- Pólipos no cólon
- Distúrbios do sistema reprodutivo
- e muitos mais...

Caso qualquer um dos sintomas mencionados ou uma combinação deles persista por um período de anos, o câncer se torna uma possibilidade distinta.

Após coletar a linfa de todas as partes do organismo, exceto do lado direito da cabeça e pescoço, do braço direito e do quadrante superior direito do corpo, o canal linfático se junta ao ducto linfático esquerdo. Esse ducto devolve a linfa ao sistema circulatório, desaguando-a na artéria subclávia esquerda na jugular. A artéria subclávia penetra na veia cava superior que conduz diretamente ao coração. Além de congestionar a drenagem linfática adequada desses vários órgãos ou partes do organismo, qualquer congestão da cisterna do quilo causa a entrada de materiais tóxicos no coração e suas artérias, tensionando-o, provocando dilatação, batimento irregular e outras complicações. Essa condição permite que essas toxinas e agentes causadores de doenças penetrem na circulação e se espalhem a outras partes do corpo.

Enfatizo: raramente há uma doença, entre elas o câncer, que não tenha como causa a congestão linfática. É como o encanamento doméstico: uma vez entupido, todos os canos dos banheiros, pias, duchas e banheiras também irão se entupir e causar inundações. A epidemia de obesidade nos Estados Unidos se deve em grande parte à congestão dos sistemas linfáticos (embora não seja causada por ela) que impede a eliminação dos resíduos corporais.

A congestão linfática, na maioria dos casos, tem origem na congestão hepática,[39] e em hábitos nocivos de alimentação e de vida, que, em situações extremas, podem levar a linfomas ou câncer linfático, cujo tipo mais comum é o linfoma de Hodgkin.

Não há sinal de doença quando o sangue e a linfa circulam livremente. É possível eliminar totalmente os problemas circulatórios e linfáticos por meio de uma série de limpezas hepáticas e seguindo hábitos alimentares e de vida equilibrados.

4. Problemas digestivos crônicos

Antes de uma congestão linfática crônica, é preciso ter problemas digestivos há muito tempo. Os alimentos não digeridos adequadamente se tornam um nascedouro de carcinógenos – compostos tóxicos que afetam o comportamento celular.

---

39. As causas dos cálculos no fígado são discutidas em *Limpeza do Fígado e da Vesícula*.

Há quatro atividades principais no trato digestivo: ingestão, digestão, absorção e eliminação. O canal digestivo começa na boca, passa ao tórax, abdômen e região pélvica e termina no ânus. Uma série de processos digestivos ocorre quando um alimento é ingerido: sua trituração mecânica pela mastigação e sua trituração química pelas enzimas que estão presentes nas secreções produzidas pelas glândulas do sistema digestivo.

As enzimas são substâncias químicas minúsculas que provocam ou aceleram as mudanças químicas em outras substâncias sem que elas mesmas se alterem. As enzimas digestivas encontram-se nas glândulas salivares da boca, no suco gástrico do estômago, no suco intestinal do intestino delgado, no suco pancreático e na bílis do fígado. **É importante saber que as enzimas digestivas e metabólicas (apenas produzidas pelo próprio organismo) possuem as mais poderosas propriedades anticancerígenas que qualquer substância no organismo. A produção insuficiente dessas enzimas tem efeito danoso claro na saúde celular e pode ser responsável direta pelo crescimento de um câncer no organismo, independentemente da região.**

A absorção é o processo pelo qual pequenas partículas nutrientes do alimento digerido passam pelas paredes do intestino em direção aos vasos sanguíneos e linfáticos para que sejam distribuídos às células corporais. Os intestinos eliminam na forma de fezes quaisquer substâncias alimentares que não consigam digerir ou absorver. A matéria fecal também contém bílis, cuja função é transportar os resíduos resultantes da degradação (catabolismo) das células vermelhas e de outras substâncias danosas. Ademais, um terço do material excretado compõe-se de bactérias intestinais. Para o bom funcionamento do organismo, é necessário que os intestinos removam todos os dias os resíduos diários acumulados. A congestão intestinal é decorrência da má digestão dos alimentos, cuja consequência natural é o refluxo dos resíduos na linfa, no sangue e nas partes superiores do corpo, como estômago, tórax, garganta, pescoço, órgãos sensoriais e cérebro.

A saúde, insisto, é o resultado natural do funcionamento balanceado de cada uma das atividades principais do sistema digestivo.[40] Por outro lado, quando uma ou mais funções como essas são

---

40. Veja em detalhes como restaurar todas as funções do sistema digestivo em *Timeless Secrets of Health & Rejuvenation*. (Veja <http://www.ener-chi.com/books/timeless-secrets-of-health-rejuvenation/>).

prejudicadas, o câncer e muitas outras tentativas semelhantes de sobrevivência (e cura) acontecem. A presença de cálculos no fígado e na vesícula desequilibra a digestão e a absorção do alimento, bem como a eliminação de resíduos. A maior toxicidade do organismo, aliada à sua incapacidade de nutrir-se pela digestão, contribui para a progressão da doença.

5. Obstrução do ducto biliar

Os cálculos biliares (também conhecidos por cálculos intra-hepáticos) são encontrados não só na vesícula, mas também nos canais biliares do fígado. De fato, a maioria dos cálculos biliares forma-se no fígado e, comparativamente, poucos na vesícula. Cerca de 20% da população mundial desenvolverá cálculos biliares na *vesícula* em alguma fase da vida. Essa porcentagem, no entanto, não leva em conta o número maior de pessoas que desenvolveu ou desenvolverá cálculos no *fígado*.

Durante meus 30 anos de prática de medicina natural, tratei de milhares de pessoas que sofriam de todos os tipos de doenças. Posso documentar que cada pessoa, sem exceção, teve quantidades consideráveis de cálculos biliares no fígado. Os pacientes de câncer e os que sofrem de artitre, doenças cardíacas ou hepáticas e outras doenças crônicas parecem ter mais cálculos no fígado. Surpreendentemente, quase bem poucos relatam um histórico de cálculos na vesícula.

Cálculos biliares no fígado são o principal obstáculo para se ter ou manter a saúde, a jovialidade e a vitalidade. De fato, eles são um dos principais motivos de doenças, o câncer inclusive, e de dificuldades de recuperação das pessoas. O fígado tem controle direto sobre o crescimento e o funcionamento de cada célula do corpo. Qualquer tipo de mau funcionamento, deficiência ou padrão anormal de crescimento das células resulta, em grande parte, de um desempenho deficiente do fígado. Graças à sua estrutura extraordinária, o fígado parece sempre estar funcionando normalmente, sendo que os exames de sangue podem indicar quantidades equilibradas de enzimas hepáticas, mesmo após ter ele perdido até 60% de sua eficiência original. Por mais enganoso que isso soe tanto ao médico quanto ao paciente, pode-se atribuir a origem da maioria das doenças ao fígado.[41]

---

41. Detalhes em *Limpeza do Fígado e da Vesícula*.

Todas as doenças e sintomas de saúde precária são causados por algum tipo de obstrução. Se um vaso sanguíneo for obstruído e, consequentemente, não consegue mais fornecer com rapidez o oxigênio ou os nutrientes vitais a um grupo de células, para sobreviver elas terão de aplicar medidas emergenciais específicas. Obviamente, muitas das células afetadas não sobreviverão à inanição e morrerão. Contudo, outras células mais resilientes aprenderão a ajustar-se a essa situação adversa, por meio da mutação, alimentando-se de resíduos metabólicos tóxicos e tudo o que consigam pegar de outras células. Embora, na realidade, tal reação de sobrevivência ajude a impedir a morte imediata do organismo através de um possível envenenamento séptico ou falência de órgãos, tendemos a rotular essa condição de *doença*. No caso da mutação celular, o câncer é o rótulo aplicado.

A questão crucial é como algo tão simples como uma obstrução do fluxo biliar pode causar doenças tão complexas quanto a insuficiência cardíaca congestiva, o diabetes e o câncer.

A bílis hepática é um fluido amargo e alcalino de cor amarela, marrom ou verde, que tem múltiplas funções. Cada uma delas influencia profundamente a saúde de cada órgão e sistema corporal. Além de auxiliar na digestão de gordura, cálcio e proteína, a bílis serve para manter os níveis normais de gordura no sangue e o equilíbrio adequado de acidez e alcalinidade no trato intestinal, para retirar toxinas do fígado e impedir o cólon de criar micróbios danosos.

A bílis impede e, possivelmente, cura o câncer e as doenças cardíacas, as duas maiores causas de morte! A importância da bílis na manutenção da saúde ainda não foi reconhecida, pelo menos pela medicina tradicional. Contudo, aumentam as evidências científicas a sugerir que os pigmentos biliares, como a bilirrubina e a biliverdina, que dão cor à bílis, têm papel fisiológico fundamental nos humanos.

De acordo com um estudo publicado em 2008, na prestigiosa revista médica *Mutation Research*, os pigmentos biliares possuem fortes propriedades antimutagênicas.[42] Os pesquisadores afirmam que, no passado, os pigmentos biliares e a bilirrubina, em particular, eram consideradas subprodutos inúteis do catabolismo (degradação) do heme,[43] cuja acumulação pode ser tóxica. "Contudo, nos últimos

---

42. Mutat Res., 2008 janeiro-fevereiro; 658(1-2):28-41. Epub, 18 de maio de 2007.
43. Componente da hemoglobina, pigmento vermelho do sangue.

20 anos, mais pesquisas vêm sendo feitas sobre a relevância dos pigmentos biliares, que sugerem evidências de que esses pigmentos possuem propriedades antioxidantes e antimutagênicas significativas", conclui o estudo.

Os médicos costumam assustar o paciente ao ver a pele ou os olhos amarelados (icterícia). Eles não informam, entretanto, que o organismo está, na verdade, livrando-se dos perigosos radicais peróxidos e de uma série de classes de mutagênicos (hidrocarbonetos policíclicos aromáticos, aminas heterocíclicas, oxidantes), todas substâncias químicas conhecidas por causar câncer. Algumas vezes, para nos purificar e tornar-nos saudáveis, o organismo parece nos fazer adoecer.

Considero essa descoberta uma das mais importantes no campo da medicina, algo que o sistema mais antigo de medicina – a ayurveda, com 6 mil anos – sempre soube. A bílis, contanto que não esteja retida por pedras nos ductos biliares ou cálculos na vesícula, pode impedir que células saudáveis se transformem em cancerosas. De fato, segundo estudos, as pessoas com altas concentrações de bilirrubina e biliverdina no organismo têm menor incidência de câncer e doenças cardiovasculares.[44]

Segundo uma pesquisa japonesa, os níveis elevados de pigmentos biliares (hiperbilirrubenemia) presentes na icterícia podem até curar asmas persistentes e de difícil controle associadas à hepatite B aguda.[45]

Naturalmente, estas e outras descobertas semelhantes levantam a questão sobre se o que a ciência médica considera doença pode, na verdade, ser uma complexa tentativa de sobrevivência e cura do organismo. Quando tratados e suprimidos com fármacos, os esforços de cura do organismo podem ser completamente comprometidos. Em vez de travar uma guerra farmacêutica contra o organismo, deveríamos ajudá-lo, removendo as obstruções desnecessárias e acumuladas. Dado o papel fundamental da bílis e seus componentes no organismo, faz sentido manter o fluxo biliar sempre desobstruído.

Limpar o fígado e a vesícula de todos os cálculos acumulados auxilia na restauração da homeostase, no equilíbrio do peso e no estabelecimento da precondição necessária para que o corpo se cure

---

44. Mutat Res., 2008 janeiro-fevereiro; 658(1-2):28-41. Epub, 18 de maio de 2007
45. Tohoku J Exp Med., março de 2003;199(3):193-6

sozinho. A limpeza do fígado é também uma das melhores precauções contra doenças no futuro.

Alimentos e bebidas artificiais

Nos Estados Unidos, a indústria alimentícia produz mais de 40 mil produtos diferentes, a maioria com muito pouco ou nenhum valor nutricional. Os alimentos processados, refinados, melhorados, fortificados, preservados, aromatizados, pré-cozidos, geneticamente modificados, gaseificados, irradiados, aquecidos no micro-ondas ou alterados têm como efeito comum a desnutrição das células humanas. **O câncer é o resultado da inanição progressiva em nível celular. Ocorre quando o organismo não recebe mais o que precisa para crescer de acordo com sua concepção original**. Para sobreviver e impedir o colapso dos órgãos causados por grave desnutrição e gasto de energia, só resta ao núcleo celular sofrer uma mutação e começar a funcionar anaerobicamente.

Uma célula anaeróbica é como um sem-teto doente que, alienado do restante da sociedade, vive de alimentos decompostos e tóxicos que encontra no lixo dos influentes e saudáveis. O valor nutricional da típica dieta moderna é comparável a esse lixo. Por exemplo, batatas fritas ou chips. Embora saibamos que contêm gorduras carcinogênicas e aditivos e preservativos danosos, milhões de adultos e crianças consomem-nas diariamente em grande quantidade.

Faça a seguinte experiência: da próxima vez que pedir batatas fritas no McDonald's ou lanchonete semelhante, leve algumas para casa e deixe-as em um espaço aberto. Elas não irão se decompor nem mudar de cor (ao contrário das feitas com batatas frescas que logo murcham, mofam e mudam de cor). Repita o teste com um hambúrguer: ele durará anos sem se deteriorar. Nenhuma bactéria sequer irá tentar decompô-lo. Estes e a maioria dos *alimentos* manufaturados, como a margarina, por exemplo, são feitos para durar para sempre, perfeitamente conservados para aguentar o longo processo de fabricação e transporte e ser *seguros* para o consumidor.

O leitor deve estar se perguntando que tipo de produtos químicos esses alimentos contêm para resistir a bactérias e mofo. Poucos consumidores sabem exatamente qual sua composição, embora alguns dos conservantes estejam relacionados nos rótulos (mas quase sempre em letras minúsculas). E o que o organismo pode fazer para digerir esses aditivos químicos? Absolutamente nada.

Se tivermos sorte, eles simplesmente passam pelo trato intestinal sem serem digeridos (diarreia). É mais provável, no entanto, que causem prisão de ventre e se acumulem no intestino, como se vê nos ventres inchados de quem costuma comer esses alimentos artificiais. A ingestão desses alimentos provoca sérias deficiências nutricionais e, de quebra, desejos alimentares que jamais serão satisfeitos.

A indústria alimentícia conhece esse *segredinho* e satisfaz a demanda crescente por esses alimentos, produzindo uma variedade cada vez maior de produtos atrativos ao paladar, visando especialmente aos obesos e gordinhos, com frases chamativas do tipo: baixo colesterol, livre de gorduras, pouco sódio, baixa caloria e zero açúcar. Embora sejam pouco atraentes às papilas gustativas, os aditivos e aromas químicos asseguram um sabor maravilhoso. Existem, hoje, milhares de alimentos manufaturados pertencentes a essa categoria. Obviamente, os rótulos não trazem a advertência de que essas substâncias químicas são conhecidas como carcinógenos.

Muitos acreditam que os alimentos oferecidos por estabelecimentos comerciais, como mercearias e restaurantes, são bons e seguros, assim como o forno micro-ondas para aquecer ou preparar alimentos. Abordarei os fornos micro-ondas no Capítulo Cinco.

As agências de saúde governamentais, criadas para proteger o consumidor, visam seus próprios interesses ao permitir a comercialização maciça de fármacos e tecnologias mortais. Quantos questionam o FDA, que permite o uso indiscriminado de óleo de canola geneticamente modificado na indústria alimentícia e em restaurantes americanos sem testes prévios? Registros públicos mostram que o FDA conhecia uma pesquisa canadense que provou que cobaias alimentadas com esse tipo de óleo desenvolveram tumores cerebrais fatais. Porém, a agência não estava disposta a desistir de milhões de dólares em licenças trazidas pela aprovação do óleo de canola.

De igual modo, drogas venenosas, como a aspartame, sucralose e o glutamato monossódico, são ocultas na maioria dos alimentos e bebidas manufaturados mais vendidos nos Estados Unidos por conta da aprovação do FDA. Essas drogas são mais viciantes que a heroína, a cafeína e a nicotina juntas. É quase impossível suas vítimas se absterem delas. Os efeitos desastrosos desses componentes químicos no organismo humano são bem documentados e de pleno conhecimento do FDA e dos CCDP (Centros de Controle e Prevenção de Doenças), há muitos anos.

O glutamato monossódico (MSG na sigla em inglês – *monosodium glutamate*) é um caso à parte quando se trata de obesidade. Uma pesquisa recente mostra que os consumidores regulares desse aminoácido têm 30% mais chances de sobrepeso e obesidade. Para não cair nessa armadilha, é melhor ficar longe de todos os alimentos processados. Lembre-se: o MSG causa vício aos alimentos que o contém [*The American Journal of Clinical Nutrition*, junho de 2011; 93(6):1328-36].

A indústria alimentícia tem apenas um incentivo: aumentar o consumo de alimentos. Entre suas prioridades não está ajudar a nos alimentar com produtos saudáveis e sustentáveis com moderação, pois isso não dá lucro. Portanto, ao acrescentar aditivos químicos aos alimentos e bebidas mais populares, a indústria criou uma sociedade cujos hábitos alimentares ficaram fora de controle. Com 75% de pessoas com sobrepeso ou obesas, a sociedade americana como um todo sofre com um tumor de proporções gigantescas: o resultado é saúde precária para a maioria e despesas médicas altíssimas.

Esse tumor abocanha uma porção crescente dos recursos da nação. Em 2007, 2,3 trilhões de dólares foram gastos com saúde, ou seja, 4,3 vezes o valor gasto na defesa, à época. Nenhuma outra nação do mundo gasta 16% do PIB em saúde, como os Estados Unidos – e, posso acrescentar, sem benefícios óbvios. De fato, não há nenhuma outra sociedade no mundo com tantas pessoas enfermas.*

Tendo estabelecido como fato que transferir a salvaguarda de nossa saúde a empresas ou agências governamentais é uma abordagem temerária, retornemos ao problema central de qualquer crise séria de saúde: a inanição celular. Não interessa às células utilizar qualquer coisa que não sirva a seu crescimento. A gordura carcinogênica dos óleos e gorduras refinados e superaquecidos, os corantes, aditivos químicos, conservantes, pesticidas e todas as substâncias artificiais acabam por endurecer as membranas celulares com camadas impenetráveis de gordura.

E isso nem inclui os bilhões de suplementos nutricionais cheios de venenos que os americanos consomem por dia, como se fossem alimentos de verdade. Quantas cápsulas de vitaminas o americano

---

* N.E.: Os gastos totais com saúde nos Estados Unidos em 2014 foram de 3 trilhões de dólares. Veja http://www.cdc.gov/nchs/fastats/health-expenditures.htm.

médio consome dia após dia, ano após ano – pílulas que têm em sua composição aglutinantes, agentes de revestimento, corantes artificiais, aspartame ou outros adoçantes artificiais mortais, para citar apenas alguns. Observada pelo microscópio, a membrana celular de um recém-nascido, por exemplo, é transparente, fina e limpa. Já as membranas celulares de uma pessoa de 65 anos, com uma dieta típica americana e sob medicação de qualquer espécie, é escura, grossa e distorcida. Não é preciso muito para transformá-las em cancerígenas.

A camada de fibrina[46] que envolve as células de um tumor maligno é 15 vezes mais grossa do que a que envolve as células saudáveis. Todas as células cancerosas estão danificadas ou feridas. A camada de fibrina protege as células cancerosas contra fagócitos mortais, linfócitos e citosinas assassinos.

Naturalmente, as células assim comprometidas separaram-se de sua *comunidade* – ou seja, de todas as outras células do corpo. Essas células alienadas são verdadeiras "*sem-teto*". Como estão sem controle, os médicos atacam-nas com armas letais projetadas para envenená-las, amputá-las ou queimá-las. Como o objetivo é seu extermínio, os médicos não percebem as sérias consequências que o ataque às células cancerosas pode ter sobre as colônias celulares circundantes. Os que têm ideia do dano provável às células saudáveis talvez pensem que é um risco a ser tomado a fim de matar as células agressoras.

É uma verdadeira *roleta-russa* que os médicos jogam com a vida de seus pacientes ao recomendar quimioterapia ou radioterapia. É impossível prever ou saber se o paciente irá sobreviver ou morrer. Dimitris, um médico grego que estudou e praticou medicina nos Estados Unidos durante vários anos, antes de retornar a seu país de origem, consultou-me em Chipre sobre seu câncer de fígado em estágio terminal. Durante os seis meses seguintes ele tratou e removeu todas as possíveis causas profundas do seu câncer. Logo depois, de seu tumor, antes do tamanho de um ovo, restou apenas uma minúscula mancha. Um dia, um colega convenceu-o a fazer uma sessão de quimioterapia com uma droga poderosa que havia acabado de ser aprovada pelo FDA. Dimitris convenceu-se de que, matando as últimas células cancerosas, o câncer não retornaria e partiu para os Estados Unidos para o tratamento. Três dias

---

46. A fibrina está presente na coagulação do sangue. É uma proteína fibrilar que é polimerizada, formando uma *camada* que por sua vez forma um coágulo hemostático sobre uma ferida. Uma pesquisa recente demonstrou que a fibrina tem papel importante na reação inflamatória e no desenvolvimento da artrite reumatoide.

depois, voltou para a Grécia em um caixão. Morreu por envenenamento tóxico. Adverti-o de que, quando o organismo passa por um processo de cura rápido como o dele, interrompê-lo com a administração de drogas venenosas podia ser fatal. Durante a fase de cura, o organismo está muito mais vulnerável ao envenenamento químico do que no processo de proteção que, nesse caso, é representado pelo crescimento do câncer. Testemunhei o mesmo fenômeno em outros pacientes que também tiveram a tentação de *eliminar* os últimos vestígios do câncer. Essa decisão mostrou-se fatal.

É bastante difícil para o organismo se proteger contra o envenenamento enquanto tenta se curar. Danificar as células saudáveis no processo de destruição das células cancerosas com quimioterapia ou radiação fatalmente causará o crescimento de novas células cancerosas mais agressivas. A única chance real de sobreviver ao câncer depende do apoio dado pelo paciente aos esforços de cura do organismo.

Tratar o câncer como uma doença não só traz perigos e sofrimento desnecessários, mas também deixa em aberto a questão da dieta alimentar. Alimentos não funcionais, como batatas fritas e hambúrgueres, resistentes ao mofo, engrossam as membranas celulares, forçando a mutação das células a fim de sobreviverem em um ambiente anaeróbico. Esses alimentos trazem consequências nefastas ao nosso organismo e ao de nossos filhos, criando doenças que, literalmente, exterminarão comunidades inteiras. Essa tendência já começou a seguir seu curso.

A sociedade moderna sofre com o câncer. Cabe a nós fazer escolhas que favoreçam a vida no lugar da morte. O que colocamos na boca tem muito a ver com o modo como a sociedade irá sobreviver. Considerando a estatística de que um em cada dois americanos desenvolverá algum tipo de câncer, e sabendo que a probabilidade de evitar o câncer piora a cada ano, faz sentido ficar o mais longe possível dos alimentos manufaturados (e de outros fatores causadores do câncer).

As chances de recuperação de um paciente de câncer aumentam consideravelmente com a ingestão de alimentos naturais que não foram manipulados ou alterados pela indústria alimentícia. Recomendo o consumo de alimentos orgânicos, produzidos localmente, durante o período de recuperação, o que permite ao organismo focar na cura em vez de forçá-lo a usar seu sistema imunológico enfraquecido nas batalhas com aditivos químicos e pesticidas.

A mudança de hábitos alimentares reduz sobremaneira o risco de desenvolvimento do câncer. A dieta tem um papel fundamental na remissão permanente de um câncer já instalado. Em cerca de 60% ou mais de todos os tumores malignos, a dieta alimentar tem um papel fundamental desde o início. Uma dieta anticâncer pode efetivamente diminuí-lo em cerca de dois terços, e a melhor delas ainda é a vegetariana.

Estudos populacionais fornecem demonstrações convincentes de como países inteiros podem estar livres do câncer. Até o momento, há mais de 200 estudos sobre a ocorrência de câncer entre diferentes grupos de pessoas no mundo. Como se verificou, as taxas de câncer entre os países em desenvolvimento são bem menores do que nos Estados Unidos.

A dieta básica americana, que consiste em alimentos bastante gordurosos, altamente proteicos e processados, nada tem a ver com a dieta alimentar típica dos países em desenvolvimento. Frutas, legumes, verduras e grãos ainda compõem a dieta-padrão dos habitantes de muitos países em desenvolvimento, embora a influência ocidental de alimentos artificiais e *fast-food* comece a influir nos hábitos alimentares dessas populações. Esses hábitos alimentares da moda tornam cada vez mais comum doenças que antes desconheciam, entre as quais a osteoporose, câncer de pele, doenças cardíacas, artrite e outras.

Para salvar os Estados Unidos da autodestruição, não temos alternativa senão retornar aos alimentos criados pela natureza e evitar ao máximo os alimentos artificiais. Não há contrato natural entre nosso organismo e a margarina, por exemplo. A margarina é um *alimento* criado em laboratório que um organismo natural não está preparado para ingerir. Tem uma molécula a menos que o plástico! Deixe a margarina em um ambiente quente, escuro e úmido, onde há proliferação de bactérias, e o resultado é que as bactérias não irão atacá-la: para elas, a margarina não passa de um plástico.

Durante milhões de anos, o corpo humano confiou seu sustento aos alimentos naturais que cresciam a seu redor. Portanto, é ilusório acreditar que o organismo consegue de repente aprender a subsistir com esses alimentos manufaturados que inundam os supermercados. Nem sabemos mais se alimentos como milho, soja ou batata são geneticamente modificados ou não.

A maioria dos alimentos manufaturados contém alguns ingredientes geneticamente modificados. Na verdade, o alimento não produzido pela natureza não é alimento. O organismo não tem conexão com alimentos artificiais que não levam o *rótulo* de alimento real nem os reconhece. Em vez de nutrir as células do organismo, os alimentos artificiais deixam-nas morrer de fome ao se acumularem nos órgãos e tecidos. **Portanto, alimentar o organismo exclusivamente com alimentos manufaturados é suicídio. Consumir a típica dieta americana que consiste em carne vermelha, frituras, laticínios processados, grãos refinados e doces é, de fato, sinônimo de suicídio não intencional.**

Um estudo observacional examinou a relação entre padrões alimentares de mais de mil pessoas que fizeram um tratamento de câncer de cólon grau 3 e o risco de sua reincidência. Os pesquisadores descobriram que aqueles que seguiam uma dieta tipicamente americana tinham três vezes mais chance de ter uma reincidência do câncer e de morte do que aqueles que tinham uma dieta vegetariana. O estudo, publicado na revista *Journal of the American Medical Association* (JAMA), é o primeiro a abordar o efeito da dieta na reincidência do câncer em uma população de sobreviventes de câncer de cólon. Os pesquisadores afirmam que os resultados sugerem enfaticamente que uma dieta à base de carnes vermelhas e processadas, batatas fritas, grãos refinados, doces, aumenta a reincidência do câncer, diminuindo as chances de sobrevivência.

As boas novas são que alguns alimentos podem neutralizar os efeitos cancerígenos da típica dieta americana. Um estudo da Universidade de Nagoya, no Japão, descobriu que o pigmento do milho vermelho dificulta o desenvolvimento do câncer colorretal. Na pesquisa, separaram os animais em dois grupos: um recebeu comida misturada com uma substância carcinogênica natural, encontrada nas partes queimadas de carne e peixe grelhados, e o outro que também recebeu 5% do pigmento do milho vermelho. No grupo que ingeriu o carcinógeno, 85% desenvolveu câncer de cólon, em comparação com 40% no grupo que também recebeu o pigmento. Outros estudos demonstraram que o milho vermelho também previne a obesidade e o diabetes.

Celulares e outros dispositivos sem fio mortais

Cada vez mais pesquisadores médicos, agências de proteção ambiental, governos e indivíduos se preocupam com os danos sérios que a tecnologia sem fio pode causar às pessoas e ao meio ambiente. Os celulares podem causar câncer, de acordo com pesquisas publicadas:

- Em 2007, a Alemanha alertou a população para evitar os aparelhos sem fio. O governo israelense também baniu a colocação de antenas para recepção de celulares em prédios residenciais.
- Em setembro de 2007, com base em sua análise de uma pesquisa conduzida em 15 laboratórios diferentes, a Agência Europeia do Ambiente (EEA) emitiu alertas a todos os cidadãos europeus para que evitassem o uso de wi-fi e celulares, citando temores de que o uso crescente da tecnologia sem fio tem potencial para ser o próximo desastre de saúde pública, como o cigarro, o amianto e o chumbo na gasolina automotiva (conforme reportado no *The Bio Initiative Working Group*).
- Conforme artigo no CBC (12 de julho de 2008), o departamento de saúde pública de Toronto, no Canadá, alertou os adolescentes e crianças a limitar o uso de celulares para evitar riscos à saúde. De acordo com o alerta, o primeiro desse tipo no Canadá, as crianças menores de 8 anos devem usar o celular apenas em emergências, e os adolescentes devem limitar as chamadas a menos de dez minutos por dia.
- Apenas dez minutos ao celular podem desencadear alterações nas células cerebrais ligadas à divisão celular e ao câncer, sugere um estudo conduzido por pesquisadores do Instituto Weizmann de Ciência em Israel, publicado na revista *Biochemical Journal*. As alterações observadas não foram causadas pelo aquecimento de tecidos.
- **O uso frequente do celular aumenta o risco de desenvolvimento de tumor cerebral** para muitos usuários, segundo um estudo finlandês, publicado na *International Journal of Cancer*. O estudo, conduzido por diversos pesquisadores de muitas universidades, descobriu evidências incisivas de que o uso de um celular causa o risco de desenvolvimento de glioma, um tumor cerebral, em 40 a 270%[47] no lado da cabeça que mais usa o celular. É o mesmo tipo de tumor descoberto no falecido senador americano Ted Kennedy. O glioma maligno é o tumor cerebral primário mais comum, respondendo por metade dos 18 mil tumores cerebrais malignos diagnosticados

---

47. Aqueles que usam o celular por mais de 2 mil horas correm o maior risco. Surpreendentemente, o risco era maior entre os com menos de 20 anos.

a cada ano nos Estados Unidos, segundo o Instituto Nacional do Câncer desse país.
- O uso prolongado do celular pode prejudicar o esperma dos homens, sugere uma pesquisa conduzida na Faculdade de Medicina da Cleveland Clinic Lerner da Universidade Case Western Reserve em Ohio, Estados Unidos. A descoberta foi feita durante um estudo com 51 mil profissionais de saúde nos Estados Unidos.
- Descobriu-se que as gestantes que usam o celular de duas a três vezes por dia geram crianças com células anômalas.
- Crianças expostas à radiação do celular desenvolveram sérios problemas de crescimento, pois seu crânio é menos espesso que o de adultos e seu sistema nervoso ainda está em desenvolvimento, tornando-as mais vulneráveis à radiação.
- Apesar da insistência de muitos (principalmente a indústria de telefonia celular) de que a radiação não térmica é biologicamente inofensiva, isso é cientificamente incorreto. Estudos provaram que a resposta das células quando expostas a esse tipo de radiação é bem conhecida e avaliada por pares.
- Os cientistas descobriram que as micro-ondas transmitidas por celulares e outros dispositivos sem fio podem danificar o DNA, as células sanguíneas e nervosas, os olhos e a densidade dos ossos. Também podem causar distúrbios do sono, contribuir para o autismo e a doença de Alzheimer, levar à hipersensibilidade eletromagnética e afetar a frequência cardíaca e a pressão sanguínea.

Nos dias de hoje, é difícil imaginar que alguém desista de usar o celular completamente, mas há maneiras de se proteger. Usar o celular apenas onde a recepção seja boa, por exemplo, minimiza a energia utilizada. Evitar carregar o celular no corpo, optando por levá-lo em uma bolsa. Sempre que possível, fazer ligações de curta duração, mantendo o celular o mais afastado da cabeça e desligando-o quando não estiver em uso. Não há diferença no que diz respeito à segurança entre um celular e outro, mas esses simples passos podem ajudar a minimizar o risco.

A indústria das comunicações é a maior e mais lucrativa do mundo, bem maior do que a petrolífera. As cinco-seis gigantes da comunicação detêm, administram ou têm participações em quase todas as empresas importantes. A tentativa de culpar os celulares pelo crescimento maciço do câncer em nível mundial é ridicularizada e aniquilada pela mídia, como aconteceu com o cigarro, não muito tempo atrás.

Algumas pessoas não se importam em esperar a *prova* definitiva de que as ondas de rádio causem câncer antes de desistir de seus amados celulares. Outras continuam a usá-los, assim como outros continuam fumando, apesar dos riscos conhecidos. Cabe a cada indivíduo decidir.

Para mim, não resta dúvida. Consigo detectar energias danosas a distância e, certamente, quando chegam perto de mim como as emitidas pelo celular. Uso o meu raramente e, se o faço, é por poucos minutos apenas. Nunca me senti confortável com eles, muito antes de as pesquisas começarem a indicar que são inofensivos.

Outrossim, alguns estados americanos e países europeus estão proibindo o uso de celulares ao volante. Na Inglaterra, onde isso já acontece, foi implementada uma nova lei proibindo também o uso de celulares com viva-voz. Segundo o governo, isso desorienta o condutor e aumenta o risco de acidentes. Essa desorientação dura até dez minutos após o uso.

Em comparação, conversar com outra pessoa no carro não mostrou efeitos adversos, indicando não ser a conversa (usar celular viva-voz) que interfere na concentração, reação e atenção, mas a exposição do cérebro aos raios prejudiciais, que persistem até 30-60 centímetros de distância.

A maioria dos usuários de celulares e dispositivos sem fio não tem ideia dos danos causados pela baixa radiação, por ela ser intangível. Apenas algumas pessoas sensíveis conseguem sentir seu efeito negativo. A exposição frontal a um radar causa sudorese e queimaduras internas, como faz um forno micro-ondas ao cozer alimentos. O calor é gerado pelo rápido movimento das moléculas (fricção) e a desintegração de elos moleculares.

A cada ano, milhões de pássaros morrem quando se aproximam das torres de celular ou nelas pousam. E, aparentemente, o mesmo pode acontecer com o corpo humano quando regularmente exposto a esse tipo de radiação. Afinal, as células humanas são feitas de moléculas e, se expostas à radiação, há a desintegração e destruição dos elos moleculares. A exposição à radiação intensa pode literalmente queimar a pele de uma pessoa de dentro para fora. O mesmo ocorre com a radiação mais fraca, porém de maneira lenta e menos drástica. Mas, como todos sabem, a radiação emitida por raios X, tomografias e micro-ondas se acumulam no organismo, e é impossível dizer quando este reage com uma crise curativa, como o câncer.

Muitas pessoas são confiantes, despreocupadas ou ingênuas em relação à sua saúde. A incidência de doenças crônicas aumentou de 10% a 90% em apenas cem anos. É provável que não haja uma causa para essas doenças degenerativas, mas uma combinação de fatores. E cada um deles torna-se significativo quando combinado com outros.

Cabe a cada um fazer suas escolhas e decidir o que é bom ou ruim para si mesmo. Não há sentido em tentar persuadir alguém, pois isso causa rancor, que pode ser uma causa bem mais séria de doença do que ondas radioativas ou o cigarro.

Conheci um dispositivo simples que pode proteger o corpo dos raios e campos eletromagnéticos danosos que nos circundam e bombardeiam (carros, computadores, celulares, aparelhos elétricos, torres de celular, luzes fluorescentes, produtos químicos encontrados nos alimentos e no ambiente, e outros fatores estressantes). O dispositivo funciona instantaneamente e pode ter implicações imensas na saúde e bem-estar de indivíduos e famílias. Nos últimos 12 anos testei quase uma dúzia de métodos ou dispositivos que supostamente protegiam da radiação do celular, com resultados decepcionantes. Contudo, adorei um chamado *Aulterra Neutralizer*.

A conexão radiação eletromagnética/metais pesados

Em 1993, a indústria da telefonia celular e as agências governamentais americanas concederam ao conhecido pesquisador americano dr. George Louis Carlo uma doação de 28 milhões de dólares para acabar de uma vez por todas com as preocupações sobre os riscos associados aos celulares. Para alívio e benefício da indústria, os resultados iniciais durante o período de três anos da pesquisa indicaram que não há problemas no uso do celular. Contudo, em 1999, dr. Carlo ganhou muito mais evidência quando indicou haver risco ao DNA e ao desenvolvimento de câncer ocular e tumores cerebrais.

Em seguida à descoberta de que os celulares podem causar sérios riscos à saúde, câncer inclusive, Carlo desenvolveu a teoria de que os sinais celulares de baixa frequência interferem no funcionamento normal das células. Ele descobriu que as células expostas à radiação do celular desencadeiam um modo de proteção/defesa – semelhante ao que ocorre durante a reação lutar/correr – que impede a movimentação de nutrientes e resíduos através das membranas celulares. A incapacidade de absorver nutrientes enfraquece, danifica ou mata as células; e a incapacidade de retirar os resíduos das células resulta no acúmulo de toxinas.

Essa observação fez Carlo acreditar que havia um elo estreito entre o recrudescimento do uso da tecnologia sem fio e o aumento drástico de casos de autismo. Ele conjecturou que crianças expostas à radiação eletromagnética são menos capazes de processar metais pesados ingeridos através do ar, alimento e água e, como resultado, começam a acumulá-los nos tecidos. Se isso acontecer nos tecidos cerebrais, pode causar dano neurológico, inclusive autismo. Nos mais velhos, essa acumulação de metais pesados no cérebro pode danificar o DNA, causar esclerose múltipla e doença de Alzheimer. O mercúrio é tóxico em uma parte em 1 bilhão. É a mesma concentração de um grão de sal em uma piscina. Já se sabe que o mercúrio e outros metais pesados como o chumbo têm ligação com transtornos neurológicos como o autismo. Em 2003, a revista *International Journal of Toxicology* publicou um estudo que mostrava que o cabelo de bebês autistas continha bem menos mercúrio e outros metais pesados. Os bebês autistas não conseguem expelir os metais tóxicos pelo cabelo e outros canais de remoção de resíduos do organismo (o cabelo é um produto residual contendo proteínas e minerais, entre outras coisas). Logo, esses metais tóxicos permanecem retidos no cérebro.

Para provar a teoria de que a radiação eletromagnética impede os autistas de liberar metais tóxicos, Carlo e sua colega, Tamara Mariea, fizeram um teste com 20 crianças autistas. O estudo foi publicado na edição de novembro de 2007 da revista *Journal of the Australian College of Nutrition and Environmental Medicine*. As crianças passavam um mínimo de quatro horas, duas ou três vezes por semana, em uma clínica livre de radiação eletromagnética, sem receber qualquer outro tratamento. Em três meses, as crianças começaram a excretar os metais pesados do organismo.

Se, de fato, a radiação eletromagnética inibe a eliminação de metal do organismo, então se pode culpar o uso regular do celular de aumentar as chances de desenvolver câncer. Muitos oligoelementos prejudicam as funções de uma série de enzimas e proteínas envolvidas na sinalização do celular, ciclos de vida, replicação e morte celular. Sabe-se que metais como o cádmio são agressivamente mutagênicos, prejudicando o DNA. Concentrações elevadas desse metal no organismo foram associadas aos cânceres prostático, renal e pulmonar. De igual modo, níveis elevados de chumbo foram associados ao mieloma (câncer das células plasmáticas) e leucemia, bem como tumores de estômago, intestino delgado e grosso, ovário, rim e pulmão.

Outros metais, inclusive cromo e zinco, foram associados à mais rápida progressão de câncer de mama, cólon, reto, ovário, pulmão, vesícula e pâncreas, e leucemia. O níquel, antimônio e cobalto são considerados mutagênicos e têm associação com o câncer pulmonar e nasal.

Gengivite e câncer

Quando pesquisadores observaram dados coletados entre 1986 e 2002, descobriram que homens com gengivite tinham 63% mais probabilidade de ter câncer pancreático, mesmo sem nunca terem fumado. Os cientistas não têm certeza sobre a associação entre gengivite e câncer, mas alguns teorizam que a gengivite aumenta a inflamação que, por sua vez, pode se espalhar pelo organismo. Outra pesquisa também associou a gengivite com várias doenças, como a cardíaca, derrames, diabetes, problemas respiratórios e infecções pulmonares.

Os pioneiros americanos usavam salmoura para preservar alimentos e matar bactérias. A mesma ação de remoção de germes da água salgada pode ser usada para manter as gengivas livres de infecções. Milhões de pessoas faziam bochechos de água morna salgada para curar abscessos dentários e furúnculos gengivais (parúlide), etc. Aparentemente, a água morna com sal auxilia na eliminação do excesso de líquido tóxico do tecido gengival, reduzindo assim o inchaço, aliviando a dor e matando as bactérias, além de curar as gengivas e manter os dentes saudáveis. Se usada em um spray, a água morna salgada penetra em todas as fissuras gengivais e as bolsas periodontais, importante para a reversão total da gengivite e das cáries.

Lavar ou irrigar a boca com água salgada diversas vezes por dia é o bastante para prevenir e reverter a gengivite. Para gengivite severa, é preciso usar a milefólio, erva usada há séculos como bochecho por culturas nativas.

A gengivite indica a presença de grandes quantidades de toxinas no organismo, especialmente no canal alimentar, que começa na boca e termina no ânus. Além da profilaxia mencionada anteriormente, é importante tratar as causas subjacentes, como má alimentação, desidratação, hábitos de vida irregulares, fígado e trato intestinal congestionados e estresse emocional.

A solução dentária Soladey©

Pessoalmente, uso uma escova dental Soladey em minha higiene bucal.* Há provas científicas e clínicas de que seu desenho patenteado é mais eficaz na remoção da placa bacteriana do que uma escova de cerdas comum, além de eliminar o uso de pasta e fio dentais. Sua haste de dióxido de titânio (TiO_2) sensível à luz gera uma reação química iônica que separa a placa do esmalte dental, removendo manchas de tabaco, café e outras, com a natural atração de íons. Funciona como um ionizador de ambientes. O ácido presente na placa bacteriana contém partículas com carga positiva (íons

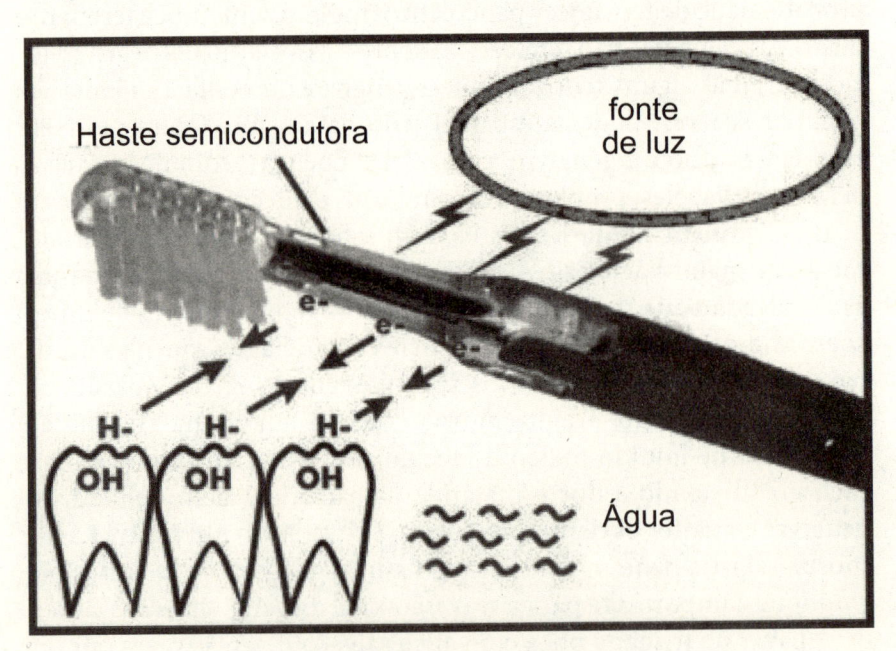

Ilustração 4: A ação da Soladey.

---

* N.T.: Soladey© é uma escova de dentes de tecnologia japonesa que dispensa o uso de pasta de dentes. Tem um pequeno painel para captar a luz solar que, em contato com a haste de dióxido de titânio que fica no interior do cabo metálico da escova, gera elétrons negativos.

positivos). A reação da haste de titânio com a luz gera íons negativos que, como um ímã, atraem os positivos. A placa bacteriana se desintegra e desprende dos dentes, sendo eliminada com o bochecho com água, e outras simplesmente são sugadas.

Foram feitos quatro ensaios clínicos em quatro diferentes faculdades de Odontologia no Japão e Canadá, que atestaram a maior eficácia da Soladey na remoção das placas em comparação com as escovas dentais comuns. A pesquisa também demonstrou uma redução na gengivite, demonstrando sua ação positiva também na proteção das gengivas.

Os princípios científicos que embasaram a criação da Soladey já existem desde os anos 1970. No Japão, onde está no mercado há alguns anos, suas vendas atingem cerca de 2 milhões de escovas e 5 milhões de refis de cabeçote por ano. As faculdades de odontologia das universidades de Osaka, Nippon e Nihon, no Japão, além da Universidade de Saskatchewan no Canadá, fizeram estudos clínicos em que certificaram a eficiência superior da Soladey© na remoção da placa bacteriana e no branqueamento do esmalte dental em comparação com qualquer outra escova de cerdas do mercado. (Veja Wellness Products <http://www.ener-chi.com/wellness-products>/ou<http://www.ener-chi.com/wellness-products/soladey-ionic-toothbrushes/>).

Filtros solares e óculos de sol – causa importante de câncer

Infelizmente, vidraças, casa, óculos normais e de sol, loções solares e roupas impedem a passagem dos raios ultravioleta do sol. E por que isso é ruim? Porque a luz ultravioleta é um dos remédios mais naturais e poderosos já vistos. Por volta de 1933, pesquisadores descobriram que havia mais de 165 doenças diferentes para as quais o sol era um tratamento benéfico, entre elas a tuberculose, hipertensão, diabetes e todo tipo de câncer. Até hoje, nenhum outro tratamento mostrou tal amplitude de benefícios quanto a luz solar.

Os filtros solares, considerados necessários para a saúde, estão cheios de produtos tóxicos, o que agrava o problema. Um estudo de 2008 feito pelo CCDP descobriu que aproximadamente 97% dos americanos apresentam contaminação por oxibenzona, aditivo comum a fotocosméticos, e que foi associado a alergias, disrupção hormonal, danos celulares e baixos índices de natalidade.

É altamente questionável a eficácia dos bloqueadores solares na prevenção do câncer de pele. Segundo a editora do *Journal of Cosmetic Dermatology*, Zoe Diana Draelos, em um relatório de 2010: "Os protetores solares não foram desenvolvidos para prevenir o câncer de pele. Na verdade, não há comprovação para recomendar o uso de bloqueadores solares na prevenção do câncer de pele em seres humanos". Eles impedem que a pele absorva os raios solares necessários para a produção de vitamina D. Ademais, a toxidade desses produtos torna-os bastante perigosos.

Fica cada vez mais claro que os bloqueadores solares *não* previnem o câncer de pele. Além disso, seus ingredientes, como o retinol e o palmitato de retinol, são fotocarcinogênicos e se tornam tóxicos quando expostos à luz solar – ou seja, eles podem vir a causar tumores e lesões de pele. De fato, menos de 8% dos protetores solares são *seguros* e *eficazes* segundo os padrões do Environmental Working Group, uma ONG americana dedicada a proteger a saúde humana e o meio ambiente.

No entanto, é essencial que as pessoas se exponham regularmente ao sol sem bloqueadores ou protetores solares a fim de manter os níveis de vitamina D. E os maléficos raios ultravioletas? A exposição gradual ao sol em bases regulares e limitadas auxiliam no desenvolvimento de uma tolerância solar, mesmo nas pessoas propensas a queimaduras solares. É possível tomar suplementos de astaxantina, um antioxidante natural, que age como protetor solar natural ao reduzir o dano oxidativo causado pela superexposição solar.

Em meu livro, *Heal Yourself with Sunlight*,* cito uma pesquisa científica que demonstra que o sol não causa câncer de pele, mesmo provocando queimaduras solares. Não há, até o momento, pesquisa científica que prove que o sol cause câncer de pele. As queimaduras solares e o câncer de pele são duas coisas diferentes. Ademais, não existe algo como alergia solar. Como explico no livro, a reação entre os raios UV e os ácidos ou produtos químicos presentes em certos alimentos (como gorduras trans derivadas da ingestão de frituras, carne, queijo derretido, chips, refrigerantes, álcool, etc.) e em fotocosméticos (como os bloqueadores solares repletos de carcinogênicos)

---

* N.T.: *Cure-se com a Luz Solar*, em tradução livre.

pode induzir uma reação inflamatória. Esse processo pode simular uma alergia e hipersensibilidade ao sol.

Em minha vasta experiência com a limpeza de fígado, descobri que a sensibilidade ao sol aumenta quando o fígado está repleto de cálculos intra-hepáticos. O fígado não consegue limpar o sangue adequadamente, fazendo com que as toxinas sejam removidas pela pele, o que pode interferir na produção de melanina. A pele exposta ao sol pode ficar vermelha e inflamar. Morei a maior parte da minha vida em países quentes, como o Chipre, durante 15 anos, e também na África e na Índia. Depois de fazer a limpeza do fígado, todas as minhas fotossensibilidades desapareceram e nem mais me queimo quando me exponho ao sol. Quanto mais toxinas atingem a pele, há mais probabilidade de ela se queimar.

O uso de óculos escuros também impede a produção de um hormônio cerebral que regula a produção de melanina, que teoricamente impediria a penetração profunda dos raios UV. Seu uso, portanto, faz com que os raios UV-A penetrem nas camadas mais profundas da pele, danificando as células e provocando a mutação dos genes. Também interfere na produção de vitamina D, um dos fatores mais importantes de prevenção de todos os tipos de câncer, inclusive o da pele. De novo, isso nada tem a ver com o sol, mas com o uso de óculos escuros. As pessoas que passam a maior parte do tempo em espaços fechados têm as maiores taxas de câncer de pele, segundo estudos conduzidos na Inglaterra, Estados Unidos e Austrália. Além disso, os tumores tendem a surgir em partes do corpo quase nunca expostas ao sol.

Por último, uma pesquisa mostra que, ano a ano, tem havido diminuição e não aumento na radiação solar. Em alguns anos, ela diminuirá em 0,4%; o que é preocupante, pois precisamos nos expor cada vez mais ao sol para produzirmos vitamina D suficiente para nos mantermos saudáveis. Felizmente, os médicos agora estão se dando conta de que difamar o sol só fez aumentar os casos de raquitismo, cânceres, doença cardíaca, osteoporose, esclerose múltipla, gripe e outras doenças associadas à deficiência de vitamina D.

O sol é considerado o principal culpado do câncer de pele, de alguns tipos de cataratas que causam cegueira e do envelhecimento da pele. Só as pessoas que *correm* o risco de se expor ao sol sabem que a luz solar os faz sentir bem. É importante, no entanto, que não usem óculos escuros, bloqueadores solares ou queimem a pele. Os raios UV do sol estimulam a glândula tireoide a aumentar a produção de hormônio, o que, por sua vez, aumenta a taxa metabólica basal do organismo, ajudando na perda de peso e no fortalecimento dos músculos. Os animais mantidos em confinamento engordam com mais rapidez e o mesmo acontece com quem não toma sol. Portanto, quem quiser perder peso ou aumentar o tônus muscular deve expor o corpo ao sol com regularidade.

A falta de exposição ao sol também causa problemas mentais e físicos. A energia vital diminui com o tempo, o que se reflete na qualidade de vida. As populações do norte da Europa, como Noruega e Finlândia, que enfrentam períodos de escuridão todo ano, têm maior incidência de irritabilidade, fadiga, doenças, insônia, depressão, alcoolismo e suicídio do que os povos que vivem em países com maior incidência de sol. A taxa de câncer de pele nos países nórdicos também é alta. Por exemplo, nas ilhas Orkney e Shetland, no norte da Escócia, a incidência de melanoma é dez vezes maior do que nas ilhas do Mediterrâneo.

Sabe-se que a luz UV ativa um importante hormônio da pele chamado solitrol, que influencia o sistema imunológico e a maioria dos centros reguladores do organismo. Além disso, em conjunto com o hormônio da glândula pineal, a melatonina, o solitrol provoca mudanças no humor e nos ritmos biológicos diários. A hemoglobina dos glóbulos vermelhos do sangue precisa da luz UV para se ligar ao oxigênio necessário a todas as funções celulares. Usar protetor solar protege apenas a indústria multibilionária de cosméticos e do câncer, não a pele nem a vida. Analise os seguintes fatos comprovados sobre a luz ultravioleta:

- Melhora as leituras do eletrocardiograma.
- Diminui a pressão sanguínea e a frequência cardíaca de repouso.
- Melhora a potência cardíaca, quando necessário (não contraditório com a menor frequência cardíaca de repouso).
- Reduz o colesterol, se necessário.
- Aumenta o estoque de glicogênio no fígado.
- Equilibra o açúcar do sangue.
- Aumenta a energia, a resistência e o tônus muscular.

As Causas Físicas do Câncer

- Melhora a resistência do organismo a infecções devido ao aumento dos índices de linfócitos e fagócitos (número médio de bactérias ingeridas por leucócito no sangue).
- Controla o gene responsável pela produção de um antibiótico de largo espectro no corpo.
- Fortalece a oxigenação do sangue.
- Aumenta os hormônio sexuais.
- Melhora a resistência da pele a infecções.
- Eleva a tolerância ao estresse e reduz a depressão.

Por outro lado, não há um único estudo científico que consiga provar que a luz solar seja responsável pelo câncer de pele e outras doenças. Há sempre outros fatores presentes, como a acidose metabólica (causada pela adoção de uma dieta ácida composta de proteínas animais, ácidos graxos saturados ou gorduras trans e alimentos e bebidas manufaturadas), a maioria dos fármacos, acúmulo de metais pesados e produtos químicos nos tecidos, acidez no sangue, congestão hepática, hábitos de vida desregrados e, principalmente, óculos escuros e protetores solares.

O corpo humano foi projetado para absorver a luz UV por boas razões, senão teríamos nascido com um bloqueador solar natural para a luz UV na pele e nos olhos. Um dos mais importantes motivos é que a radiação UV é necessária para a divisão celular normal. A falta de sol interrompe o crescimento normal das células, que podem levar ao câncer. O uso de óculos escuros, inclusive os que refletem os raios UV e as lentes de contato, é responsável por certas doenças degenerativas dos olhos, como a **degeneração macular**. A maioria das pessoas que usa óculos de sol com regularidade relata um enfraquecimento contínuo da visão.

Privar os olhos da adequada exposição à luz ultravioleta pode ter sérias consequências para a pele e até representar um risco de vida. Normalmente, assim que os nervos óticos dos olhos captam a luz, a glândula pituitária (hipófise) **produz** hormônios que agem como amplificadores dos melanócitos, que são produtores de melanina. A melanina é o pigmento que dá à pele sua cor natural e proteção contra queimaduras solares. Quando a pele se expõe ao sol, os melanócitos produzem mais pigmento, bronzeando ou escurecendo a pele, estimulando assim os melanócitos a produzir mais melanina.

Contudo, o uso de óculos escuros interrompe esse processo. A menor luminosidade que atinge os olhos faz com que a glândula pituitária reduza a produção dos hormônios que estimulam os melanócitos, responsáveis por proteger a pele contra queimaduras. Por sua vez, a menor produção de melanina diminui a proteção da pele, tornando-a suscetível a lesões.

A indústria de fotocosméticos e do câncer explora a seu favor a maior incidência de lesões cutâneas, aparentemente causadas pelo sol (mas, na verdade, pelo uso de óculos escuros). A principal razão pela qual a indústria dermatológica promove os protetores solares deve-se ao fato de ser financiada pelos fabricantes desses produtos. Sendo empresas abertas, elas respondem apenas a seus acionistas. As empresas farmacêuticas, por exemplo, fazem questão de criar e produzir fármacos que apenas aliviam ou suprimem, temporariamente, os sintomas de doenças, sem curá-las. De fato, faz parte de sua política recusar ofertas de pesquisadores independentes que descobriram medicamentos bastante eficientes contra doenças, como eczema, diabetes e câncer. Para que seu negócio prospere e seja eternamente lucrativo, os gigantes farmacêuticos devem assegurar que seus produtos causem efeitos colaterais suficientemente danosos nos pacientes que os tomam. Obviamente, esses distúrbios medicamentosos requerem testes e tratamentos clínicos adicionais que beneficiam a indústria médica como um todo. Há um arsenal inteiro de novos fármacos prescritos para tratar os efeitos colaterais produzidos por medicamentos previamente administrados.

Tomando o exemplo da luz solar, ao anunciar os perigos do sol e promovendo o uso de óculos e protetores solares, as indústrias farmacêutica e médica garantem o aumento do número de câncer de pele e de inúmeros outros problemas de saúde. Recomendam, então, tratamentos adequados para combater essas doenças que, por sua vez, irão levar ao seu agravamento. O princípio da manipulação psicológica é bastante conhecido da indústria e aplicado a quase toda *doença*. O resultado é que boa parte dos americanos já teve ou irá desenvolver uma ou várias doenças graves em alguma fase da vida. Algo tão *inofensivo* quanto um óculos escuro ou um protetor solar criou um desastre na saúde de proporções inimagináveis.

Como relatou o autor do website de saúde *NaturalNews*, um estudo do CCDP mostrou que 97% dos americanos estão contaminados com oxibenzona, uma substância química extremamente tóxica utilizada em fotocosméticos. Ela está presente em cerca de 600 protetores solares, inclusive os infantis. A maioria dos cremes e loções solares também contém avobenzona para proteção de amplo espectro contra raios UV-A de onda curta e longa que são, erroneamente, considerados culpados por lesões cutâneas a longo prazo.[48] A maioria dos protetores solares também contém um coquetel de fragrâncias químicas carcinogênicas e inúmeras substâncias sintéticas de origem petroquímica. Muitas dessas substâncias carcinogênicas são rapidamente absorvidas pela pele, para desconforto do consumidor que tem de reaplicar os *protetores* solares (vendidos sob a forma de loção, creme, óleo, pomada, gel, spray, bastão).

Os fabricantes afirmam que as substâncias químicas prejudiciais degradam-se na presença do sol e, portanto, são seguros para o consumidor. Essa é uma afirmação descaradamente falsa, pois a maioria dos americanos está contaminada com as substâncias presentes nos protetores solares, segundo o CCDP. A avobenzona, o butil-metioxidibenzoilmetano e a oxibenzona, em especial, penetram na pele bem rapidamente. Outras substâncias encontradas nos protetores solares são: dixoibenzona, PABA e ésteres, etildi-hidroxipropil PABA, cinamatos (cinoxato, metoxicinamato de etil-hexila, octocrileno, metoxicinamato de octila), salicilatos (salicilato de etil-hexila, homossalato, salicilato de octila), ácido gálico (*digalloyl trioleate*) e antranilato de metila. Não há registro de teste adequado de segurança para qualquer uma dessas substâncias, que também estão presentes em cosméticos, que são absorvidas como uma esponja.

A maioria dos filtros solares mais usados gera radicais livres que, acredita-se, sejam a principal razão do câncer de pele. Esclarecendo: enquanto os radicais livres do organismo trabalham em sincronia com a necessidade constante de lidar com o desgaste natural e com a rotatividade das células, a exposição do organismo a altas quantidades de substâncias químicas tóxicas causa sérios danos oxidativos às células. Os cientistas usam essas substâncias para dar início a reações radicais livres durante a síntese química. Essas substâncias são tão perigosas que quem as manipula em laboratório precisa mantê-las longe da pele. Quando combinadas com outras substâncias e expostas à luz

---

48. Para mais detalhes sobre como o bloqueio de alguns ou todos os raios UV leva à danificação da epiderme, veja *Heal Yourself with Sunlight* ou o Capítulo Oito de *Timeless Secrets of Health and Rejuvenation*.

UV, elas geram quantidades imensas de radicais livres, necessários para disparar as desejadas reações químicas. Na pele, contudo, essas reações não são nem um pouco desejáveis.

Um estudo importante examinou como os filtros solares causariam o aumento do risco de melanoma. Os pesquisadores descobriram que, ao redor do mundo, o maior crescimento desse mal ocorreu em países onde a classe médica e as indústrias farmacêuticas e químicas promoveram o uso desses produtos. Queensland, na Austrália, apresentou mais incidências de melanoma *per capita* do que qualquer outro lugar do mundo (dados de 1992).* O estudo foi publicado pela revista *American Journal of Public Health*, Vol. 82, nº 4, abril de 1992, p. 614-15.

O aumento drástico da incidência de câncer de pele a partir da promoção maciça de protetores solares deveria ter levantado uma bandeira vermelha entre os consumidores. Ao contrário, houve um aumento nas vendas. A mídia (financiada pelas grandes farmacêuticas) assegurou que a população não fosse informada a respeito de estudos importantes como os citados a seguir.

Na Califórnia, o dr. Gordon Ainsleigh descobriu que o aumento de 17% no câncer de mama observado, entre 1981 e 1992, talvez fosse resultado do uso disseminado dos filtros solares na década passada.[49] De acordo com vários estudos, o uso de filtro solar aumenta o índice de melanoma entre os homens e de carcinoma basocelular entre as mulheres.[50]

O maior argumento da indústria médica em favor do uso de protetores solares é que eles previnem o câncer de pele, pois evitam queimaduras de sol, ou seja, o câncer de pele é causado por queimaduras solares. Porém, isso é mais uma correlação do que uma relação causa-efeito. Estudos feitos na Inglaterra e Austrália descobriram maior incidência de câncer de pele entre as pessoas que viviam em ambientes fechados.

---

*   N.T.: A Nova Zelândia agora é a campeã em casos de melanoma, ultrapassando a Austrália (dados de 2016), <http://www.worldlifeexpectancy.com/>.
49. Ainsleigh, H. Gordon. Beneficial effects of sun exposure on cancer mortality. *Preventive Medicine*, Vol. 22, fevereiro de 1993, p. 132-40.
50. *Journal of the National Cancer Institute*, Vol. 86, No. 10, 18/5/1994, p. 798-801; *International Journal of Alternative & Complementary Medicine*, 1994; 12(12): 17-19.

Segundo os doutores Cedric e Frank Garland da Universidade da Califórnia, nos Estados Unidos, não há prova científica de que os filtros solares protejam contra melanoma ou carcinoma basocelular nos humanos [Garland, C.F. et al. "Could sunscreens increase melanoma risk?" ("Os filtros solares aumentariam o risco de melanoma?"), *American Journal of Public Health*, 1992; 82(4): 614-615]. Segundo eles, a causa principal da epidemia de câncer de pele é o uso crescente de protetores solares químicos. Um estudo feito pelos doutores Mike Brown (Kate Law do Cancer Research Campaign) e Philippe Autier (Instituto Europeu de Oncologia de Milão, Itália) reportou que as crianças que usavam protetor solar voltavam das férias com mais pintas – um provável sinal de maior risco de câncer. Há dúvidas sobre se os protetores solares aumentam o risco de câncer de pele, porém há evidências importantes de que não o previnem.

Em fevereiro de 1998, a epidemiologista Marianne Berwick do Memorial Sloan-Kettering Cancer Center de Nova York, nos Estados Unidos, apresentou uma análise cuidadosa de dados sobre a relação entre o uso de protetores solares e o câncer de pele na reunião anual da Associação Americana para o Desenvolvimento da Ciência. Segundo ela, os protetores solares não protegem contra o câncer de pele, inclusive o melanoma. "Não sabemos se os protetores solares previnem o câncer de pele. Após examinar os dados epidemiológicos disponíveis e conduzir nosso próprio estudo caso-controle com base na população, não encontramos relação entre o uso de protetor solar em qualquer idade e o desenvolvimento de melanoma", concluiu a dra. Berwick.

Embora os filtros solares previnam as queimaduras solares, a dra. Berwick concluiu que a queimadura provocada pelo sol não é causa direta do câncer. Argumentou que, se uma pessoa desenvolve o melanoma, isso talvez se deva a uma susceptibilidade genética, independentemente da quantidade de exposição ao sol ou proteção com filtros solares.[51] A médica contestou o alerta universal sobre o uso de protetor solar ao ar livre.

A pesquisa anterior da dra. Berwick, conduzida em 1996, não encontrou relação entre um histórico de queimaduras solares e o desenvolvimento de melanomas.

---

51. Mais detalhes sobre os possíveis fatores responsáveis pelo câncer de pele, veja *Heal Yourself with Sunlight* ou *Timeless Secrets of Health & Rejuvenation*.

Como era de se esperar, o Conselho Americano de Dermatologia (AAD), financiado, principalmente, pelas empresas de fotocosméticos e similares, condenou enfaticamente a pesquisa da dra. Berwick, chamando-a de "cientista manipuladora de números". Para mim, acho que é isso o que fazem os cientistas: manipulam números.

Mas voltemos aos protetores solares e seus efeitos. Eles podem não só causar melanomas, mas também outros tipos de câncer e disfunções. O mais perturbador é que os filtros solares mais usados têm forte ação estrogênica que pode ter sérios efeitos sobre o desenvolvimento sexual de crianças e a função sexual de adultos, além de aumentar o risco de câncer. Expor o corpo a substâncias químicas que alteram o equilíbrio hormonal coloca a saúde em risco, para dizer o mínimo.

Qualquer substância aplicada à pele leva 30 segundos para ser absorvida e passar para a corrente sanguínea. A indústria de fotocosméticos, claro, recomenda a não ingestão de filtros solares. Porém, não há muita diferença entre beber a loção protetora e passá-la na pele, apesar de que ingeri-la causaria bem menos mal, pois o sistema digestivo filtraria a maior parte do veneno. Esse coquetel de carcinogênicos é descarregado pela pele diretamente no sistema circulatório e, daí, ao fígado, rins, coração e cérebro. Deixo à imaginação do leitor o que esse assalto químico significa para esses órgãos vitais.

O fator vitamina D

Os óculos escuros e os agentes químicos dos protetores solares estão entre os produtos que mais oferecem perigo à saúde, pois bloqueiam a absorção de raios ultravioleta que o organismo necessita para produzir vitamina D. Além de impedir a necessária exposição dos olhos e da derme aos raios solares, o uso de filtros e óculos escuros tem relação direta com a deficiência crônica de vitamina D, que acomete 80% da população americana. A deficiência de vitamina D está associada com depressão, câncer da próstata, de mama, osteoporose e quase todas as doenças degenerativas. "Os idosos, que passam pouco tempo ao sol e usam protetor solar com frequência, correm mais riscos de apresentar um déficit de vitamina D", de acordo com a Clínica Mayo,[52] nos Estados Unidos. O déficit de vitamina

---

52. <http://www.mayoclinic.org/drugs-supplements/sunscreen-agent-topical-application-route/before-using/drg-20070255>.

D está associado a osteopatias e fraturas. Não é de se estranhar o fato de tantos idosos sofrerem com doenças nos ossos.

Aos resultados de pesquisas (publicadas em *Archives of Internal Medicine*, 9 de junho de 2008; 168(11):11740-1180] junta-se um volume crescente de evidências indicando que, para manter a saúde, é crucial ter um nível adequado de vitamina D, obtida com uma média de 20 minutos de exposição ao sol por dia (as pessoas de pele escura precisam de uma hora ou mais). Homens com deficiência de vitamina D têm duas vezes mais chance de sofrer um ataque cardíaco ou até morrer, excluindo-se outros fatores de risco, como hipertensão, obesidade e níveis elevados de gordura no sangue. Comparadas com as populações dos países do hemisfério sul, as populações dos países do Hemisfério Norte (com menos intensidade solar e baixos níveis de vitamina D) têm maior incidência de doenças cardíacas. Além disso, há uma ocorrência maior de ataques cardíacos nos meses de inverno, quando a luz solar é escassa. Níveis baixos de vitamina D também podem aumentar o risco de diabetes e de morte por câncer de mama.

Um estudo conduzido por cientistas do Centro de Pesquisa sobre o Câncer Deutsches Krebsforschungszentrum, DKFZ, em colaboração com pesquisadores dos hospitais universitários de Hamburgo-Eppendorf, ambos na Alemanha, fornece claras evidências de que as mulheres em fase pós-menopausa, com baixos níveis de vitamina D no sangue, têm um risco maior de câncer de mama. O estudo foi lançado em abril de 2008 e publicado na revista médica *Carcinogenesis*. Entre os efeitos inibidores de câncer, a vitamina D induzida pela luz solar aumenta a autodestruição das células mutadas, reduz a metástase e a reprodução de células cancerosas.

A exposição solar ajuda a prevenir mais de 16 tipos diferentes de câncer – entre eles: de pâncreas, pulmão, mama, ovários, próstata e cólon – e diminuir o risco de desenvolvê-los em até 60%. Por outro lado, a falta de exposição solar com a posteriores deficiência de vitamina D mata mais de 1 milhão de pessoas por ano.

Não é coincidência as taxas de câncer serem mais baixas nos países próximos do equador, onde as pessoas se expõem regularmente ao sol – fato conhecido e verificado desde os anos 1940. Pesquisas subsequentes sugeriram que níveis de vitamina D no sangue entre 50 e 80 ng/ml estão associados a um risco significativamente menor de câncer. A exposição solar regular e sem obstáculos é essencial para assegurar um nível adequado de vitamina D. Em climas mais frios e nos meses de inverno, os suplementos podem ajudar a manter níveis saudáveis.

Comparativamente, o risco de danos com a exposição solar é mínimo. O câncer de pele mais perigoso, o melanoma, em geral aparece em partes da derme não atingidas pelo sol. Tendo oportunidade, para uma perfeita proteção, exponha o corpo inteiro ao sol, inclusive as partes íntimas.

O leite da asclépia é um remédio natural bem conhecido para tumorações cutâneas. Basta espremer o leite de uma folha de asclépia e aplicá-lo na pele, evitando contato direto com os olhos, pois pode causar ardência e danos à córnea.

Feliz e saudável – o papel da serotonina

Passar a maior parte do tempo dentro de edifícios – longe dos raios UV e de outros raios solares salutares – cria um desafio enorme para o corpo, a mente e as emoções. Em última análise, todos os hormônios do organismo são regulados pelo ritmo circadiano (ciclo diurno e noturno). A serotonina, um poderoso neurotransmissor e hormônio intestinal, acompanha o movimento do sol em relação à Terra. O pico da secreção ocorre durante o meio-dia, quando a intensidade do sol é maior.

No sistema nervoso central, a serotonina tem papel importante como neurotransmissor (hormônio) na modulação da raiva, depressão, agressividade, temperatura corporal, humor, sono, sexualidade, apetite e metabolismo. No trato gastrointestinal, que contém cerca de 90% do total de serotonina do organismo, é responsável pelo equilíbrio das funções digestivas. No sangue, ela se acumula nas plaquetas, que coletam a serotonina, para uso na mediação da vasoconstrição pós-lesão. Uma pesquisa sugere que a serotonina tem papel preponderante na regeneração do fígado e age como mitógeno (induz a divisão celular) no organismo. A não indução da divisão celular é a causa principal do câncer.

Uma pesquisa feita com ratos no Laboratório Europeu de Biologia Molecular em Monterotondo, na Itália, descobriu que a sinalização defeituosa da serotonina no cérebro pode ser a causa principal da Síndrome da Morte Súbita Infantil (SIDS), o que faz sentido. Os recém-nascidos mantidos em quartos escuros e que raramente saem ao sol não produzem vitamina D (propositadamente não fornecida pelo leite materno) e pouca ou nenhuma serotonina.

Em nível mundial, mais bebês morrem de SIDS em um ano que de uma combinação de câncer, doenças cardíacas, pneumonia, maus-tratos, fibrose cística e distrofia muscular. A pesquisa italiana mostra que os ratos testados sofreram quedas na frequência cardíaca e outros sintomas compatíveis com SIDS e muitos morreram precocemente. Os baixos níveis de serotonina no tronco encefálico, que controla o batimento cardíaco e a respiração, podem ser responsáveis pela morte súbita dos ratos, segundo a pesquisa publicada na edição de 4 de julho de 2008 da revista *Science*. Como a serotonina nos humanos controla quase as mesmas funções que nos ratos, os pesquisadores acreditam que o mesmo fenômeno ocorre nos bebês humanos.

As implicações dessa pesquisa sobre a serotonina são de grande alcance. Qualquer desequilíbrio prolongado nos níveis de serotonina afeta as funções mais básicas do organismo. Embora as frutas e verduras contenham serotonina, para digeri-las é necessário um sistema digestivo saudável, que segue a própria programação controlada pelo ciclo de serotonina.[53] Este ciclo, por sua vez, segue o ritmo circadiano, o que torna a luz solar o sustentáculo natural da vida e da saúde. A luz solar é medicina pura e gratuita.

Precauções:

Evite a exposição solar desnecessária e prolongada, especialmente durante o período do meio-dia em climas quentes, bem como roupas com proteção solar, óculos escuros e filtros solares. Muitas medicações como o LIPITOR©/atorvastatina, beladona, furosemida, quinino, tetraciclina e doxiciclina tornam os olhos e a pele mais sensíveis à luz. Remédios, estimulantes, como cafeína, nicotina e adrenalina, e drogas recreativas, como cocaína e heroína, podem dilatar a pupila, fazendo com que mais luz atinja os olhos. Esse efeito colateral pode levar ao uso inapropriado dos óculos escuros.

A ingestão de alimentos acidulantes, como carne, ovos, queijo, frituras e açúcar, também pode causar danos oculares e cutâneos após exposição ao sol. Talvez seja difícil sair sem óculos escuros, mas não é sensato considerar o sol tão perigoso a ponto de se esconder dele. O resultado sério é que a não exposição ao sol diminui os níveis

---

53. Veja mais detalhes em "The Wonders of Biological Rhythms", Capítulo Cinco de *Timeless Secrets of Health & Rejuvenation*.

de vitamina D e de serotonina, aumentando o risco de câncer e de muitas outras doenças.

É preciso notar, também, que a maioria dos cosméticos, como cremes faciais, maquiagem, hidratantes, loções e cremes antirrugas, contém bloqueadores químicos de raios UV.

Se não for possível evitar a exposição direta ao sol do meio-dia, tornando absolutamente indispensável o uso de um protetor solar, escolha os que contenham ingredientes naturais e orgânicos. Óleo de coco, manteiga de karitê ou aloe vera (babosa) são suficientes para a proteção contra queimaduras solares.

Produtos farmacêuticos

Algumas das mais sérias causas diretas e indiretas do câncer são os fármacos. A maioria deles consiste em uma combinação de produtos químicos de origem sintética que se prendem a receptores de uma célula a fim de iniciar ou suprimir reações específicas que, por algum motivo, não ocorrem mais naturalmente. Embora tal intervenção a nível celular pareça lógica e desejável, ela pode ter consequências sérias, pois impede o organismo de recuperar suas próprias reações naturais quando estamos tentando determinar as causas profundas de nossos problemas de saúde. Após certo período, só resta ao organismo abandonar a produção de suas defesas naturais e tornar-se dependente dos medicamentos.

A maioria das pessoas sabe que, para diminuir o colesterol, é preciso ter uma alimentação e hábitos de vida saudáveis; no entanto, muitas preferem fazer uso das estatinas como remédio *preventivo*. Essas drogas aumentam, por exemplo, o risco de diabetes, insuficiência cardíaca e hipertensão, além de impedir o organismo de gerar sua própria vitamina D a partir da luz solar.

Apesar da propaganda maciça das grandes empresas farmacêuticas, na verdade o organismo necessita do colesterol para desempenhar uma série de funções, como a produção de membranas celulares, hormônios e ácidos biliares que auxiliam na digestão de gorduras. O cérebro necessita de colesterol para desenvolver a memória. Será que faz sentido tomar um remédio que pode *causar* uma doença cardíaca para preveni-la?

Digamos que uma pessoa decida tomar uma estatina como medida *preventiva* em vez de diminuir o colesterol naturalmente. Ela corre o risco de desenvolver diabetes. O mercado está repleto de remédios que tratam essa doença, certo? Só que a maioria dessas drogas, a metformina, a sitagliptina e a glipizida entre elas, foram associadas a diversas formas de câncer, bem como de anemia, câimbras, fadiga, perda de memória e ritmo cardíaco irregular. Esses efeitos colaterais também podem contribuir para o desenvolvimento de câncer e devem ser evitados a todo custo.

Os diuréticos prescritos para hipertensão, insuficiência cardíaca e edema causam desidratação, com consequente perda de vitaminas e minerais importantes. Entre outros efeitos podem provocar espessamento do sangue, perda de peso e depressão. Todos esses efeitos colaterais comuns e bem conhecidos aumentam a probabilidade de desenvolvimento de câncer em algum momento da vida.

Entre as drogas perigosas disponíveis no mercado, estão os antidepressivos. Muitos inibidores seletivos de recaptação de serotonina (SSRI na sigla em inglês) perturbam os ciclos interativos naturais da produção de serotonina/melatonina do organismo, dois dos mais poderosos hormônios cerebrais. Como já mencionamos, a serotonina[54] está associada ao humor, apetite, sono, contração muscular e saciedade, e a melatonina, entre outras coisas, induz o sono profundo e rejuvenescedor.

Ao inibir a quebra da serotonina no organismo, essas drogas perturbam o ciclo da melatonina e afetam a indução adequada ao sono. Um estudo da *Nurses' Health Study*[55] e outros mostraram que o risco de câncer aumenta consideravelmente na presença de níveis baixos

---

54. Muitos acreditam ser a serotonina apenas um hormônio cerebral. Contudo, cerca de 80% da serotonina total do organismo localiza-se no trato digestivo, onde é usada para regular as atividades intestinais. O restante é sintetizado no sistema nervoso central e no sangue.
55. O *Nurses' Health Study* (NHS) (Estudo sobre a Saúde de Enfermeiras, em tradução literal), criado em 1976 pelo dr. Frank Speizer, e o *Nurses' Health Study II*, criado em 1989 pelo dr. Walter Willett, estão entre os mais importantes estudos epidemiológicos de longo prazo sobre doenças crônicas femininas. O estudo inicial acompanhou 121.700 enfermeiras registradas desde a metade dos anos 1970 para analisar fatores de risco do câncer e de doenças cardiovasculares. Em 2010, foi criado o *Nurses' Health Study III* pelos drs. Jorge Chavarro, Walter Willett, Janet Rich-Edwards e Stacey Missmer. Ao contrário dos estudos precedentes, o NH3 inclui participantes dos sexos masculino e feminino. (Fonte: Wikipédia.)

de melatonina no sangue, pois ela controla um gene responsável por induzir a morte celular normal. Menos melatonina no sangue reduz a atividade genética que, por sua vez, aumenta anormalmente o ciclo de vida das células. Essas células descontroladas tornam-se cancerosas.

É perigoso interferir com o ciclo natural da melatonina. De fato, esse hormônio sozinho pode ser um tratamento eficaz contra o câncer. Diversos estudos sugeriram que a melatonina pode interromper o crescimento das células cancerosas em seu caminho, evitando a metástase. Em um estudo sobre o glioblastoma, um tipo de câncer cerebral, os pacientes receberam ou radioterapia e melatonina, ou apenas radioterapia. Cerca de 25% dos pacientes que tomaram melatonina ainda estavam vivos após um ano, ao passo que os pacientes que foram *tratados* apenas com radioterapia morreram. Um estudo italiano sobre câncer de pulmão de pequenas células produziu números semelhantes. Outros estudos demonstraram que a melatonina é eficaz no tratamento de câncer pancreático.

A melatonina faz isso de diversas formas: primeiro, ativa o mecanismo de autodestruição das células cancerosas, além de matá-las diretamente. Também inibe o crescimento do tumor, reduz a inflamação e bloqueia os efeitos do estrógeno nas células cancerosas (o que é importante no caso do câncer uterino e mamário que afeta os hormônios). E talvez o mais importante: estimula o sistema imunológico.

Então, por que será que a medicina tradicional ainda não aderiu à melatonina? Talvez porque as medicações normalmente utilizadas no tratamento oncológico giram em torno de 4 mil dólares/mês, ao passo que os suplementos de melatonina custam apenas 11 dólares por mês.

Os antidepressivos perturbam as funções básicas do organismo, como a digestão alimentar e o metabolismo celular. Um antidepressivo popular, a paraoxetina (Paxill©), pode causar mais fome do que o normal, inibindo a sensação de plenitude após a ingestão de alimentos. Em vista disso, o paciente come cada vez mais, ganhando peso e tornando-se obeso. A obesidade é considerada o principal fator de risco da maior parte das doenças crônicas, como a cardíaca, o câncer e o diabetes.

Algumas drogas antipsicóticas, como a olanzapina (Zyprexa©), podem causar um aumento de quase 14 quilos em curto período de tempo. Essas drogas estimulam a dopamina, o hormônio que causa a vontade de comer. Essa classe de drogas também diminui os níveis de leptina, proteína que reduz o apetite. Em outras palavras, quem toma antidepressivos pode desenvolver um apetite incontrolável e insaciável. Isso causa um caos no resto do organismo, que tem de produzir mais insulina e sucos digestivos, como o ácido hidroclorídrico, bile e enzimas, a fim de eliminar as quantidades cada vez maiores de resíduos prejudiciais. Só as secreções elevadas de insulina aumentam o risco de câncer.

Outras drogas, como a terapia de reposição hormonal e as pílulas ou injeções anticoncepcionais, levam a um ganho de peso em cerca de 70% e aumentam o risco de câncer de mama. Embora esse risco seja consideravelmente mais alto durante o uso da medicação hormonal, ele cai ao nível inicial cinco anos após sua interrupção. Esse é o resultado de uma pesquisa feita pelo Centro Alemão de Pesquisas Oncológicas em Heidelberg e do Hospital Universitário de Hamburg-Eppendorf, na Alemanha.

Além do câncer de mama, a reposição hormonal ou os anticoncepcionais podem causar câncer do endométrio, dos ovários, sangramento vaginal, AVC, demência, coágulos sanguíneos, trombose venosa profunda e doenças cardíacas. Também têm o poder de destruir as bactérias benéficas do sistema digestivo, afetando assim a absorção das vitaminas B6 e do zinco. A deficiência prolongada desses nutrientes, entre outros, pode aumentar o risco de câncer e de outros males como doenças cardíacas, insônia, perda de memória e irritabilidade. Em junho de 2011, a Bayer enfrentou 25 mil processos jurídicos por minimizar, em seus anúncios publicitários, os efeitos colaterais assustadores causados pela YAZ®, a pílula anticoncepcional mais vendida no mundo. Uma pílula diária que causou sofrimento e morte a milhões de jovens mulheres.

Os medicamentos para o fortalecimento dos ossos também podem causar ganho de peso. Esteroides, como a prednisona, a cortisona, entre outros, usados para tratar vários males, como a asma, o lúpus e o câncer, frequentemente provocam aumento de peso, pois aumentam o apetite e retêm líquidos do organismo. Também causam tantos males quanto os que pretendem combater, como câncer hepático, doenças cardíacas, depressão, hostilidade e agressividade, distúrbios alimentares, atrofias, risco de HIV, acne e muitos mais.

O tamoxifeno é um fármaco popular para prevenir a reincidência de câncer de mama. A droga pode provocar um ganho de até 11 quilos no peso, suficiente para aumentar drasticamente o risco de outros tumores malignos, de doenças cardíacas e diabetes.

Médicos e pacientes consideram um *milagre médico* a capacidade de a medicina moderna interferir no organismo em nível celular. Porém, esse milagre trouxe mais destruição do que impediu ou eliminou. Criamos um ciclo vicioso interminável ao tratar de doenças que causam outras doenças que, por sua vez, exigem mais tratamento. Pode-se atribuir esse sistema de autoperpetuação da geração de doenças ao *milagre médico* que promete alívio rápido de sintomas às custas de sofrimento e males duradouros, e, possivelmente, da morte.

A situação chegou a tal ponto que até executivos de empresas farmacêuticas começam a se posicionar. Em 2003, o dr. Allen Roses, principal executivo da britânica GlaxoSmithKline, admitiu que menos da metade dos pacientes que tomam remédios receitados extrai qualquer benefício deles. Sua análise final foi que 90% desses medicamentos funcionam apenas em cerca de 30% a 50% dos pacientes, ou seja, são menos eficazes que um placebo! Em compensação, seus preços aumentaram 50% nos três anos anteriores, de 2,3 bilhões/ano a um custo anual de 7,2 bilhões de dólares.

Embora quase 1 milhão de pessoas morra por ano em virtude dos efeitos colaterais de tratamentos ou erros médicos, é difícil para muitos abandonar a ilusão de cura quando cientistas, médicos, farmacêuticos, governos e empresas farmacêuticas prometem, com tanta convicção, o alívio rápido de sintomas. É preciso bastante coragem, além de confiança na sabedoria inata do corpo, na natureza e em si mesmo, para curar o que só nós podemos curar. Para curar o câncer, é preciso se tornar inteiro de novo, em nível físico, mental, emocional e espiritual.

Cuidado com os medicamentos populares contra o câncer

Um dos anticancerígenos mais populares é o AVASTIN©, produzido pela Genentech.* Em 2007, suas vendas atingiram 2,3 bilhões de dólares nos Estados Unidos. Uma sessão de quimioterapia com Avastin chega a custar 100 mil dólares/ano. Com tal sucesso de vendas, é natural acreditar que é essa uma droga bastante eficaz.

---

* N. T.: Em 2009, a empresa farmacêutica suíça Roche comprou a Genentech por 46,8 bilhões de dólares.

Contudo, ao lermos a seguinte declaração feita pela empresa em 2008 em seu site,[56] fica a pergunta: por que prescrever essa droga, afinal? "Atualmente, não existem dados disponíveis que demonstram haver melhoria nos sintomas relacionados com o câncer de mama ou maior índice de sobrevivência com o uso do Avastin." A resposta pode estar no fato de que essa droga produz um dos piores efeitos colaterais, isto é, lucro. Os milhares de médicos, diretores de hospitais e agências de saúde que aprovaram o uso desse medicamento assassino ou acreditaram nesse golpe ou o acolheram.

O tratamento com Avastin pode resultar no desenvolvimento fatal de **perfurações gastrointestinais, má cicatrização de feridas, hemorragias**, formação de fístulas, derrames ou problemas cardíacos (coágulos sanguíneos), crises hipertensivas (hipertensão grave), síndrome de encefalopatia posterior (distúrbios do sistema nervoso e da visão), neutropenia (contagem baixa de coágulos brancos que, em casos agudos, eleva o risco de infecções), síndrome nefrótica (sinal de disfunção renal grave), insuficiência cardíaca congestiva e muitos outros sintomas bizarros ou doenças graves.

Sob grande pressão, uma comissão consultiva do FDA recomendou a não utilização de Avastin no tratamento do câncer de mama, pois não oferece benefícios suficientes (nenhum) para contrabalançar seus riscos. Uma revisão feita pelo FDA concluiu que o Avastin não aumenta significativamente a vida do paciente. Ao contrário, matou muitos deles.

Um artigo publicado no *The New York Times* (5 de julho de 2008) levantou algumas questões perturbadoras sobre esta droga, como: "o que significa dizer que uma droga funciona? É suficiente retardar o crescimento dos tumores se não há melhora significativa ou prolongamento da vida? Quantas evidências científicas devem ser produzidas antes que bilhões de dólares sejam gastos em um medicamento? E quando os custos devem ser incluídos na equação?". Deixarei um paciente de câncer responder:

Em 2007, Jeanne Sather escreveu em seu então ativo website Assertivepatient.com:

---

56. <http://www.gene.com/media/press-releases/11687/2008-11-23/avastin-plus-commonly-used-chemotherapie>.

"A cada três semanas, todas as quintas-feiras à tarde, dirijo-me ao hospital para meu tratamento IV. (Também tomo diariamente Cytoxan, um medicamento em forma de pílula, mais um punhado de outras cápsulas para tratar os efeitos colaterais e benefícios adicionais de estar em tratamento contra o câncer: ansiedade, hipertensão, depressão ocasional, insônia.) A conta de cada sessão de tratamento gira em torno de 20 mil dólares. O custo anual do tratamento é de mais de 300 mil dólares. Ou seja, 300 mil dólares por ano. Quase 30 mil dólares por mês para me manter viva...

Tanto o Herceptin quanto o Avastin são produzidos pela Genentech Inc., uma empresa da região de São Francisco que está indo muito bem, obrigada. O motivo de custarem tão caro é que são medicamentos novos e ainda não há genéricos disponíveis. Sendo assim, a Genentech cobra o que bem entender, sem concorrência, por essas medicações salva-vidas.

Em razão dos altos custos dessas duas medicações, irei atingir o valor máximo de 1 milhão de dólares do meu seguro-saúde antes do final de 2007."

Cuidado com os medicamentos para a artrite

Os medicamentos para a artrite causam câncer? Esse é o título de um artigo publicado pelo *The New York Times* em 5 de junho de 2008. Segundo o artigo, o FDA recebeu relatórios de 30 casos de câncer entre crianças e jovens adultos tratados com medicamentos para artrite reumatoide, psoríase, doença de Chron e outras doenças do sistema imunológico. Os medicamentos são os seguintes:

1. Enbrel©, vendido pela Wyeth, para artrite reumatoide.
2. Remicade©, vendido pela Schering-Plough, para psoríase.
3. Humira©, vendido pelos Laboratórios Abbott, para artrite reumatoide, doença de Chron.
4. Cimzia©, vendido pela belga UCB, para doença de Chron.

Como esses medicamentos bloqueiam parte do sistema imunológico, eles naturalmente contribuem para aumentar o risco de câncer e infecções. Seus rótulos incluem um alerta sobre o risco de linfomas, que são tumores das células do sistema imune. O risco de um câncer como resultado da ingestão da medicação para a artrite também é prevalente entre adultos. Um estudo descobriu que o Humira ou o Remicade aumentou 2,4 vezes o risco de câncer no grupo controle. Os tipos de câncer mais comuns causados pela ingestão desses medicamentos são os de pele, os gastrointestinais, de mama, pulmão e os linfomas. A tuberculose também é citada como efeito colateral. Permanece a questão: será melhor viver com psoríase ou artrite ou morrer acometido por essas outras doenças?

Então quem se beneficia com esses medicamentos? Cada um que tire suas conclusões. Os custos anuais de Remicade são de 12 mil dólares. As vendas conjuntas de Remicade, Humira e Enbrel, em 2007, renderam a seus fabricantes 13 bilhões de dólares. É fácil curar as causas da artrite, da doença de Crohn e da psoríase com a limpeza de fígado, rins e cólon, eliminando a proteína animal da dieta, tendo uma alimentação vegetariana nutritiva e mantendo, ao mesmo tempo, hábitos de vida equilibrados. Sofri de artrite reumatoide durante 35 anos, e, assim que soube o que a causou, curei-a completamente sem qualquer auxílio médico. Faço um apelo a todos os pais cujos filhos sofram de artrite, doença de Crohn e distúrbios semelhantes, que nos protejam contra tratamentos médicos destinados a destruir seus organismos jovens e em crescimento. O *sucesso* destes medicamentos é medido pelo grau de destruição ou supressão dos sintomas, mas não pela cura que induzem.

Cuidado com a aspirina e o paracetamol

Quem diria que a inofensiva aspirina que milhões de pessoas tomam por dia, toda semana, pode causar um dos cânceres mais sérios? Um estudo conduzido no Brigham and Women's Hospital em Boston, Estados Unidos, com mais de 90 mil mulheres, durante 18 anos, mostrou um aumento de 58% no risco de câncer pancreático quando as participantes tomavam mais de duas aspirinas por semana. Quando a dosagem excedeu 14 pílulas por semana, houve um aumento de 86%. A aspirina já foi até associada a disfunção erétil. Segundo um artigo intitulado "Disfunção erétil associada a aspirina e outros anti-inflamatórios não esteroides", escrito por Thomas H. Maugh II, e publicado no *Los Angeles Times* (3 de março de 2011), o uso diário de aspirina está associado a um aumento de 22% na ocorrência de disfunção erétil.

O uso prolongado de paracetamol, outro analgésico com venda liberada nas farmácias, pode aumentar o risco de leucemia. Um estudo feito pela Universidade de Washington, nos Estados Unidos, revelou que os indivíduos que tomavam paracetamol pelo menos quatro dias por semana, durante quatro anos, tinham duas vezes mais probabilidade de ter leucemia, inclusive linfomas não Hodgkin, distúrbios da célula plasmática e neoplasia mieloide. Tudo isso, além dos alertas do FDA de que o paracetamol é extremamente tóxico ao fígado.

Evite a armadilha dos medicamentos

É cada vez mais patente o alto risco que os medicamentos apresentam. Eles matam pelo menos 100 mil pessoas por ano nos Estados Unidos. Esse número poderia ser bem maior se os médicos reportassem apenas uma fração das mortes causadas por medicamentos. Ao emitir a certidão de óbito, o médico coloca o nome da doença como *causa mortis*, em vez do medicamento usado para *tratar* a doença. Se os médicos parassem de prescrever medicamentos hoje, milhares de vidas seriam salvas amanhã.

Em 1976, o condado de Los Angeles, nos Estados Unidos, registrou uma redução repentina de 18% no índice de mortalidade, época em que muitos médicos entraram em greve contra o aumento dos prêmios do seguro-saúde por imperícia médica. Um estudo do dr. Milton Roemer, da Universidade da Califórnia, Los Angeles, Estados Unidos, com 17 maiores hospitais do condado, revelou uma redução total de 60% de cirurgias durante a greve. Quando os médicos voltaram ao trabalho e as atividades médicas ao normal, os índices de mortalidade retornaram aos níveis pré-greve.

Um evento similar ocorreu em Israel em 1973. Os médicos entraram em greve por um mês e reduziram o número de pacientes de 65 mil para 7 mil. Durante um mês inteiro, houve uma queda de 50% nas taxas de mortalidade. Isso parece acontecer toda vez que os médicos entram em greve. Uma greve de médicos em Bogotá, na Colômbia, levou a uma queda de 35% nos índices de mortalidade. O que praticamente torna a profissão médica, juntamente com os hospitais, a principal causa de morte.

Além de matar pacientes, os fármacos podem causar dano permanente ao sistema imunológico, fígado, rins, coração, cérebro e outros órgãos. Podem também levar-nos ao pronto socorro. Um estudo conduzido em Vancouver, no Canadá, documentou que 12% das visitas ao PS foram resultado direto de problemas com medicamentos. Além disso, a permanência no hospital era significativamente maior. O estudo, publicado no *Canadian Medical Association Journal*, foi conduzido no Hospital Geral de Vancouver, Canadá, que tem 995 leitos e oferece uma ampla gama de serviços, inclusive os de cuidados emergenciais. O hospital trata 69 mil pacientes/ano.

Os fármacos não são projetados para curar, mas para aliviar um sintoma, que é a forma que o organismo tem de tratar um desequilíbrio profundo e irresolvido de ordem física/emocional. Basicamente, essas drogas são concebidas para impedir o organismo de se curar. A mentalidade de que engolir uma pílula para curar uma dor de cabeça ou azia, porque o médico recomendou, é responsável pela relutância em descobrir as causas dos sintomas. Assim que a dor passa, o problema acaba: pelo menos é o que a maioria de nós acredita e o que pregam muitos médicos. O inconveniente dessa mentalidade é que ela ignora o fato de que sintomas são alertas de que algo está errado com o que fazemos, comemos, expomo-nos ou negligenciamos, o que força o organismo a reagir (sintoma).

Um sintoma de dor ou desconforto não é, em si, uma doença a ser *curada* por uma pílula, erroneamente chamada de *remédio*. O verdadeiro remédio auxilia e estimula o organismo a concluir o processo de cura que iniciou (como o sintoma indicou). As drogas farmacêuticas são feitas para suprimir a capacidade do organismo de se curar, o que reduz ou elimina os sintomas, mas também fortalece as origens da doença. Isso torna a supressão dos sintomas (tratamento médico) uma causa de doença, inclusive do câncer. Recomendo que não caia na armadilha dos medicamentos: eles nos empurram para um ciclo vicioso de dependência farmacológica difícil de escapar.

Capítulo Três

Desmistificando o Câncer

Se quiser combater o câncer, primeiro aceite-o e depois acolha-o.
Se quiser se ver livre do câncer, concentre-se em ser livre.
Se quiser mais risos em sua vida, ria mais.
Se não deseja mais ter medo, faça aquilo que teme.
Se quer um mundo melhor, torne-o melhor.
Se você se considera uma vítima das circunstâncias,
mude sua percepção.
Se quiser mais paz em sua vida, espalhe mais paz a seu redor.

Há somente um *"não"* que devemos conhecer:
Não concentre sua atenção e energia no que
não quer para si mesmo e outrem.
Ao contrário, concentre seus pensamentos no que quer.
Saúde, alegria,
abundância, liberdade e paz
são algumas das escolhas que fazemos na vida,
não coisas que existem separadas de nós.

Ligando as peças

Mary me visitou quando tinha 39 anos. Um ano antes fora diagnosticada com câncer de mama avançado. Seu oncologista prescreveu os tratamentos-padrão para o câncer: radioterapia e quimioterapia – em vão. Pouco depois, aconselhou-a a passar por uma mastectomia do seio direito. A operação ocorreu logo depois do início de seu ciclo menstrual. Para seu alívio, os médicos informaram que tinham extirpado todo o tumor e que a situação estava sob controle. Mal sabiam os médicos que, segundo a cronobiologia,⁵⁷ o risco de reincidência do câncer é quatro vezes maior nas mulheres que são operadas uma semana antes da menstruação ou durante a mesma. Na menstruação, a imunidade e os níveis de ferro da mulher são bem mais baixos. Consequentemente, o organismo não consegue destruir todas as células cancerosas deixadas pela cirurgia. Logo, a mulher corre maior risco de metástase do câncer a outras partes do corpo.

Não é de se estranhar que, um ano após a mastectomia, Mary tenha começado a se queixar de fortes dores na coluna lombar e no joelho esquerdo. Dez anos antes ela tinha sido diagnosticada com espondilose cervical⁵⁸ na coluna lombar, causada pelo crescimento ósseo anormal de cartilagem em torno das margens das articulações da coluna vertebral. Dessa vez, contudo, um exame revelou que ela desenvolveu câncer ósseo na coluna lombar e no joelho esquerdo. A mastectomia, e a resultante supressão do sistema imune, estimulou, como acontece sempre, milhões de células cancerosas a se disseminar a outras partes já debilitadas do organismo de Mary. Portanto, as células começaram a crescer na coluna lombar, onde a resistência à formação do câncer era particularmente baixa.

Mary, além de sofrer com problemas menstruais sérios a vida inteira, também foi diagnosticada com anemia. Contudo, apesar de tomar cápsulas de ferro regularmente durante anos, o que lhe causava náuseas e cólicas estomacais frequentes, ela continuava anêmica. Ela me contou que seu sistema digestivo "nunca funcionou corretamente" e a prisão de ventre durava de três a cinco dias a fio. Meus exames revelaram que seu fígado tinha milhares de cálculos intra-hepáticos.

Mary também mencionou que recebera diversos tratamentos com antibióticos durante anos para todos os tipos de infecções. É fato que o uso regular de antibióticos aumenta sobremaneira o risco de câncer de mama. De acordo com pesquisas, o risco de câncer mamário é duas vezes maior entre as mulheres que tomaram 25 ou

---

57. A cronobiologia é a ciência dos *relógios biológicos* sincronizados com os ciclos da Terra e codificados em nossas células. O corpo humano é dotado de pelo menos cem *relógios*, que não têm relação com o relógio do tempo. O ritmo circadiano, por exemplo, é responsável por inúmeros ciclos hormonais que determinam a fome, o humor, o metabolismo e a taxa de crescimento e envelhecimento. Para mais informações, veja *Timeless Secrets of Health & Rejuvenation*.
58. Espondilose é a degeneração da coluna vertebral e a deformidade das articulações de duas ou mais vértebras.

mais rodadas de antibióticos de qualquer tipo durante um período superior a 17 anos, em comparação com mulheres que nunca tomaram antibióticos.

Mary foi criada à base de doces, bolos, sorvetes e chocolate. Uma série de estudos associou um risco elevado de câncer de mama entre mulheres que têm uma dieta com elevado teor de açúcares (especialmente refrigerantes e sobremesas doces). Os cientistas agora acreditam que o excesso de insulina liberado para processar o amido e os açúcares encontrados nesses alimentos provoca a divisão das células e o aumento dos estrógenos no sangue. Ambos os fatores (divisão celular e estrógenos no sangue) podem contribuir para o crescimento do câncer. De fato, a resistência insulínica que resulta da ingestão excessiva de açúcar pode conduzir a mutações que criam até 80% de todos os cânceres.

Outro fator comum a essas situações é o estresse emocional, que desencadeia flutuações nos níveis de cortisona do organismo, responsável pela regulação de muitos processos fisiológicos, entre eles reações anti-inflamatórias e o metabolismo de carboidratos, gorduras e proteínas. Os pesquisadores também determinaram que o estresse debilita o sistema imunológico e desempenha um papel direto no desenvolvimento de doenças cardíacas, infecções do trato respiratório superior, asma, certas infecções virais, desequilíbrios autoimunes e até no modo como as feridas se curam, segundo um estudo da Universidade Carnegie Mellon de Pittsburgh nos Estados Unidos [edição de 10 de outubro de 2007 do *Journal of the American Medical Association*].

Ademais, o estresse pode afetar os hábitos diários de maneira a nos tornar progressiva e ciclicamente doentes, levando-nos, por exemplo, à compulsão alimentar, ao alcoolismo e ao fumo, que, por sua vez, fazem-nos sentir piores e, portanto, mais estressados. O desequilíbrio emocional é, em si, um dos fatores que mais contribuem para o desenvolvimento do câncer.

As causas emocionais do câncer

Voltando à história de Mary, ela teve uma infância infeliz, pois seus pais tinham problemas de relacionamento. Quando perguntei, ela não conseguiu lembrar um só momento sem tensão entre seus pais. No fundo, sendo uma pessoa sincera, ela levava tudo mais a sério do que seu irmão, mais extrovertido que ela, e consequentemente sentia-se mais insegura, amedrontada e deprimida. Com um sorriso difícil no rosto, Mary disse que sempre se sentiu dividida entre o pai e a mãe, e não conseguia escolher qual dos dois favorecer.

As refeições com seus pais eram particularmente difíceis. Ela era obrigada a sentar-se à mesa com eles, presa em uma atmosfera bastante estressante. Algumas vezes todos ficavam quietos em uma tentativa de não provocar mais conflitos. Isso fez com que desenvolvesse uma forte aversão e receio à comida, engolindo-a rapidamente, quase sempre em pé ou dirigindo.

Mary também enfrentava dificuldades no trabalho. Como professora, ela permitia que seus alunos descontassem nela suas frustrações, porém mantinha as suas escondidas. Quando voltava para casa, no entanto, gritava com os filhos, e se sentia culpada depois. Queria ser boa mãe, mas acreditava que não o era: não sabia ser carinhosa com os filhos. Mary também me confidenciou que nunca quis realmente ser professora e que sempre sonhara em ser treinadora de ginástica.

A frustração por não realizar seus desejos era uma causa importante do câncer de Mary. Logo no início de sua vida, ela foi ensinada a se adaptar ao sistema social que, para ela, significava ser obrigada a fazer o que mandavam. No fundo, os sonhos de Mary nunca poderiam se realizar, pois ela evitava criar problemas ou temia que os outros pensassem mal dela.

A fim de manter a paz, Mary concordava com tudo o que os pais exigiam dela, mas, no fundo, espumava de raiva. Quando Mary entrou em meu escritório naquela manhã, ela me deu um lindo sorriso que não revelava a dor que sentia. Aprendeu a ocultar seu mundo interior do exterior. Não era tanto a dor física que a incomodava, mas a frustração contida, o medo e a insegurança que ameaçavam os sentimentos de amor e paz em seu coração. A dor física apenas a fazia lembrar-se da profunda dor emocional que vinha sofrendo há muito tempo. As constantes tentativas de reprimir ou esconder seus verdadeiros sentimentos, na juventude e na vida adulta, moldaram uma personalidade que necessitava de uma doença para atingir algum tipo de desenlace.

Dividida entre os pais durante muitos anos e tentando agradar a ambos, Mary nunca foi suficientemente corajosa para escolher o que agradava somente a ela. Essa divisão interior sugou toda a sua energia e felicidade. O câncer teve início em seu coração dividido, refletindo toda tristeza e frustração inexprimíveis que preencheram sua infância.

É tudo psicossomático, não?

Isso pode parecer implausível. Como pode ser? Certamente, desafia a *sabedoria* convencional, mas essa mesma *sabedoria* criou um sistema de doença crônica e tratamento médico *ineficaz*, venenoso, caro, sintomático. Em vez de continuar nesse caminho, é preciso pensar que as emoções também têm influência fundamental no organismo físico, para o bem e para o mal. Elas são como os placebos, medicamente inúteis, mas clinicamente mais eficazes que os medicamentos.

Tudo o que acontece em nível emocional também ocorre em nível físico, e vice-versa. O câncer é uma emoção encurralada e isolada, uma sensação de *não ter escolha*. Da mesma maneira, uma congestão física torna alguém emocionalmente bloqueado. Corpo e mente jamais existem em isolamento: o que afeta um afeta a outra, automática e simultaneamente.

Por meio da conexão corpo/mente, quaisquer sentimentos reprimidos de desejar e merecer harmonia, paz, estabilidade e uma simples sensação de alegria na vida traduzem-se em reações bioquímicas adequadas do organismo. Esses sentimentos reprimidos também privam as células corporais de todas essas qualidades positivas. As células não são máquinas sem sentimentos, sem senso de "si", sem reação a mudanças ou ameaças externas.

O sufocamento emocional causou tanta raiva e frustração em Mary que, por medo de não ser amada ou querida por outros, inclusive seus pais, ela desviou essas emoções negativas para seu organismo. Sua mente *tóxica* traduziu-se em um organismo tóxico, que ameaçava sua sobrevivência. Ela ameaçou a saúde das células do seu corpo, guardando para si mesma pensamentos e sentimentos importantes.

Tudo o que resguardamos por medo de sofrimento ou crítica torna-se um veneno para o organismo. Veneno este tão forte que, se chorássemos sobre uma cobra, as lágrimas furariam sua pele. Vi esse fenômeno acontecer quando morei na África. As lágrimas de alegria, por outro lado, não são venenosas.

O estresse constante sentido por Mary durante as refeições na casa dos pais prejudicou suas funções digestivas. Sob estresse ou tensão, os vasos sanguíneos que irrigam os órgãos do sistema digestivo tornam-se apertados e retraídos, impedindo a digestão até de alimentos saudáveis. Além disso, comer quando estamos emocionalmente abalados impede a secreção de quantidades equilibradas de sucos digestivos. Quando nos sentimos irritados ou tristes, há uma alteração na flora biliar (bactérias do bem que mantêm a bílis equilibrada), predispondo à coagulação da bílis. O estresse emocional constante leva à formação de cálculos nos ductos biliares do fígado e na vesícula. A resultante secreção restrita de bílis diminui Agni,* o fogo digestivo.

Mary ainda associa as refeições com a angústia sentida à mesa de jantar com os pais. Sua tentativa inconsciente de evitar tudo o que tenha a ver com o ato de se alimentar programa seu organismo a fazer o mesmo. Quando comemos com pressa, não há digestão e absorção adequadas de alimentos, o que leva à acumulação de grandes quantidades de resíduos tóxicos nos intestinos delgado e grosso. A prisão de ventre crônica e a má absorção de nutrientes, gorduras, cálcio, zinco, magnésio e vitaminas consumiram e enfraqueceram o tecido ósseo, a medula e as funções reprodutivas de Mary.

Quando o tecido reprodutivo, que mantém o código genético (DNA) das células, fica privado de oxigênio e nutrientes, é apenas questão de tempo até que as células normais e saudáveis passem por uma mutação genética e se dividam anormalmente a fim de sobreviver à *inanição*. Em geral, um conjunto de células imunes, enzimas pancreáticas e vitaminas decompõem as células do organismo, onde quer que apareçam.

Contudo, a maioria das enzimas digestivas é consumida rapidamente quando a dieta é rica em proteína animal e alimentos açucarados. Mary praticamente sobrevivia com esse tipo de alimento. Como tinha digestão fraca e sofria de prisão de ventre há muitos anos, seu organismo não possuía nenhum desses antídotos naturais às células cancerosas. O câncer ocorre, de preferência, entre as pessoas com problemas digestivos e que não têm um senso de bem-estar emocional, do que naquelas cujo sistema digestivo é eficiente e que, em geral, têm uma disposição alegre.

---

* N. T.: Agni, que em sânscrito significa fogo, é uma divindade hindu.

A espondilose da coluna lombar significa que o sistema de apoio interno e externo de Mary estava enfraquecido: manifestou-se como reação direta da falta de apoio e estímulo de seus pais. Sua coluna vertebral inclina-se para a frente ao sentar-se, fazendo com que pareça ser mais baixa do que realmente é. Dá a impressão de ser uma criança assustada, insegura e desconfiada. Sua postura sugere uma proteção contra novas mágoas. A respiração é superficial e insuficiente, como se não quisesse ser notada e, possivelmente, criticada ou rejeitada pelos pais. Os joelhos são o sistema de suporte do corpo inteiro. Por analogia, os problemas no joelho que Mary desenvolveu com o passar dos anos foram uma manifestação de uma vida inteira desistindo e não assumindo suas opiniões e seus desejos.

Os bem-sucedidos remédios de Mary

Pesquisas japonesas revelaram que os pacientes de câncer cujos tumores tiveram remissão espontânea, quase sempre no espaço de menos 24 horas, passaram por uma profunda transformação em sua atitude em relação a si mesmos, antes da ocorrência da repentina cura. Mary precisava fazer diversas mudanças importantes na vida, uma das quais era procurar um novo emprego, mesmo que isso significasse um salário menor. Embora ela ainda estivesse bastante suscetível a situações estressantes e caóticas, a inquietude que sentia na escola não colaborava com o processo de cura. Também precisava passar mais tempo junto à natureza, caminhar ao ar livre e na praia, pintar, ouvir música e devotar um tempo à quietude e à meditação.

Além de seguir uma rotina diária e uma dieta ayurvédica, Mary começou a usar uma série de procedimentos de limpeza para livrar o cólon de matéria fecal estagnada e purificar o sangue, o fígado e o tecido conjuntivo de toxinas acumuladas. A limpeza produziu milhares de cálculos que congestionavam seu fígado e vesícula durante, no mínimo, 15 a 20 anos.

O mais importante era que Mary tomasse consciência de sua vida como um todo. Prestasse atenção ao modo como se alimentava, ao corpo quando este tinha sede, fome ou cansaço, e às suas emoções, liberando-as. Precisava tornar-se consciente de suas necessidades e desejos e atendê-los tanto quanto possível. O mais importante era entender que não precisava fazer nada que não lhe agradasse. Permitir-se errar e não se julgar, caso isso acontecesse, era a terapia essencial para ela.

Os amigos e a família de Mary também precisavam entender que ela estava em um estágio crucial da sua recuperação, em que cada pensamento e sentimento positivos serviriam como sistema de apoio, algo que nunca teve quando era jovem. Ela começou a melhorar progressivamente, seis meses após adotar cerca de 60% dos meus conselhos. Hoje, ela sente que a doença lhe trouxe um conhecimento profundo sobre a vida, levando-a a um despertar interior que jamais experimentara antes. Livre do câncer, Mary continua a melhorar e crescer com confiança e autoaceitação.

Câncer – uma reação à rejeição

Jeromy tem o mais comum dos linfomas, o de Hodgkin. Os linfomas são neoplasmas malignos de tecido linfoide que variam na taxa de crescimento, também chamados de câncer linfático. A medicina contemporânea não consegue explicar as causas da doença, que tem início, em geral, na adolescência ou entre 50 e 70 anos de idade.

Quando Jeromy tinha 22 anos, percebeu dois linfonodos grandes no pescoço. Alguns dias depois, foi diagnosticado com a doença de Hodgkin que, em algumas pessoas, causa a morte em um período de alguns meses, enquanto outros apresentam alguns sinais durante muitos anos. Jeromy era um deles. Sendo um tipo Kapha,[59] ele era bastante atlético, forte e naturalmente dotado de energia e resistência físicas. Pode-se atribuir a seu baixo índice metabólico o avanço lento da doença.

Jeromy fez seu primeiro tratamento quimioterápico em 1979, logo depois do diagnóstico, mas não houve melhoria detectável em sua condição. Em 1982, seus médicos acrescentaram a radioterapia, mas esta produziu graves efeitos colaterais, como queda de cabelos e pelos e a perda de apetite. Seu sofrimento era considerável. Contudo, apesar das inúmeras experiências traumáticas causadas pelos tratamentos durante os 14 anos seguintes, Jeromy não estava disposto a ceder à depressão e ao desespero. Seu espírito de luta permitiu-lhe continuar seu trabalho como gerente geral de uma empresa.

Pelo método ayurvédico de leitura de pulso e iridologia[60] consegui determinar que, desde criança, as funções digestivas e a

---

59. Mais detalhes sobre tipos corporais da Ayurveda, *Vata*, *Pitta* e *Kapha*, em *Timeless Secrets of Health & Rejuvenation*. Dos três tipos, *Kapha* é o que tem ossos e músculos mais fortes.
60. Métodos diagnósticos usados para determinar desequilíbrios no corpo e na mente.

drenagem linfática de Jeromy começaram a declinar rapidamente. Seu fígado mostrou a presença de grande número de cálculos intra-hepáticos. De fato, Jeromy passou por uma experiência traumática aos 4 anos de idade, embora, de início, tivesse dificuldade em lembrar. O evento mais estressante ocorreu aos 21 anos, quando sua noiva deixou-o por outro. Exatamente um ano após o fato, ele descobriu os nódulos no pescoço. A rejeição foi uma das experiências mais penosas de sua vida. Contudo, ela apenas desencadeou uma rejeição ainda mais dolorosa.

Combatendo o fantasma da memória

Jeromy nasceu em um país em desenvolvimento com uma situação política instável. Quando fez 4 anos, seus pais mandaram-no a um internato em outro país, para sua segurança. Incapaz de compreender as razões da mudança, sentiu que seus pais não mais o amavam e não o queriam por perto. Tudo o que lembrava era o sentimento de ser afastado do que considerava seu esteio: a proximidade com os pais. Embora fosse para sua proteção, mandá-lo embora para ele significou a perda do amor das pessoas mais importantes de sua vida na idade em que mais necessitava. Seu mundinho caiu no primeiro dia *negro* de sua vida, e suas funções corporais começaram a declinar em seguida.

Jeromy passou a maior parte da vida tentando provar aos pais que merecia o amor deles. Porém, não tinha consciência de seu impulso incessante de ser bem-sucedido na vida. Contou-me, com orgulho, que nunca desistiu na vida e que se recusava a permitir que algo o deprimisse. Uma parte dele jamais aceitou sua doença. Sua aparência física, exceto pelo fato de ser careca, não revelava a batalha que seu corpo estava travando.

Para curar-se fisicamente, no entanto, Jeromy precisava reconhecer a *criança rejeitada* em seu interior. Enterrara essa parte de si mesmo nas mais recônditas profundezas de seu subconsciente, quando tinha 4 anos, e, uma segunda vez, já jovem, quando sua namorada o deixou. Essa segunda rejeição amplificou a já profunda dor causada pelo que considerava a *rejeição* de seus pais.

O organismo acumula todas as nossas experiências em uma espécie de *arquivo* invisível. Sendo assim, todos os sentimentos de raiva que experimentamos na vida vão para uma pasta, eventos tristes para outra e rejeições ainda em outra. Essas impressões não são registradas e arquivadas de forma linear, mas em termos de similaridade. Elas alimentam o *fantasma da memória*, fortalecendo-o cada vez mais. Assim que uma pasta fica cheia, mesmo um acontecimento insignificante pode desencadear uma erupção devastadora e acordar esse fantasma, dando-lhe vida própria. Foi o que aconteceu com Jeromy.

O abandono sofrido por Jeromy aos 4 anos foi revivido em sua consciência quando sua namorada o deixou. Ao ignorar ou negar o fato de que essa rejeição nunca ocorreu, ele inconscientemente direcionou o corpo a criar uma resposta idêntica, ou seja, um câncer no próprio sistema responsável por neutralizar e remover os resíduos prejudiciais – o sistema linfático. Incapaz de se livrar do fantasma da memória, ou seja, o medo e a raiva profundos por se sentir abandonado, Jeromy não conseguia se libertar dos resíduos metabólicos inúteis e das células mortas.[61] O fígado e a vesícula acumularam milhares de cálculos que quase o sufocaram. Para seu organismo, só restava dar expressão física ao câncer que torturou o coração e a mente de Jeromy por tantos anos.

Abandonando a necessidade de lutar

Todos os acontecimentos da vida aparentemente negativos são, de fato, oportunidades únicas para que nos tornemos mais plenos e íntegros interiormente e sigamos em frente. Quando precisamos nos dar mais amor, tempo e valorização, mas não conseguimos preencher essas necessidades essenciais, algo ou alguém nos empurrará naquela direção. Sentir-se rejeitado ou decepcionado por alguém, ou com raiva, mostra uma falta de responsabilidade pelas coisas negativas que acontecem conosco. Culpar a si mesmo ou a outrem por uma situação lamentável é sentir-se vítima, e esse sentimento talvez se manifeste como doença. Mas, se não entendermos a mensagem associada à doença, talvez tenhamos de encarar a morte para apreciar a vida.

O câncer, em um sentido anticonvencional, é a saída de um impasse que paralisa o coração de uma pessoa. Ele ajuda a quebrar padrões antigos e rígidos de culpa e vergonha que a mantêm

---

61. Para ser saudável, o organismo precisa remover 30 bilhões de células mortas ou inúteis e uma grande quantidade de resíduos metabólicos diariamente.

aprisionada e atada a um senso permanente de baixa autoestima. A abordagem médica vigente não trata da questão primordial por trás do câncer, mas o processo da doença *sim*, contanto que se lhe permita seguir seu curso. A quimioterapia, a radioterapia e a cirurgia estimulam a mentalidade de vítima do paciente e não conseguem curar as causas profundas desse mal. Curas milagrosas ocorrem quando o paciente se liberta da necessidade de se tornar vítima ou de se agredir. Quando o sentimento interior de bem-estar e autoaceitação são fortes, os problemas externos não conseguem ter um impacto perturbador. Portanto, não basta apenas a eliminação dos problemas externos para induzir uma remissão espontânea: é essencial também uma mudança interna.

Jeromy precisava dar-se o amor e a valorização que acreditava não ter recebido dos pais. Era necessário também que abrisse espaço para o gozo e o prazer, tendo tempo para si, para a meditação, para autorreflexão, para estar na natureza e sentir a alegria e energia que ela evoca em nós. As células cancerosas lutam por sua sobrevivência em um ambiente tóxico e *hostil*. Abandonar a necessidade de lutar reprograma o DNA do organismo, mudando seu curso de guerra e aniquilação final em um processo de reprodução saudável. Sem precisar lutar pela vida, as células cancerosas têm a chance de serem aceitas por toda a *família* de células corporais. As células cancerosas são células normais que foram rejeitadas pelo que elas consideram seu lar. Foram privadas de alimentação adequada e apoio. Em seu desespero para sobreviver, agarram-se a tudo o que encontram pela frente, até resíduos celulares e toxinas, o que as torna praticamente *proscritas*.

Contudo, exatamente como nós, as células também precisam saber que são amadas. Removê-las cirurgicamente ou destruí-las com a quimioterapia ou radiação mortais só potencializa a violência enfrentada pelo organismo. Para viver com saúde e em paz, precisamos ser amigos das células do nosso corpo, inclusive as cancerosas. O ditado "Ame seu inimigo" também se aplica às células cancerosas. A causa do câncer de Jeromy era uma baixa autoestima, o sentimento de não ser amado e querido, de não ser digno de amor ou bom o bastante. Ao esperar pela demonstração de amor dos pais, ele negou o amor a si mesmo. Jeromy percebeu que sua doença era, na verdade, uma grande bênção disfarçada que o ajudou a se redescobrir e se amar pela primeira vez na vida.

Se pudermos perceber que aquilo que chamamos de doença é uma representação perfeita de nosso mundo interior, prestaríamos mais atenção ao que acontece dentro de nós em vez de tentar consertar o que não precisa de conserto. O câncer, por mais doloroso que seja entender, tem um significado profundo. Seu propósito não é destruir, mas curar o que não está mais inteiro.

Câncer – um poderoso agente de cura

Há muitos anos, uma mulher postou uma mensagem em meu fórum Curezone.com, Ask Andreas Moritz,[62] perguntando como poderia ajudar sua irmã gêmea que acabara de ser diagnosticada com câncer. Ela mencionou que sua irmã a rejeitara, quase a vida inteira, e que estava tentando ser forte para ela. Respondi que ser forte não era o que as duas necessitavam naquele momento.

Isso foi o que escrevi a ela: "O câncer quase sempre é causado por uma tentativa de parecer forte externamente, mas não expressar e reconhecer a fraqueza e vulnerabilidade internas. O que sua irmã mais precisa agora é que você seja o espelho dela mesma. Mostre como você se sente por dentro. Mostre sua própria culpa, sua baixa estima e suas lágrimas de constante rejeição para que ela comece a vê-las em si e crie a coragem de libertar as emoções que manteve presas dentro de si. Se você quiser que ela se cure, mostre todas as suas fraquezas e permita-se chorar por ela e por você mesma. Isso a motivará a fazer o mesmo".

Continuei a explicar que o câncer de sua irmã era mera tentativa inconsciente de manter tudo encerrado dentro dela mesma: alimentos, resíduos, ressentimentos, raiva, medo e outras emoções e sentimentos negativos. "Por essa razão", escrevi, "para curar o câncer, é preciso virar-se do avesso e deixar que o mundo veja o que se está escondendo (em virtude de um falso sentimento de vergonha e culpa). A culpa é uma emoção completamente injustificada e desnecessária, pois os seres humanos são incapazes de fazer mal, embora isso seja impossível de entender quando não se vê o quadro todo".[63]

---

62. O fórum se chama *Ask Andreas Moritz* (Pergunte a Andreas Moritz) e está no website Curezone.com, onde respondi a milhares de perguntas dos leitores.
63. Veja meu livro, *Lifting the Veil of Duality – Your Guide to Living Without Judgment*, para entender como os erros e a maldade são conceitos negativos aprendidos que podem ser bastante benéficos para nossa vida.

Jamais podemos causar problemas a outra pessoa a não ser que ela permita ou peça (inconscientemente) por ordem direta de seu Eu Superior.⁶⁴ A culpa (de não amar ou cuidar de sua irmã gêmea) consiste em poderosas energias negativas que começaram a bloquear e atacar as células do organismo dela. O câncer é a alternativa que ela escolheu para dissipar a culpa interna: uma forma de se conscientizar das falsas crenças subconscientes de erros passados".

Durante as conversas com pacientes de câncer, sempre abordei a questão da morte, que é, inevitavelmente, algo que enfrentam. Sugeri a eles que não há morte real. A morte física é apenas uma experiência tangível e real para os que ficam. É de pouca ou nenhuma relevância para o Ser cujo corpo falece. De fato, não existe nenhum sentimento de perda de qualquer espécie, mas um ganho na expansão da alegria, sabedoria e amor. A morte física não toca o ser consciente no qual o corpo físico viveu e se expressou anteriormente. Uma cobra que troca de pele não está preocupada com a parte do corpo da qual se desfez.

Contanto que o senso do Eu permaneça, o que sempre acontecerá, a morte física não nos destrói. Na realidade, a morte é uma não experiência e, portanto, uma ilusão real apenas para quem confia nas sensações físicas para determinar suas crenças. Quando um ente querido desaparece repentinamente de nossa vida como resultado da morte física, é natural que fiquemos de luto, que nos sintamos tristes e vazios por dentro. Embora o luto e a tristeza sejam reais, a razão dessas emoções não é. O desaparecimento de alguém ocorre apenas com relação ao observador. Nada acontece com aquele que desapareceu: ele permanece onde sempre esteve, apenas não em um corpo físico.

Pessoalmente, já morri várias vezes (atravessei para o outro lado)⁶⁵ durante ataques de doença grave ou traumas. Uma ocasião, durante a terceira vez em que fui atacado pela malária na Índia, no começo dos anos 1980, estive clinicamente morto por oito minutos

---

64. Cada um de nós tem um Eu Superior que guia nossa existência até o mais ínfimo detalhe.
65. Durante um episódio de malária na Índia, minha mente ou consciência partiu/desconectou-se de meu corpo físico e ascendeu, enquanto estava completamente consciente de tudo o que acontecia. Não tive medo de morrer nem sentimento de perda de nenhuma espécie. Estava em um estado de clareza tão incrível que conseguiria saber de tudo se quisesse. Um médico confirmou a parada do meu coração. Tive a mesma experiência quando desmaiei: meu coração parou durante cinco minutos antes de retornar ao corpo físico.

inteiros: conscientemente, experimentei a morte como um processo de nascimento em que de imediato nos tornamos idênticos a nosso estado interior de consciência expandida e alegria legítima. Meu pai teve a mesma experiência e nenhum de nós teve a sensação de morrer. Na realidade, aconteceu exatamente o contrário: a intensidade de estar vivo, desperto e consciente de tudo tornou-se bem mais acentuada, a ponto de a sensação de morrer ser tão remota quanto as galáxias distantes. Em contraste, ser puxado de volta ao corpo físico doente era como morrer. O enterro de minha mãe foi um dia de celebração, exatamente como ela queria. Em vez de sentirmos pena de nós quando um ente amado se vai, podemos honrar e celebrar a alma que parte ao nos alegrar por ela. A única tristeza e arrependimento que podemos sentir ao morrer é que os entes queridos que deixamos não partilharão de nossa imensa alegria e da efusiva sensação de estarmos livres e vivos de verdade.

Nada no ser, ou do ser, vai a nenhum lugar quando alguém passa pela experiência da morte. "Assim", escrevi para a mulher, "mais importante do que continuar a viver no corpo físico é saber se ela conseguirá ficar em paz consigo mesma, pois levará tudo com ela, menos seu corpo físico. A decisão de estar pronta para aceitar-se completamente e, portanto, curar-se do ato inconsciente de autodestruição, é dela e ninguém pode ou deve tomar essa decisão por ela. Por mais difícil que seja entender, ela é responsável por tudo o que lhe acontece. A única coisa que você pode fazer por ela é mostrar quem você é e como se sente. Esse pode ser o fator catalisador que ela precisa a fim de passar pela própria transformação. Dizer-lhe o que fazer não é certamente o que ela precisa. Ao perdoar-se e, portanto, curar-se, você pode ser a melhor ajuda para ela, contanto que ela queira estar aberta e pronta para se curar".

Se um ente querido tem câncer, você pode ter um papel fundamental no processo de cura. Ao abrir seu coração e dividir seus próprios temores e fraquezas, você irá encorajá-lo a fazer o mesmo. Permitir que a pessoa chore quanto preciso, sem tentar acalmá-la ou dizer que está tudo bem. Deixe-a sentir a dor, o desespero, confusão, solidão, desesperança, raiva, medo, culpa ou vergonha. O câncer não gera essas emoções na verdade, mas as retira do subconsciente para os níveis mais conscientes do sentimento e da compreensão. Se o doente sabe que pode ter todos esses sentimentos sem ter de escondê-los de você ou empurrá-los para dentro, o câncer pode ser um poderoso meio de autocura. Ficar ao lado de seu ente querido sem julgá-lo, ou tentar tirar-lhe a dor, fará de você alguém que pode curar melhor do que qualquer médico.

O poder de resolver situações de conflito

Conflitos não resolvidos talvez sejam o ponto de partida de qualquer doença, inclusive o câncer. O organismo sempre usa a reação de estresse para lidar com o efeito traumatizante do conflito. Segundo um estudo publicado pela revista científica *Journal of Biological Chemistry*, em 12 de março de 2007, o chamado hormônio do estresse, a epinefrina ou adrenalina, altera as células do câncer de próstata e de mama de forma a torná-las resistentes à morte celular. Os pesquisadores descobriram que, em resposta a situações de estresse, há um aumento acentuado da adrenalina, que pode permanecer em estado contínuo de elevação durante longos períodos de tensão ou depressão. Revelaram que quando as células cancerosas são expostas à adrenalina, uma proteína chamada BAD, que provoca a morte celular, torna-se inativa. Isso significa que o estresse emocional pode não somente ativar ou contribuir para o desenvolvimento do câncer, mas também prejudicar ou reduzir a eficácia dos tratamentos contra o câncer.

O dr. Ryke Geerd Hamer, professor de uma universidade alemã, criador da Nova Medicina Alemã, descobriu, durante tomografias de rotina em 20 mil pacientes de câncer, que cada um deles tinha uma lesão em certa parte do cérebro semelhante aos anéis concêntricos de um alvo ou da superfície da água, após cair uma pedra. A distorção no cérebro é chamada de *Massa de Herd*. O dr. Hamer descobriu, posteriormente, que essas lesões resultavam de uma experiência isolada bastante grave, dramática e conflituosa do paciente. Assim que se resolvia o conflito, a imagem tomográfica se alterava, um edema se desenvolvia e, por fim, formava-se um tecido cicatricial. Naturalmente, o câncer parava de crescer, tornava-se inativo e desaparecia.

Ao auxiliar os pacientes a resolver seus conflitos agudos e ajudar o organismo durante a fase de cura, o dr. Hamer conseguiu com sua terapia uma taxa de sucesso excepcionalmente alta. Segundo registros públicos, após quatro a cinco anos recebendo seu tratamento simples, 6 mil entre 6.500 pacientes com estágio avançado de câncer ainda estavam vivos.

Quando conheci o trabalho do dr. Hamer, fiquei entusiasmado, pois até então me sentia basicamente sozinho em minhas crenças de que o câncer é um caminho necessário para que o organismo lide com uma situação física, mental e emocional inatural. A primeira vez que escrevi sobre o câncer não ser uma doença foi na primeira edição do meu livro *Timeless Secrets of Health & Rejuvenation* em 1995. Desde que comecei a trabalhar na cura do câncer em 1981, sempre disse a meus pacientes que não era o câncer que precisava de tratamento, mas o organismo inteiro. Uma pesquisa recente corrobora esse fato e está incluída nesta edição atualizada de *O Câncer Não é uma Doença*.

Há evidências claras de que o câncer precisa de, no mínimo, dois a três fatores de risco existentes antes de se desenvolver e permitir o início da cura. Um dos cofatores mais comuns é a radiação ionizante, que abrange desde raios X de rotina a mamografias, tomografias, etc.

De fato, a pesquisa mostra que até 75% de todos o tipos de câncer são causados por danos decorrentes de radiação, embora seja também necessária a presença de pelo menos outro cofator. Igualmente, a deficiência crônica de vitamina D aliada a um ou dois outros cofatores, como, por exemplo, uma alimentação com gorduras trans, também pode provocar um melanoma. Esse câncer, por sua vez, tanto pode desencadear uma reação de desintoxicação no organismo e desaparecer, quanto facilmente retornar, caso a pessoa evite expor-se ao sol. Também trabalho com traumas passados que se manifestam como sérias situações conflituosas na vida. Sem equilibrar essas dívidas, uma pessoa não conseguirá auxílio na Nova Medicina Alemã.

Contudo, embora aprecie profundamente seu trabalho e perspectiva, o dr. Hamer e eu temos nossas diferenças. Se ele exibisse o estado de saúde mental e físico que seu trabalho pretende conseguir, estaria tentado a aceitá-lo na totalidade. O modo como ele se alimenta e seu estilo de vida certamente tiveram impacto em sua vida. Portanto, não acredito em sua ideia de que a alimentação não tem importância na doença. Fui capaz de ajudar milhões de pessoas a recuperar a saúde apenas com ajustes alimentares. Contudo, ainda estou muito feliz por ver que mais alguém partilha da mesma ou de semelhante perspectiva sobre o câncer.

A quimioterapia cria outros tumores mais agressivos e que crescem mais rápido do que seria possível, especialmente porque as causas profundas ainda estão presentes. As drogas criam tantos cálculos nos ductos biliares do fígado que, sem a limpeza, o sistema imunológico e a capacidade de cura do organismo baixam tanto que apenas os mais fortes podem sobreviver a tal sofrimento. Não é milagre a quimioterapia reduzir o tamanho de um tumor: como ela não elimina todas as células cancerosas, a possibilidade de reincidência do câncer é maior.

Pesquisas demonstram que a prática de Meditação Transcendental (MT) pode reduzir drasticamente a necessidade e o custo dos tratamentos médicos convencionais. Um estudo com pacientes idosos comparou indivíduos acima dos 65 anos que praticavam MT com um grupo controle de pares correspondentes em idade, sexo e outros fatores. Os pesquisadores descobriram que, em um período de cinco anos, o grupo que meditava teve despesas médicas 70% menores do que o grupo controle. O que é bastante inspirador, pois essa faixa etária tem despesas médicas desproporcionalmente maiores comparadas às da população em geral. Os altos custos dos tratamentos médicos de idosos é uma questão importante para a maioria dos governos e das seguradoras e convênios de saúde no mundo inteiro [Herron, R. E. Cavanaugh, K.: Can the Transcendental Meditation Program Reduce the Medical Expenditures of Older People? A Longitudinal Cost Reduction Study in Canada,* *Journal of Social Behavior and Personality* 2005, 17: 415-442].

Então por que a meditação é tão eficaz na redução da necessidade de tratamentos médicos convencionais, mesmo entre os pacientes mais enfermos e vulneráveis? Será uma falácia a percepção comum de que há separação entre o bem-estar emocional e a saúde física?

O Câncer não é "falta de autoestima"

Muitos pacientes com câncer devotaram a vida para ajudar e apoiar outros. Esse serviço altruísta pode ser uma qualidade nobre, dependendo de sua motivação. Se eles sacrificam e negligenciam seu próprio bem-estar para evitar enfrentar a vergonha, a culpa ou a inadequação em si mesmos, estão, na verdade, tapando o sol com a peneira. Eles se devotam *altruisticamente* a agradar outros para que,

---

* N.T.: "Pode a Meditação Transcendental Reduzir os Gastos com Saúde dos Idosos? Estudo de Redução Longitudinal de Custos no Canadá", em tradução livre.

em troca, possam ser amados e reconhecidos por suas contribuições. Isso, no entanto, serve como um reconhecimento inconsciente de que não se amam, fazendo com que questões irresolvidas, medos e sentimentos de inadequação fiquem encerrados na memória celular dos órgãos e tecidos do organismo.

"Ama teu próximo como a ti mesmo" é uma das condições básicas para a cura de câncer. O verdadeiro significado dessa frase é que nosso amor pelo outro depende da capacidade de nos amar e valorizar. Em outras palavras, para ser capaz de amar verdadeiramente o outro, sem vínculos de apego e posse, é preciso amar-se e aceitar-se completamente com todos os defeitos, erros e inadequações que se possa ter. O grau com que somos capazes de cuidar do bem-estar de nosso corpo, mente e espírito determina o grau com o qual somos capazes de cuidar de outros também. Ao sermos autocríticos com relação à nossa aparência, comportamento e sentimento, fechamos o coração e nos sentimos indignos e envergonhados. Para evitar expor a parte de nosso ser que não gostamos por medo da rejeição, tentamos ganhar o amor dos outros ao agradá-los. Assim, achamos que podemos receber o amor que somos incapazes de dar a nós mesmos. Contudo, essa abordagem tem pouco a ver com o amor e não funciona a longo prazo.

O organismo sempre segue as ordens dadas pela mente. Pensamentos, emoções, sentimentos, desejos, crenças, impulsos, gostos e aversões servem de *software* com o qual as células são programadas diariamente. Através da conexão entre mente e corpo, as células obedecem irremediavelmente às ordens recebidas via mente consciente e inconsciente. Como provou uma pesquisa genética, é literalmente possível alterar o padrão e comportamento genético do DNA, em questão de minutos. O DNA escuta cada palavra que falamos, sente cada emoção que sentimos. E mais, reage a cada uma delas. Programamo-nos a cada segundo do dia, consciente e inconscientemente. Se quisermos, podemos reescrever essa programação, contanto que estejamos conscientes de nós mesmos. No momento em que sabemos quem somos, é inevitável nos amarmos, aceitarmos e honrarmos. Não mais nos julgaremos pelos erros cometidos na vida, por não sermos perfeitos, por nem sempre sermos como os outros querem que sejamos. Ao nos vermos sob essa luz, enviamos um sinal de amor a nossas células. O amor une diferenças e mantém tudo em harmonia, inclusive as células do organismo. Quando o amor, que não deve ser confundido com carência ou vínculo, deixa de ser uma realidade experimentada diariamente, o organismo começa a se desintegrar e a adoecer.

A ampliação do amor é o principal objetivo de nossa existência aqui na Terra. Quem se ama é capaz de amar os outros e vice-versa. Eles crescem ao partilhar seu coração com outras pessoas, animais e a natureza. As pessoas que se aceitam plenamente não têm medo da morte: quando chegar a hora, elas partem tranquilamente, sem arrependimentos ou remorso no coração.

Toda vez que nos fechamos, a solidão aparece e o organismo começa a enfraquecer e adoecer. É fato que a viuvez ou o isolamento social ou emocional é fator desencadeador do câncer.

Nossos vizinhos mais íntimos são nossas células corporais que precisam saber que as amamos e aceitamos, que são parte de nós e que nos preocupamos com elas. Coisas simples, como receber uma massagem, dormir na hora certa, ingerir alimentos nutritivos e ter outras rotinas diárias saudáveis, são mensagens poderosas de amor que motivam nossas células a funcionar em harmonia. Há outras mensagens que tornam a remoção de toxinas perfeita e eficiente. Isso tudo é científico. Visite alguns hospitais e pergunte aos pacientes se eles se sentiam bem antes da doença. A resposta unânime será **Não**. Sem ser pesquisador, teria conduzido uma das mais importantes pesquisas já feitas. Ou seja, saberia que a causa mais comum das enfermidades é não se amar ou, para usar expressão diversa, não estar feliz com a própria vida. Essa talvez seja a causa mais grave de estresse emocional possível. De fato, é o principal agente de muitas doenças, entre elas o câncer.

Estudos sugerem que o estresse emocional grave pode triplicar o risco de câncer de mama. Em um desses estudos, foram feitas entrevistas com uma centena de mulheres que tinham um nódulo no seio, antes de serem diagnosticadas com câncer. Cinco anos antes, uma em cada duas havia sofrido um evento traumático, como luto. Os efeitos do estresse emocional ou da infelicidade podem prejudicar a digestão, a excreção e a imunidade, levando a um aumento perigoso no nível de toxidade no organismo. É impossível eliminar o câncer do organismo por meio de *armas de destruição em massa* sem antes remover a dor emocional irresolvida por trás dele.

Capítulo Quatro

A Inteligência do Corpo em Ação

O câncer não conseguirá matá-lo

O câncer, como qualquer outra doença, não é um fenômeno claramente definível que surge, súbita e ocasionalmente, em alguma parte do corpo, como cogumelos surgindo da terra. O câncer é, sobretudo, resultado de muitas crises de toxidade que têm como origem comum episódios de esgotamento de energia. Entre os diversos fatores que impedem o organismo de remover os resíduos metabólicos, as toxinas e 30 bilhões de células degradadas por dia, estão os estimulantes, traumas emocionais, emoções reprimidas, hábitos de vida irregulares, desidratação, deficiências nutricionais, abuso alimentar, reações de estresse, falta de sono profundo, acúmulo de metais pesados (em especial, os amálgamas dentários), exposição a produtos químicos e pouca exposição à luz solar. Quando essas células mortas acumulam-se em qualquer parte do organismo, há um aumento natural nas reações progressivas, entre as quais irritação, inchaço, endurecimento, inflamação, ulceração e crescimento celular anormal. Como qualquer outra doença, o câncer é uma crise de toxicidade que marca a tentativa final do organismo de se livrar do acúmulo de venenos sépticos e compostos ácidos, já que foi incapaz de eliminar adequadamente os resíduos metabólicos, as toxinas e as células em decomposição.

O câncer sempre se manifesta como resultado de um estado tóxico existente no organismo. Nunca é a causa de uma doença, mas uma reação a uma condição física mórbida e avançada. Tratar o câncer como a causa da doença é como limpar uma panela suja (o organismo infestado de toxinas) com lodo (os venenos contidos no coquetel quimioterápico). Obviamente, o uso de substâncias tóxicas para tratar um organismo já debilitado pelo acúmulo de toxinas nunca irá trazer o resultado desejado, ou seja, um organismo limpo e funcionando bem. É sempre possível jogar fora a panela e resolver o problema. Mas, quando tivermos de preparar uma refeição, vamos enfrentar um problema maior: não temos onde cozinhá-la. De igual modo, ao matar o câncer quase sempre matamos também o paciente; talvez não imediatamente, mas de forma gradual.

Apesar dos grandes esforços e gastos feitos pelo sistema de saúde (por qualquer razão), não houve queda nos índices de morte por câncer, em mais de 50 anos. Embora a cirurgia possa neutralizar ou eliminar boa parte do veneno séptico encerrado na massa tumoral e, em um bom número de casos, trazer uma melhora, nem a cirurgia nem a quimioterapia ou ainda a radioterapia eliminam a(s) causa(s) do câncer. O que houve com Tony Snow pode acontecer com qualquer um. Um paciente com câncer pode voltar para casa depois de um tratamento *bem-sucedido*, aliviado e obviamente *curado*, mas continuar a esgotar a energia de seu organismo e acumular toxinas como antes (comendo os mesmos alimentos prejudiciais e mantendo os mesmos hábitos estressantes de vida). O sistema imunológico, já baqueado por uma intervenção traumática, talvez não consiga uma segunda chance. Contudo, a morte do paciente não se deve ao câncer, porém ao não tratamento de sua causa. Dada a ínfima taxa de remissão da maioria dos cânceres tratados (7%), são ilusórias as promessas de que a destruição do tumor provocaria a cura do paciente, para dizer o mínimo. Raramente os médicos informam aos pacientes o processo que transforma uma célula normal e sadia em uma célula anormal e debilitada.

As células tumorais entram em *pânico* com a falta de alimento, água, oxigênio e espaço. Como o ser humano, seu instinto básico é a sobrevivência. Para sobreviver em um ambiente ácido e insustentável, as células defeituosas são forçadas a mutar. Começam devorando tudo o que veem pela frente, incluindo toxinas. Extraem mais nutrientes, como glicose, magnésio e cálcio, do líquido tissular do que o fariam caso fossem células normais. Para produzir a mesma quantidade de energia que uma célula normal, uma célula cancerosa precisa de 15 vezes mais glicose. Precisam fermentar a glicose, que não é um método muito eficaz e econômico de produzir energia celular, como fazem os combustíveis fósseis do planeta. Durante esse processo, as células sadias próximas, contudo, começam a definhar-se gradualmente e, por fim, um órgão inteiro sofre uma disfunção em razão do esgotamento, má nutrição ou desgaste. Os tumores cancerosos sempre procuram mais energia para dividir e multiplicar células. O açúcar é seu nutriente favorito. O desejo por doces indica uma sobrecarga da atividade celular. As pessoas que comem muitos alimentos açucarados acabam por desenvolver um câncer.

Parece óbvio que as células cancerosas sejam responsáveis pela morte de uma pessoa: é por isso que a maioria das abordagens clínicas visa à sua destruição. Contudo, essas células estão longe de ser as culpadas, exatamente como o bloqueio das artérias não é o real motivo das doenças cardíacas. De fato, a existência das células cancerosas ajuda um organismo bastante congestionado a sobreviver por mais tempo. Que motivo plausível teria o sistema imunológico para ignorar a aglomeração de células cancerosas que forma um tumor – células estas que ele poderia facilmente destruir? A única explicação razoável é que essas células estão fazendo um trabalho importante em um organismo repleto de resíduos tóxicos.

A natureza fornece um exemplo claro disso quando se considera a função dos cogumelos venenosos. Um cogumelo é o corpo carnoso da frutificação de um fungo. Devemos chamar de *cruel* ou *mau* esse cogumelo venenoso só porque ele pode matar quem o come? Não. De fato, esses cogumelos silvestres atraem e absorvem os venenos do solo, água e ar. Formam uma parte essencial do sistema ecológico da natureza. Embora o efeito purificador desses cogumelos seja pouco perceptível, ele permite o crescimento saudável da floresta e de seus habitantes naturais. De fato, a sobrevivência do planeta inteiro depende da existência de cogumelos.

Da mesma forma, as células cancerosas não são cruéis: de fato, prestam um bom serviço ao absorver algumas das toxinas do organismo que, de outra forma, matariam o paciente de imediato. O objetivo principal de uma célula normal e sadia não é tornar-se *venenosa* ou maligna, mas evitar uma catástrofe instantânea no organismo. A morte do organismo se deve aos motivos profundos que o levaram a desenvolver um câncer e não por causa dele.

Para continuar seu trabalho cada vez mais difícil, as células cancerosas precisam crescer, mesmo às custas de outras células sadias. Sem sua atividade, um órgão pode perder sua estrutura já enfraquecida e falhar. É possível, inclusive, que algumas células cancerosas saiam da região do tumor e penetrem no líquido linfático, que, por sua vez, as transporta a outras partes do corpo com um alto grau de toxidade ou acidose. A disseminação das células cancerosas é chamada de metástase. Contudo, as células cancerosas são programadas para se fixar apenas em um terreno *fértil* de alta toxidade (acidez), um meio no qual podem sobreviver e continuar sua incomum missão de resgate. Elas sofreram uma mutação para poder viver em um ambiente tóxico e sem oxigênio onde ajudam a neutralizar uma parte dos resíduos metabólicos retidos, como o ácido láctico e detritos celulares em decomposição.

Dadas as circunstâncias, o sistema imunológico cometeria um erro fatal ao destruir essas células *alienadas* que fazem uma parte vital de seu trabalho. Sem a presença do tumor, grandes quantidades de veneno séptico, resultante do acúmulo dos detritos de células decompostas, perfurariam as paredes capilares, penetrariam no sangue e matariam o paciente em questão de horas ou dias. É importante lembrar que as células cancerosas fazem parte do organismo. Se não fossem mais necessárias, uma simples ordem do DNA impediria sua divisão desenfreada.

Os tumores não matam ninguém (a não ser que obstruam uma via importante). Já determinamos que as células cancerosas não têm armas de destruição e que a maioria das células presentes em um tumor não é cancerígena. Já as células normais são capazes de formar tecidos: as cancerosas não. Um tumor só existe porque as células normais o sustentam. Caso fossem contabilizadas, as células cancerosas de um tumor de próstata ou de pulmão, por exemplo, seriam insignificantes demais para pôr em perigo a vida de uma pessoa.

Os tumores agem como esponja para os venenos que circulam e se acumulam no sangue, na linfa e nos líquidos tissulares. Esses venenos são o verdadeiro câncer, e continuam a circular a menos que um tumor os filtre. Ao destruir o tumor, o verdadeiro câncer permanece e continua a circular até que um novo tumor seja gerado (a chamada reincidência). Ao acrescentar venenos na forma de drogas quimioterápicas, antibióticos, imunossupressores, etc., o câncer verdadeiro (composto de venenos) continua a se espalhar e se tornar mais obstrutivo e agressivo. Dito de outra forma, o paciente morre em virtude do tratamento e da negligência em remover o câncer real (venenos) do organismo. As células cancerosas não põem em perigo a vida de uma pessoa, mas, sim, o que as provoca.

Repetindo, as células cancerosas dentro de um tumor são inofensivas; cortá-lo, queimá-lo ou envená-lo não impede a disseminação do câncer. A não ser que tratemos da doença real, com a limpeza do organismo, restaurando suas funções digestivas e excretoras normais, o crescimento das células cancerosas continuará a ter papel preponderante na tentativa do organismo de se curar e sobreviver.

O organismo tem de fazer muito mais esforço para manter um câncer do que para eliminá-lo. Se o organismo não fosse obrigado a usar o crescimento do câncer como uma de suas derradeiras táticas de sobrevivência, ele não optaria por essa tentativa final de autopreservação – porque ele não sobreviveria a todas as dificuldades. Como mencionamos anteriormente, a maioria dos tumores (cerca de 90-95%) aparece e desaparece por si só, sem intervenção médica. Milhões de pessoas têm câncer e nem se dão conta. Não há tratamento contra o câncer remotamente comparável ao mecanismo de cura do organismo que, infelizmente, chamamos de *doença*. O câncer não é uma doença: é um mecanismo bastante incomum, mas, ao que tudo indica, altamente eficiente de sobrevivência, cura e autoproteção.

Devemos dar ao corpo humano – o mais desenvolvido e complexo sistema do Universo – um pouco mais de crédito e confiar em sua sabedoria, mesmo sob as mais sombrias circunstâncias.

A tentativa desesperada do corpo para viver

Ninguém deseja ser atacado: isso também se aplica às células corporais. Elas apenas entram em modo defensivo e se tornam malignas se precisarem assegurar a própria sobrevivência, pelo menos enquanto consigam. Uma remissão ocorre quando as células não precisam mais se defender. Como qualquer outra doença, o câncer é uma crise de toxidade que, se concluída naturalmente, irá abandonar seus sintomas de forma espontânea.

Dos 30 bilhões de células que um organismo libera diariamente, pelo menos 1% delas é cancerosa. Isso significa, portanto, que todos nós estamos destinados a desenvolver a doença câncer? Certamente não.

Essas células são produtos de uma *mutação programada* que mantém nosso sistema imune alerta, ativo e estimulado.

A situação se altera quando, por causa de constantes influências de exaustão energética, o corpo não consegue mais lidar adequadamente com a presença continuada de células debilitadas e cancerosas. O resultado é um aumento gradual de congestão nos líquidos intercelulares, afetando o transporte de nutrientes às células e a eliminação dos resíduos celulares. Consequentemente, um grande número de células começa a se decompor, deixando para trás uma massa degradada de fragmentos proteicos. A fim de remover essas proteínas danosas, o organismo gera algumas delas nas membranas basais dos vasos sanguíneos e despeja o restante nos ductos linfáticos, causando uma congestão linfática. Todo esse processo perturba o metabolismo e isola alguns grupos de células a ponto de torná-las fracas e danificadas. Dessas células, algumas sofrem mutação genética e se tornam malignas. Nasce um tumor canceroso e a crise de toxidade atinge seu ápice.

Com a abordagem correta, um tumor do tamanho de um ovo pode regredir espontaneamente e desaparecer em qualquer parte do corpo. A cura tem início quando cessa a crise tóxica que acontece quando deixamos de exaurir a energia do organismo e removemos as toxinas existentes no sangue, ductos biliares, trato gastrointestinal, vasos linfáticos e líquidos tissulares. A menos que o organismo tenha sido seriamente prejudicado, ele é capaz de cuidar de si. A intervenção médica, por outro lado, reduz a possibilidade de remissão espontânea a quase zero em virtude de efeitos supressivos e debilitantes. Somente os indivíduos com constituição física e mental podem sobreviver ao tratamento e curar-se.

A maioria dos cânceres acontece após alertas repetidos. Entre eles:

- Interromper dores de cabeça com analgésicos.[66]
- Curar fadiga com café, chá ou refrigerante.
- Controlar o nervosismo com o uso de nicotina.
- Tomar remédios para afastar sintomas indesejados.
- Impedir que os resfriados sazonais sigam seu curso e passem sozinhos.

---

66. Descubra o que causa a dor e o que acontece quando a suprimimos em "Painkillers – The Beginning of a Vicious Cycle", Capítulo Dois de *Timeless Secrets of Health & Rejuvenation*.

- Não ter tempo para relaxar, rir e se aquietar.
- Evitar conflitos.
- Ter desejo constante de agradar os outros, mesmo sentindo que não merece ou que não é amado.
- Não ter autoconfiança, sempre lutando para se provar.
- Recompensar-se com comida por não se sentir merecedor.

Todos esses sintomas e outros semelhantes são indicadores de risco para o desenvolvimento de câncer ou outras doenças.

Não há diferenças fisiológicas fundamentais entre o desenvolvimento de um simples resfriado e a ocorrência de um tumor cancerígeno. Ambos são tentativas do organismo para se livrar de toxinas acumuladas, mas com graus variados de intensidade. Tomar remédios na tentativa de afastar um resfriado ou uma infecção respiratória, antes de dar ao organismo oportunidade de eliminar as toxinas acumuladas, tem um efeito sufocante nas células e um efeito depressivo no amor-próprio. Força o organismo a manter grandes quantidades de resíduos celulares, substâncias ácidas e, possivelmente, drogas químicas tóxicas no líquido tissular (tecido conjuntivo) em torno das células. Ao repetidamente inibir os esforços do organismo de se purificar, as células são impedidas de se suprir de oxigênio e nutrientes, alterando seu metabolismo básico que, por sua vez, acaba afetando a própria molécula de DNA. O resultado é estarmos desconectados de nós mesmos.

Localizado no núcleo da cada célula, o DNA faz uso de seus 6 bilhões de genes para planejar e controlar cada parte e função do organismo. Sem o suprimento adequado de nutrientes vitais para garantir a sobrevivência da célula, ao DNA só resta alterar seu programa genético. As células mutadas conseguem sobreviver em um ambiente de resíduos tóxicos. Logo, começam a retirar nutrientes de outras células circundantes. Para que essas células privadas de nutrientes sobrevivam, elas precisam se sujeitar à mutação genética, o que provoca a disseminação ou o crescimento do câncer. As células cancerosas são anaeróbicas, o que significa que se desenvolvem e sobrevivem sem o uso de oxigênio.

O ganhador do Prêmio Nobel, dr. Otto Warburg, foi um dos primeiros cientistas a demonstrar a principal diferença entre uma célula normal e uma célula cancerosa. Ambas retiram energia da glicose, mas as células normais utilizam o oxigênio para combinar com a glicose, ao passo que a célula cancerosa desintegra a glicose sem o uso de oxigênio, gerando apenas 1/15 da energia por molécula de glicose produzida pela célula normal. É óbvio que as células cancerosas optam por esse método relativamente ineficaz e improdutivo de obtenção de energia porque não têm mais acesso ao oxigênio. Os capilares que fornecem oxigênio a um grupo de células, ou ao tecido conjuntivo que as circunda (em geral ambos), podem estar seriamente congestionados com material residual danoso, substâncias nocivas, como aditivos e produtos químicos alimentares, proteínas em excesso ou fragmentos celulares decompostos. Assim, elas são incapazes de levar oxigênio e nutrientes suficientes.

Em razão do bloqueio no fornecimento de oxigênio e nutrientes, as células cancerosas têm um apetite insaciável por açúcar. Talvez seja essa a razão pela qual as pessoas que têm compulsão por alimentos açucarados correm mais risco de ter câncer e pacientes com câncer têm vontade de comer grandes quantidades de doces. O principal produto residual da quebra anaeróbica de glicose pelas células cancerosas é o ácido láctico, o que explica por que o organismo de um paciente de câncer é tão ácido em contraste com o organismo alcalino de uma pessoa sadia.

Para lidar com os níveis perigosamente altos de ácido láctico e encontrar outra fonte de energia, o fígado reconverte um pouco do ácido láctico em glicose. Assim, ele usa um quinto da energia por molécula de glicose que uma célula normal obtém da glicose, o que é três vezes a energia que uma célula cancerosa obterá dela. Para alimentar as células cancerosas, o organismo desenvolve novos vasos sanguíneos, enviando mais açúcar em sua direção. Isso quer dizer que, quanto mais as células de câncer se multiplicam, menos energia está disponível às células normais: daí a compulsão por açúcar. Em um organismo tóxico, as concentrações de oxigênio e energia tendem a ser baixas, criando um ambiente em que o câncer se dissemina mais facilmente. A menos que sejam eliminadas as toxinas e a fonte de alimentação do câncer e que haja um aumento elevado nos níveis de oxigênio, o metabolismo ruinoso associado ao câncer torna-se autossustentável e o câncer se espalha ainda mais. Se ocorrer a morte, não será causada pelo câncer, mas pelo desperdício de tecidos corporais e acidose fatal.

Acredita-se agora que a mutação genética seja a principal *causa* do câncer. Na verdade, ela é apenas um *efeito* da fome celular e não passa da tentativa desesperada, mas quase sempre fracassada, de sobrevivência do organismo. Algo semelhante acontece quando usamos antibióticos para lutar contra uma infecção. Os antibióticos matarão a maioria das bactérias causadoras da infecção, mas algumas sobreviverão e reprogramarão seus genes para resistirem aos antibióticos. Ninguém quer morrer, inclusive as bactérias.

A mesma lei da natureza aplica-se às células do organismo. **O câncer é a derradeira tentativa do organismo para sobreviver e não para morrer**, como muitos acreditam. Sem a mutação genética, as células que vivem em um ambiente tóxico e anaeróbico simplesmente sufocariam e morreriam. Como as bactérias atacadas pelos antibióticos, muitas células de fato sucumbem à inundação de toxinas e morrem, mas algumas conseguem se ajustar às mudanças anormais em seu ambiente natural. Elas sabem que irão morrer assim que suas táticas de sobrevivência não conseguirem manter o corpo vivo.

Para entender o câncer e ter mais êxito em seu tratamento do que tem acontecido ultimamente, devemos alterar radicalmente nossa visão sobre ele. É preciso também perguntar qual o seu propósito no organismo e por que o sistema imunológico não consegue impedir sua disseminação. Não basta afirmar que o câncer é uma doença autoimune que visa a matar o organismo. Tal noção (a de que o corpo está cometendo suicídio) vai contra os princípios da vida física. Faz muito mais sentido dizer que o câncer é apenas a tentativa final do organismo para sobreviver.

Ao remover todo o excesso de resíduos do trato gastrointestinal e outros depósitos danosos acumulados nos ductos biliares, no tecido conjuntivo, nos vasos linfáticos e sanguíneos, as células cancerosas devem morrer ou reverter seu programa genético defeituoso. A menos que estejam danificadas demais, elas podem voltar a ser normais e sadias. As células anaeróbicas e as células danificadas que não conseguem se ajustar a um ambiente limpo e oxigenado simplesmente morrem. Ao limpar completamente o fígado e a vesícula de cálculos e outras toxinas, há uma melhora no sistema digestivo e um aumento na produção de enzimas digestivas. As enzimas metabólicas e digestivas possuem propriedades antitumorais bastante poderosas.

Muitas pessoas mundo afora curam seu câncer dessa maneira. Algumas sabem disso porque os tumores diagnosticados entraram em remissão espontânea sem qualquer forma de tratamento, mas a maioria jamais saberá que teve câncer, pois nunca tiveram um diagnóstico. Após um breve período com gripes, tosse com catarro ou febre alta, muitas pessoas eliminam quantidades enormes de toxinas e, com elas, tecido tumoral. Uma pesquisa com pacientes gravemente doentes no MD Anderson Cancer Center de Houston, Texas, nos Estados Unidos, revelou um tratamento que promete matar as células de câncer com injeção de tumores com vírus da gripe. Ainda vai demorar um pouco até que os pesquisadores descubram que alguns resfriados podem ter o mesmo efeito. Portanto, sem interferir com os mecanismos de autorreparo do organismo, é possível ter uma remissão espontânea do câncer, e com um desconforto relativamente menor.

Câncer de próstata

Tratamentos arriscados

Um estudo descobriu que três quartos dos homens diagnosticados com câncer na próstata, ou com risco de desenvolvê-lo, passam por tratamento agressivo, embora esse tipo de câncer tenha desenvolvimento lento e não ameace a vida. E a maioria desses tratamentos tem sérios efeitos colaterais, entre os menores a incontinência urinária e a impotência. O estudo recomendava que o melhor curso de ação é um método de *vigilância ativa*, em que a condição é monitorada e tratada apenas se houver piora.

Ademais, demonstrou não ser confiável o exame antígeno prostático específico (PSA) que identifica o câncer de próstata, ou seu risco, pois ele também detecta inflamações resultantes de uma série de outros fatores. Os médicos identificam o câncer de próstata medindo os níveis do PSA, um marcador de inflamação da próstata. Muitos pacientes são obrigados a fazer a biópsia da próstata, na maioria das vezes para descobrir que não têm câncer. É preciso salientar que esses exames e tratamentos invasivos tornam os pacientes vulneráveis a infecções e complicações posteriores, sem mencionar as superbactérias cada vez mais comuns em hospitais.

E por que correr o risco? É provável que, na vasta maioria, esses casos desapareçam por si sós.

De fato, há evidências suficientes para sugerir que a maioria dos cânceres de próstata desaparece sozinha mesmo sem tratamento. Uma pesquisa sueca de 1992 revelou que, de um total de 223 homens que tinham câncer de próstata precoce mas não receberam *qualquer* tipo de tratamento, apenas 19 morreram no período de dez anos posteriores ao diagnóstico. Considerando que um terço dos homens na Comunidade Europeia tem câncer de próstata, mas apenas 1% deles morre (não necessariamente de câncer), o tratamento é bastante questionável, especialmente porque a pesquisa revelou que o tratamento da doença não diminuiu os índices de mortalidade.

Além disso, as taxas de sobrevivência são mais elevadas nos grupos de homens cujo *tratamento* consiste apenas em vigilância ativa em comparação com os grupos que passam por cirurgia. Na ressecção transuretral de próstata (RTU), um tubo de 6,35 milímetros é inserido no pênis sob a base da bexiga e a próstata é cauterizada com um bisturi elétrico. Longe de ser seguro, um estudo demonstrou que, um ano após o procedimento, 41% dos homens tiveram incontinência crônica da bexiga, sendo obrigados a usar fraldas, e 88% ficaram impotentes.

Mesmo o exame Antígeno Prostático Específico (PSA) para detecção de câncer da próstata pode ter sérias consequências. Alguns estudos demonstraram que houve mais mortes entre os homens que fizeram o exame PSA do que entre os que não fizeram. Um editorial do *British Medical Journal* avaliou o exame de PSA com o seguinte comentário: "No momento, a única certeza sobre o PSA é a de que causa danos". Após um resultado positivo do exame de PSA, em geral é feita uma biópsia da próstata: procedimento doloroso que pode resultar em sangramento e infecção. Evidências sugerem que boa parte dessas biópsias é totalmente desnecessária, pois elas podem ser mortalmente perigosas. A cada ano, 98 mil pessoas morrem nos Estados Unidos, vítimas de erros clínicos, inclusive após um PSA.

Outro problema sério do exame PSA é sua não confiabilidade. Um estudo americano, feito em 2003, pelo Memorial Sloan-Kettering Cancer Center, da cidade de Nova York, revelou que metade dos homens com níveis de PSA suficientemente altos para recomendação de biópsia refez os exames e estes apresentaram níveis normais de PSA. De fato, os médicos do Fred Hutchinson Cancer Research Center de Seattle estimaram que os exames de PSA podem resultar em uma taxa de sobrediagnóstico de 40%. Para piorar, um estudo intrigante descobriu que 15% de idosos cujos exames de PSA eram considerados perfeitamente normais tinham câncer de próstata: alguns com tumores relativamente avançados (veja referências e links).

Há outros exames mais confiáveis do que este. O menos conhecido, o exame sanguíneo AMAS (exame anticorpo antimaligno), é bastante seguro, econômico e tem uma taxa de precisão de mais de 95% na detecção de qualquer tipo de câncer. Os níveis de anticorpos antimalignos tornam-se elevados quando há a presença de células cancerígenas no organismo que podem ser detectadas vários meses antes de outros exames clínicos. Para saber mais sobre o AMAS e sua documentação científica, acesse: <http://www.oncolabinc.com/>.

Se os homens aprendessem a evitar o acúmulo de toxinas no corpo, o câncer de próstata poderia ser o câncer menos comum e danoso de todos. O tratamento agressivo do câncer precoce de próstata é um assunto controverso, mas deveria ser para todos os tipos de câncer, em qualquer estágio de desenvolvimento, especialmente quando abordagens simples, como a limpeza de órgãos de eliminação, uma dieta equilibrada e descongestionante e uma exposição regular ao sol podem proporcionar ao organismo o que ele precisa para afastar o câncer.

Há alguns outros remédios naturais para a hipertrofia da próstata: o extrato de urtica dioica ("*nettle root*"), por exemplo, mostrou-se mais eficaz do que os fármacos convencionais no tratamento da hipertrofia da próstata.

Nozes e romãs também contêm compostos que inibem a interação das células cancerígenas da próstata com a testosterona e sua disseminação. Também é benéfico aumentar a ingestão de ômega-3 e diminuir o nível de colesterol com a prática regular de exercícios e uma dieta saudável.

Outro remédio natural, o café, comumente depreciado pelos profissionais de saúde, também é bastante benéfico. No passado, escrevi apenas sobre os efeitos negativos do café, mas devo admitir que ele possui benefícios positivos incríveis, especialmente para os homens. Embora o café possa causar desidratação, com seus efeitos colaterais sérios, para quem se mantém hidratado o café pode ser um salva-vidas.

Os cientistas da Faculdade de Saúde Pública da Universidade de Harvard, nos Estados Unidos, sugeriram que o café (descafeinado ou não) pode reduzir o risco letal de câncer de próstata em até 60%, além de prevenir uma série de outras doenças, como a de Parkinson, diabetes tipo 2, cálculos na vesícula, câncer hepático e cirrose. O mesmo acontece com o câncer de mama. Os vários compostos antioxidantes naturais presentes no café podem reduzir a inflamação e regular a insulina. O chá verde tem efeitos semelhantes com menos cafeína do que uma xícara de café.

Evite todos os laticínios (menos manteiga sem sal). Um estudo feito pela universidade americana de Harvard, em 1998, descobriu um aumento de 50% no risco de câncer de próstata e quase o dobro de metástase do câncer de próstata entre os que consomem grande quantidade de laticínios. Os pesquisadores atribuíram esse risco a um aumento na quantidade de ingestão de cálcio que, já se sabe, aumenta o risco de câncer. Outro estudo de Harvard, publicado em 2001, acompanhou o consumo de laticínios em uma população de 20.885 homens e descobriu que, entre os que consumiam quantidades mais altas de laticínios, 32% apresentavam mais risco de desenvolver câncer de próstata.

A ingestão excessiva de cálcio pode causar as seguintes complicações:
- Cálculos renais.
- Artrose/osteoartrite e degeneração vascular.
- Calcificação do tecido mole.
- Hipertensão e derrame.
- LDL Colesterol elevado.
- Problemas gastrointestinais.
- Distúrbios de humor e depressivos.
- Fadiga crônica.
- Deficiências minerais, como magnésio, zinco, ferro e fósforo.
- Interferência nos efeitos de proteção anticâncer da vitamina D.

Sobre a hipertrofia da próstata

As medicações prescritas para a hipertrofia da próstata estimulam a conversão de testosterona em estrogênio, o que pode aumentar o risco de câncer. Os homens que tomam essas medicações apresentam ginecomastia (aumento das mamas). É preciso cuidado ao ingerir alimentos ricos em estrogênios, como a soja e outros. Há maneiras melhores de prevenir a hipertrofia da próstata. Em um estudo publicado no *British Journal of Urology International*, pesquisadores da Universidade de Chicago revisaram quase 20 estudos que testaram Permixon,* um extrato de saw palmetto (*Serenoa repens*). Os resultados foram bastante positivos: aumento do fluxo urinário, redução da urgência e da dor miccional, melhor esvaziamento da bexiga, redução do tamanho da glândula prostática após dois anos e significativa melhoria na qualidade de vida. Em um estudo clínico, o extrato de saw palmetto produziu resultados positivos semelhantes aos das medicações, mas sem a ocorrência de disfunção sexual que em geral acompanha o uso destas. Há outros suplementos disponíveis que são tão eficazes quanto o Permixon. Procure medicamentos que contenham beta-sitosterol, ou éster de esterol, que são ainda melhores que o saw palmetto.

Um estudo chinês demonstrou que beber cinco xícaras de chá verde diariamente pode retardar o crescimento do câncer de próstata. O estudo foi publicado em 7 de outubro de 2003 no *International Journal of Câncer* (Volume 108. Edição 1, p. 130-5). Pesquisa feita em 2007 (*Japan Public Health Center-based Prospective study*, 2007) mostrou que com a ingestão de chá é possível cortar pela metade o risco de desenvolver o câncer de próstata. Outra pesquisa, ainda, mostrou que o chá preto também tem benefícios profundos, pois reduz a hipertrofia da próstata e o câncer nos homens que bebem apenas cinco xícaras por semana. O chá preto também previne o câncer de próstata.

Um remédio poderoso consiste em beber o suco de brócolis cozidos em cerca de 500 ml de água. Deve-se beber metade do suco pela manhã com o estômago vazio e a outra metade no começo da noite, repetindo todos os dias até o desaparecimento da hipertrofia ou do câncer. Os resultados aparecem no período de uma semana.

O produto "Próstata e Ovários Saudáveis"**(*Healthy Prostate & Ovary*) é uma mistura de ervas chinesas e vietnamitas tradicionalmente conhecidas por promover a saúde dos ovários, próstata, mamas e outros órgãos e tecidos. Ele também auxilia na desintoxicação e produção de energia e melhora a reação imunológica do organismo. Contém extratos de raiz de astrágalo, raiz de alisma, folhas de *crinum*

---

*   N.T.: Fabricado pela Pierre Fabre Medicament, não disponível no Brasil. Há suplementos desse princípio ativo à venda nas farmácias de produtos naturais.
**   N.T.: Suplemento não comercializado no Brasil.

latifolium, folhas de melão amargo ou de melão-de-são-caetano, folhas de papaia e folhas de graviola. Aparentemente, os homens e as mulheres vietnamitas que tomam as folhas de *crinum latifolium* raramente sofrem de males no sistema reprodutivo.

No caso de ocorrência de manchas vermelhas no pênis, deve-se massageá-lo duas vezes por dia com gel de babosa. Muitos problemas na próstata são causados por depósitos/cristais urinários no pênis que desaparecem com a aplicação do gel. A irritação da pele desaparece em questão de dias.

No caso de hipertrofia da próstata, recomendo uma série de limpezas do fígado e uma ou várias limpezas de rim.[67]

Por que muitos cânceres desaparecem naturalmente?

Cada crise de toxidade, seja de um câncer ou de um resfriado, é, na verdade, uma crise de cura que, quando sustentada por medidas de purificação, leva a uma recuperação rápida. Contudo, caso não haja a interferência de medidas de eliminação dos sintomas, uma *recuperação* de curto prazo pode se transformar em uma doença crônica. Infelizmente, os oncologistas não ousam ou não querem encontrar uma cura natural para o câncer, já que não foram treinados ou pagos para isso; e, caso isso aconteça, a cura nunca será tornada pública.

De fato, há tentativas ocasionais feitas por médicos e pesquisadores importantes de publicar o sucesso de terapias alternativas contra o câncer em revistas médicas e científicas. Na maioria das vezes, elas são consideradas *charlatanismo*, apesar dos sucessos excepcionais obtidos por muitos desses chamados *charlatães*. Por exemplo, o ex-presidente do Sloan Kettering Institute for Cancer Research (hospital-escola da Faculdade de Medicina de Cordell, nos Estados Unidos) e indicado três vezes ao Prêmio Nobel, dr. Robert Good, apesar de sua trajetória impecável, não conseguiu publicar o que, segundo ele, era *muito controverso* e confrontava a sabedoria convencional.*

Por que as revistas médicas não publicam estudos científicos sobre terapias alternativas contra o câncer? A resposta parece óbvia quando se leem afirmações como esta, feita em 1978, pelo editor de

---

67. Para o passo a passo, veja *A Limpeza do Fígado e da Vesícula*.
* N.E.: Embora o autor tenha conhecido a obra desse médico em 2011, não havia informação de domínio público sobre ele à época da publicação deste livro (2016).

uma revista médica importante em resposta ao pedido de publicação feito pelo dr. Good: "*O senhor não percebe que isso é uma fraude?*". Imagine a resposta que a comunidade médico-científica daria se lhe fosse dito que muitos cânceres desaparecem sem qualquer tipo de tratamento.

O câncer de mama é um dos tumores mais comuns e com mais tratamentos. A maioria dos médicos não sabe ou não informa às pacientes que um dos tipos mais comuns de câncer de mama, o *carcinoma ductal in situ* (DCIS), é de difícil detecção, não invasivo e quase assintomático. Não é de se surpreender que os diagnósticos de DCIS dispararam apenas com o surgimento da mamografia. O melhor tratamento para esse câncer é o monitoramento e alterações nos hábitos de vida – no entanto, basta o mero diagnóstico dessa *ameaça* para convencer as mulheres de que a única opção é a radioterapia, a quimioterapia, a cirurgia e outros tratamentos convencionais, geralmente caros, agressivos e prejudiciais, que podem criar problemas antes inexistentes para a portadora.

Enquanto isso, a indústria médica recusa-se a fazer uma distinção entre os tipos invasivos de câncer de mama e o DCIS, insistindo que a medicina convencional procura *salvar vidas* detectando precocemente e tratando desnecessariamente essa condição geralmente inofensiva. Infelizmente, para a medicina tradicional é bem mais provável que o índice de sobrevivência de dez anos de pacientes de DCIS, que está na casa de 96-98%, não seja em razão de sua *expertise*, mas simplesmente da benignidade desse câncer.

A professora de oncologia da Escola de Medicina da Universidade de Yale, nos Estados Unidos, dra. Rose Papac, afirmou certa vez que quase não há oportunidade atualmente de observar o que acontece se o câncer deixar de ser tratado. "Todos se sentem compelidos a tratar imediatamente assim que detectam essas doenças", disse ela, que estudou casos de remissões espontâneas de câncer. Tomadas pelo medo e, por vezes, paranoia a fim de encontrar um remédio rápido para curar a doença temível, muitas pessoas não dão oportunidade para que o organismo se cure, optando pela destruição de algo que não precisa ser destruído. Talvez isso explique por que remissões espontâneas ocorrem em relativamente poucos pacientes com câncer.

Por outro lado, inúmeros pesquisadores, ao longo dos anos, têm relatado que várias enfermidades, como febre tifoide, coma, menopausa, pneumonia, catapora ou até hemorragia podem desencadear remissões espontâneas do câncer. Contudo, inexistem explicações oficiais sobre a relação entre remissões espontâneas e o desaparecimento do câncer. Por serem fenômenos inexplicáveis, sem base científica aparente, não são usados nas pesquisas sobre o câncer. Consequentemente, não há interesse da comunidade científica em descobrir o mecanismo de cura espontânea do organismo. Essas curas milagrosas parecem ocorrer com mais frequência em certos tipos de malignidade: câncer renal, melanoma, linfomas e neuroblastoma (câncer das células nervosas que atinge crianças de 2 a 4 anos).

Considerando que a maior parte dos órgãos corporais tem funções de eliminação, é razoável admitir que o câncer hepático, renal, colorretal, pulmonar, linfático e de pele desapareçam com mais facilidade quando esses órgãos e sistemas não estejam carregados de toxinas. Da mesma forma, os tumores malignos não se desenvolvem em um organismo saudável com funções de defesa e restauração intactas. Eles só florescem em um ambiente interno específico que estimula e promove seu crescimento. A limpeza desse ambiente, por quaisquer meios, pode fazer uma tremenda diferença na cura do câncer.

A menos que se reprima, ou combata uma crise de toxidade, como pneumonia ou catapora, remove grandes quantidades de toxinas, auxiliando as células a respirar livremente de novo. Febre, suor, perda de sangue, secreções de muco, diarreia e vômito são meios adicionais de liberação de toxinas do organismo. Após a exterminação e remoção das toxinas sem entraves, o sistema imunológico recebe um reforço natural e necessário. Um estímulo imune renovado, com base na redução da toxidade geral no organismo, pode ser suficiente para eliminar um tumor maligno que não tenha mais função para sua sobrevivência. Por mais indesejadas que sejam, a catapora, a pneumonia, a febre ou outros sintomas são uma dádiva divina (para usar uma expressão não científica) para salvar uma pessoa. A recusa dessa dádiva pode custar uma vida.

Há muitas mortes desnecessárias entre aqueles que são impedidos de percorrer todas as etapas de uma doença, que nada mais é do que a tentativa do organismo de criar vias de fuga para o escoamento de substâncias venenosas. O bloqueio de rotas de saída desses venenos, que acontece quando os sintomas estão sendo tratados, pode sufocar o organismo e interromper suas funções vitais. O organismo tem uma tendência e a capacidade inatas de se autocurar. Os tratamentos médicos devem se limitar a ajudar o organismo nesse esforço, sem interferências. O modelo médico existente baseia-se na supressão e na intervenção, não na assistência e apoio. Esse princípio aplica-se em especial aos programas modernos de vacinação e outros fatores raramente considerados.

Capítulo Cinco

Outros Riscos Importantes de Câncer

Vidas tóxicas

Todos nós temos ciência de que vivemos em um mundo cada vez mais tóxico. Flúor na água, mercúrio nas obturações dentárias, bisfenol A (BPA) em recipientes plásticos, pesticidas nos alimentos e hábitos de vida cada vez mais sedentários, todos esses fatores altamente tóxicos não fazem bem algum a nosso organismo.

Flúor

Há muito tempo, o flúor foi considerado uma cura para as cáries. Todavia, essa neurotoxina, e poluente industrial potente, não é tão benéfica quanto cinco décadas de propaganda nos fizeram acreditar. Os americanos gastam até 50 bilhões de dólares por ano nos tratamentos de cárie com flúor. Um estudo sugeriu que a camada protetora deixada no esmalte dos dentes pelo flúor é de apenas seis nanômetros de espessura, ou seja, 10 mil vezes mais fino que um fio de cabelo. É de se duvidar se essa quantidade insignificante de flúor irá proteger o esmalte dentário.

E mais, não há evidência científica alguma de que a ingestão de flúor na água proporciona qualquer benefício aos dentes. Todavia, o flúor é uma toxina que, ingerida, pode causar sérios problemas de saúde. Há uma ligação entre sua ingestão e a redução do QI e danos cerebrais em crianças. Quarenta por cento das crianças americanas também apresentam sinais de fluorose dental, o que indica superexposição a essa toxina.

Com o tempo, o flúor pode se acumular nos tecidos corporais e levar a outros graves problemas de saúde, como um aumento na absorção de chumbo, interrupção na síntese do colágeno, hiperatividade e/ou letargia, distúrbios musculares, artrite, demência, fraturas ósseas, diminuição das funções da tireoide, inibição da formação de anticorpos, danos genéticos e morte celular, perturbações no sistema imunológico, infertilidade e até câncer ósseo. Um sistema reverso de osmose é o modo mais confiável de remoção do flúor da água.

A causa real da cárie é um excesso de ácidos criados pelo açúcar, à medida que ele é metabolizado por bactérias. O interessante é que muitas culturas que não fazem higiene dental convencional não têm cáries, pois não consomem a quantidade imensa de açúcar comum à dieta americana, em que a fonte principal de calorias é o xarope de milho, que contém alto nível de frutose.

Produtos químicos na cozinha e banheiro

Pesquisadores descobriram que a maioria das gestantes tem diversos produtos químicos no corpo, inclusive alguns proibidos desde os anos 1970. Muitas dessas toxinas são largamente encontradas em produtos de uso diário na cozinha, banheiro, escritórios, nos produtos alimentícios e de cuidados pessoais. Por meio da análise de cerca de 160 produtos químicos diferentes, os cientistas detectaram no sangue e nos tecidos de quase todas as mulheres analisadas os seguintes compostos químicos: bifenilas policloradas (PCB), pesticidas organoclorados, compostos perfluorados (PFC), fenóis, éteres difenílicos polibromados (PBDE), ftalatos, hidrocarbonetos aromáticos policíclicos (PHA) e percloratos.

Bifenilas policloradas (PCB – do inglês *polychlorinated biphenyls*):* esse composto químico foi responsável por câncer e desenvolvimento anômalo do cérebro em fetos. Embora banido há décadas, continua a poluir o ambiente.

Pesticidas organoclorados: são, na maioria, inseticidas (DDT inclusive) comuns na produção agrícola convencional e no abastecimento

---

* N.T.: No Brasil, é promulgada em 1981 a Portaria Interministerial 019 (MIC, MI, MME) que proíbe a comercialização e uso das PCBs em todo o território nacional. Nunca houve a fabricação de bifenilas policloradas no Brasil. Os países produtores eram: Áustria, China, Tchecoslováquia, França, Alemanha, Itália, Japão, Rússia, Espanha, Reino Unido e Estados Unidos. As PCBs importadas para os usos dispersivos já haviam se dissipado no ambiente à época da edição da portaria. Portanto, os estoques remanescentes estarão nos equipamentos elétricos. (Fonte: Ministério do Meio Ambiente – Estudo sobre as bifenilas policloradas proposta para atendimento à "Convenção de Estocolmo", Anexo a – Parte II.)

de alimentos. No organismo, deterioram-se lentamente, acumulando-se nos tecidos adiposos. Foram associados a danos neurológicos, más-formações fetais, mal de Parkinson, doenças respiratórias, disfunções no sistema imunológico, disrupção endócrina e, claro, câncer.

Compostos perfluorados (PFC – do inglês *perfluorinated compounds*): essas substâncias são usadas em panelas e recipientes antiaderentes. Pesquisas associaram-nas à diminuição do tamanho e peso de bebês recém-nascidos e, portanto, com risco de problemas no desenvolvimento.

Fenóis: encontrados em diversos produtos de cuidados pessoais e detergentes caseiros. Podem prejudicar o coração, pulmões, fígado, rins e olhos, além de desregular o sistema endócrino.

Éteres difenílicos polibromados (PBDES – do inglês *polybrominated diphenyl ethers*): são retardadores de chama usados em TVs, computadores, sofás e outros aparelhos e utensílios domésticos. Eles desregulam a liberação de hormônios e afetam negativamente o aprendizado e a memória.

Ftalatos: esses desreguladores endócrinos estão presentes em pisos vinílicos, detergentes, alguns tipos de plástico, produtos de cuidados pessoais, como sabonetes, desodorantes e sprays de cabelo, sacos plásticos, brinquedos e até sacos para armazenamento de sangue e tubos intravenosos.

Hidrocarbonetos aromáticos policíclicos (PHAS – do inglês *polyciclic aromatic hydrocarbons*): esses poderosos carcinógenos são liberados pela combustão de substâncias, como a gasolina ou o lixo.

Percloratos: sais derivados do ácido perclórico usados na indústria de defesa e de pirotecnia. Por serem solúveis em água, está ocorrendo contaminação ambiental em várias regiões do mundo. Essas substâncias perturbam a produção hormonal e a função tireoidiana, além de causar problemas de desenvolvimento em fetos.

Bisfenol-A (BPA):* é um desregulador endócrino que pode prejudicar o desenvolvimento fetal. Encontrado em plásticos, ele

---

* N.T.: Por precaução, alguns países, inclusive o Brasil, optaram por proibir a importação e fabricação de mamadeiras que contenham bisfenol – A, considerando a maior exposição e susceptibilidade dos indivíduos usuários desse produto. Essa proibição está vigente desde janeiro de 2012 e foi feita por meio da Resolução RDC n. 41/2011. Assim, mamadeiras em policarbonato não podem ser comercializadas no Brasil. Para as demais aplicações, o BPA ainda é permitido, mas a legislação estabelece limite máximo de migração específica dessa substância para o alimento que foi definido com base nos resultados de estudos toxicológicos (fonte: Anvisa).

entrou no radar do consumidor consciente por ser uma substância tóxica perigosa. Nos últimos anos, as empresas começaram a fornecer alternativas livres de BPA em resposta às exigências do consumidor por produtos mais seguros. Os defensores da saúde natural também estão alertando sobre o **estireno**, aditivo químico usado em copos descartáveis e recipientes de isopor. O Departamento de Saúde e Serviços Humanos dos Estados Unidos vem sendo pressionado, há tempos, pela indústria química a ignorar os riscos representados por essas toxinas, porém teve de incluir essas duas substâncias no rol de carcinógenos conhecidos.[68]

Como era de se esperar, a indústria química rapidamente denunciou essa postura, argumentando que a exposição ao BPA e ao estireno não apresentam perigo significativo. Nem mesmo a ACS exortou o público a interromper o uso de comidas enlatadas, garrafas ou recipientes plásticos e de isopor, embora eles estejam repletos desses carcinógenos.*

É alarmante o grau de disseminação dessas substâncias químicas no meio ambiente. Um estudo feito pelo EWG examinou as amostras sanguíneas de recém-nascidos e descobriu 287 toxinas (entre elas mercúrio, pesticidas e PFCs). Fetos, bebês e crianças são especialmente vulneráveis, o que contribuiu para os altos índices de defeitos congênitos, asma, alergias e transtornos do neurodesenvolvimento.

Benzoato de sódio

Outro produto químico bastante comum e altamente carcinogênico, o benzoato de sódio é usado como conservante alimentar. Embora o ácido benzoico esteja presente naturalmente em muitas frutas, sua versão química é sintetizada em laboratório a partir da reação do ácido benzoico com hidróxido de sódio.

Infelizmente, ele é um dos mais baratos e mais eficazes inibidores fúngicos do mercado e, como era de se esperar, o FDA insiste que os níveis usados na conservação dos alimentos são seguros. O mais chocante é encontrar essa toxina em alimentos rotulados *naturais*. É particularmente perigoso quando associado à vitamina C ou E, pois

---

68. <http://ntp.niehs.nih.gov/go/roc12>.
* N.E.: Isso deve ter mudado a partir de 2016.

resulta na criação do benzeno, um conhecido agente cancerígeno. Ele sufoca os nutrientes e priva as mitocôndrias de oxigênio. Se congestionar os tecidos, pode causar o mal de Parkinson, a degeneração neurológica e o envelhecimento precoce. Nenhum teor de benzoato de sódio é verdadeiramente seguro, e sua acumulação gradual pode aumentar sobremaneira o risco de câncer.

Mercúrio

Um estudo feito pelo Serviço Geológico dos Estados Unidos descobriu mercúrio em todas as amostras de peixes desse país. As concentrações elevadas de mercúrio são encontradas nos peixes e nas espécies que deles se alimentam, mesmo em áreas remotas do planeta. Segundo a CDCP, comer peixe apenas duas ou três vezes por semana aumenta em mais de sete vezes os níveis de mercúrio no organismo.

Obturações e vacinas também são fonte de mercúrio, uma neurotoxina perigosa a ser evitada. Os bebês e os fetos são particularmente vulneráveis e, quando expostos ao mercúrio, podem apresentar retardo mental, paralisia cerebral, surdez e cegueira. Como resumiu o neurologista pediátrico da Clínica Mayo, dr. Suresh Kotagal: "Não há lugar para o mercúrio nas crianças".

Álcool, alumínio e câncer de mama

O risco de câncer de mama aumenta em resposta ao excesso na produção de estrógeno, que causa a elevação nos níveis de ferro livre. O ferro aglutina-se normalmente no sangue (chamada transferrina) e nas células (ferritina) – contudo, o aumento de estrógenos no organismo resultante do consumo de soja, certos medicamentos, plásticos e outras toxinas, bem como as produzidas naturalmente pelas células adiposas, podem liberar o ferro de sua forma aglutinante, causando grave inflamação e radicais livres.

O consumo de álcool e a absorção de alumínio (de antiperspirantes, vacinas, recipientes, etc.) também podem aumentar os níveis de ferro livre. Um estudo descobriu que até o consumo moderado de álcool, de três-seis doses por semana, aumentou em 15% o risco de câncer de mama. O consumo elevado de álcool, 30 ou mais doses por semana, significa um risco de 50%. Um dos pesquisadores, dr. James Garbutt, da Universidade da Carolina do Norte em Chapel Hill, nos

Estados Unidos, afirmou: "A descoberta importante desta pesquisa, que acompanhou várias mulheres por certo período de tempo, foi confirmar a associação entre consumo de álcool e câncer de mama. É uma observação importante da qual as mulheres devem se conscientizar".

O sedentarismo mata

É cada vez mais comum o sedentarismo no Ocidente: passar o tempo sentado em uma mesa ou em frente à TV, em lugar de fazer uma atividade física. Cada vez mais, os especialistas em saúde alertam sobre o perigo do sedentarismo que, para eles, é igual ao do cigarro. O dr. David Coven, cardiologista do Centro Hospitalar de St. Luke's Roosevelt, nos Estados Unidos, afirmou: "O fumo é um fator de risco cardiovascular importante, e ficar sentado também".

As pesquisas vêm associando de forma consistente a inatividade crônica com uma infinidade de problemas de saúde, como doenças cardíacas, obesidade, diabetes, câncer e morte prematura. Contudo, mesmo exercícios moderados (30 minutos de caminhada leve) podem fazer maravilhas nesse sentido, pois ajudam a controlar o peso, diminuir o estresse, a ansiedade e a depressão.

Esse problema não se limita a adultos: as crianças também não estão se exercitando e, portanto, sofrem mais precocemente as consequências que as gerações anteriores. Entre uma batelada de deveres escolares, *videogames* e muita TV, as crianças estão ganhando peso mais cedo e preparando-se para uma vida com problemas de saúde.

Qualquer atividade é melhor do que nada: caminhar, andar de bicicleta, nadar. Não permita que o sedentarismo do mundo moderno leve a problemas de saúde facilmente preveníveis.

Vacinação: uma bomba-relógio?

Além de prejudicar sistemas imunológicos vulneráveis, as vacinas são conhecidas por infligir ao organismo um coquetel de substâncias tóxicas, como o alumínio. De fato, a quantidade de exposição ao alumínio resultante dessas vacinas, como as vacinas contra antraz, hepatite e tétano, excede até os padrões altamente questionáveis do FDA. Um estudo descobriu que recém-nascidos recebem doses de alumínio que excedem 20 vezes o limite de segurança (5 mg/kg/dia) e, aos 6 meses de idade, essa dose excedeu 50 vezes o limite.

Outros Riscos Importantes de Câncer

O alumínio acumula-se nos tecidos e pode expulsar o ferro de suas proteínas protetoras, o que, por sua vez, aumenta sobremaneira o risco de câncer de mama e de outras doenças relacionadas ao ferro, tal como a degeneração hepática, doença neurodegenerativa, diabetes, insuficiência cardíaca e arteriosclerose.

Outra campanha de vacinação contra a "gripe suína" (H1N1) não deu certo, pois 12 países diferentes argumentaram que ela causa narcolepsia, um distúrbio crônico do sono responsável por sonolência diurna excessiva. Os narcolépticos podem ter ataques de sono repentinos e sem aviso. A Finlândia, por exemplo, relatou que as crianças vacinadas contra a H1N1 tinham 900% mais probabilidade de desenvolver a narcolepsia do que as não vacinadas. Todavia, a OMC continua a exaltar os benefícios questionáveis (mas bastante lucrativos para a indústria farmacêutica) dessas vacinas, inclusive do Pandemrix© fabricado pela GlaxoSmithKline (GSK). Essa não foi a primeira vez, entretanto, que a OMC fabricou *pandemias* a fim de fomentar o medo e gerar um grande fluxo de caixa para a indústria farmacêutica. A GSK, por exemplo, teve um lucro de 1,4 bilhão de dólares, no ano 2010, em decorrência do medo da *gripe suína*.

A erradicação das doenças infantis pelos programas de imunização artificial aumenta o risco de câncer entre as crianças. Catapora, sarampo e outros programas de autoimunização natural (erroneamente chamadas de *doenças infantis*) ajudam a dotar o sistema imunológico da criança com a capacidade de neutralizar, com maior eficiência, os agentes causadores de doenças potenciais sem ter de enfrentar uma crise de toxidade importante.

Com mais de 550 mil mortes/ano somente nos Estados Unidos, a justificativa para os programas obrigatórios de imunização nesse país é altamente questionável. A abordagem convencional, sem embasamento científico, para determinar a imunidade pode prejudicar e anular os programas de autoimunização do organismo, bem mais superiores. O organismo obtém a imunidade natural pela exposição a patógenos e, ocasionalmente, a uma crise de cura, que elimina de forma natural as toxinas geradoras de câncer. As vacinas, por outro lado, reprimem a imunidade natural, substituindo-a pela imunidade falsa.

Todas as vacinas reduzem as funções imunológicas. Em conjunto, o coquetel de substâncias químicas tóxicas e metais com os vírus e o DNA/RNA dos tecidos animais nas vacinas prejudicam o sistema imunológico. A maioria das vacinas tem neurotoxinas e carcinógenos. Estas são as substâncias que têm sido injetadas em organismos sadios: alumínio, timerosal, formaldeído, fenol, neomicina, estreptomicina e uma variedade de outros fármacos, acetona, glicerina (que pode causar a morte), hidróxido de sódio, sorbitol, gelatina hidrolisada, cloreto de benzetônio, metilparabeno e outras substâncias químicas conhecidas por causar câncer ou suspeitas de causá-lo [Conscious Rasta Report vol. 3, no. 9: *Epidemic*].

As vacinas reduzem os neutrófilos ou leucócitos polimorfonucleares (PMN),[69] a viabilidade de leucócitos, a hipersegmentação de neutrófilos e a contagem de glóbulos brancos – fatores essenciais para manter um sistema imunológico saudável e, portanto, rastrear as mutações celulares diárias. É loucura sacrificar a natural imunidade adquirida com uma situação de imunidade temporária e incompleta contra uma ou diversas doenças, inclusive doenças infantis inócuas.

As vacinas também roubam o corpo de nutrientes que aumentam a imunidade, como as vitaminas C, A e o zinco, essenciais para desenvolver ou fortalecer o sistema imunológico. Os venenos presentes nas vacinas impedem o desenvolvimento de um sistema imunitário sadio nas crianças, tornando-as suscetíveis a diversas doenças no futuro. Será que existem vacinas seguras?

"A única vacina segura é a que nunca é usada." Essa afirmação foi feita por James Shannon, ex-diretor dos NSH dos Estados Unidos. As crianças são as mais vulneráveis, pois seu sistema imunológico praticamente não tem defesas contra os venenos presentes nas vacinas. Outro fator adverso é o fato de as crianças não estarem recebendo imunidade pelo leite materno (já que as mães também são vacinadas e não produzem mais anticorpos). As crianças morrem oito vezes mais rapidamente do que o normal após uma injeção de DPT, a vacina tríplice bacteriana. James Shannon entendeu isso quando disse: "Nenhuma vacina pode ser considerada segura antes de ser aplicada nas crianças".

O ex-presidente americano George W. Bush fez uma afirmação que ficou famosa: "Nunca tomei vacina contra gripe nem pretendo". Será que ele sabe algo que não sabemos?

---

69. PMNS são as defesas do organismo contra bactérias e vírus patogênicos.

Pesquisadores do Centro Médico da Universidade de Chicago, nos Estados Unidos, afirmam que 98 milhões de americanos que receberam a vacina de poliomielite nos anos 1950 e 1960 podem chegar a ter câncer cerebral. O dr. Jonas Salk, reverenciado como deus farmacológico que inventou a vacina de poliomielite, tem sido exposto como um criminoso que fez experimentos ilegais em pacientes mentais em sua busca por uma vacina lucrativa.

Outra vacina *malsucedida*: na metade de 2011, o Reino Unido descartou vacinas de pneumonia após se dar conta de que elas não funcionavam.

Maurice Ralph Hilleman, virologista e inventor de oito das 14 vacinas comumente recomendadas, e funcionário antigo da Merck, admitiu que as vacinas representam um risco de câncer e de outros vírus, inclusive o HIV e a AIDS.

Em última instância, é irrelevante se as vacinas causam câncer direta ou indiretamente, já que em nenhum caso elas são benéficas. É importante saber que os programas convencionais de imunização podem impedir o organismo de desenvolver uma crise de cura que potencialmente salva vidas. Todas essas diferentes vacinas dadas a milhões de crianças e adultos todos os anos afetam a capacidade do organismo de se curar. As vacinas contêm moléculas proteicas que entopem os vasos linfáticos e os linfonodos, fazendo com que os resíduos metabólicos e as células mortas fiquem presos nos tecidos conjuntivos. O mesmo efeito prejudica a eficácia das células imunes que circulam na linfa.

A ligação entre vacina e autismo agora está clara

Ainda há discussões sobre a probabilidade de as vacinas prejudicarem o organismo a ponto de causar o autismo. Contudo, um estudo intitulado "Cientistas temem a ligação entre MMR e autismo" descobriu a presença do vírus de sarampo em 70 das 82 crianças autistas examinadas. O mais importante, nenhum dos vírus era da linhagem de vírus selvagem, mas de linhagens do vírus *seguro* (sarampo, caxumba e rubéola). O estudo parece confirmar as descobertas do médico britânico Andrew Wakefield, que causou rebuliço, em 1998, ao sugerir uma ligação possível. A existência do vírus do sarampo no trato gastrointestinal de muitas dessas crianças diagnosticadas com autismo regressivo certamente sustenta a afirmação controversa do dr. Wakefield de que esse tipo de inflamação no trato gastrointestinal, a qual chamou de enterocolite autística, pode causar autismo nas crianças.

De fato, as descobertas do dr. Wakefield foram bastante inconvenientes para a indústria farmacêutica que respondeu com alegações de falsificação de dados. "O Departamento de Saúde e uma parte da mídia quiseram rejeitar nossa pesquisa como insignificante. A desculpa era que ninguém fizera as mesmas descobertas que nós. O que não disseram é que ninguém antes tinha procurado."

O histórico da indústria com as vacinas é notoriamente desonesto. Por exemplo, as vacinas não são testadas cientificamente, a não ser em raros casos, com placebos adequados, como a solução salina, mas usam outras vacinas como seu *placebo* a fim de esconder os efeitos danosos das vacinas que estão sendo testadas. Os ingredientes dessas vacinas são nada menos que aterrorizantes, como outros vírus não informados nos rótulos, DNA de animais mortos, mercúrio, alumínio e formaldeído. O que é pior, ao serem injetadas no organismo, as vacinas não passam pelo sistema digestivo que, de outra forma, filtraria um pouco dos venenos, diminuindo seu impacto tóxico.

A mídia tradicional está em um dilema para relatar honestamente essas questões, pois recebe investimentos maciços da indústria farmacêutica. Os próprios governos têm interesse em manter essas informações em segredo a fim de evitar pagar às vítimas da vacinação trilhões de dólares em danos como resultado de políticas que custeiam seus riscos. A simples existência, nos Estados Unidos, de um Fundo de Compensação de Danos de Vacinação, que já pagou dezenas de milhares de indenizações a vítimas, é basicamente uma admissão de que as vacinas são de fato perigosas: não importa o que diga a indústria. Resumindo: as vacinas são um esquema perigoso cuja intenção real é o acúmulo de lucros para as indústrias farmacêuticas. Jamais confie nelas.

Para mais detalhes sobre o que as vacinas podem fazer ao organismo e à saúde da população, leia meu livro: *Vaccine-nation: Poisoning the Population, One Shot at Time.*

Para remover as substâncias químicas e metais tóxicos perigosos do organismo, sugiro a utilização do produto zeólito, *Natural Cellular Defense*, da Waiora, do clorito de sódio e do fitoplâncton.

A questão mais premente é: por que os países com maior índice de vacinação têm a maior incidência de câncer? Aqueles que negam a existência de uma relação causa e efeito entre as vacinas que contêm carcinógenos e o câncer devem ter um interesse financeiro oculto ao impedir que a população descubra o que a faz adoecer.

O uso de sutiã prejudica a drenagem linfática

Há outros fatores que afetam a drenagem linfática e a circulação corretas. O uso regular do sutiã prejudica o fluxo adequado da linfa, aumentando a chance de um câncer de mama. Diversos estudos confirmam essa associação. Em 1991, os pesquisadores C. Hsieh e D. Trichopoulos estudaram o tamanho do seio e a preferência pelo uso da mão direita ou esquerda como fatores de risco do câncer de mama. Observaram que as mulheres na pré-menopausa que não usavam sutiã tinham menos da metade do risco de câncer do que as que usavam [*European Journal of Cancer*, 1991; 27(2):131-5].

Outro estudo publicado em *Chronobiology International* no ano 2000 descobriu que o uso do sutiã diminui a produção de melatonina e aumenta a temperatura do corpo. A melatonina é um antioxidante e hormônio poderoso que promove o sono tranquilo, combate o envelhecimento, melhora a imunidade do organismo e retarda o crescimento de certos tipos de câncer, como o de mama.

O estudo mais abrangente sobre esse tópico foi feito por dois antropólogos médicos, o casal Sydney Ross Singer e Soma Grismaijer, autores do livro: *Dressed to Kill: The Link Between Breast Cancer and Bras* (Vestida para Matar: A Ligação entre Câncer de Mama e Sutiãs). Eles descobriram que os maoris, povo originário da Nova Zelândia, que foram integrados à cultura ocidental e começaram a usar sutiãs, tinham os mesmos índices de câncer de mama que seus pares ocidentais. Por outro lado, as aborígenes não ocidentalizadas da Austrália, curiosamente, tinham pouca incidência de câncer de mama. O mesmo acontecia com as japonesas ocidentalizadas, fijianas e mulheres de outras culturas que passaram a usar sutiã. O uso de sutiã aumentou as taxas de câncer de mama.

Nos anos 1990, Singer e Grismaijer estudaram 4.500 mulheres em cinco cidades dos Estados Unidos e descobriram que três em cada quatro mulheres que usavam sutiãs 24 horas por dia tiveram câncer de mama. Entre as que usavam mais de 12 horas por dia, uma em cada sete tinha câncer de mama. Essa taxa é ligeiramente maior do que a de uma em cada oito da população-padrão feminina. Em comparação, apenas uma em cada 152 mulheres que usavam sutiã menos de 12 horas/dia tinha câncer de mama, e apenas uma em cada 168 que raramente ou nunca usaram sutiãs tinha câncer. Em outras palavras, as mulheres que usavam sutiã 24 horas/dia tinham 125 vezes mais chance de ter câncer de mama do que as que raramente ou nunca o usavam. Curiosamente, as mulheres que não usavam sutiã tinham as mesmas taxas de câncer de mama que os homens!

Relação entre puberdade precoce e câncer de mama

As meninas americanas e de outros países modernos estão atingindo a puberdade bem cedo, o que demonstra o aumento do risco de câncer de mama. Há algumas décadas, os sinais biológicos de puberdade feminina – menstruação, crescimento dos seios e de pelos púbicos e axilares – ocorriam normalmente por volta dos 13 anos de idade ou mais. E, no começo do século XX, isso ocorria aos 16 ou 17 anos. Atualmente, meninas de apenas 8 anos de idade já estão exibindo esses sinais. Aparentemente, as meninas afro-americanas são mais vulneráveis à puberdade precoce. Meninas com 5 ou 6 anos entram em puberdade precoce (também conhecida como desenvolvimento sexual precoce). Essa condição expõe as meninas a uma quantidade maior de estrógeno – um risco importante no caso de câncer de mama hormonal. De acordo com dados publicados pela bióloga Sandra Steingraber, as meninas que tiveram a primeira menstruação antes dos 12 anos correm 50% mais risco de ter câncer de mama do que as que menstruam a partir dos 16 anos. "Para cada ano que pudermos atrasar a primeira menstruação, é possível prevenir milhares de cânceres de mama", afirma ela.

Entre as causas potenciais para essa tendência estão o aumento dos índices de obesidade e inatividade entre crianças, fórmulas de leite de vaca e de soja para bebês, hormônios e antibióticos na carne e produtos de soja não fermentados, como leite de soja e tofu, que imitam estrógenos. Os efeitos do estrógeno da soja excedem de quatro a cinco vezes os produzidos pela pílula anticoncepcional. (Veja a seção "Soja – Um Carcinógeno para os Humanos, *a seguir*.) Outras causas incluem o bisfenol – A e ftalatos (encontrados em mamadeiras, garrafas de água e o revestimento interno de latas de refrigerantes), outros produtos químicos que afetam o equilíbrio hormonal (como os encontrados em cosméticos, pastas de dente, xampus e tintas de cabelo), estresse em casa e na escola, assistir à TV ou o uso de redes sociais em excesso.

Dar alimentos sólidos prematuramente aos bebês também pode causar o aumento das chances de se tornarem obesos, um fator importante para o desenvolvimento de um câncer mais tarde. Um estudo publicado na revista *Pediatrics* revelou que os bebês amamentados com fórmulas infantis e que receberam alimento sólido antes dos 4 meses têm 600% mais probabilidade de serem obesos aos 3 anos do que os que receberam mais tarde.

Esse estudo também descobriu uma diferença nutricional surpreendente entre o aleitamento materno e as fórmulas infantis convencionais, repletas de açúcar refinado e ingredientes geneticamente modificados, que aumentam em até 20% as probabilidades de obesidade infantil. O aleitamento materno é a melhor opção para alimentar os bebês, pois os anticorpos naturais encontrados no leite materno podem ajudá-los a combater infecções na fase mais vulnerável de suas jovens vidas.

As lâmpadas fluorescentes causam câncer

Se você substituiu as lâmpadas incandescentes por fluorescentes para economizar dinheiro e ser ecológico, fique sabendo que um estudo alemão descobriu que essas lâmpadas contêm elementos carcinógenos. Entre eles, o fenol, uma toxina levemente tóxica obtida a partir do alcatrão de carvão, a naftalina, um composto branco cristalino produzido pela destilação do alcatrão de carvão e o estireno, um hidrocarboneto líquido insaturado. Essas toxinas produzem uma poeira que pode afetar a saúde humana.

Os pesquisadores sugeriram diminuir o uso dessas lâmpadas e usá-las apenas em locais com boa ventilação e longe da cabeça. Como outras fontes artificiais de luz, elas também diminuem a produção de melatonina, o que pode causar câncer e enxaquecas. Ademais, se quebradas, essas lâmpadas liberam um pó tóxico composto de mercúrio.

Açúcar: um veneno

Não é de surpreender que o diabetes é um fator importante no desenvolvimento do câncer. De fato, a revista *Diabetes Care* relatou, em maio de 2011, que o diabetes quase dobra o risco de ter certos tipos de câncer.

Outra pesquisa sugere que a criança americana consome mais de 1,8 quilo de açúcar *por semana*. Essa notícia chocante é resultado do caso de amor dos Estados Unidos com a *junk food*, alimentos processados e refrigerantes. E essa epidemia tem criado novos casos de diabetes a um ritmo alarmante.

É desnecessário dizer que a prevenção do diabetes é importante para a prevenção do câncer. Curiosamente, a *droga milagrosa* mencionada anteriormente aqui – a vitamina D – é uma maneira de preveni-la. Os pesquisadores do Centro Médico Tufts de Boston, Estados Unidos, descobriram que a ingestão de 2 mil UI por dia de vitamina D durante 12 dias apresentava uma melhora na função pancreática de pré-diabéticos e adultos com sobrepeso. Para cada 5 ng/ml de aumento nos níveis de vitamina D, o risco de diabetes caiu 8%.

Ademais, para o paciente de câncer, é importante evitar de imediato o consumo de açúcar refinado. O açúcar refinado não contém nenhum dos nutrientes necessários para a assimilação do açúcar ingerido. Seu consumo drena o estoque de nutrientes e energia do organismo (caso ainda existam), deixando menos (ou nenhum) para outras tarefas. O que mata uma pessoa não é o câncer, mas o desgaste de tecidos orgânicos. O câncer e o desgaste andam de mãos dadas. O consumo de açúcar alimenta as células cancerosas e deixa à míngua as células sadias.

Os adoçantes naturais, como a estévia e o xilitol, não roubam o organismo de seus nutrientes e energia. A estévia tem zero caloria, portanto não serve como alimento para as células cancerosas. O xilitol contém calorias (cerca de 40% a menos que o açúcar), mas sua liberação lenta no sangue diminui o índice glicêmico. Se consumido com moderação, o xilitol não causa problemas. Contudo, carboidratos refinados, como massas, pão branco, tortas e bolos, são transformados de imediato em glicose e agem exatamente como o açúcar refinado (Nota: carboidratos complexos como grãos e arroz Basmati não apresentam problemas, mas é preciso evitar outros tipos de arroz branco polido por causa de seu valor nutricional reduzido.)

Obviamente, devem-se evitar os alimentos e bebidas ricos em açúcares, como chocolates, sorvetes e refrigerantes. Os laticínios, como leite, iogurte e queijo, congestionam a linfa e, portanto, não devem fazer parte da dieta de quem se recupera de um câncer, embora a manteiga sem sal seja segura. De novo, as células cancerosas são células normais que se tornaram anaeróbicas – elas foram forçadas a funcionar sem oxigênio, passando a se sustentar à base de açúcares, como lactose e glicose. Assim sendo, é bom evitar os alimentos que os contenham.

Soja: um carcinógeno para humanos?

A indústria alimentícia, assim como a farmacêutica, conseguiu convencer a população de que a soja é um alimento saudável. A soja tem sido enaltecida como um alimento milagroso que salvará o mundo da fome. Os defensores da soja afirmam que ela fornece uma fonte ideal de proteínas, diminui o colesterol, protege contra o câncer e doenças cardíacas, alivia os sintomas da menopausa e previne a osteoporose. Contudo, quando se deixa de lado a propaganda, os fatos sobre a soja são bem diferentes. Apesar do conteúdo nutritivo impressionante desse alimento, os produtos à base de soja são biologicamente inúteis para o organismo, como veremos a seguir. Hoje, a soja é usada em milhares de produtos alimentícios, o que levou a um aumento maciço de doenças tanto em países desenvolvidos quanto subdesenvolvidos.

A soja contém uma série de compostos que interferem na absorção de vitaminas e minerais. Por exemplo, o ácido fítico presente na soja gera deficiências de cálcio, magnésio, cobre, molibdênio, ferro, manganês e principalmente zinco no trato gastrointestinal, bem como de vitaminas E, K, D e B12. Estimou-se que apenas cem gramas de proteína de soja têm um teor de estrógeno equivalente a uma pílula anticoncepcional. Ela também contém hemaglutinina, uma substância que aumenta a viscosidade do sangue e pode provocar o entupimento das artérias e AVCs.

Considerando que a soja é cultivada em fazendas que usam pesticidas e herbicidas cancerígenos – e fazendas de engenharia genética[70] – evidências sugerem que a soja* é um perigo para a saúde. Ademais, para se processar a soja, mergulham-se os grãos em tanques de alumínio, impregnando-os assim com altos níveis de alumínio. Com algumas exceções, como missô e tempeh e outros produtos fermentados, a soja não é adequada para consumo humano. O consumo de soja, leite de soja e tofu aumenta o risco de doenças. Além disso, a soja é um alergênico. Diversos estudos revelaram que os derivados de soja são responsáveis por:

---

70. Nos Estados Unidos, 95% de toda a soja é transgênica (dados de 2016).
* N.T.: No Brasil, a área total semeada corresponde a 83,5%.

- Aumento do câncer de mama nas mulheres, danos cerebrais em ambos os sexos e anormalidades em bebês.
- Contribuir para problemas na tireoide, especialmente nas mulheres.
- Causar cálculos renais (em virtude de altos níveis de oxalatos que se associam com cálcio nos rins).
- Enfraquecer o sistema imunológico.
- Causar alergias alimentares sérias e potencialmente fatais.
- Acelerar a perda de peso cerebral em idosos.

Os derivados de soja contêm:

- Fitoestrógenos (isoflavonas) geniteína e daidzeína, que imitam e algumas vezes bloqueiam o estrogênio.
- Ácidos fíticos que reduzem a absorção de muitas vitaminas e minerais, inclusive o cálcio, o magnésio, o ferro e o zinco, provocando assim deficiências minerais.
- Antinutrientes ou inibidores enzimáticos que inibem as enzimas necessárias para a digestão de proteínas e a absorção de aminoácidos.
- Hemaglutininas, que aglutinam os glóbulos vermelhos do sangue e inibem a absorção e o aumento de oxigênio.
- Inibidores de tripsina, que causam o alargamento do ducto pancreático e, por fim, o câncer.

Os fitoestrógenos são poderosos agentes antitireoidianos presentes em grandes quantidades na soja. Bebês amamentados exclusivamente com fórmulas à base de soja têm 13 mil a 22 mil vezes mais estrogênio no sangue do que os alimentados com fórmulas à base de leite de vaca. Essa quantidade de estrogênio seria o equivalente a pelo menos cinco pílulas anticoncepcionais por dia. Por esse motivo, foram associadas, ao uso de fórmulas à base de soja, a puberdade precoce feminina e a puberdade tardia dos meninos. A fórmula à base de soja e o leite de soja foram associados à tireoidite autoimune e também à morte.

Em 2007, um casal foi condenado à prisão perpétua por deixar morrer de inanição seu filho de 6 meses ao alimentá-lo com leite de soja e suco de maçã. Especialistas exigem que se rotulem devidamente todos os produtos à base de leite de soja, após este e outros casos de bebês hospitalizados ou mortos sob circunstâncias semelhantes.*

Outros derivados da soja, como o missô, o tempeh e o natto,** possuem nutrientes que podem ser facilmente absorvidos e utilizados pelo organismo. Para serem nutritivos e saudáveis, esse produtos devem ser cuidadosamente fermentados, de acordo com os métodos tradicionais de preparação usados no Japão. De forma geral, a soja deve ser fermentada por, no mínimo dois verões, idealmente durante cinco-seis anos, antes de ser benéfica para o organismo.

Um estudo feito com 700 idosos indonésios demonstrou que a soja devidamente fermentada, como tempeh, missô, natto e brotos de soja (não modificados geneticamente), ajuda a memória, em especial de idosos acima de 68 anos. Porém, foi também demonstrado que o consumo elevado de tofu (pelo menos uma vez por dia) diminui a memória nessa mesma faixa etária. O estudo foi publicado na revista *Dementia and Geriatric Cognitive Disorders*, 27 de junho de 2008; 26(1):50-57. Para se evitar a demência, fique longe de leite de soja, tofu, hambúrguer, sorvete, queijo e outros produtos derivados de soja.

Apesar da documentação científica sobre o teor carcinogênico da soja não fermentada e de sua capacidade de causar danos genéticos e cromossômicos, a multibilionária indústria da soja conseguiu transformar esse alimento inútil em um dos mais nutritivos e mais utilizados de todos os tempos. Um porta-voz da empresa Protein Technologies, Inc., escreveu que eles tinham "(...) equipes de advogados para destruir dissidentes, podiam comprar cientistas para fornecer provas, possuíam canais de TV e jornais, e tinham influência em faculdades de Medicina e até em governos (...)".

A especialista em lipídios e nutricionista dra. Mary Enig explica um dos motivos por trás da revolução da soja: "O motivo pelo qual há muita soja nos Estados Unidos é que a indústria começou a plan-

---

* N.T.: No Brasil, houve caso semelhante em 2016, em que um casal vegano foi condenado a sete anos de prisão pela morte de sua filha de 3 meses de idade por alimentá-la com uma mistura de água de coco e oleaginosas – nozes, castanhas, pistaches e amêndoas.

** N.T.: *Tempeh* é um alimento fermentado com um fungo do género Rhizopus, a partir de sementes de soja branca da Indonésia, com um aroma de nozes e uma textura densa e ligeiramente carnuda. *Natto* é um alimento tradicional japonês feito de soja fermentada, popularmente degustado no café da manhã. Sendo rico em proteínas, o natto foi uma fonte vital de nutrição no Japão feudal. (Fonte: Wikipédia.)

tar soja para extrair o óleo que, por sua vez, se tornou uma grande indústria. Com quantidade suficiente de óleo para fornecimento ao mercado, sobrava proteína de soja, imprópria para consumo animal, exceto em pequenas quantidades, e assim um novo mercado se formou." Em outras palavras, a população humana se tornou uma lixeira para a indústria alimentícia e, ao mesmo tempo, bastante lucrativa para a indústria médica como resultado do tratamento de tantas doenças causadas pela soja. É como despejar o venenoso flúor – um resíduo nocivo das fábricas de alumínio – no sistema de água para evitar que as crianças tenham cáries. O descarte de flúor de outra maneira seria bastante caro.

Os animais que fermentam naturalmente o alimento no estômago antes de absorvê-lo conseguem degradar as enzimas contidas na soja e, por sua vez, fazer uso das proteínas. Nem todo alimento que existe no planeta é benéfico a todos os seres humanos. De fato, como os animais habitam o planeta bem antes dos seres humanos, a maioria dos alimentos foi concebida para alimentar e sustentar o reino animal. O recente acréscimo de grandes quantidades de soja não fermentada na cadeia alimentar humana já teve consequências desastrosas na saúde de milhões de pessoas e continuará a fazê-lo, a menos que as massas se conscientizem das práticas enganosas da indústria alimentar e das agências governamentais que, supostamente, deveriam nos proteger.

Por que batatas fritas podem causar câncer

Fritar, assar ou tostar batatas e outros alimentos ricos em carboidratos forma uma substância chamada acrilamida, que foi considerada carcinogênica. As mulheres que consomem cerca de uma porção de batatas chips por dia podem dobrar o risco de câncer do ovário e do endométrio, segundo um estudo publicado na revista *Cancer Epidemiology, Biomarks and Prevention*.

Cientistas suecos descobriram, acidentalmente, a presença de acrilamida nos alimentos, em abril de 2002, quando encontraram grandes quantidades dessa substância em batatas chips, batatas fritas e pães que foram aquecidos a temperaturas acima dos 120 graus centígrados. Antes disso, acreditava-se que a acrilamida era uma substância química industrial. A produção de acrilamida no processo de aquecimento depende claramente da temperatura. O cozimento excessivo e os alimentos preparados em micro-ondas também podem produzir grandes quantidades de acrilamida, o que não acontece com alimentos cozidos ou frios.

Nesse estudo, os pesquisadores examinaram dados compilados pelo *Netherlands Cohort Study* sobre dieta alimentar e ocorrência de câncer entre 62.573 mulheres. As mulheres que ingeriram mais acrilamida, 40,2 microgramas por dia, tinham 29% mais risco de câncer de endométrio e 78% mais risco de câncer de ovário. Surpreendentemente, entre as mulheres que ingeriram mais acrilamida, as que nunca fumaram apresentavam 99% mais risco de câncer do endométrio e 122% mais risco de câncer ovariano.

A edição de 15 de março de 2005 da revista *JAMA* trouxe um artigo intitulado "Ingestão de Acrilamida e o Risco de Câncer de Mama entre as Suecas", escrito pela dra. e mestre em Saúde Pública, Lorelei A. Mucci. O estudo acompanhou 43.404 mulheres. A maior fonte de acrilamida veio do café (54%), batatas fritas (12%) e pão torrado (9%).

Luz elétrica e câncer

Como explicamos anteriormente, existe uma associação importante entre os baixos níveis de melatonina e o câncer. A melatonina protege o material genético de mutação, segundo Russell Reiter, professor de biologia celular e estrutural da Universidade do Texas, nos Estados Unidos. "A luz noturna interrompe a produção de melatonina e, assim, aumenta o risco de mutações relacionadas ao câncer", afirmou ele em uma reunião em Londres. Scott Davis, presidente do departamento de epidemiologia da Universidade de Washington, Estados Unidos, afirmou que, "embora a ligação entre luz noturna e câncer pareça ser um exagero, há uma base biológica subjacente a isso". Tanto Davis quanto Reiter estudavam como a luz noturna afeta a produção dos hormônios femininos que, por sua vez, pode afetar o risco de câncer de mama. "Descobrimos uma relação entre luz noturna e o trabalho noturno para o risco de câncer de mama", disse Davis. "Os estudos indicam que a luz noturna perturba a atividade da melatonina, que conduz a um excesso de produção hormonal nas mulheres."

A secreção de melatonina controla o ciclo normal de sono/vigília no organismo e afeta a pressão sanguínea, a temperatura corporal e a sensibilidade à insulina. Uma única emissão de luz durante o sono é suficiente para perturbar os ritmos circadianos e prejudicar a produção da melatonina. O organismo precisa de sete a nove horas ininterruptas de sono no escuro a fim de se regenerar e manter a saúde em nível ótimo. A fidelidade a esse princípio básico melhora consideravelmente a saúde em geral e a alegria de viver, sem mencionar que reduz sobremaneira o risco de câncer.

A melatonina, que é produzida por volta das 21h30 e alcança o nível máximo de secreção por volta de 1 hora da madrugada, também controla um gene poderoso que assegura que as células não vivam além de seu período de vida normal. Se viverem mais do que o normal, tornam-se cancerosas. A mensagem é dormir oito horas por dia, começando antes das 22 horas, bloqueando toda emissão de luz artificial, a fim de maximizar os benefícios de uma boa noite de sono.

Ademais, como mencionamos anteriormente, é importante a exposição à luz solar sem o uso de óculos escuros e filtros solares. Estas são duas medidas eficazes para o tratamento e prevenção do câncer. A luz ultravioleta germicida (UV-C) mata as células dos germes, danificando seu DNA. A luz inicia uma reação entre duas moléculas de timina, uma das bases que compõem o DNA. A luz UV ou UV-C de onda curta causa a dimerização das moléculas adjacentes de timina dentro do DNA. O resultante dímero de timina é bastante estável. Se algumas dessas anomalias se acumulam no DNA de um microrganismo, sua replicação é inibida, tornando-o inofensivo.

Quanto maior a exposição à luz UVC, mais dímeros de timina se formam no DNA. Se os processos celulares são interrompidos em virtude do dano ao DNA, a célula não consegue executar suas funções normais. Se o dano for extenso e generalizado, a célula morrerá.

Esse processo conta com o envolvimento tanto da UV-C quanto da vitamina D bronzeadora, que gera raios UV-B. Curiosamente, os países de clima quente, onde há maior exposição solar, deveriam ter índices de melanoma mais elevados, o que não acontece. De fato, como observado anteriormente, o câncer de pele ocorre em povos que vivem em regiões do mundo com menos exposição ao sol, nas pessoas que apresentam deficiência crônica de vitamina D, usam filtros solares para proteger a pele e vivem em espaços fechados.

Há também determinados alimentos (como gorduras trans de frituras, carnes, queijo derretido, chips, refrigerantes, álcool, etc.) e produtos químicos que, quando ingeridos ou aplicados na pele, sob a forma de protetores solares carcinogênicos, reagem com os raios UV, podendo levar a uma reação inflamatória ou mutação celular.

A hipótese de que só a mutação celular pode levar ao câncer está sendo contestada pelas pesquisas. É um fator necessário, mas é preciso haver mudanças no ambiente celular antes que a mutação avance para a divisão celular anormal e o crescimento tumoral. Reitero, é enganosa e falsa a afirmação de que o sol causa câncer. Em minha opinião, a mutação celular é uma reação biológica de ajuste das células para sobreviver à exposição a substâncias tóxicas e prejudiciais e lidar com os efeitos bioquímicos do estresse físico e emocional.

O sol apenas ajuda a tornar possível essa reação, mas não pode causá-la sem outros cofatores presentes. Entre eles, a deficiência de vitamina D e o estresse emocional, a falta de sono, a ingestão de *junk food*, os remédios e a congestão dos ductos biliares. Todos esses cofatores podem reprimir o sistema imunológico. O câncer, caso ocorra, é um mecanismo de cura, não a *causa*, de uma doença. Se for suprimido ou atacado, permanecendo intactas suas causas profundas, a cura se interrompe e os sintomas desaparecem ou diminuem, o que é confundido com remissão, e retornam com força total. A eliminação dos cofatores e o apoio ao processo de cura farão com que o câncer desapareça sozinho e não retorne.

Poluição atmosférica e estresse nas cidades

A *NaturalNews.com* publicou, em maio de 2008, um estudo canadense que demonstrava que as mulheres com densidade mamária maior do que 25% têm cinco vezes mais risco de ter câncer de mama do que mulheres com seios grandes. O estudo também descobriu que as mulheres com seios mais densos tinham 18 vezes mais chance de ter um tumor mamário detectado em um período de um ano de uma mamografia negativa.

A pesquisa conduzida pelo Hospital Princess Grace de Londres, Inglaterra, em 2007, e apresentado na Sociedade Radiológica da América do Norte revelou que as mulheres que moram e trabalham em cidades têm um risco significativamente maior de ter um câncer de mama. Para determinar as razões dessa ocorrência, os pesquisadores examinaram o tecido mamário de 972 britânicas entre as idades de 45 e 54 anos. Descobriram que as mulheres que moravam e trabalhavam em centros urbanos eram mais propensas a apresentar densidade mamária superior a 25%.

Os pesquisadores concluíram que as habitantes de grandes cidades tendem a ter maior densidade mamária em virtude das toxinas que afetam os hormônios contidos na poluição do ar. Também citaram o estresse como fator provável.

Devo acrescentar que a manipulação dos seios pela mamografia pode também contribuir para o câncer de mama em mulheres com seios densos. O tecido mamário mais macio e menos denso consegue tolerar a mamografia potencialmente danosa.

Fornos micro-ondas

O que será que os micro-ondas fazem à água, comida e ao organismo? Pesquisadores russos descobriram um valor nutricional baixo, compostos cancerígenos e compostos radiolíticos prejudiciais ao cérebro em quase todos os alimentos preparados no micro-ondas. Ingerir alimentos preparados no micro-ondas pode causar perda de memória e concentração, instabilidade emocional e declínio na inteligência, segundo a pesquisa. Ao estudar o valor nutricional de alimentos assim preparados, os cientistas russos descobriram um escurecimento no seu *campo de energia vital*. Isso foi observado em até 90% de todos os alimentos preparados no micro-ondas.

Além disso, os complexos vitamínicos B, C e E, que reduzem o estresse e previnem o câncer e as doenças cardíacas, bem como os minerais essenciais para o funcionamento perfeito do cérebro e do organismo, desapareceram quando cozidos no micro-ondas, mesmo por pouco tempo. O alimento cozido no micro-ondas tem o mesmo valor nutricional de um papelão. Um estudo demonstrou essa afirmação comparando plantas regadas com água aquecida no micro-ondas com plantas regadas regularmente: no estudo as plantas regadas com água do micro-ondas morrem em sete dias.

Caso não queira ter deficiências de nutrientes, é melhor retirar esse aparelho da cozinha. Ademais, todos os fornos micro-ondas têm vazamentos radiativos inevitáveis que se acumulam nos móveis, tornando-se uma fonte de radiação em si.

O uso de micro-ondas na preparação de alimentos causa distúrbios linfáticos, tornando o organismo incapaz de se proteger contra determinados tumores. A pesquisa descobriu maior índice de formação de células cancerosas no sangue de pessoas que comiam alimentos preparados em micro-ondas. Os russos também relataram altos índices de câncer no estômago e nos intestinos, distúrbios nos sistemas digestivos e excretores e uma porcentagem mais elevada de tumores celulares, como o sarcoma.

Os alemães foram os primeiros a usar a tecnologia de micro-ondas nos anos 1930. No início da Segunda Guerra Mundial, os cientistas alemães criaram um sistema de radar baseado em micro-ondas geradas tecnicamente. Durante o frio intenso do inverno, os soldados que se juntavam em torno dos radares para se esquentarem foram diagnosticados com leucemia. Logo em seguida, o exército alemão abandonou o uso do radar. Contudo, após a descoberta dos cientistas alemães de que as micro-ondas aqueciam o tecido humano, elas também serviriam para esquentar a comida, e inventaram o forno micro-ondas para fornecer aos soldados alemães refeições quentes durante as batalhas contra a União Soviética. Contudo, os soldados que se alimentavam das refeições esquentadas no micro-ondas também desenvolveram leucemia, tal como os técnicos do radar. Como resultado dessa descoberta, o uso de fornos de micro-ondas foi banido no Terceiro Reich.

Será que os micro-ondas modernos são mais seguros do que há 80 anos? Certamente não, pois usam a mesma tecnologia. As micro-ondas rompem os elos moleculares que tornam a comida nutritiva. Os fornos lançam micro-ondas de alta frequência que fervem a umidade do alimento e de sua embalagem, vibrando as moléculas de água em diversas direções a mais de 1 bilhão de rotações por segundo. Essa fricção frenética desintegra as moléculas do alimento, rearranjando sua composição química em novas e estranhas configurações, as quais o organismo humano não reconhece como alimento. Ao destruir as estruturas moleculares do alimento, o organismo transforma-o em resíduo não inofensivo, mas *nuclear*.

Outros efeitos colaterais da exposição aos micro-ondas são:

- Pressão alta
- Fadiga adrenal
- Doença cardíaca
- Enxaquecas
- Tonturas
- Perda de memória
- Pensamentos desconexos
- Ansiedade
- Irritação
- Depressão
- Distúrbios do sono
- Dores de estômago
- Apendicite
- Catarata
- Distúrbios de atenção
- Danos cerebrais
- Perda de cabelos
- Distúrbios reprodutivos

Comer alimentos feitos ou esquentados no micro-ondas pode levar a uma reação de estresse considerável no organismo, alterando a química do sangue. Por exemplo, comer vegetais orgânicos preparados no micro-ondas aumenta sobremaneira o colesterol. De acordo com o cientista suíço dr. Hans U. Hertel, "os níveis de colesterol no sangue sofrem menos influência do conteúdo de colesterol presente no alimento do que de fatores de estresse". Em 1976, o governo russo proibiu os micro-ondas por uma boa razão; nos Estados Unidos, entretanto, esses aparelhos estão presentes em 90% dos lares.

William P. Kopp relata em *Forensic Research Document of Agricultural and Resource Economics* (AREC): "Os efeitos dos subprodutos dos alimentos preparados em fornos micro-ondas são permanentes e de longa duração no organismo humano. A redução ou alteração nos minerais, vitaminas e nutrientes desses alimentos faz com que o organismo humano tire pouco ou nenhum benefício deles ou ainda absorva compostos alterados que não consegue degradar".

Os micro-ondas transformam alimentos saudáveis em venenos mortais. Observando a epidemia de câncer sem precedentes nos Estados Unidos e em outros países que usam os fornos micro-ondas no dia a dia, seria sensato abandoná-los de vez.

Desidratação

A desidratação é uma condição em que as células corporais não recebem volume de água suficiente para os processos metabólicos básicos. O desenvolvimento do câncer ocorre, em geral, em áreas com desidratação grave. Muitas pessoas sofrem de desidratação sem saber. Ela ocorre por uma série de motivos:

- Ingerir pouca água (menos de seis copos por dia de água pura).
- Consumir regularmente bebidas com efeitos diuréticos, como café, chá, vinho, e bebidas gaseificadas, como refrigerantes e cerveja.
- Consumir regularmente alimentos ou substâncias estimulantes, como carne, pimentas, chocolate, açúcar, narcóticos, refrigerantes, adoçantes artificiais e outros.
- Estressar-se demais.
- Fazer uso de remédios em geral.

- Exercitar-se em excesso.
- Comer demais e ter ganho excessivo de peso.
- Ver TV diariamente e durante várias horas.

A desidratação é obviamente associada à sede, pele seca, urina escura ou fétida e à fadiga. No entanto, existem outros sintomas ignorados de desidratação crônica, como azia, prisão de ventre, infecções do trato urinário, envelhecimento prematuro, colesterol alto e ganho de peso.

A desidratação engrossa o sangue, forçando as células a desistir da água. A água celular é usada para restaurar a espessura do sangue. Para evitar a autodestruição, as células começam a reter a água, aumentando a espessura de suas membranas. O colesterol começa a envolver as células, impedindo a perda de água celular. Embora essa medida emergencial possa preservar a célula e salvá-la por ora, também reduz a capacidade da célula de absorver mais água e os nutrientes necessários. Em seguida, uma parte da água e dos nutrientes não absorvidos acumula-se nos tecidos conjuntivos, causando inchaço no corpo, retendo água nas pernas, rins, face, olhos, braços, etc., o que leva a um ganho de peso. Ao mesmo tempo, o plasma sanguíneo e os fluidos linfáticos tornam-se espessos e congestionados. A desidratação também afeta a natural fluidez da bílis, formando assim cálculos. Todos esses fatores combinados são suficientes para desencadear o mecanismo de sobrevivência da mutação celular.

O chá, café, bebidas gaseificadas e chocolate têm a mesma toxina nervosa e estimulante, a cafeína. Ela é rapidamente liberada no sangue e desencadeia uma resposta imune poderosa que auxilia a neutralizar e eliminar essa substância irritante. O agente irritante tóxico estimula as glândulas adrenais e, em certa medida, as células corporais, a liberar a adrenalina e o cortisol na corrente sanguínea. O pico repentino de energia é comumente chamado de mecanismo de luta ou fuga.

Se o consumo de estimulantes continua em bases regulares, essa reação de defesa natural do organismo torna-se sobreutilizada e ineficaz. A secreção quase constante dos hormônios de estresse, que são compostos altamente tóxicos em si mesmos, acaba por alterar a química do sangue e danificar os sistemas imunológico, endócrino e nervoso. O cérebro primitivo não faz distinção entre estresse leve ou situações de luta ou fuga e reage a ambos secretando cortisol e interrompendo a síntese proteica a fim de preparar o organismo para reagir ao fator estressante. Quando isso acontece de forma crônica, as reações futuras de defesa se enfraquecem e o corpo fica vulnerável a infecções e outros males, como a mutação celular.

O incremento de energia que sentimos após a ingestão de uma xícara de café não é resultado direto da cafeína, mas da tentativa do sistema imunológico de se livrar do que provoca esse efeito. Contudo, um sistema imunológico superexcitado e reprimido acaba por não conseguir fornecer os picos *energizantes* de adrenalina e cortisol necessários para livrar o corpo da cafeína. Nessa fase, as pessoas dizem que estão acostumadas a um estimulante, como o café, e tendem a aumentar sua ingestão para sentir seus *benefícios*. A expressão comum, "estou morrendo de vontade de tomar café", reflete o perigo verdadeiro dessa situação.

Como as células corporais são obrigadas a liberar um pouco de água para remover a cafeína, o consumo regular de café, chá e refrigerantes as desidrata. Para cada copo de café, chá ou refrigerante que se ingere, o organismo tem de mobilizar cerca de dois-três copos de água para remover a cafeína, um luxo com o qual ele não pode arcar. O mesmo se aplica a remédios ou qualquer outra substância ou atividade que provoca a liberação dos hormônios de estresse, inclusive assistir à TV por muito tempo. Como regra, todos os estimulantes têm um efeito desidratador forte na bílis, no sangue e nos sucos digestivos. Para curar um tumor, os estimulantes são contraproducentes e é melhor evitá-los.

Para prevenir a desidratação, é preciso beber diariamente seis-oito copos de água filtrada e fresca. Evite beber água da torneira ou engarrafada, pois elas contêm arsênico, cloro, alumínio, flúor, fármacos, subprodutos de desinfecção (DBP) e bisfenol A (BPA).

Como posso me proteger?

Quando pensamos em todos os tipos de tóxicos a que nosso organismo está exposto diariamente, é fácil ficar frustrado. Há, contudo, uma série de medidas que pode ajudar a nos proteger e nossa família:

- Beba bastante água! A maioria das pessoas não bebe o suficiente para limpar o organismo.
- Limpe o fígado, cólon, rins e vesícula, pelo menos uma vez por ano.

- Conserve alimentos em recipientes de vidro e não de plástico.
- Utilize produtos de limpeza naturais. O vinagre e o óleo essencial de laranja são produtos de limpeza naturais excelentes à venda em lojas de produtos naturais e em algumas redes de supermercados.
- Alimente-se preferencialmente com produtos orgânicos a fim de reduzir a exposição a pesticidas, organismos geneticamente modificados, fertilizantes e hormônios de crescimento.
- Evite peixes convencionais ou de cativeiro, pois, em geral, são contaminados com bifenilpoliclorado e mercúrio.
- Elimine alimentos processados e aditivos alimentares artificiais, como adoçantes artificiais e glutamato monossódico.
- Jogue fora as panelas de teflon e opte por materiais mais seguros, como cerâmica e vidro.
- Teste a água de torneira e instale filtros, se necessário (até no chuveiro ou banheira).
- Evite fragrâncias sintéticas, odorizadores de ambiente, toalhas absorventes, amaciantes de roupa, etc.
- Use xampu, pasta de dentes, desodorantes e cosméticos naturais, orgânicos, se possível.
- Use tintas *verdes* e não tóxicas em casa, se possível.
- Elimine ou diminua o uso de remédios, bem como de vacinas.
- Evite pesticidas químicos e repelentes de insetos que contenham dietil-meta-toluamida (DEET).

O paciente com câncer deve evitar principalmente o que se segue:

Água clorada: o cloro é uma das substâncias químicas mais cancerígenas que existem. Evite beber água da torneira não filtrada, nadar em piscinas cloradas ou tomar ducha sem um filtro que remova o cloro. A absorção de cloro pela pele é maior do que tomar água da torneira.

Flúor na rede municipal de água: o flúor é tão carcinogênico quanto o cloro. O flúor aumenta a absorção de alumínio, que pode causar a doença de Alzheimer. Use um filtro que retire o flúor da água.

Radiação eletromagnética: interfere no campo eletromagnético do corpo, prejudicando a comunicação intercelular. Retire todos os aparelhos e dispositivos elétricos do quarto, inclusive cobertores e despertadores elétricos.

Aparelhos sem fio: explicado no Capítulo Quatro.

Pesticidas e outras toxinas químicas: são encontrados em alimentos não orgânicos, produtos de limpeza domésticos, produtos de beleza comerciais, tintas de cabelo (informações a seguir), xampus, cremes para a pele e outros produtos de higiene pessoal. Eles oneram e reprimem o sistema imunológico quando toda a energia e recursos são necessários para curar o câncer. Evite cosméticos à base de alumínio, pós compactos minerais que contenham bismuto e desodorantes que contenham alumínio, os quais aumentam o risco de desenvolver o mal de Alzheimer em 300%!

Tinturas de cabelo: o fato de as cabeleireiras terem a mais alta taxa de câncer de mama do que qualquer profissão levou pesquisadores a estudar a ligação entre tintura de cabelo e câncer. Uma série de estudos diversos descobriu que as mulheres que tingem o cabelo, pelo menos uma vez por mês, têm duas vezes mais risco de desenvolver câncer de bexiga. O risco triplica quando a mulher tinge o cabelo regularmente durante 15 anos ou mais. Os riscos são os mesmos, caso as mulheres apliquem tintas permanentes, semipermanentes ou de enxágue. Os produtos químicos contidos nas tinturas penetram no couro cabeludo e entram na corrente sanguínea. Os rins filtram essas substâncias e passam-nas à bexiga, onde danificam suas células, causando infecções repetidas e mutação celular.

A fim de minimizar o mal causado pelas tinturas de cabelo, beba bastante água diariamente e limpe os rins e o fígado regularmente (veja como em *Limpeza do Fígado e da Vesícula*). Além disso, prefira fazer mechas ou luzes, tinturas à base de hena ou de plantas, como as da Aveda e Herbatint.

Arsênio, amianto e níquel: podem causar câncer de pulmão e outros. Arsênico é algo que não ingeriríamos, a menos que alguém tentasse nos envenenar. Bem, se você come frango vendido no supermercado (que não sejam orgânicos ou caipiras), com certeza você tem arsênio no organismo. A indústria avícola adora arsênio, pois ele age como um estimulante poderoso de crescimento. A dra. Ellen Silbergeld, pesquisadora da Escola de Saúde Pública Johns Hopkins, comentou sobre a prática de usar compostos de arsênio na ração avícola: "É uma questão que todos estão tentando fingir que não existe". Todavia, a exposição ao arsênio inorgânico é um fator de risco conhecido do *diabetes mellitus*. Essa substância também é considerada uma das principais causas ambientais de mortalidade por câncer no mundo. O portador de câncer de próstata, por exemplo, deve evitar o consumo de frangos criados em granjas industriais.

Por mais chocante que possa parecer, de acordo com um relatório emitido em 9 de junho de 2011 pela CBS News e Associated Press, o FDA finalmente admitiu que a carne de frango vendida nos Estados Unidos contém arsênio, um carcinogênico poderoso, fatal em grandes quantidades. O arsênio foi administrado deliberadamente aos frangos a partir dos anos 1940. Embora o FDA insistisse que havia a presença de arsênio apenas no esterco e não na carne dos frangos, agora reverteu sua posição.

Claro, qualquer um sabe que o arsênico não é eliminado imediatamente nas fezes, porém causa envenenamento. Daí seu uso no passado como veneno. Não acredito nem por um minuto que os cientistas do FDA acreditaram que o arsênio, magicamente, se desviaria do sistema digestivo dos frangos. Eles sabiam perfeitamente a razão pela qual essa substância está sendo acrescentada à ração dos frangos, ou seja, para matar parasitas e fazê-los engordar rapidamente. Para que os frangos cresçam com mais rapidez, o arsênio deve ser absorvido pelo sangue e transportado ao fígado. O FDA pareceu surpreso, embora sua pesquisa tenha descoberto a existência de arsênio no fígado das aves.

Com relação à argumentação do FDA de que a quantidade de arsênio nos frangos ainda é segura para consumo humano, por que a ração Roxarsone, que contém arsênio, foi repentinamente suspensa? Essa ração é produzida por uma subsidiária da Pfizer, a *Alpharma LLC*, a mesma empresa que fabrica vacinas e outras drogas tóxicas. Agora que efetivamente se descobriu que eles estão, sistemática e vagarosamente, envenenando a população com um carcinogênico conhecido, manter esse produto à venda por mais tempo poderia levar a grandes ações judiciais coletivas por causar câncer entre os consumidores de carne de frango.

Como sempre, as empresas farmacêuticas só lucram quando a população adoece. Seu velho truque é fazer e manter a população doente. A Pfizer ainda comercializa o arsênio em cerca de uma dúzia de outros países. Resta aguardar se irão continuar a fazê-lo.

Embora o FDA continue a argumentar que os frangos alimentados com arsênio sejam seguros para consumo humano, a agência continua a perseguir os fabricantes de alimentos e suplementos alimentares, como suco de baga de sabugueiro (*elderberry*), de cereja e nozes, cujos sites e rótulos citam evidências científicas de que esses produtos são benéficos à saúde. O FDA afirma ser ilegal declarar, por exemplo, que o mel possa curar infecções da pele, mesmo havendo vários estudos clínicos sugerindo que o mel é mais eficaz do que antibióticos.

Agora, se você acha que hambúrgueres e filés não tenham arsênio, pense duas vezes. É prática comum nas fazendas o uso de cama (esterco) de frango para alimentar o gado.* Por que desperdiçar esse arsênico precioso? O lema é: "use duas vezes, é mais barato".

Benzeno: é uma das substâncias químicas mais usadas nos Estados Unidos. Pode provocar leucemia e outros cânceres. O fumo ativo e o passivo são as maiores fontes de exposição ao benzeno.

Formaldeído: pode causar câncer nasal e de nasofaringe. Essa substância é usada na produção de polímeros e resinas, utilizadas em adesivos, como os encontrados em compensados e carpetes. O formaldeído também é usado em papéis higiênicos, lenços, guardanapos e toalhas de papel. A maioria dos materiais de isolamento, produtos moldados e tintas também contêm derivados de formaldeído.

Toxinas ambientais e alimentares: muitos bebês já nascem com toxinas que herdaram das mães. Amostras de sangue de recém-nascidos continham uma média de **287 toxinas, entre as quais mercúrio, retardadores de chama, pesticidas e teflon**, segundo um estudo feito em 2004 pelo EWG.

Teflon: essa substância química também é carcinogênica. Jamais se deveriam preparar alimentos em panelas de teflon. Use vidro, ferro, aço-carbono, titânio e esmalte cerâmico.

Cortinas de box de PVC: elas emitem um cheiro forte e podem causar sérios riscos ao fígado e aos sistemas nervoso, reprodutivo e respiratório. O odor emana de substâncias mortais, como tolueno, etilbenzeno, fenol, metil isobutil cetona, xileno, acetofenona e cumeno, todos considerados poluidores atmosféricos perigosos pela agência de proteção ambiental americana. As cortinas de cloridato de polivinila (PVC) são vendidas em grandes redes. "Uma das cortinas testadas liberou no ar quantidades mensuráveis de 108 compostos orgânicos voláteis, sendo que alguns deles persistiram por quase um

---

* N.T.: No Brasil, desde 2009, é proibido o uso de cama de frango (ou outra proteína animal) na ração bovina em virtude do risco do chamado Mal da Vaca Louca, uma síndrome neurológica.

mês", de acordo com um artigo do jornal americano *The New York Sun*. Para sua segurança, substitua as cortinas de PVC por cortinas de pano ou portas de vidro.

Adoçantes artificiais, como aspartame e sucralose: uma vez ingeridos, eles se decompõem em compostos carcinogênicos.[71] A ligação entre refrigerantes *diet* e o aumento do risco de câncer é bem documentada. Esses adoçantes também foram associados a problemas de saúde diversos, como dores de cabeça e perda de memória, convulsões, asma, distúrbios do sono, cólicas estomacais e diabetes, só para citar alguns. No entanto, esses adoçantes permanecem no mercado em virtude de fortes pressões políticas e financeiras e são encontrados sob várias marcas: NutraSweet, Equal, AminoSweet, NatraTaste, Spoonful, Canderel e Neotame, entre outros.

Consumo de álcool: causa congestão das vias biliares, reprime o sistema imunológico e reduz o magnésio do organismo – todos riscos potenciais de câncer.[72] Em 2002, a revista médica *British Journal of Cancer* relatou que 4% de todos os cânceres de mama do Reino Unido – cerca de 44 mil por ano – devem-se ao consumo de álcool. Segundo descobertas apresentadas na reunião anual da Associação Americana para a Pesquisa do Câncer em San Diego, Estados Unidos, em 2008, o álcool, mesmo consumido em pequenas doses, pode aumentar significativamente o risco de câncer de mama – em especial o câncer de mama receptor hormonal (estrogênio/progesterona) positivo.

O estudo acompanhou mais de 184 mil mulheres em pós-menopausa durante uma média de sete anos. As que consumiam menos de um drinque por dia tinham 7% de risco de câncer em comparação com as abstêmias. As mulheres que consumiam um-dois drinques por dia tinham 32% de risco e as que consumiam três ou mais tinham 51% de risco a mais. O risco foi observado em 70% dos tumores classificados como receptores hormonais positivos. O estudo não observou diferença no tipo de bebida alcoólica consumida.

---

71. Para detalhes sobre os efeitos dos adoçantes artificiais, veja *Timeless Secrets of Health & Rejuvenation*.
72. Um estudo sueco demonstrou que as mulheres que ingeriam mais magnésio tinham 40% menos risco de câncer do que outras com menos. Pesquisadores da Escola de Saúde Pública da Universidade de Minnesota descobriram que dietas ricas em magnésio reduzem a ocorrência de câncer de cólon.

Hormônios de crescimento no leite de vaca: o dr. Samuel Epstein, cientista da Escola de Saúde Pública da Universidade de Illinois, nos Estados Unidos, afirma que o leite com somatropina bovina (rBGH) está "supercarregado com altos níveis do fator de crescimento natural (IGF-1), considerados principais causadores de câncer de mama, cólon e próstata".

Vitaminas sintéticas: as vitaminas não metiladas e baratas podem roubar a energia do organismo e provocar deficiências vitamínicas. As vitaminas naturais, encontradas em frutas e verduras, por outro lado, doam energia às células.

As cápsulas de vitaminas sintéticas contêm quase 90% de diluentes e sua taxa de absorção, em geral, é menor que 5%. O consumo de muitos suplementos vitamínicos pode sobrecarregar o sistema digestivo, o fígado e os rins. Além disso, é quase impossível produzir complexos vitamínicos que tenham o equilíbrio correto entre as diversas vitaminas que contêm. As exigências vitamínicas de cada pessoa variam o tempo inteiro, de forma que nenhum produto se iguala ou atende as necessidades de cada um. Permitir que o organismo decida a quantidade de vitaminas a extrair dos alimentos é a única maneira segura de ingeri-las.

É sempre melhor ingerir as vitaminas dos alimentos. Elas são naturalmente tóxicas, ácidas e reativas. As frutas e vegetais contêm agentes naturais e neutralizantes que impedem que as vitaminas façam mal ao organismo. Mesmo uma vitamina metilada de boa qualidade (que use a coenzima da vitamina) não possui esses agentes e pode ocasionar uma reação desequilibrada do corpo, como irritação, e remover as vitaminas existentes, causando uma deficiência de vitaminas.[73]

Carne bovina, frango ou peixe grelhados: em abril de 2008, o Instituto Americano de Pesquisa do Câncer estimulou todos a repensar o churrasco. Após analisar os resultados de 7 mil estudos, concluiu que grelhar qualquer tipo de carne – branca, vermelha ou de peixe – gera substâncias produtoras de câncer. Aparentemente, as altas temperaturas reagem com proteínas na carne, produzindo aminas heterocíclicas, que estão associadas ao câncer. Outros agentes cancerígenos, os hidrocarbonetos aromáticos policíclicos, formam-se

---

73. Para informações mais detalhadas, leia a seção, "Hidden Perils of Vitamin Pills" no Capítulo Catorze de meu livro, *Timeless Secrets of Health & Rejuvenation*.

quando a gordura da carne respinga no carvão por conta do calor. Depois, levantam fumaça e aderem à carne.

O instituto visou principalmente às carnes processadas, como salsichas, linguiças, bacon, presunto, pastrami, salame e qualquer carne salgada, defumada ou curada. As substâncias químicas usadas para preservar a carne aumentam a produção de compostos cancerígenos, não importando como a carne tenha sido cozida. O relatório do Instituto disse que "não conseguiu nenhuma quantidade de carne processada segura para alimentação".

Alto consumo de frutose e sacarose: o consumo desses açúcares pode aumentar o risco de câncer pancreático, segundo um estudo da Universidade do Havaí e da Califórnia do Sul. A frutose ocorre naturalmente nas frutas, ao passo que a sacarose é extraída da cana de açúcar ou da beterraba. Os pesquisadores analisaram dados alimentares de 162.150 pessoas que participaram do Estudo Multiétnico Havaí-Los Angeles, procurando evidências de que uma dieta com alto índice glicêmico aumenta o risco de câncer pancreático. Entre os participantes, os que consumiam mais frutose tinham risco significativamente maior desse tipo de câncer do que os que consumiam menos. Havia risco de câncer também entre os participantes que bebiam mais suco de fruta. Enquanto isso, entre os pacientes obesos e com sobrepeso, a ingestão mais elevada de sacarose tinha correlação com um risco maior de câncer no pâncreas. A frutose, em particular, também pode ter efeito bastante negativo no sistema neurológico e, na verdade, desativa partes do cérebro.

Cigarros: aumentam a incidência de qualquer tipo de câncer ao impedir que o sangue leve oxigênio às células do corpo, causando sua inflamação. Além disso, o fumo ativo e passivo provoca o envenenamento por cádmio, um risco importante para o desenvolvimento do câncer. Dito isso, a histeria de muitas campanhas antifumo é desnecessariamente radical. Embora não seja benéfico, o fumo não é a causa inevitável do câncer de pulmão, como fomos levados a acreditar. De fato, muitos países com elevado número de fumantes, como a Islândia, o Japão, Israel e Grécia, também têm os mais altos índices de expectativa de vida.

Protetores solares: houve aumento substancial de qualquer tipo de câncer quando lançaram os protetores solares e os óculos de sol às massas. (Veja Capítulo Dois para mais detalhes.)

Trabalho noturno: a Agência Internacional para a Pesquisa do Câncer da OMC incluiu o trabalho noturno à lista de possíveis carcinogênicos, com base em uma análise da pesquisa existente sobre o assunto. A agência revisou estudos sobre os trabalhadores noturnos, principalmente profissionais de enfermagem e tripulantes aéreos, e descobriu que eles são mais propensos a desenvolver câncer do que os trabalhadores diurnos. "Havia padrões suficientes nos trabalhadores noturnos para reconhecer a existência de um aumento no câncer", disse o chefe da unidade das classificações carcinogênicas do IARC, Vincent Cogliano. Aparentemente, anos de trabalho noturno aumentam o risco de câncer de mama nas mulheres e de próstata nos homens.

Transfusões de sangue: a transfusão de sangue após uma cirurgia de câncer pode aumentar o risco de ataque cardíaco e morte. Pesquisas mostraram que as transfusões de sangue aumentam o risco de complicações e reduzem os índices de sobrevivência. Quase imediatamente após a doação, o sangue começa a perder a capacidade de transportar o oxigênio às células do paciente. Quanto mais tempo armazenado, maior o risco de ataque cardíaco, insuficiência cardíaca, AVC e morte.

O óxido nítrico nos glóbulos vermelhos do sangue é importante para o transporte de oxigênio aos tecidos corporais. Se o sangue for armazenado por mais de duas semanas, a concentração de óxido nítrico cai a um nível que pode pôr em risco a vida do paciente. É prática comum armazenar o sangue para transfusão por até seis semanas. Esse risco poderia ser reduzido enriquecendo o sangue com ácido nítrico, mas poucos hospitais fazem isso.

Um estudo publicado na edição de 20 de março de 2008 da revista *New England Journal of Medicine* revelou que os pacientes que receberam unidades de sangue mais antigas tinham índices mais altos de mortalidade no hospital. Em um ano, a mortalidade foi significativamente menor entre os pacientes que receberam sangue mais novo. Em outro estudo, na Universidade de Bristol, na Inglaterra, os pesquisadores descobriram que os pacientes que receberam uma transfusão de glóbulos vermelhos tiveram três vezes mais riscos de ter complicações por falta de oxigênio em órgãos-chave, como ataque cardíaco e AVC. E um estudo anterior na Universidade Duke, nos Estados Unidos, em 2004 descobriu que pacientes que receberam uma transfusão de sangue para tratar perda de sangue ou anemia tiveram duas vezes mais risco de morrer durante os primeiros 30 dias de hospitalização. Também tinham

Outros Riscos Importantes de Câncer

três vezes mais risco de sofrer um ataque cardíaco nos 30 dias, quando comparados com pacientes que não receberam transfusão.

Observação importante: há opções alternativas à transfusão sanguínea com risco bem menor, como a autotransfusão e a hemodiluição. (Detalhes em *Timeless Secrets of Health & Rejuvenation*.)

Radiação ionizante: a exposição pode aumentar o risco de certos cânceres. Os raios X usados para tratar distúrbios, como acne ou hipertrofia das adenoides, podem aumentar a ocorrência de leucemias e linfomas. Os médicos não dizem isso, mas os raios X acumulam-se no corpo, independentemente da área que recebeu a radiação: dentes, pulmões, ossos ou vesícula.

Em 2006, mais de 62 bilhões de TCs foram feitas nos Estados Unidos, elevando sobremaneira a dose de radiação média dos residentes desse país. A dose de radiação de um TC é 50 a cem vezes maior do que um raio X convencional. A radiação ionizante pode produzir radicais livres e desintegrar elos químicos importantes do corpo, causando sérios danos às moléculas que regulam os processos celulares, como o DNA, o RNA e as proteínas. Embora o organismo seja capaz de reparar esse dano quando incorrido em níveis baixos, os altos níveis emitidos por essas tecnologias médicas podem criar danos irreversíveis em tecidos importantes. Um aumento do uso de TCs nos últimos 25 anos provocou a desnecessária exposição de milhões de pacientes a essa radiação perigosa que eleva o risco de câncer, segundo um artigo publicado na revista médica *New England Journal of Medicine*.

Não existem ressonâncias magnéticas ou mamografias inofensivas. Outros estudos indicam que as crianças expostas a raios X são mais propensas a ter câncer de mama do que os adultos. Os fornos de micro-ondas que aquecem e irradiam os alimentos são perniciosos e podem causar leucemias, tumores cerebrais e outros.

Fatos sobre a mamografia:

- A exposição a cada raio X aumenta o risco de crescimento anormal das células. Uma mamografia simples resulta em aproximadamente 1 rad (dose de absorção de radiação) cerca de mil vezes maior do que a de um raio X de tórax.
- O Instituto Nacional do Câncer dos Estados Unidos relata que, entre as mulheres com menos de 35 anos, a mamografia pode causar 75 casos de câncer de mama para cada 15 que identifica.

- Um estudo canadense revelou um aumento de 52% na mortalidade por câncer de mama em mulheres que faziam mamografias anuais.
- O dr. Charles B. Simone, ex-associado clínico de imunologia e farmacologia do Instituto Nacional do Câncer dos Estados Unidos, disse certa vez: "As mamografias aumentam o risco de desenvolvimento de câncer de mama e também o de disseminar ou metastizar um tumor existente".
- Após rever 117 estudos conduzidos entre 1966 e 2005, um painel de especialistas do American College of Physicians (ACP) descobriu que os dados sobre a mamografia em mulheres por volta dos 40 anos são tão obscuros que a eficácia na redução de morte por câncer mamário poderia ser tanto de 15% quanto... "cerca de zero".
- Pesquisadores do Centro Nórdico Cochrane da Dinamarca descobriram que, para cada 2 mil mulheres que fizeram mamografias por mais de dez anos, apenas uma teria a vida prolongada, mas dez enfrentariam tratamentos desnecessários e potencialmente danosos. O estudo examinou os benefícios e os efeitos negativos de sete programas de exame de câncer de mama em 500 mil mulheres nos Estados Unidos, Canadá, Escócia e Suécia.
- O Projeto de Demonstração da Detecção de Câncer de Mama, um amplo estudo epidemiológico feito, inicialmente, nos anos 1970, revelou que uma combinação de mamografia e exames clínicos de mama não conseguiu detectar ao menos 20% dos tumores. Essa estatística permanece quase constante até os dias de hoje. A mamografia não é infalível.
- Um dos maiores oncologistas do mundo, o dr. Samuel Epstein, do Cancer Prevention Coalition, afirma: "A mamografia apresenta riscos significativos e cumulativos de câncer nas mulheres em pré-menopausa. (...) O seio da mulher em pré-menopausa é bastante sensível à radiação, cada 1 rad de exposição aumenta o risco de câncer em cerca de 1%, com um aumento cumulativo de 10% para cada seio após uma década de exames".
- A forte compressão dos seios durante a mamografia pode ajudar a dispersar as células cancerosas existentes. As faculdades de Medicina ensinam os futuros médicos a sempre manipular os seios com grande cuidado por esse motivo.

- Uma pesquisa identificou um gene, chamado oncogene AC, extremamente sensível mesmo com pequenas doses de radiação. Uma porcentagem significativa de mulheres americanas tem esse gene, o que poderia incrementar o risco de câncer induzido por mamografia. Cerca de 10 mil portadoras de AC poderão morrer de câncer de mama por ano *em razão da* mamografia.
- Desde a introdução da mamografia, a incidência de um tipo de câncer mamário, chamado de carcinoma ductal *in situ* (CDIS), aumentou 328%.
- A cada ano, milhares de mulheres passam por mastectomias, radiação e quimioterapias após receberem resultados falsos positivos em uma mamografia.
- Uma meta-análise de 117 estudos publicados nos Anais de Medicina Interna (2007) relatou que os resultados falsos positivos de mamografias estão na faixa de 20% a 56% em mulheres de 40 a 49 anos de idade.
- Em julho de 1995, a revista médica *The Lancet*, em um artigo sobre mamografias, afirmou: "O benefício é marginal, o dano causado é substancial e os custos incorridos enormes (...)".
- Sabe-se que as mamografias diminuem mais a expectativa de vida: para cada mulher que se beneficia, dez outras vidas serão interrompidas. Apesar disso, o FDA aprovou nova tecnologia de mamografia com duas vezes a dose de radiação.
- A mamografia por ressonância magnética, que tem sido vendida a jovens mulheres consideradas com alto risco de câncer de mama, tem uma taxa assustadora de falso positivo da ordem de 25%, levando inevitavelmente a um índice mais elevado de mastectomias desnecessárias.
- Conforme publicação datada de outubro de 2007 pelo *The Cochrane Library and PubMed*, os autoexames de mama não ajudam a diminuir os índices de mortalidade. Dois estudos feitos na Rússia e Xangai com 388.535 mulheres que compararam o autoexame das mamas descobriram que as taxas de mortalidade de câncer de mama eram as mesmas entre as que se autoexaminavam e as que não. Quase duas vezes mais biópsias (3.406) com resultados benignos foram feitas nos grupos de exame comparados com os grupos de controle (1.856).

Além do alto risco de um diagnóstico falso positivo que pode resultar em uma cirurgia desnecessária, desfiguração, medo e estresse, a ressonância magnética é, em si, bastante perigosa. De fato, o risco de anafilaxia por causa do contraste injetado como parte do procedimento é até maior do que o da vacina. Para piorar, esses exames não fornecem nenhum benefício médico às mulheres.

O dr. Epstein, que também é professor emérito de Medicina Ambiental e Ocupacional da Escola de Saúde Pública da Universidade de Illinois, tem alertado sobre os riscos da mamografia desde pelo menos 1992. Comentando sobre as orientações oficiais para a mamografia, ele afirmou: "Elas foram atos conscientes, escolhidos, politicamente expedientes de um grupo de pessoas em benefício de seu próprio poder, prestígio e lucro, resultando em sofrimento e morte de milhões de mulheres. Elas se encaixam na classificação de **crimes contra a humanidade**".

Os especialistas não mais recomendam seguir uma rotina fixa de exames, mas que as mulheres procurem saber o que é normal e façam o exame de toque regularmente para detectar alterações. Devem procurar nódulos ou caroços no seio ou axilas, ou alterações incomuns no tamanho, cor, forma ou simetria nos seios e mamilos, como o inchaço ou adensamento das mamas.

Existe um bom método alternativo de exame?

Sim, existe uma tecnologia barata e inofensiva de exame bem mais eficaz do que a mamografia: a imagem digital térmica de alta resolução por infravermelho, ou termografia, que mede a radiação do calor infravermelho do corpo e traduz essa informação em imagens anatômicas. Se existe um crescimento anormal de algum tipo nos seios, ele será salientado na imagem termográfica como um *ponto quente*. Esse tipo de termografia é simples e não invasivo.

Embora aceita pela Universidade Duke, dos Estados Unidos, essa ferramenta diagnóstica não é muito utilizada: "(...) a medicina tradicional ignora alternativas seguras e eficazes à mamografia, particularmente a transiluminação com rastreamento infravermelho", afirma o dr. Epstein.

Graças às descobertas do Instituto e Tecnologia da Carolina do Norte, um centro de pesquisa privado, a tecnologia de imagem termal, feita sob seu protocolo, consegue descobrir cânceres de mama em desenvolvimento dez anos antes do que a mamografia.

É importante notar, contudo, que, pessoalmente, não endosso qualquer método de exame para diagnosticar o câncer, por motivos já explicados no presente livro, pois gera uma paranoia desnecessária e prejudicial que pode incentivar a doença, ao passo que o câncer não descoberto pode desaparecer por si só. O medo e a expectativa da eventualidade de ter um câncer de mama, quando não se tem, concentram a mente na doença, o que é o bastante para desencadear essa temida doença no organismo.

Eis o que o medo acarreta: respiração superficial, suor nas mãos, transtornos estomacais, irritabilidade, dores de cabeça, incapacidade de falar e pensar com clareza, desorientação, confusão, depressão, tremedeiras incontroláveis, ataques de pânico, incapacidade de se movimentar, raiva e sentimento de impotência e desvalorização. Se continuados, esses sintomas são suficientes para que o organismo libere o cortisol, um hormônio de estresse que impede a assimilação das proteínas dos alimentos e degrada as proteínas celulares existentes até seu desaparecimento. Em outras palavras, a reação de temor a um diagnóstico de câncer pode se tornar o próprio mecanismo que o torna terminal.

Além disso, a pressão dos médicos e entes queridos para que o paciente faça o *tratamento adequado* é tão avassaladora a ponto de ele sentir que não tem alternativa a não ser levar adiante o tratamento. Além de estar fisicamente doente, sentir-se encurralado ou acuado com certeza não levará à cura. É bem mais benéfico descobrir as causas da congestão e do conflito emocional, como descrevemos aqui, do que tratar os sintomas do câncer. O mesmo princípio vale para todas as chamadas *doenças*.

A doença não passa de uma percepção do mundo, mas também pode tornar-se a percepção da cura, da melhora e de um novo rumo na vida.

Capítulo Seis

O Que é Preciso Saber para Curar o Câncer

Câncer – quem o cura?

Os candidatos mais prováveis a revelar os mecanismos que causam e curam o câncer são os que tiveram a remissão completa do câncer, sem nenhum vestígio da doença.

Anne tinha 43 anos quando foi diagnosticada com uma forma incurável de linfoma e lhe deram pouco tempo de vida. Os médicos recomendaram tratamentos de radioterapia e quimioterapia, os mais comuns no tratamento de câncer. Anne tinha ciência de que os tratamentos não só aumentariam demais o risco de câncer secundário, mas também seus efeitos colaterais. Recusou o tratamento, alegando que, se o câncer era incurável, de que adiantaria tratá-lo e sofrer os desnecessários e horríveis efeitos colaterais?

Tendo aceitado o fato de ter uma doença incurável, ou seja, a morte, Anne sentiu-se livre para procurar métodos alternativos para facilitar a *transição*. Em vez de aceitar passivamente seu destino, decidiu focar no seu bem-estar. Tentou tudo desde acupuntura, limpeza dos órgãos e fitoterapia, de meditação a visualização, ou seja, todos sinais definitivos do cuidado que tinha com suas células corporais. O câncer dela entrou em remissão alguns meses depois. No período de um ano, todos os sinais aparentes do câncer desapareceram, para surpresa do oncologista. Agora, duas décadas depois, ela não apresenta qualquer traço de câncer, sentindo-se a cada dia com mais saúde e vitalidade, como nunca antes.

Aos 38 anos de idade apenas, Linda foi diagnosticada com um melanoma maligno (o tipo mais agressivo de câncer de pele). Após diversas operações malsucedidas, ela foi informada de que o câncer havia progredido para o estado terminal e que tinha apenas um ano de vida. Ela também recusou a quimioterapia e a radioterapia, concentrando-se em abordagens mais positivas de cura, como ioga, orações, alimentação vegetariana, limpeza dos órgãos, meditação e visualizações diárias. Hoje, 22 anos depois de sobreviver à sua sentença de morte, ela está mais saudável que nunca, sem qualquer traço até de uma irritação cutânea.

Tanto Anne quanto Linda mudaram sua atitude em relação à vida: de vítimas passivas de uma doença incontrolável e invasiva a participantes ativas na criação de um corpo e mente saudáveis. Responsabilizar-se foi seu primeiro passo para tirar o foco do câncer e conduzi-lo na direção de criar conscientemente um estado de saúde.

Não é correto chamar de remissão essas *curas milagrosas*. Hoje em dia, existe ampla documentação de recuperações importantes de qualquer tipo de câncer e de quase todos os distúrbios, de diabetes a verrugas e até de AIDS. A ocorrência de uma remissão espontânea de câncer, mesmo nos estágios finais da doença, demonstra que o sistema imunológico não só tem o poder de livrar o organismo de tumores existentes, mas também de prevenir o surgimento de novos, a menos que suas causas sejam tratadas. Uma mudança de atitude é o estímulo que o sistema imunológico precisa para eliminar o sintoma (o tumor canceroso): em vez de atacar e matar as células cancerosas, é melhor deixá-las em paz e abolir as influências que esgotam a energia do corpo. Sem suas causas principais, o câncer é tão inofensivo quanto um simples resfriado.

Gente como Anne e Linda não deve ser a exceção, mas, sim, a regra. As chamadas remissões *espontâneas* raramente o são ou ocorrem sem razão aparente. O organismo considera as causas do câncer como obstruções físicas e emocionais que podem ser vencidas por meio de uma crise de cura e da limpeza do corpo, mente e espírito. A participação ativa no processo de cura e a responsabilidade pessoal (uma expressão de amor-próprio) são necessidades absolutas no tratamento de todo distúrbio importante, o câncer inclusive. Estar com câncer não significa estar indefeso.

Quando George, o executivo cipriota, me procurou com um câncer renal, estava mais fraco que nunca na vida. Apesar do diagnóstico desanimador, George ainda estava respirando, o que significa que existe chance de recuperação. De fato, ele não só se recuperou como também recomeçou a vida com mais consciência, amor e alegria.

O câncer tem o potencial tremendo de criar significado e propósito mais profundos na vida de uma pessoa, ao mesmo tempo em que desperta e liberta medos ancestrais de sobrevivência e morte. Pode transformar uma perspectiva pessimista da vida em seu oposto, permitindo que a pessoa com câncer perceba a reação positiva subjacente a ele e a tudo o que lhe acontece na vida. Essa transformação interior impede que se veja como uma vítima descrente à mercê de oncologistas ou cirurgiões. Curar o câncer ou qualquer outra doença séria talvez seja um dos feitos mais poderosos e significativos que uma pessoa possa ter na vida.

Eliminar a necessidade do câncer

Por ser o câncer uma consequência natural de hábitos de vida nocivos, o modo mais sensato de não se tornar uma estatística é assegurar que está fazendo de tudo para nutrir o corpo e ajudá-lo a funcionar tão limpa e eficientemente quanto possível. O segredo está em ter uma alimentação saudável, orgânica, que forneça muitos nutrientes e fibras sem aditivos e açúcares artificiais; otimizar os níveis de vitamina D e fazer exercícios com regularidade. Minimizar a exposição à toxidade ambiental tanto quanto possível. Sair. Alongar-se. Dançar. Sorrir para o sol. Andar. Dormir. Viver com equilíbrio. O corpo é projetado para se suster: ele só recorrerá a medidas extremas como o câncer se não houver opção. Na verdade, simples bom senso.

Tendo examinado um número considerável de pacientes com câncer em meu consultório, na Europa, durante os anos 1990, descobri que todos eles, independentemente do tipo de câncer, acumularam grandes quantidades de cálculos no fígado e na vesícula. Ao remover todos os cálculos desses locais por meio de uma série de limpezas no fígado, e limpando o cólon e os rins antes e depois de cada limpeza de fígado,[74] uma pessoa cria as precondições físicas para que qualquer tipo de câncer entre em remissão espontânea. Isso também se aplica aos tumores considerados terminais.

Se todas as pessoas à procura de saúde continuarem a manter uma alimentação e hábitos de vida saudáveis, a cura tem chances de

---
74. Veja as instruções em *Limpeza do Fígado e da Vesícula*.

ser permanente. Há evidências de sobra de que frutas e verduras têm propriedades de cura e na prevenção do câncer. Pesquisas realizadas pelo Instituto de Pesquisa em Alimentação do Reino Unido revelaram que vegetais do gênero brássica, como repolho, couve-manteiga, brócolis e couve-de-bruxelas, contêm compostos anticarcinogênicos que estimulam as células cancerosas a se suicidarem. Esses vegetais têm efeitos purificadores nos tecidos e no sangue. Seu consumo regular reduz bastante o nível de toxinas e elimina a necessidade corporal de células cancerosas. Outro estudo publicado na revista médica *Journal of the American Dietetic Association* sugere que o consumo de maçãs, couve-flor e brócolis ajuda sobremaneira a prevenir o câncer colorretal, o terceiro tipo mais comum de câncer.

Além desses alimentos, diversas ervas e plantas também têm propriedades de limpeza e prevenção do câncer. De um total de 2,5 milhões plantas examinadas, pouco mais de 3 mil apresentaram propriedades anticancerígenas. Algumas detêm o processo de fermentação do qual as células cancerosas dependem para sua sobrevivência (elas usam o ácido láctico para gerar energia celular); outras têm efeitos tóxicos diretos nas células tumorosas; outras, ainda, inibem a divisão das células cancerosas, permitindo a reprodução normal das células saudáveis; e, finalmente, algumas afetam o pH (meio ácido/alcalino) para diminuir ou impedir o risco de crescimento das células cancerosas em outras partes do organismo. Contudo, em geral, a maioria dessas plantas apresenta todos os efeitos mencionados. Alguns deles são listados a seguir:

- Açafrão tumérico
- Ácido elágico
- Acteia* (para câncer de mama)
- Alecrim
- Astrágalo
- Babosa (aloe vera)
- Bagos de Schisandra
- Canela vermelha
- Carctol (erva ayurvédica)
- Cardamomo
- Casca de noz preta
- Chá verde[75]

---

75. Estudos recentes mostraram um efeito preventivo significativo contra o câncer colorretal e oral nas mulheres que bebem chá verde com regularidade e uma redução

- Chá de limpeza hepática de Andreas Moritz (www.presentmoment.com)
- Chá de limpeza renal de Andreas Moritz (www.presentmoment.com)
- Chaparral (*Larrea tridentata*)
- Cidra**
- Cogumelo *Agaricus blazei*
- Cogumelo do sol
- Cogumelo reichi[76]
- Cogumelo Shitake ou Maitake
- Cominho preto (*nigella sativa*)[77]
- Dente-de-leão***
- Endro
- Erva-doce
- Ervas essiac
- Extrato de sementes de uva
- Gengibre****
- Ginseng[78]
- Graviola (veja seção abaixo)
- Manjericão
- Manjerona
- Nozes[79]
- Óleo de coco
- Orégano (óleo de orégano também)

---

de 48% no risco de desenvolver câncer de próstata avançado nos homens que bebem cinco ou mais xícaras por dia (durante 14 anos).

76. O Centro Nacional do Câncer do Japão testou farmalogicamente esse cogumelo e descobriu que ele aumenta bastante o sistema imunológico e combate o câncer. Os cientistas da Escola de Medicina da Universidade do Japão testaram os cogumelos com ratos e descobriram que ele retardava o crescimento do tumor em 8% após 20 dias. As cobaias com câncer tiveram uma recuperação da ordem de 99%. O cogumelo e seus extratos, também chamado de Lingzhi, pode ser encontrado em diversos mercados asiáticos e em lojas de produtos naturais.

77. Pesquisadores da Universidade Thomas Jefferson na Filadélfia, Estados Unidos, descobriram que o extrato do óleo da semente de *nigella sativa*, conhecido como timoquinona, reduziu um dos cânceres mais virulentos e difíceis de tratar: o pancreático. O extrato bloqueia o crescimento das células do pâncreas e aumenta a função celular que causa a morte programada das células, a chamada apoptose.

78. O Ginseng aumenta a oxigenação celular em 25%, o que é benéfico para qualquer tipo de câncer.

79. As nozes podem diminuir o risco de câncer de mama: http://www.webmd.com/breast-cancer/news/20090421/walnuts-fight-breast-cancer.

- Pau d'arco
- Raiz de alcaçuz (pó)[80]
- Raiz de bardana
- Salsinha e Salsão (ou aipo)*****
- Sálvia
- Suco de gojiberry
- Tratamento fitoterápico contra o câncer
- Unha-de-gato
- Vinagre e dióxido de carbono

*Mais sobre a acteia:

Um estudo francês publicado na revista *Phytomedicine* mostrou que o extrato da acteia pode prevenir e interromper o crescimento das células cancerosas nas mamas. O estudo foi financiado pelo Instituto Nacional de Saúde e pela Fundação do Câncer de Mama Susan G. Komen. A acteia ou erva-de-são-cristovão já era conhecida por ajudar nos problemas ginecológicos, renais, da garganta e um pouco no alívio dos sintomas da menopausa. Não é recomendável eliminar completamente os sintomas da menopausa, pois foi provado que eles reduzem em 50% o risco de câncer de mama. (**Contraindicações:** Não deve fazer uso da acteia quem estiver usando doxorrubicina e docetaxel, duas drogas quimioterápicas, ou no caso de gravidez.)

**Mais sobre a cidra

Esse tratamento ayurvédico é usado para tratar todos os tipos de doenças do fígado, como cirrose, icterícia, danos nas funções hepáticas, hepatites viróticas do tipos B e C, lesões hepáticas primárias e secundárias.

***Mais sobre o dente-de-leão

Essa erva comum, conhecida como um bom tônico hepático, também combate o câncer. Pesquisas conduzidas por um biomédico da Universidade Windsor sobre amostras de sangue com leucemia e extrato da raiz de dente-de-leão[81] mostraram que as células de leucemia foram forçadas à apoptose, ou suicídio celular, ao passo que

---

80. O pó de raiz de alcaçuz é uma poderosa erva curativa para o câncer e o diabetes. É mais eficaz do que as drogas quimioterápicas na destruição das células do câncer, porém sem danificar ou destruir as células saudáveis.
81. <http://www.naturalnews.com/035754_dandelion_cancer_prevention.html>.

as células não cancerosas não foram afetadas. Em outras palavras, o extrato da raiz do dente-de-leão direcionou apenas as células cancerosas *más*, ao contrário das drogas quimioterápicas, que matam inclusive as células *boas*.

####Mais sobre o gengibre:

O gengibre inibe naturalmente a COX-2, enzima responsável por inflamação e dor [*Food and Chemical Toxicology* 40: 1091-97, 2002]. O ingrediente ativo do gengibre, o gingerol, inibe a disseminação das células do câncer e torna impossível distinguir as células cancerosas das normais [*Cancer research* 61: 850-53, 2001]. O extrato da raiz do gengibre (gingerol) bloqueia a inflamação e afina o sangue tal como a aspirina, mas sem seus efeitos colaterais danosos [*Pharmazie* 60: 83-96, 2005]. O suco de gengibre promove a recuperação dos sintomas de náusea superior à da ondansetrona, uma droga prescrita durante a quimioterapia [*Journal Ethnopharmacology* 62: 49-55, 1998]. Também se comprovou, em estudos com animais, que o gengibre inibe o crescimento de tumores no cólon [*Clinica Chimica Acta* 358: 60-67, 2005]. O gingerol inibe o crescimento no trato digestivo da *Helicobacter pylori*, uma bactéria associada ao câncer estomacal [*Anticancer Research* 23: 3699-702, 2003].

#####Mais sobre salsinha e aipo (salsão)

O aipo e a salsinha contêm apigenina, um flavonoide, encontrado também em muitos outros alimentos naturais. Estudos feitos com animais comprovaram que houve retardo no crescimento do câncer e diminuição dos tumores cancerosos, mesmo os cânceres de mama letais. Injeções da substância poderiam ser uma alternativa segura para a quimioterapia, pois ela não mostrou sinais de efeitos colaterais, mesmo em doses elevadas.

Os pesquisadores não conseguem encontrar financiamento para continuar a pesquisa com humanos pois as empresas farmacêuticas não têm interesse em financiar essa provável cura natural do câncer.[82]

Cúrcuma – o remédio milagroso da natureza

Na Índia, onde a cúrcuma ou açafrão da Índia é comum na alimentação, a prevalência de quatro dos cânceres mais comuns (mama, cólon, próstata pulmão) é dez vezes menor. Isso se deve, em

---

82. <http://articles.mercola.com/sites/articles/archive/2012/06/04/apigenin-on-breast-cancer-treatment.aspx?e_cid=20120604_DNL_art_2>.

grande escala, a um composto nele contido conhecido como curcumina, cujos benefícios anticâncer são, até agora, bem documentados. Bastam apenas 9-12 gramas de extrato de curcumina por dia para fornecer benefícios anticancerígenos poderosos. Segundo estudos, a curcumina também auxilia a reduzir o colesterol; conter o diabetes, mal de Alzheimer, esclerose múltipla, formação de tumor, artrite reumatoide, HIV; e promover a cura de feridas e secreção de bílis, entre outras coisas. Além disso, é deliciosa. Que tal isso para a saúde?

Sintomas da menopausa previnem o câncer de mama

Caso esteja entre as mulheres que sofrem os sintomas da menopausa, fique aliviada. Ignorados por muitos médicos e pacientes que, consideram a menopausa uma doença, os sintomas desconfortáveis associados a ela podem, na verdade, prevenir o câncer de mama menopáusico.

Se você pedir ao médico que lhe prescreva hormônios para suprimir os sintomas, ele provavelmente não vai dizer que, ao reduzi-los, existe a chance de aumentar o risco de câncer de mama.

Um estudo de 2011, publicado em *Cancer Epidemiology, Biomarkers & Prevention* [20(2); 1-10; ©2011 AACR], enfatiza claramente os imensos benefícios à saúde dos sintomas associados à menopausa, como fogachos, suores noturnos, insônia, depressão, secura vaginal, sangramento menstrual irregular ou abundante e ansiedade.

Estudos anteriores já demonstravam que as mulheres com sintomas menopáusicos têm baixos níveis de estrogênio em comparação com as que não têm. Contudo, um novo estudo feito pela Universidade de Washington e o Fred Hutchinson Cancer Research Center foi o primeiro a avaliar a associação entre sintomas da menopausa e risco de câncer de mama.

Os resultados dessa pesquisa, financiada pelo Instituto Nacional do Câncer dos Estados Unidos, mostrou que as mulheres com os característicos sintomas menopáusicos apresentavam riscos bem menores de carcinoma ductal invasivo, carcinoma lobular invasivo e carcinoma ductal lobular invasivo. A redução ao risco foi de impressionantes 40-60%.

Essas reduções no risco independiam do tempo de uso da terapia hormonal, idade na menopausa e índice de massa corporal, que são fatores de risco conhecidos do câncer de mama.

O estudo também assinalou que a intensidade elevada dos fogachos nas mulheres estava associado aos riscos decrescentes de todos os três subtipos de câncer de mama.

"Em particular, descobrimos que as mulheres que tinham fogachos mais intensos – que as faziam acordar à noite – tinham um risco menor de ter câncer de mama", afirmou à imprensa o prof. dr. Christopher I. Li, epidemiologista de câncer de mama da Divisão das Ciências de Saúde Pública do Hutchinson Center dos Estados Unidos.

Os pesquisadores chegaram à conclusão de que "este é o primeiro estudo a relatar que as mulheres que sentiram sintomas da menopausa têm um risco reduzido de câncer de mama e que a intensidade dos fogachos está inversamente associada ao risco. Se confirmada", sugerem os pesquisadores, "essas descobertas podem aumentar nosso entendimento da etiologia do câncer e dos fatores potencialmente relevantes à prevenção".

"Embora os sintomas da menopausa tenham um impacto negativo na qualidade de vida, nosso estudo sugere que há esperança caso estudos futuros confirmem a redução do risco de câncer mamário", disse o dr. Li.

Podemos aprender uma boa lição com essa pesquisa. Em vez de interpretar os sintomas de desconforto como um sinal de que há algo errado no organismo, devemos confiar em sua sabedoria, mesmo sem entender as razões pelas quais ele cria sintomas tão incomuns quanto fogachos e suores noturnos.

Ou seja, esses sintomas devem ser considerados uma bênção, e não uma maldição. É preciso foco no cuidado com o organismo tendo uma alimentação saudável, uma boa noite de sono, fazendo exercícios regularmente, hidratando-se e expondo-se ao sol para garantir níveis adequados de vitamina D.

Sol – o tratamento natural do câncer

De acordo com um estudo publicado na importante revista médica *Cancer Journal* (março de 2002; 94:1867-75), a exposição insuficiente à radiação ultravioleta pode ser um fator de risco importante para o câncer na Europa Ocidental e América do Norte. As descobertas, que cobrem as taxas de mortalidade de câncer na América do Norte, contradizem diretamente os alertas oficiais sobre a luz solar. A pesquisa mostrou que as mortes por uma série de cânceres dos sistemas reprodutivo e digestivo eram quase duas vezes mais altas no nordeste do que no sudeste dos Estados Unidos, apesar de a dieta alimentar variar pouco entre as regiões.

Um exame de 506 regiões descobriu uma correlação inversa próxima entre a mortalidade do câncer e os níveis de luz UVB. O mecanismo mais provável proposto pelos cientistas para um efeito protetor da luz solar é a vitamina D, que é sintetizada pelo corpo quando exposta aos raios ultravioleta B. De acordo com o autor do estudo, dr. William Grant, as regiões norte dos Estados Unidos ficam tão escuras durante o inverno, a ponto de desativar totalmente a síntese da vitamina D.

Embora o estudo focasse em americanos de pele branca, os pesquisadores descobriram que a mesma tendência geográfica afeta os americanos de pele escura, cuja taxa de câncer é significativamente maior. Como mencionamos anteriormente, ou como explicado em meu livro *Heal Yourself with Sunlight*, as pessoas de pele escura precisam de mais sol para sintetizar a vitamina D.

O mesmo estudo mostrou que a falta de sol afeta no mínimo 13 malignidades, principalmente os cânceres dos órgãos reprodutivo e digestivo. A correlação inversa mais importante é com o câncer de mama, cólon e ovários, seguidos pelos tumores da vesícula, útero, esôfago e estômago.

Para obter os benefícios da luz solar na prevenção de doenças, é preciso estar ao ar livre pelo menos três vezes por semana por um período mínimo de 15-20 minutos (por vez). Evite o uso de protetores solares e óculos de sol **a fim de obter os benefícios da exposição solar**.

Para conhecer em mais detalhes os poderes de cura do sol e, especificamente, como a luz UV realmente previne e cura o câncer de pele, veja o Capítulo Oito de meu livro *Timeless Secrets of Health & Rejuvenation*. Lá também ficará sabendo por que muitos melanomas são causados por protetores solares.

Embora a suplementação de vitamina D **seja necessária àqueles que habitam em climas frios ou durante os meses de inverno, ela não é a melhor opção. De fato, pesquisas confiáveis comprovaram, há décadas, como a hipervitaminose D por suplementação pode ter efeitos tóxicos e até ser fatal.

Não recomendo absolutamente a Ingestão Diária Recomendada* de vitaminas, mas pessoalmente acompanhei muitos casos em que a falta de vitamina D causou pelo menos alguns dos efeitos colaterais mencionados. Além disso, em meu livro *Heal Yourself with Sunlight* discuto a pesquisa que mostra que, quando tomada como suplemento, a vitamina D pode suprimir o sistema imunológico. Embora saiba que a suplementação pode rapidamente suprimir certos sintomas da doença, ela também os substitui por outros igualmente sérios, se não mais.

Ao reprimir o sistema imunológico, de forma semelhante à vacinação, o organismo não consegue mais criar uma reação adequada, naturalmente envolvendo inflamação, dor, fraqueza, inchaço, etc. No entanto, isso não deveria ser entendido como uma *melhora na condição*, mas uma piora. A luz solar ou uma lâmpada UVB jamais fariam isso.

Há um grande movimento para empurrar os suplementos de vitamina D sintética à população. Há interesses financeiros substanciais envolvidos no sentido de conduzir estudos para *provar* seu valor, como os exames clínicos com medicamentos manipulados. Sou um dos maiores entusiastas da vitamina D (que é na verdade um hormônio esteroide) e, durante 15 anos, escrevi extensamente sobre o assunto, portanto não preciso ser convencido de sua importância. Recomendo apenas o discernimento sobre a ingestão de hormônios esteroides, até drogas precursoras como o D2.** Os esteroides já foram considerados remédios milagrosos em vista de seus efeitos impressionantes, mas agora sabemos que causam mais mal do que bem. Espero que não caiamos nessa armadilha de novo.

Dormir o suficiente

Pergunte a qualquer *workaholic* ou universitário quantas horas eles dormem. A resposta, provavelmente, é que dormem muito pouco, com um certo orgulho. Porém, o sono, parte fundamental de hábitos de vida saudáveis e naturais, é bastante ignorado, e considerá-lo um

---

* N.T.: A IDR (ou RDA, sigla em inglês para Recommended Dietary Allowance, substituída agora por Recommended Dietary Ingestion – RDI) é o nível de ingestão diária de um nutriente suficiente para atender as exigências de 97-98% dos indivíduos saudáveis nos Estados Unidos, e adotado e regulamentado em outros países, como o Canadá e a Austrália.

** N.T.: Vitamina D2, também chamada de ergocalciferol ou calciferol.

luxo inacessível é muito perigoso. A privação do sono foi associada a um maior risco de doenças cardíacas, diabetes, obesidade e, claro, câncer.

Um estudo revelou, por exemplo, que as pessoas que dormem menos de seis horas por noite têm 50% mais chance de desenvolver pólipos colorretais, os quais são crescimentos pré-cancerosos que, se não forem tratados, podem se tornar malignos. O que, portanto, torna a privação crônica de sono um fator de risco importante no desenvolvimento do câncer.

Isso significa que uma boa noite de sono pode ajudar a prevenir e até tratar o câncer. A pesquisa mostra que o sistema imunológico precisa de oito-nove horas de sono, em *completa* escuridão, para recarregar-se completamente. Um sistema imunológico débil não consegue manter o corpo limpo por dentro, e a congestão resultante ameaça a vida celular.

A alteração entre dia e noite regula os ciclos naturais de sono/vigília e os processos bioquímicos essenciais. A luz do dia desencadeia a liberação de hormônios poderosos, os glicocorticoides, dos quais os mais importantes são o cortisol e a corticosterona. Sua secreção é marcadamente circadiana. Esses hormônios regulam algumas das funções centrais do organismo, como o metabolismo, o nível de glicose no sangue e as reações imunitárias. Os níveis máximos ocorrem entre 4 e 8 horas da manhã e gradualmente decrescem com o passar do dia. Os níveis mínimos acontecem entre meia-noite e 3 horas da manhã.

Ao alterar o ciclo natural de sono/vigília, altera-se também o pico do ciclo de cortisol. Por exemplo, se costumamos dormir após a meia-noite, em vez de às 22 horas, e/ou levantamos após as 8 ou 9 horas da manhã, em vez de entre 6 e 7 da manhã, com ou logo após o amanhecer, ocorre uma alteração no tempo hormonal (um *jet lag* contínuo), que pode provocar um caos no organismo. Resíduos que tendem a se acumular no reto e na bexiga durante a noite são normalmente eliminados entre 6 e 8 horas da manhã. Com um ciclo alterado de vigília/sono, o organismo tem de reter os resíduos e, possivelmente, reabsorver parte deles. Ao perturbar ciclos de sono/vigília, ocorre a dessincronização entre os ritmos biológicos e os ritmos circadianos, que são controlados pelos períodos diários de escuridão e luz, conduzindo a diversos tipos de distúrbios crônicos hepáticos, respiratórios, cardíacos e câncer.

Um dos mais importantes hormônios da glândula pineal é o neurotransmissor melatonina, cuja secreção se dá entre 21h30 e 22h30 (dependendo da idade), induzindo à sonolência. Ele alcança o nível máximo entre 1 e 2 horas da madrugada e baixa a seu nível mínimo ao meio-dia. A glândula pineal controla a reprodução, o sono e a atividade motora, a pressão sanguínea, o sistema imunológico, as glândulas tireoide e pituitária, o crescimento celular, a temperatura corporal e muitas outras funções vitais. Todas elas dependem do equilíbrio do ciclo da melatonina. Ao dormir tarde (depois das 22 horas) ou trabalhar à noite, ocorre um desequilíbrio deste e de muitos outros ciclos hormonais.

O *Nurses' Study*, mencionado anteriormente, demonstrou que as enfermeiras do turno noturno têm um risco de mais 50% de câncer, porém seus níveis de melatonina no sangue são mais baixos. Níveis mais altos de melatonina têm relação com risco menor de câncer. As mulheres cegas, por exemplo, cujos níveis de melatonina são naturalmente altos (a melatonina reage à escuridão), têm menos de 36% de risco de câncer de mama comparados com quem enxerga. Tomar um suplemento de melatonina não previne o câncer, mas aumenta seu risco, pois inibe a secreção natural da melatonina pelo organismo.

O melhor conselho para quem tem câncer ou não queira desenvolvê-lo é ter uma boa noite de sono todos os dias (com exceções ocasionais), e nunca depois das 22 horas!

As conveniências oferecidas pela luz elétrica chegaram com o risco de arruinar a saúde de milhões de pessoas. O corpo humano e todos os outros organismos no planeta desenvolveram-se para se ajustar aos padrões previsíveis de luz e escuridão, em um ciclo fisiológico chamado de ritmo circadiano. Os hábitos irregulares da vida moderna evitam ou ignoram a necessidade vital do corpo de sincronizar-se com as mudanças diárias, mensais e anuais do meio ambiente. Uma parte do cérebro chamada Núcleo Supraquiasmático controla nosso relógio biológico monitorando de perto os sinais de luz e escuridão do ambiente. Portanto, luz e escuridão têm influência primordial em nosso sistema hormonal e, por sua vez, na saúde e vitalidade de cada célula do corpo.

Quando os olhos deixam de ver a luz à medida que escurece lá fora, a glândula pineal começa a produzir a melatonina, mas interrompe sua secreção totalmente quando acendemos a luz, assistimos à televisão ou usamos um *smartphone*, por exemplo. Em consequência, o efeito indutor do sono provocado pela melatonina se inibe e não sentiremos sono por algumas horas mais. De fato, o estímulo da luz nessa hora do dia pode impedir o sono e provocar um distúrbio permanente. A falta de sono é uma condição que atinge 47 milhões de adultos nos Estados Unidos. E como indicam estudos mais recentes, é tão sério que aumenta sobremaneira o risco de câncer.

Entre diversas outras funções, a melatonina desencadeia a redução noturna dos níveis de estrogênio do organismo, diminuindo significativamente sua capacidade de afastar ou curar tumores *relacionados com estrogênio*. A exposição à luz artificial noturna provoca a diminuição dos níveis de melatonina e o aumento dos níveis de estrogênio.[83] Apesar da descrença inicial de cientistas, agora foi oficializado que os hormônios naturais como o estrogênio e a insulina podem ser carcinogênicos. Em dezembro de 2002, o Instituto Nacional de Ciências da Saúde dos Estados Unidos acrescentou o estrogênio à lista de agentes causadores de câncer. Fortes evidências epidemiológicas associam o hormônio ao câncer mamário, endometrial e uterino.

O fígado regula inúmeros hormônios, entre eles os estrogênios e a progesterona. Uma mulher com níveis hormonais desequilibrados[84] pode ter falta de desejo sexual (baixa libido), doenças cardiovasculares, sintomas menopáusicos, desconfortos menstruais, TPM, cistos mamários, câncer de mama, fibroides, endometriose, problemas emocionais, ansiedade feminina, distúrbios nervosos, problemas de pele, perda de cabelo e distúrbios ósseos. Porém, certamente não se deve culpar o fígado pelo desequilíbrio hormonal. A falta de sono, especialmente duas horas antes da meia-noite, impede o fígado de fazer seu trabalho vital: 500 deles.

Não há uma parte do corpo que não sofra quando as funções hepáticas são abaladas por não se respeitar a hora do dormir, inclusive o próprio fígado. Por exemplo, o fígado retira a insulina da corrente sanguínea, porém, quando interferimos em suas atividades noturnas (ao não dormir na hora certa), a insulina faz com que a gordura se deposite no fígado, impedindo-o de remover a insulina da corrente sanguínea. Os altos níveis de insulina causam ataques cardíacos, obesidade abdominal, diabetes e câncer.

Além de produzir melatonina, o cérebro também sintetiza a serotonina, um importante neurotransmissor (hormônio) responsável pelo bem-estar físico e emocional. Ela influencia os ritmos diurnos e noturnos, o comportamento sexual, a memória, o apetite,

---

83. Homens e mulheres produzem estrogênio.
84. O desequilíbrio subjacente consiste em excesso relativo de estrogênio e falta absoluta de progesterona.

a impulsividade, o medo e até tendências suicidas. Ao contrário da melatonina, a serotonina aumenta com a luz do dia; a atividade física e o açúcar também a estimulam. Acordar tarde, com a consequente falta de exposição a quantidades suficientes de luz, diminui os níveis de serotonina durante o dia. Ademais, pelo fato de a melatonina ser um subproduto da serotonina, há uma redução dos níveis de melatonina durante a noite. Qualquer desvio dos ritmos circadianos provoca secreções anormais desses hormônios cerebrais importantes, causando uma perturbação nos ritmos biológicos e impedindo o funcionamento harmônico do organismo como um todo. Há um desequilíbrio digestivo, metabólico e endócrino, que provoca uma sensação de desajuste e torna o organismo suscetível a uma infinidade de distúrbios que vão de uma simples dor de cabeça, inchaço ou indigestão à depressão ou um tumor cancerígeno.

Observação: Mais de 90% da serotonina é produzida no sistema digestivo, atingindo seu nível máximo ao meio-dia, quando o sol atinge o pico.

A falta de exposição à luz natural ou dormir durante o dia pode levar a sérios problemas gastrointestinais, afetando a saúde de cada célula do corpo.

A produção de hormônios de crescimento, que estimulam o crescimento de crianças e ajudam a manter os músculos e tecidos conjuntivos saudáveis nos adultos, depende dos ciclos de sono adequados. O sono dispara a produção desse hormônio, cujo pico de secreção ocorre por volta das 23 horas, a menos que se vá dormir antes das 22 horas. Esse curto período coincide com um sono sem sonhos, comumente chamado de sono da beleza, e é durante esse ciclo que o corpo se purifica, repara e rejuvenesce.

Com a falta de sono, há uma queda drástica na produção dos hormônios do crescimento. Para curar o câncer, o organismo necessita produzir esses hormônios em quantidade suficiente. Dormir bem, à hora certa, é um das melhores métodos para se prevenir e curar o câncer. E mais, além de não custar nada, traz muitos outros benefícios (para uma descrição detalhada dos ritmos biológicos e uma rotina diária ideal, veja *Timeless Secrets of Health & Rejuvenation*).

Manter um horário regular para as refeições

O organismo é controlado por diversos ritmos circadianos que regulam suas funções mais importantes de acordo com intervalos de tempo pré-programados. Sono, secreção de hormônios e de sucos digestivos, eliminação de resíduos e muitos outros processos orgânicos seguem uma rotina diária específica. Se essas atividades cíclicas são perturbadas com frequência, o organismo se desequilibra a ponto de impedi-lo de cumprir suas tarefas essenciais. Todas as atividades físicas estão em alinhamento e são dependentes da programação imposta pelos ritmos circadianos.

A manutenção de horários regulares para as refeições permite que o corpo se prepare com facilidade para produzir e secretar a quantidade necessária de sucos digestivos para cada refeição. Os hábitos alimentares irregulares, em contraponto, confundem o organismo. Ademais, seu poder digestivo diminui ao ter de se ajustar a um horário diferente a cada refeição. Pular refeições, comer em horários diferentes ou entre refeições perturba os ciclos de produção de bílis pelas células hepáticas. O resultado é a formação de cálculos.

Manter uma rotina regular de alimentação faz com que os 60-100 trilhões de células corporais recebam a proporção diária de nutrientes segundo sua programação, permitindo que o metabolismo celular seja fácil e eficaz. Muitos distúrbios metabólicos, como diabetes ou obesidade, resultam de hábitos alimentares irregulares e podem ser melhorados com o ajuste dos horários das refeições com os ritmos circadianos naturais.

É melhor fazer refeições mais substanciais por volta do meio-dia e refeições leves pela manhã (até 8 horas) e à noite (até 19 horas). Deixar para fazer a refeição principal à noite, quando a digestão é mais lenta, sobrecarrega o trato gastrointestinal com alimentos mal digeridos, fermentados e pútridos. As bactérias que fazem a decomposição dos alimentos não digeridos produzem venenos que, além de prejudicar a saúde intestinal, são responsáveis pela congestão linfática, causando ganho de peso e perturbando o metabolismo básico. O câncer é um distúrbio metabólico que pode ter início ao se fazer a refeição principal à noite, comer entre as refeições ou antes de ir para a cama.

Comer demais, especialmente alimentos com baixo teor nutritivo, conduz à obstrução intestinal, proliferação de bactérias e leveduras destrutivas, bem como à compulsão por alimentos *energéticos* (que na verdade exaurem energia), açúcar, doces, farinha branca, batatinhas chips, chocolate, café, chá e refrigerantes. A compulsão constante por esses alimentos e bebidas indica inanição celular, obrigando as células mais débeis do organismo a sofrer uma mutação genética.

Embora seja apenas bom senso, um estudo publicado na revista *British Medical Journal* gastou fortunas para investigar e fazer um relatório sobre os efeitos cancerígenos de hábitos de vida sedentários e nocivos, como o fumo e a *junk food*. Os resultados, conduzidos com 80 mil mulheres entre 50-79 anos, demonstrou que esses fatores aumentam o câncer de mama, cólon e muitos outros. Qual a necessidade de estudos caros como este para provar que o modo de vida moderno causa doenças?

A revista médica *Journal of Clinical Oncology* publicou um estudo com mais de 9 mil sobreviventes de câncer, avaliando seus hábitos de vida depois do tratamento. Descobriram que mesmo os sobreviventes dessa doença temida fazem pouca ou nenhuma mudança em seus hábitos de vida após a remissão do câncer. Menos de um quinto consumia a quantidade recomendada de frutas e verduras e apenas um em cada 20 seguiam os aspectos principais de um estilo de vida saudável.

É imperativo que haja uma mudança em nossas atitudes com relação ao câncer a fim de libertar cada um de nós e a sociedade em geral do verdadeiro problema – hábitos de vida tóxicos, desequilibrados e complacentes que obrigam o organismo a promover o câncer como tentativa desesperada de se suster. Se não nos responsabilizarmos por nossa saúde, sofreremos as consequências. A escolha é nossa.

Seguir uma dieta vegano-vegetariana

É fato conhecido que muitas plantas têm benefícios contra o câncer. Por exemplo, um estudo importante feito com 300 mil homens e mulheres em oito países europeus descobriu que os que comiam mais frutas e verduras apresentavam menores taxas de doenças cardíacas, as quais, como sabemos, têm as mesmas causas que o câncer. A variedade de cores das plantas não só é atraente mas indica seus nutrientes e seu conteúdo fitoquímico e antioxidante. Muitos desses compostos são especialmente benéficos quando se trata de prevenção e cura do câncer. Algumas das frutas e verduras mais formidáveis para a cura do câncer serão discutidas ao final deste capítulo.

Desnecessário dizer que, quanto maior a ingestão e a variedade de frutas e verduras, mais protegidos estamos e aptos a desfrutar uma vida mais saudável e feliz.

Os vegetarianos sempre acreditaram que viver com uma dieta puramente vegetariana melhora a saúde e a qualidade de vida. Recentemente, pesquisas médicas descobriram que uma alimentação vegetariana balanceada talvez seja de fato a mais saudável. A demonstração veio com 11 mil voluntários que participaram do *Oxford Vegetarian Study* que, em um período de 15 anos, analisou os efeitos de uma dieta vegetariana sobre a longevidade, doenças cardíacas, câncer e muitas outras doenças.

Os resultados do estudo surpreenderam tanto a comunidade vegetariana quanto a indústria pecuária: "Os carnívoros tem duas vezes mais probabilidade de morrer do coração, 60% mais risco de morrer de câncer e 30% mais risco de morte por outras causas". Outro estudo fez uma associação direta entre as carnes vermelhas e processadas e um risco bem maior de câncer de próstata – sendo a carne moída a maior culpada. Além disso, descobriu-se ser bem menor entre os vegetarianos a incidência de obesidade, fator de risco importante em muitas doenças, inclusive o câncer, de doenças da vesícula biliar, hipertensão e o diabetes tipo 2.

Um estudo com 50 mil vegetarianos feito pelo NIH descobriu que, nos Estados Unidos, os vegetarianos vivem mais tempo e têm uma incidência bem menor de doenças cardíacas, além de taxas de câncer bem menores que os carnívoros.

O que comemos tem um impacto importante sobre nossa saúde. De acordo com a Sociedade Americana do Câncer, até 35% dos quase 900 mil novos casos de câncer por ano, nos Estados Unidos, poderiam ser prevenidos seguindo-se recomendações alimentares adequadas. O pesquisador Rollo Russell escreve em suas *Notas sobre as Causas do Câncer*: "Descobri que de 25 nações que consomem bastante carne, 19 tinham um alto índice de câncer e apenas uma tinha um índice baixo, e que de 35 nações com pouco ou nenhum consumo de carne, nenhuma delas tinha uma taxa alta".

Ademais, o dr. T. Colin Campbell e Thomas M. Campbell, autores do *China Study*, resumem sucintamente os resultados de sua pesquisa pioneira no campo da ciência da nutrição: "Quem come mais proteína animal tem mais doenças cardíacas, câncer e diabetes". Não é nenhuma surpresa que recomendem uma alimentação com base em produtos integrais e vegetarianos. A pesquisa indica que "quanto menor a porcentagem de consumo de alimentos de origem animal, maior os benefícios à saúde – mesmo quando essa porcentagem caia de apenas 10% a 0% de calorias. Assim, não é irracional argumentar que a porcentagem ótima de produtos de origem animal seja zero, pelo menos para quem tenha predisposição a doenças degenerativas".

Será que o câncer perderia força nas sociedades modernas se elas passassem a ter uma alimentação vegetariana equilibrada? A resposta é positiva, de acordo com dois relatórios importantes: um feito pelo Fundo Mundial para a Pesquisa do Câncer e o outro pelo Comitê de Aspectos Médicos das Políticas de Alimentação e Nutrição do Reino Unido. Os relatórios concluem que uma alimentação rica em alimentos vegetais e a manutenção de um peso corporal saudável poderiam prevenir 4 milhões de casos de câncer no mundo. Ambos os relatórios enfatizam a necessidade de aumentar o consumo de fibras vegetais, frutas e verduras e de reduzir o consumo de carne vermelha e processada para menos de 80-90 gramas por dia.

Ter uma alimentação vegetariana equilibrada é uma das maneiras mais eficazes de se prevenir o câncer. Caso seja difícil se alimentar apenas de alimentos de origem vegetal, é possível substituir a carne vermelha por frango, coelho ou peru, por um certo período. Após algum tempo, adquire-se confiança para tentar uma dieta vegetariana completa. Todas as formas de proteína animal diminuem a solubilidade da bílis, que é um fator de risco para o desenvolvimento de cálculos, além de congestão nas linfas e nas paredes dos vasos sanguíneos. Essas são as principais causas da mutação celular que causa o câncer.

Para orientações sobre como se alimentar de forma saudável e vital de acordo com as exigências individuais, veja *Timeless Secrets of Health & Rejuvenation*.

Atividade física e câncer

Os exercícios físicos fazem bem ou mal aos pacientes de câncer? Uma pesquisa notável esclarece as controvérsias e assinala os benefícios dos exercícios como um meio de combater o câncer, segundo um relatório *on-line* de 2007 feito pela Universidade Johns Hopkins, dos Estados Unidos. A atividade física pode aumentar em 30% as chances de recuperação.

Para os pacientes de câncer em quimioterapia, o exercício físico é uma das melhores maneiras de combater a fadiga associada. "Não se recomenda um regime de atividades físicas intensas durante o tratamento quimioterápico, mas, se o paciente já praticava exercícios antes do diagnóstico de câncer, é bom manter algum nível de atividade", afirma a prof. dra. Deborah Armstrong, professora associada de Oncologia, Ginecologia e Obstetrícia da Johns Hopkins. "Se não estiver fazendo atividade física, tente exercícios de baixo impacto, como caminhada ou natação."

Os benefícios da atividade física não se limitam à fadiga decorrente da quimioterapia. De fato, ela contribui para a cura do câncer e na prevenção de sua reincidência. Diversos estudos pioneiros atestam esse fato, o que não é uma surpresa, pois as células cancerosas são anaeróbicas e o exercício é uma forma direta de distribuição de oxigênio extra para as células do organismo e para a melhora da reação imunológica. Os pesquisadores também acreditam que os exercícios podem regular a produção de determinados hormônios que, desregulados, estimulariam o crescimento do tumor.

A atividade física não deve ser cansativa. Exercitar-se por meia hora por dia ou várias horas por semana talvez seja suficiente para aumentar significativamente a oxigenação celular. (Veja o Capítulo Seis de meu livro *Timeless Secrets of Health & Rejuvenation*, para orientações sobre programas de atividade saudável específicos para cada tipo físico, e exercícios respiratórios que beneficiam a oxigenação celular.)

Em um estudo, publicado na revista médica *Journal of the American Medical Association*, os pesquisadores acompanharam 2.987 mulheres com câncer de mama. As mulheres que, por exemplo, caminhavam mais de uma hora por semana após o diagnóstico de câncer tinham menos probabilidade de morrer em decorrência do câncer. Em outro estudo, com 573 mulheres, verificou-se que aquelas que seguiam um programa moderado de atividade física, por mais de seis horas por semana, após o diagnóstico de câncer de cólon, tinham 61% menos chance de morrer de causas específicas do câncer do que as mulheres que se exercitavam menos de uma hora por semana. Em todos os casos, a atividade física mostrou-se um fator de proteção, independentemente da idade do paciente, estágio do câncer ou peso corporal. Um terceiro estudo, publicado na revista *Journal of Clinical Oncology*, confirmou as descobertas citadas após examinar os efeitos da atividade física em 832 homens e mulheres com estágio 3 de câncer de cólon.

Restabelecer o Chi, a força da vida

Samuel Hahnemann, fundador da homeopatia, disse uma vez: "É **a força da vida que cura as doenças porque um cadáver não precisa**

mais de remédios". Em outras palavras, quando a força da vida, Chi, se exaure, nem mesmo o melhor medicamento pode restaurar a saúde de uma pessoa doente ou fazê-la reviver. A força da vida é o único poder que o organismo tem de se curar de uma doença.

A arte Ener-Chi é um método único de arte de cura baseado em pinturas a óleo energizado que foram criadas para ajudar a restaurar o fluxo equilibrado do Chi, ou energia vital, através dos órgãos e sistemas do corpo. O câncer, qualquer um, interrompe o fluxo do Chi no organismo como um todo. Quando aplicado no contexto de limpeza física e cura, creio ser essa abordagem singular uma ferramenta importante e eficaz para um resultado mais satisfatório de qualquer método de tratamento ou cura.

Com um fluxo equilibrado de Chi, as células do corpo estão em melhores condições para remover os resíduos tóxicos, absorver mais oxigênio, água e todos os nutrientes necessários à restauração e aumento de seu desempenho e vitalidade. Embora considere a combinação de limpeza do fígado/cólon/rins uma das mais eficazes ferramentas para restaurar o funcionamento equilibrado do organismo, anos de congestão e deterioração podem impedir o corpo de restaurar o Chi. Meus dez anos de pesquisa com esse método, que levou quase dois anos para ser desenvolvido, mostrou que a arte Ener-Chi Art pode muito bem alcançar o equilíbrio do fluxo do Chi.

Sua taxa de eficácia, até então, tem sido de 100% para cada pessoa exposta às obras de arte. Por causa de seus efeitos de cura únicos, todas as pinturas Ener-Chi já foram exibidas a todos os pacientes do prestigioso Hospital Abbot Northwestern, em Mineápolis, Estados Unidos, por mais de um mês. Três de minhas pinturas originais – para o sistema imunológico, o sistema linfático e para a circulação sanguínea/intestino delgado – foram exibidas na ala dos pacientes de câncer, permitindo-lhes a oportunidade de experimentar suas propriedades de cura.

A Arte Ener-Chi talvez seja um dos programas mais profundos e instantaneamente eficazes para equilibrar o Chi, a força da vida, nos seguintes órgãos, partes e sistemas do organismo:

- Articulações
- Baço
- Cérebro e sistema nervoso
- Coração
- Nariz e sinos
- Olhos
- Ouvidos
- Pele

- Costas
- Esqueleto
- Estômago
- Fígado
- Intestino delgado e sistema circulatório
- Intestino grosso
- Língua

- Pescoço e ombros
- Rins e bexiga
- Sangue
- Sistema endócrino
- Sistema imunológico
- Sistema linfático
- Sistema muscular
- Sistema Respiratório

Criei também uma pintura para a saúde geral e mais duas, *Além do Horizonte* e *Retrato do Poder*, que podem ser usadas para qualquer problema, dificuldade emocional, males físicos e bloqueio mental ou espiritual. O *Retrato do Poder* fornece um Retrato de Todas as Possibilidades, que ajuda em um melhor envolvimento na vida e mais vitalidade. *Além do Horizonte* serve para a transmutação de trauma emocional e físico. Outras pinturas, ainda, foram criadas para equilibrar nossa relação com os elementos da água e do ar, as rochas e as montanhas, o reino animal, vegetal e o mundo dos espíritos da natureza. Cópias impressas dessas pinturas estão disponíveis em meu site.[85] **Os benefícios desejados ocorrem ao visualizar as pinturas da arte Ener-Chi durante 30 segundos.***

Sacred Santémony
– para a cura emocional, entre outras

A *Sacred Santémony* é um sistema ímpar de cura que usa o som de palavras específicas para balancear os desequilíbrios emocionais/espirituais. As palavras poderosas do Sacred Santémony são produzidas pelo uso do cérebro (envolvendo ambos os hemisférios cerebrais) das letras de *línguas antigas* – línguas que compreendem as frequências

---

85. Para mais informações sobre a arte Ener-Chi e para encomendar as pinturas, veja meu website <http://www.ener-chi.com>. ou a seção Outros Livros e Produtos de Andreas Moritz no final do livro.

* N.E.: As pinturas da arte Ener-Chi foram compiladas em uma edição especial chamada Art of Self-Healing (Arte da Autocura), que levou três anos para ser publicada a fim de obedecer às excepcionais exigências de reprodução fotográfica de alta qualidade de Andreas. Para pedir o livro, acesse: <http://www.ener-chi.com/books/art-of-self-healing/>.

sonoras básicas que fundamentam e criam toda manifestação física. As letras da língua antiga vibram em um nível mais alto que as línguas modernas e, quando combinadas, geram sentimentos de paz e harmonia (Santémony) para acalmar as tempestades de instabilidade, violência e turbulência – tanto internas quanto externas.

Dei início a esse sistema de cura, em abril de 2002, quando espontaneamente comecei a entoar sons em línguas antigas como a americana nativa, tibetana, sânscrita e outras. Em duas semanas, fui capaz de criar sons que removiam instantaneamente bloqueios emocionais e resistência ou aversão a certas situações, pessoas, alimentos, substâncias químicas, formas de pensamento, crenças, etc. A seguir, algumas das condições que a Sacred Santémony melhorou:

- Redução ou remoção do medo com relação ao passado, futuro, morte, doença, corpo humano, alimentos, substâncias químicas danosas, genitores e outros entes queridos na vida de uma pessoa, falta de abundância, empobrecimento, fobias e ameaças ambientais.
- Eliminação ou redução da dor causada por um mal, decepção ou raiva recente ou atual, resultantes de trauma emocional passado ou experiências negativas na vida.
- Limpeza de todos os registros akáshicos (registros de todas as experiências que a alma acumulou durante todos os fluxos da vida) de todos os elementos de medo, como a ideia e o conceito de que somos separados do Espírito, Deus ou Eu Superior e não unos com eles.
- Estabelecimento das precondições para que o indivíduo resolva suas questões cármicas, não pela dor, mas pela criatividade e alegria.
- Melhora ou limpeza de alergias e intolerâncias a alimentos, glúten, substâncias químicas, pesticidas, herbicidas, poluidores do ar, radiação, medicamentos, subprodutos farmacêuticos, etc.
- Alívio das causas psicoemocionais profundas de doenças crônicas, como o câncer, doenças cardíacas, esclerose múltipla, diabetes, distúrbios cerebrais, depressão e outras.
- Resolução de outras dificuldades ou barreiras da vida, convertendo-as nas bênçãos úteis que elas realmente são.

Observação: Os benefícios da Sacred Santémony aumentam quando combinados com a visualização das pinturas da arte Ener-Chi. Embora não haja CDs de Sacred Santémony, pois não consegui achar e criar as reproduções de alta qualidade que procuro há anos, existe uma entrevista no rádio que inclui o canto de cura do Sacred Santémony. É a única reprodução disponível (via YouTube link):

Michelle Skaletski-Boyd Interviews Andreas Moritz
Soul Felt Series interview with Michelle Skaletski-Boyd Time:1:33:01http://www.youtube.com/user/enerchiTV/videos?query=Soul+Felt+Series+interview+with+Michelle+Skaletski-Boyd+

O canto do Sacred Santémony está ao final da entrevista, por volta de 1:25 minuto.

Terapias com frutas e verduras

Agora já se sabe que o consumo regular de frutas melhoram a saúde e o bem-estar. Elas contêm antioxidantes bastante úteis para a cura do câncer. Entre elas, o limão e a framboesa.

O **limão*** tem propriedades antimicrobianas e desestressantes e, há muito tempo, tem sido o segredo mais bem guardado da medicina alternativa, e as empresas farmacêuticas estão percebendo. Uma das maiores farmacêuticas do mundo descobriu que ele destrói as células cancerosas de 12 tipos de câncer, como os de cólon, mama, próstata, pulmões e pâncreas. Seus compostos se mostraram 10 mil vezes mais eficazes na destruição de células malignas do que a droga quimioterápica Adriamycin, e sem danificar o tecido saudável. A reação da indústria a essas descobertas, claro, é criar uma versão sintética dos compostos da fruta que possa ser vendida a preços exorbitantes. Nesse caso, o melhor é se livrar dos intermediários.

A **framboesa** é outra fruta poderosa contra o câncer. Em testes na Universidade Clemson na Carolina do Sul, nos Estados Unidos, os pesquisadores descobriram que o extrato de framboesa conseguiu destruir cerca de 90% das células cancerosas do câncer de estômago, cólon

---

* N.T.: Em inglês, *lemon* refere-se ao limão do tipo siciliano de casca amarela e *lime*, ao limão de casca verde. Na verdade, o limão taiti é da família da lima. Porém, em termos de nutrientes, as duas frutas são parecidas. O limão siciliano tem mais vitamina B, C, cálcio e potássio. O taiti tem mais vitamina A, cálcio e ferro.

e mama. Além de antioxidantes, a framboesa contém ácido elágico, que pode auxiliar no tratamento de uma infinidade de cânceres diferentes, como os de pele, mama, esôfago, boca, bexiga, pulmão e até leucemia.

Outra terapia poderosa contra o câncer encontra-se nos **caroços de pêssegos, nectarinas, ameixas e damascos**. Os caroços de todas essas frutas contêm uma noz com altas concentrações de uma substância química chamada amigdalina ou vitamina B17. Pesquisas demonstraram que a amigdalina induz a morte celular programada de células cancerosas, mantendo intactas as células sadias – sem os efeitos danosos da quimioterapia. Para manter sua tendência em demonizar curas para o câncer eficazes, mas financeiramente desvantajosas, o FDA baniu a amigdalina em 1971. Todavia, pesquisas mostraram que esse componente é bem mais seguro que a quimioterapia.

De igual modo, algumas plantas contêm componentes poderosos que ajudam a combater o câncer: **aspargos, brócolis e repolho**. Ingerir quatro colheres de sopa de aspargos batidos no liquidificador duas vezes por dia pode curar os sintomas de vários tipos de câncer, como o da bexiga e de pulmão, linfoma de Hodgkin, mesmo quando não há resposta aos tratamentos tradicionais.

O **brócolis** também tem efeitos anticancerígenos, pois contém uma enzima chamada mirosinase que ativa o sulforafano, um composto anti-inflamatório e que previne o câncer. O brócolis precisa ser cozido para desbloquear esses componentes, mas não demais, pois pode destruir essa enzima e impedir sua utilização pelo organismo. Os pesquisadores recomendam o cozimento a vapor a fim de maximizar sua eficácia, e combiná-lo com outros alimentos que contenham o sulforafano, como mostarda, rabanetes, rúcula, wasabi e broto de brócolis para maximizar a absorção.

Tanto o **repolho branco quanto o vermelho** são vegetais crucíferos que ajudam a curar o câncer. Contêm uma variedade de compostos chamados de antocianinas que previnem e tratam o câncer em humanos. Também são ricos em isotiocianatos, que ajudam a obstruir os carcinógenos no organismo e acelerar sua remoção. Além de possuírem componentes antioxidantes benéficos.

Graviola – mais eficaz que a químio

Uma alternativa a quem sofre de câncer e sente necessidade de um tratamento específico que seja ao mesmo tempo natural e, no mínimo, tão eficaz quanto a quimioterapia ou a radioterapia, é a graviola. É uma planta originária da maioria das regiões tropicais da América do Sul e do Norte, inclusive da Amazônia.

Os cientistas têm estudado as propriedades da graviola desde os anos 1940 e descobriram seus inúmeros compostos e substâncias ativas. Essa fruta apresenta uma grande variedade de benefícios para diversos males, um dos quais o câncer. Ela contém um conjunto de substâncias chamadas acetogeninas anonáceas, encontradas nas folhas, caule, casca e sementes. De um total de oito estudos clínicos, diversos grupos de pesquisa independentes confirmaram que essas substâncias têm elevadas propriedades antitumorais e toxidade seletiva contra vários tipos de células cancerosas, sem danificar as células sadias. A Universidade de Purdue, em West Lafayette, Indiana, Estados Unidos, conduziu muitas pesquisas sobre as substâncias chamadas acetogeninas, a maioria delas financiada pelo NCI e/ou NIH. Até essa data, a Purdue e/ou sua equipe registraram, no mínimo, nove patentes, nos Estados Unidos e em outros países, sobre seu trabalho com as propriedades antitumorais e inseticidas das acetogeninas.

Uma das indústrias farmacêuticas bilionárias dos Estados Unidos tentou produzir uma droga anticancerígena a partir da graviola, após descobrirem que esse composto era 10 mil vezes mais tóxico para as células cancerosas do cólon do que uma droga quimioterápica comum. A graviola é letal a 12 tipos diferentes de células malignas, especialmente as causadoras de câncer de pulmão, próstata e mama, e segura o suficiente para proteger as células saudáveis em vez de matá-las. Com a graviola, o paciente não tem náuseas, perda de cabelo ou de peso, tampouco fraqueza. Em vez de comprometer o sistema imunológico, ela o fortalece.

Durante sete anos, essa empresa farmacêutica tentou desenvolver uma versão sintética patenteada das substâncias anticancerígenas da graviola (pois é proibida por lei a patente de compostos naturais), mas todas as tentativas falharam e o projeto foi encerrado. Em vez de tornar públicas suas descobertas, os pesquisadores arquivaram para sempre os resultados. Contudo, a história acabou vazando e a graviola vem recebendo o reconhecimento que merece entre os profissionais de saúde e pesquisadores.

Muitos casos terminais de câncer foram revertidos através do uso da graviola, até em pessoas com mais de 85 anos de idade. Quando os tumores cancerosos se dispersam, o organismo inunda-se com venenos, enfraquecendo o paciente. Para minimizar a intensidade da crise de cura, é importante limpar o cólon todos os dias, talvez através de enemas, colemas ou colosan. Para ajudar os rins, é preciso beber o chá de limpeza dos rins (a receita está em *Limpeza do Fígado e da Vesícula*). Se possível, é bom limpar o fígado também.

Observação importante: A graviola tem ações cardiodepressoras, vasodilatadoras e hipotensivas (baixa a pressão sanguínea). A dosagem deve ser aumentada gradualmente. Doses elevadas podem causar náusea e vômitos. Use esse tratamento apenas sob supervisão de um profissional de saúde que entenda as propriedades, as ações e as possíveis interações da graviola com outros medicamentos.

Solução Mineral Mestre (MMS)

Todo tipo de câncer tem três coisas em comum:

1. O sistema imunitário está fraco ou esgotado.
2. O organismo está tomado por toxinas e matéria residual.
3. Há presença maciça de patógenos (agentes infectantes) dentro e em volta das células cancerosas, dentre eles parasitas, vírus, bactérias, leveduras e fungos.

Uma substância mineral – clorito de sódio – apresenta os efeitos mais equilibrados e imediatos em todos esses fatores causadores de doenças. Além dos tópicos já discutidos, outras exigências importantes para a cura do câncer e da maioria das doenças, sejam elas sérias ou não, incluem os seguintes:

- Neutralizar as toxinas e venenos que enfraquecem o sistema imunológico e alimentam ou atraem os patógenos.
- Fortalecer o sistema imunológico para remover todos os patógenos e mantê-los a distância.
- Na desintoxicação, matar todos os parasitas, vírus, bactérias, fungos, bolor e leveduras, eliminando-os do organismo.

Para funcionar, é preciso que tudo isso ocorra ao mesmo tempo. O produto Solução Mineral Mestre (MMS) é uma solução estabilizadora de oxigênio com 28% de clorito de sódio (*não* cloreto de sódio, que é o sal de cozinha) em água destilada. Quando se acrescenta uma pequena quantidade de suco de limão ou solução ácida cítrica a umas gotas de MMS, forma-se o dióxido de cloro. Assim que ingerido, em questão de horas ele oxida as substâncias danosas, como parasitas, bactérias, vírus, fungos, bolor e leveduras, ao mesmo tempo em que estimula o sistema imunológico em pelo menos dez vezes. Ao fazer isso, o MMS removeu, por exemplo, fitas de malária e de vírus HIV do sangue em menos de 48 horas em quase toda pessoa testada. O MMS também tem sido usado para outras doenças graves, como hepatite A, B e C, tifo, câncer, herpes, pneumonia, envenenamento alimentar, tuberculose, asma e gripe.

A seguinte citação foi retirada de um livro de Jim Humble, o descobridor do MMS e autor do livro A *Solução Mineral Mestre do 3º Milênio* (*Breakthrough... The Miracle Mineral Solution of the 21st Century*):

"Embora tenha sido desenvolvida pela primeira vez para tratar a malária na África, ela demonstrou tratar de qualquer doença direta ou indiretamente associada a agentes patogênicos. Foram documentados mais de 75 mil casos de cura da malária na África. Em geral, em menos de quatro horas, todos os sintomas desaparecem e o paciente fica livre da malária. Sabe-se agora que o MMS pode ser usado para tratar os sintomas da Aids, hepatites A,B e C, tifo, câncer, herpes, pneumonia, envenenamento alimentar, tuberculose, asma e gripe, e muitas outras doenças. Parece haver cura até de doenças não relacionadas diretamente a patógenos pelo fortalecimento do sistema imunológico, como, por exemplo, a degeneração macular, alergias, lúpus, intestino inflamado, diabetes, mordeduras de cobra, abscessos dentários e fibromialgia. É importante observar que a MMS não cura nada, mas permite que o organismo se trate. Observe que cuidadosamente aludi às palavras 'cura' e 'tratamento', embora seja isso o que está acontecendo."

Humble afirma: "Testes separados conduzidos pelo governo do Malawi tiveram 99% de cura para a malária. Mais de 60% das vítimas de Aids tratadas com MMS na Uganda melhoraram em três dias, com 98% de melhora em um mês. Mais de 90% das vítimas de malária melhoraram entre quatro e oito horas. Outras doenças foram tratadas com sucesso e podem ser controladas com esse novo suplemento mineral".

O inventor acredita que essa informação é importante demais para qualquer pessoa ou grupo controlar. Muitas descobertas médicas foram omitidas e essa invenção não deve ser acrescentada a essa lista. O nome do e-book em inglês é *The Miracle Mineral Solution of the 21st Century** e pode ser adquirido no site <www.miraclemineral.org>.** O livro conta a história da descoberta e como fazer uso dela. Recomendo a leitura do livro. Jim não tem interesse pessoal em tornar o MMS disponível a nível mundial, mas quer usar sua descoberta para acabar com a doença e a pobreza.

Chá Ojibwa – chá Essiac

Um remédio para muitos males

O chá de ervas Ojibwa é feito com uma raiz nativa da América do Norte e um chá de ervas feito nos anos 1700 pelos pajés da tribo canadense Ojibwa. Esse povo fez uso desse chá para sobreviver à epidemia de varíola que teve início com a vinda dos primeiros europeus à América do Norte.

Os nativos americanos, desde então, usam a fórmula para curar todos os tipos de câncer, diabetes tipo 1 e 2, infecções hepáticas e outros males hepáticos ou vesiculares, tumores, artrites, gota, asma e outros males respiratórios, obesidade, pressão alta, colesterol alto, fibromialgia e síndrome da fadiga crônica, úlceras, síndrome do intestino irritável, distúrbios renais e da bexiga, sinusite, gripe e resfriados, sarampo, caxumba, catapora, varíola, herpes, diarreia, prisão de ventre, linfedema, doença cardíaca, alergias, doenças de pele, lúpus, Aids, doença de Lyme, vício em álcool, drogas e cigarro, depressão e muito mais.

O chá Essiac*** contém os seguintes ingredientes:

Cardo-santo: usado para problemas digestivos, como gases, prisão de ventre e cólicas estomacais. É também usado para tratar de doenças hepáticas e vesiculares.

Raiz de bardana: diurético leve que aumenta a produção de urina e suor, o que o torna útil para tratar de inchaço e febre. A raiz

---

* N.E.: O novo título do livro é *The Master Mineral Solution of the 3rd Millennium* (2011), uma atualização ao primeiro livro de Jim Humble, *The Miracle Mineral Solution of the 21st Century*.

** N.T.: A edição mais recente do livro, *A Solução Mineral Mestre do 3º Milênio*, tem uma tradução em português.

*** N.T.: O nome Essiac deriva do anagrama do sobrenome da enfermeira canadense René Caisse, que começou a tratar seus pacientes com esse chá nos anos 1920. Segundo ela, a receita lhe foi passada pelo pajé da tribo dos Ojibwa.

de bardana é importante para prevenir danos ao fígado causados por álcool, produtos químicos e medicamentos. Não se sabe exatamente o porquê desse efeito protetor, mas talvez seja por sua resistência a um processo químico chamado oxidação, que ocorre no organismo como função natural do metabolismo. Embora a oxidação seja um processo natural, não significa que seja benéfico ao organismo! Um resultado da oxidação é a liberação dos radicais livres, que são substâncias que podem reprimir a função imunológica. Os antioxidantes como a raiz de bardana podem proteger as células dos danos causados pela oxidação.

Alga marinha kelp: contém uma fonte concentrada de minerais, como iodo, potássio, magnésio, cálcio e ferro. Como fonte de iodo, ajuda a produzir os hormônios da tireoide, necessários para manter o metabolismo normal em todas as células do organismo, aumentando a energia e facilitando a manutenção do peso. Essa alga é a que mais contém nutrientes de todos os ingredientes do chá Ojibwa e é encontrada nas quatro fórmulas herbáceas do chá.

Trevo vermelho: fonte de diversos nutrientes valiosos, como cálcio, cromo, magnésio, niacina, fósforo, potássio, tiamina e vitamina C. É também uma das fontes mais ricas de isoflavonas (substâncias químicas solúveis em água que agem como estrógenos e são encontradas em várias plantas). Foi estudada a eficácia das isoflavonas contidas no trevo vermelho para o tratamento de algumas formas de câncer. É possível que elas previnam a proliferação e até a destruição de células cancerosas.

Azedinha: rica em ácido oxálico, sódio, potássio, ferro, manganês, fósforo, betacaroteno e vitamina C. Esse ingrediente é um diurético, antisséptico e laxativo leve.

Casca de ulmeiro: usada como cataplasma para cortes e contusões. É útil para aliviar a dor nas articulações em decorrência de gota ou outros males. Além de ser um ingrediente do chá, também é usada para aliviar dores de garganta. É encontrada em várias pastilhas para irritação da garganta e para remédios contra a tosse. Além disso, regula a fase de eliminação do processo digestivo, melhorando a prisão de ventre e a diarreia.

Raiz de ruibarbo turco: erva desintoxicante famosa mundialmente por suas propriedades curativas. Ela purifica o organismo da bile, de parasitas e de alimentos pútridos no estômago, estimulando o ducto biliar a expelir os resíduos tóxicos. Alivia os problemas hepáticos crônicos ao limpar o fígado. A raiz melhora a digestão e ajuda a regular o apetite. Também ajuda a tratar úlceras, aliviar distúrbios do baço e cólon, prisão de ventre, e trata hemorroidas e sangramento do trato digestivo superior.

Agrião: tem bastante vitamina C e é usado como tônico. Seu gosto amargo regula o apetite e melhora a digestão. Pode ser usado para aliviar condições nervosas, prisão de ventre e problemas hepáticos. Também é um remédio popular para tosse e bronquite. Contém uma substância chamada reína que parece inibir o crescimento de bactérias patogênicas no intestino. Acredita-se que a reína seja eficaz contra *Candida albicans* (infecção por levedura), febre, inflamação e dor.

Observação: Como outras fontes de alimentos e medicamentos que contêm fibras solúveis, como a casca de ulmeiro, o chá Ojibwa pode interferir na absorção de outros medicamentos no estômago, caso sejam tomados ao mesmo tempo. Por isso, é preciso alternar os horários entre as medicações prescritas e o consumo do chá.

Onde encontrar o chá: uma empresa vende essa fórmula sob o nome chá Essiac em <http://www.premium-essiac-tea-4less.com>. **Para quem quiser comprar as ervas separadamente, as quantidades de cada erva estão disponíveis em** <http://www.biznet1.com/p2699.htm>. Esse *site* também vende o chá Ojibwa em grandes quantidades.

Tratamento com bicarbonato e xarope de bordo (maple syrup)

Como expliquei anteriormente, as células cancerosas só sobrevivem em um ambiente ácido e anaeróbico. Como são anaeróbicas por natureza, não conseguem usar o oxigênio para metabolizar a glicose (açúcar) e produzir energia, por isso elas o fermentam. Comparada com as células aeróbicas, que usam oxigênio e glicose para produzir energia, as células do câncer precisam de 15 vezes mais a quantidade de glicose que as células normais para gerar a mesma quantidade de energia metabólica. A fome excessiva das células cancerosas por glicose rouba das células sadias esse nutriente vital, fazendo com que estas últimas enfraqueçam, morram ou se transformem em cancerosas. A inanição ou enfraquecimento das células sadias causadas pela incessante drenagem de nutrientes dos líquidos tissulares diminui sobremaneira as reservas de glicose e energia do órgão afetado. Essa é a razão principal para a insuficiência dos órgãos associada ao câncer.

Embora a ingestão de açúcar estimule bastante o crescimento das células cancerosas, a combinação de bicarbonato de sódio e xarope de bordo tem exatamente o efeito oposto, dificultando o funcionamento e a sobrevivência das células cancerosas.

Para preparar esse remédio simples e barato, mas poderoso, junte cinco partes de xarope de bordo 100% puro a uma parte de bicarbonato de sódio (sem adição de alumínio!).[86] Coloque a mistura em uma panela e aqueça em fogo médio por cinco minutos. Mexa ligeiramente. A mistura se espalha e se torna espumosa. Deixe esfriar e tome uma colher das de chá duas vezes por dia. Para problemas graves, tome uma colher das de chá três vezes ao dia. Tome ininterruptamente por, no mínimo, sete a oito dias, tempo suficiente para diminuir o tamanho dos tumores em 2,5 a 5 centímetros. As células cancerosas mortas, bactérias e toxinas são expelidas pelo trato intestinal. É normal a ocorrência de diarreias, pois o organismo está se livrando do peso ácido do câncer. Pode haver melhora também em outras condições de saúde não relacionadas.

O xarope de bordo transporta o bicarbonato a todas as partes do organismo, inclusive o cérebro e o sistema nervoso, ossos, dentes, articulações, olhos e tumores sólidos. Também é eficaz no tratamento de acidose. A terapia com bicarbonato de sódio é inofensiva e bastante rápida por sua extrema difusibilidade.

O maior defensor do bicarbonato de sódio na terapia contra o câncer é o proeminente oncologista dr. Tullio Simoncini, de Roma, Itália. O conceito básico de sua terapia consiste na administração de uma solução de bicarbonato de sódio diretamente nos tumores. Para ele, o câncer é um fungo que pode ser destruído pela exposição ao bicarbonato de sódio.

O dr. Simoncini está certo sobre o fato de o fungo ter um papel importante em quase todos os cânceres. Há mais de 1,5 milhão de diferentes espécies de fungos. Um deles é o *Candida albicans*, que se desenvolve no trato intestinal para ajudar a fermentar açúcares ou amidos não digeridos. A levedura intestinal pode se espalhar a outras partes do corpo e estabelecer colônias sempre que surgir a necessidade de decompor os resíduos orgânicos.

Certos fungos, em particular o fungo *lignolítico*, pode degradar inseticidas, herbicidas, pentaclorofenol, creosoto, alcatrão mineral e

---

86. Marcas como Bob's Red Mill estampam "livre de alumínio" em suas etiquetas.

combustíveis pesados e transformá-los em dióxido de carbono, água e elementos básicos. Os fungos crescem em qualquer ambiente no planeta e têm papel importante em muitos ecossistemas, inclusive o ecossistema interno do organismo. Com as bactérias, os fungos são os maiores decompositores em muitos sistemas terrestres e alguns ecossistemas aquáticos. Como decompositores, eles têm um papel indispensável no ciclo nutriente, especialmente como saprotóficos e simbióticos, degradando matéria orgânica em moléculas inorgânicas. Tornam-se essenciais quando o corpo acumula resíduos orgânicos, metais pesados e compostos químicos.[87] Também surgem quando as células se decompõem ou morrem e não são imediatamente removidas pelo sistema linfático. Os vasos linfáticos obstruídos sempre causam proliferações fúngicas nas células e tecidos orgânicos. Os fungos que crescem nos tecidos dos órgãos sempre aparecem como uma massa branca. É por isso que os tumores cancerosos são sempre brancos (embora em imagens apareçam como massas escuras ou sombras).

Enquanto fazem seu precioso trabalho, os fungos produzem compostos com atividade biológica. Diversos desses compostos são tóxicos e, portanto, chamados de micotoxinas, em referência à sua origem fúngica e atividade tóxica. São particularmente perversas as aflatoxinas que são toxinas hepáticas e metabólitos carcinogênicos altamente insidiosos. Em outras palavras, as toxinas fúngicas podem danificar as células e levá-las a mutar-se em células cancerosas. Em essência, os fungos crescem dentro e fora do tecido poluído e alimentam-se de toxinas e substâncias químicas danosas. Mas também produzem venenos que podem prejudicar mais as células, fazendo-as passar por uma mutação. Assim, embora a atividade fúngica ajude a remover as causas do câncer original (toxinas), os venenos produzidos pelos fungos contribuem para a proliferação do câncer.

O bicarbonato de sódio pode se ligar às toxinas, às substâncias químicas e matéria residual ácida orgânica e removê-las, aumentando o pH das células cancerosas e seu ambiente. O pH extracelular de

---

87. Quando comparado com tecido sadio, o tecido canceroso contém uma concentração bem mais alta de substâncias tóxicas, pesticidas e metais pesados. Em 1973, um estudo feito pelo Departamento de Saúde Ocupacional na Hebrew University-Hadassah Medical School, em Jerusalém, descobriu uma concentração significativamente maior desses compostos tóxicos, como DDT e PCBs, no tecido da mama de mulheres, comparado com o tecido da mama normal e do tecido adiposo adjacente nas mesmas mulheres.

tumores sólidos é bem mais ácido, comparado com tecidos normais. Ao alterar o pH de um tumor, ele se expõe a mais oxigênio, causando sua destruição.

Para chegar mais próximo ao tecido tumoroso, o dr. Simoncini coloca um pequeno cateter diretamente na artéria que nutre o tumor, administrando altas doses de bicarbonato de sódio nos recessos mais profundos do tumor. Ele afirma que a maioria dos tumores assim tratados se desintegrará em questão de dias, da mesma maneira que o tratamento com xarope de bordo e bicarbonato.

Cristais orgânicos de enxofre

Outra terapia que se mostrou bem-sucedida no tratamento de câncer foi o consumo de cristais orgânicos de enxofre. A ideia foi concebida por um pesquisador diagnosticado com câncer testicular terminal. Sem querer entregar os pontos, ele começou a tomar uma colher das de sopa desses cristais duas vezes por dia. Os resultados foram surpreendentes. Como os cristais de enxofre produzem oxigênio, eles conseguem aerar o organismo, criando um ambiente aeróbico no organismo e destruindo as células cancerosas anaeróbicas.

Um estudo de 2006 feito na Universidade de Southampton no Reino Unido demonstrou que, além dos benefícios no combate ao câncer, os cristais orgânicos de enxofre produzem todos os aminoácidos essenciais, como os ácidos graxos Ômega-3 e as vitaminas do complexo B. Os pacientes diabéticos que os experimentaram relataram uma redução de, no mínimo, 20% nas dosagens de insulina – alguns conseguiram eliminar totalmente sua necessidade. Os cristais também tiveram bons resultados no tratamento de pressão alta e depressão.

Mais de 70 mil pessoas participaram de um estudo de 12 anos sobre os efeitos dos cristais orgânicos de enxofre e, exceto pelo desconforto inicial do processo de desintoxicação do organismo, não houve reclamações de efeitos colaterais (para mais informações sobre os cristais orgânicos de enxofre veja <http://www.ener-chi.com/wellness-products/organic-sulfur-crystals/>.)

Termoterapia

No século XIX, um médico percebeu que os pacientes com febre alta causadas por infecções (como escarlatina), em geral, curavam-se do câncer. A simples observação de que as células cancerosas não toleram o calor resultou em um tratamento chamado hipotermia ou termoterapia, que destrói as células cancerosas sem danificar o tecido sadio.

Durante o tratamento, a temperatura do paciente é vagarosamente aumentada até cerca de 40,5 graus, aproximando-se de uma febre alta. Essa temperatura é mantida por duas horas enquanto os médicos monitoram cuidadosamente os sinais vitais do paciente e asseguram-lhe a hidratação. Essa terapia mata milhões de células cancerosas e as restantes estão tão fracas que uma simples terapia com vitamina C pode matá-las. É uma terapia eficaz, segura e indolor – ao contrário da químio e da radio, que possuem efeitos colaterais mortais.

Ashwagandha – uma cura ayurvédica

Pesquisadores da Universidade Emory nos Estados Unidos descobriram que um composto vegetal usado pelos praticantes de ayurveda pode prevenir a metástase de câncer de mama. Esse composto, conhecido como Withaferin A, deriva das raízes da *Withania somnifera*, também conhecida como ashwagandha, ginseng indiano ou cereja de inverno. A planta é um pequeno arbusto que produz flores verdes e frutos vermelho-alaranjados. Há milhares de anos tem sido usado na Índia para fins medicinais. Os pesquisadores do estudo conseguiram usá-la para impedir a disseminação do câncer mamário.

Fitoplâncton marinho – um superalimento da natureza

O fitoplâncton marinho é considerado um dos alimentos mais poderosos da Terra por possuir superantioxidantes altamente energéticos, além de vitaminas, minerais e proteínas microscópicas. É uma planta minúscula (do tamanho de um glóbulo vermelho) que nasce no oceano. Ela faz parte da base da cadeia alimentar de ecossistemas aquáticos, em que as criaturas vivas se alimentam de outras que se alimentam dessa minúscula planta. Ela é responsável por mais de 70% do oxigênio do planeta e, em virtude de suas propriedades nutricionais únicas e seu tamanho microscópico, pode penetrar no nível celular do organismo, permitindo o sustento nutritivo de todos os órgãos e sistemas orgânicos.

Ao fortalecer as células diretamente, os nutrientes do fitoplâncton podem restabelecer a saúde e a vitalidade do organismo inteiro.

Em última instância, o câncer e outros males ocorrem pela ausência de nutrientes em nível celular. Como o fitoplâncton contém quase todos os nutrientes existentes no planeta, e a distribuição deles não depende da eficiência do sistema digestivo, esse superalimento pode prover com rapidez tudo o que falta ao organismo.

Outras terapias úteis para o câncer

Dúzias de outras terapias naturais contra o câncer ajudaram milhões de pessoas a recuperar a saúde, sem a intervenção médica agressiva. Embora o objetivo deste livro seja revelar as causas verdadeiras do câncer e como examiná-las, gostaria também de reconhecer os grandes benefícios potenciais dessas terapias naturais. Já descrevi algumas delas mais detalhadamente, mas isso de forma alguma não diminui o valor de outras. Entre elas, incluem-se:

- Acupuntura
- Arteterapia
- Atividade física ao ar livre
- Biofeedback
- Chá de trevo vermelho[88]
- Dançaterapia
- Dieta anticâncer do dr. Moerman
- Dieta do dr. Budwig
- Exposição regular ao sol, sem protetor solar
- Hipertermia
- Hipnose
- Homeopatia
- Ioga
- IP6 (hexofosfato de inositol)
- Massagem
- Massagem e meditação ayurvédicas

---

88. Embora os efeitos anticancerígenos do trevo vermelho sejam empíricos, eles foram confirmados como um remédio tradicional para o câncer. Houve uma interrupção no crescimento de câncer de mama em mulheres que tomavam chá de trevo vermelho em lugar de água. A receita é de uma xícara de erva de trevo em 3,5 litros de água fervente. Deixar esfriar por 20 minutos, coar e refrigerar. Beber de seis a oito copos (236ml) por dia, em temperatura ambiente ou morno.

- Musicoterapia
- Óleo de cânhamo
- Óleo de rícino do dr. Edgar Cayce
- Peróxido de hidrogênio intravenoso
- Protocolo do cloreto de césio
- Sulfato de hidrazina
- Terapia antineoplastônica do dr. Bursynski
- Terapia bioelétrica
- Terapia com dimetilsufóxido – DMSO
- Terapia com visco, pau d'arco, chaparral, babosa, graviola
- Terapia da cânfora de Gaston Naessens
- Terapia da célula viva
- Terapia da quelação
- Terapia de biorressonância
- Terapia Gerson
- Terapia Hoxsey
- Terapia imunocrescente de Burton
- Terapia Issel
- Terapia Livingston
- Terapia metabólica de Hans Nieper
- Terapia multifrequencial de Rife
- Tratamento com bicarbonato de sódio do dr. Simoncini
- Tratamento com oleandro
- Tratamento do dr. Clark contra parasitas e câncer
- Tratamento pancha karma da ayurveda e remédios fitoterápicos
- Vacina Coley
- Zeólito e mais...

É importante assinalar que as terapias alternativas pareceriam ter mais êxito do que têm se os pacientes não as usassem como último recurso, depois que todas as outras abordagens falharam. Infelizmente, quase toda pessoa com um diagnóstico de câncer segue a abordagem médica tradicional por acreditar que os tratamentos ortodoxos indicados pelos oncologistas oferecem 40% de chance de combater esse mal. Contudo, a probabilidade real de sobreviver ao câncer e, mais significativamente, ao tratamento oncológico é bem menor que 3%.[89] E não há garantia que esses sobreviventes, no futuro, não venham a ter reincidência ou uma doença igualmente debilitante.

Os efeitos colaterais resultantes da terapia ortodoxa contra o câncer são tão graves que os sobreviventes que escolhem tratamentos alternativos decepcionam-se quando estes não funcionam. O problema é que mais de 95% dos pacientes que procuram ajuda das terapias naturais de câncer já foram desenganados pela medicina ortodoxa. Ou seja, o tratamento médico destruiu seu organismo de tal maneira que é difícil atingir a cura. O sistema imunológico está gravemente comprometido, as funções hepáticas foram prejudicadas e o sistema digestivo está tão fraco que não consegue fazer uso do alimento que ingere. A menos que uma terapia alternativa poderosa inclua a recuperação desses órgãos e funções tão importantes, as chances de se conseguir uma cura completa são realmente mínimas. A real taxa de cura com o uso das abordagens naturais poderia exceder os 90% se os sistemas-chave de tratamento do organismo não estivessem gravemente prejudicados ou destruídos por tratamentos clínicos anteriormente administrados. Quanto menos dano esses tratamentos causarem, maior a chance de recuperação.

Embora traga a lista de terapias naturais alternativas à atenção do leitor, gostaria de recomendar que não esqueça da natureza real, das origens e estágios progressivos do câncer e das doenças em geral, como descrevi neste e em outros livros, *Limpeza do Fígado e da Vesícula* e *Timeless Secrets of Health & Rejuvenation*.

É fácil impressionar-se com a aparência física e a realidade de um tumor canceroso a ponto de se procurar impacientemente uma cura e esquecer-se de tratar as causas primordiais e menos óbvias do câncer. O tumor canceroso já representa a tentativa do corpo de curar o câncer verdadeiro – a toxidade. A intenção de combater o câncer, mesmo com tais métodos naturais como os relacionados anteriormente, assemelha-se a tentar forçar a paz fomentando a guerra. Todos sabemos, no entanto, que essa estratégia raramente funciona. Ao escolher um ou mais desses métodos, certifique-se de não usá-los

---

89. Essa é a média do índice de sobrevivência de cinco anos de todos os cânceres tratados clinicamente. Pode ser maior ou menor, dependendo do tipo de câncer. Ela exclui os milhões de tumores de pele não fatais que o sistema médico ortodoxo convenientemente inclui nos cálculos estatísticos para melhorar sua taxa de sucesso.

com a intenção de matar algo, especialmente um tumor. Quaisquer dessas abordagens podem ou não ser úteis para ajudar o organismo a se curar, mas é preciso não esquecer, afinal de contas, que a cura se dá no corpo e pelo corpo e é determinada em especial pelo que acontece no coração e na mente de cada um.

A intenção por trás da decisão do paciente é mais poderosa do que a ferramenta terapêutica escolhida. Se a decisão for motivada pelo medo, é melhor não fazer nada até que se possa enfrentar, abraçar e transformar o medo em fé e confiança. O medo tem efeito paralisante e solapa a capacidade de o organismo se tratar. É fato que o organismo não consegue se curar direito quando está sob estresse. Os hormônios do estresse prejudicam as funções digestivas e excretoras, o sistema imune e a circulação do sangue a órgãos vitais. Perceber o câncer como ameaça à vida só agrava a situação. Percebê-lo como a tentativa de cura promovida pelo organismo, ou a solução de um conflito irresolvido oculto, confere ao câncer um significado e um objetivo e, portanto, não conducente a uma reação de estresse.

Ao final, chegará um dia em que não perceberemos o nódulo no peito ou o tumor no cólon ou no cérebro como um problema, mas como parte essencial da solução de uma questão irresolvida em nossa existência – uma questão tão profundamente arraigada que nem mesmo a percebemos. O câncer traz à tona algo oculto por muito tempo, permitindo que nos reconciliemos com isso, que o aceitemos e até o acatemos. Um nódulo no peito ou um tumor cerebral é meramente uma manifestação de resistência – contra nós mesmos, contra outrem ou contra situações e circunstâncias. Quando não nos importa mais se o nódulo está crescendo ou diminuindo, iremos parar de alimentá-lo com nossas energias.

A cura ocorre quando não há mais necessidade de consertar o que achamos estar quebrado. A necessidade de conserto ainda reflete uma autopercepção ou autoaceitação incompleta, baseada no medo de não ser forte ou merecedor o suficiente. O nódulo ou o tumor promovem o encontro com essa insegurança e vulnerabilidade, transformando-as em coragem e confiança. Eles nos desafiam a viver com felicidade e apreciar a vida mesmo com câncer. Quando nos propomos a enfrentar esse desafio, pela aceitação de seu significado e propósito profundos, a necessidade do câncer desaparecerá com a insegurança.

Repetindo: o problema não é o nódulo ou o tumor. O que importa é como reagimos a ele. Se conseguirmos viver confortavelmente e sem muita preocupação ou necessidade de matá-lo, estamos perto de uma remissão espontânea. O tamanho do tumor é irrelevante. De fato, pode aumentar de tamanho quando está em processo de cura, em razão do aumento da atividade linfócita. E depois pode desaparecer rapidamente. Uma vez presenciei em uma sessão de ultrassom um tumor de bexiga do tamanho de uma laranja que se desintegrou e desapareceu em 15 minutos. Isso aconteceu durante uma sessão de tratamento de som-energia de mestres chineses de Qigong.

Saiba que o organismo está sempre de nosso lado e nunca contra nós, por pior que a situação possa parecer. De fato, nada na vida está contra nós: até a dor é um modo de quebrar nossa resistência ao que é bom para nós, mas não conseguimos perceber. É preciso aprender com tudo o que nos acontece, até o câncer.

De qualquer modo, é bem mais importante identificar e analisar o que impede o organismo de se curar ou, melhor, ajudá-lo no que for necessário para que ele se sinta inteiro e vital, em lugar de consertar a aparência sintomática de um câncer.

Resumo e Considerações Finais

A cura é a causa fundamental

Minha intenção ao escrever este livro foi oferecer uma visão alternativa sobre o que é o câncer, uma visão que reflita a inteligência e o propósito das leis da natureza. Razões importantes e sensatas governam as forças construtivas da lei da natureza. O mesmo vale para as forças destrutivas da natureza. Se assim não fosse, não haveria crescimento e o Universo, como o conhecemos, teria desaparecido há tempos. Tudo tem um sentido, por mais que não pareça.

Uma maçã, por exemplo, só cresce (força construtiva da natureza) após a florada que a precede ter sido destruída (força destrutiva da natureza). **Quem encontra propósito e sentido na ocorrência de um câncer também encontrará a maneira de curá-lo**. Esta é a promessa deste livro: levar o câncer de volta às suas origens – as várias camadas de causas e efeitos precedentes.

A causa principal do câncer é o *medo* – de não ser bom, de perder, de magoar e ser magoado, medo de amar ou não amar o bastante, de decepcionar ou ser decepcionado, medo do sucesso ou do fracasso, medo de morrer, medo de comer, medo de viver e de existir. Cada um desses temores não passa do medo maior do desconhecido.

O medo do desconhecido é intangível e não basta querer se livrar dele. É muito mais comum manifestar-nos sobre nossos temores. As expectativas negativas são profecias autorrealizáveis. Quando essas profecias ou expectativas se realizam, pode parecer que elas ocorreriam de qualquer forma, como se não tivéssemos escolha. Todavia, ela sempre existe. Nunca somos vítimas de algo ou alguém, mesmo que pareça, este é o ponto. Só somos vítimas quando nos sentimos como tais. Embora seja comum criarmos o que tememos através da programação subconsciente, é possível mudar essa programação e criar o que amamos.

Para curar o câncer, em primeiro lugar, é preciso entender do fundo do coração que o organismo não tem a capacidade de causar qualquer mal. Portanto, não se deve temê-lo. Através dos olhos da aceitação, é possível ver qualquer situação negativa, tal como a ocorrência de um câncer, de um ponto de vista positivo.[90] Essa transformação de perspectiva interior afasta de imediato o medo do desconhecido. No momento em que aceitarmos uma lesão ou doença como algo benéfico, ou seja, que irá fortalecer uma área da vida em que antes nos sentíamos fracos, incompetentes ou ansiosos, começaremos a nos conectar com o problema. Essa conexão permite que a energia e a emoção fluam para dentro dele e libertem as barreiras emocionais à cura espontânea.

Como já mencionamos, a cura não ocorre quando a força vital está ausente. E isso acontece quando estamos *ausentes*, quando nos separamos do corpo, seu dilema ou doença. Fazemos isso ao perceber ou imaginar que ele se voltará contra nós ou até tentará nos matar. Sempre que temermos o organismo, tentaremos nos proteger dele ou lutar contra ele. Em qualquer caso, esse sentimento poderoso de estar alienado do corpo suga a força vital de cada célula. Elas entrarão no modo de luta ou fuga, desperdiçando a energia da força vital e impedindo-as de crescer, curar-se e regenerar-se.

Qualquer tipo de tumor é manifestação direta do medo, que é sinônimo de estar separado e na defensiva. As células cancerosas não gostam do que se tornaram, mas a resistência a elas faz com que permaneçam nesse estado. Elas se curam espontaneamente quando a resistência desaparece e somos capazes de substituir essa atitude pela aceitação e, sim, pelo amor. Ao aceitarmos conscientemente o que ou a quem resistimos na vida (que nada mais são que o reflexo

---

90. Para desenvolver essa habilidade, veja *Lifting the Veil of Duality – Your Guide to Living Without Judgment*.

de nós mesmos),[91] perderemos o medo, e as células podem voltar a crescer natural e equilibradamente.

O crescimento equilibrado resulta em homeostase e saúde. A limpeza, o cuidado e a nutrição são atos de responsabilidade com nosso organismo, fazendo com que voltemos a ser os verdadeiros donos de nosso corpo. Tomar nosso poder de volta, abandonando as muletas exteriores, como remédios, tratamentos agressivos, cirurgia, etc., é essencial para a cura – tratar o corpo, a mente e as emoções.

O poder dos pensamentos, sentimentos e emoções é muitas vezes mais forte do que qualquer influência física. Sim, podemos ter um tumor de qualquer natureza, mas ainda somos mais fortes e influentes do que ele. De fato, o tumor foi criado e é sustentado por nosso próprio medo ou resistência.

Da mesma maneira que alimentamos o tumor, nossa energia de amor e aceitação pode ruir suas bases e desfazê-lo. Não devemos cair na armadilha de que o corpo está nos causando problemas que não podemos solucionar. A teoria de que o câncer é uma doença letal, que tem um poder e um objetivo diversos dos nossos, não passa de crença adquirida. E as crenças moldam a realidade. O organismo não tem o poder de causar-nos nenhum mal, ao contrário, está sempre pronto a resolvê-lo da melhor maneira possível.

Somos criadores de nossas circunstâncias. Cabe a nós decidir, toda manhã, ao acordarmos, se vamos passar o dia remoendo os problemas das partes do organismo que não funcionam bem ou dar graças às que funcionam. O mesmo se aplica a qualquer problema da vida. Cabe a nós escolher entre regar as raízes de uma planta ressecada ou lamentar as folhas caídas.

Você tem a capacidade de fazer muito em termos de autocura como nunca havia pensado antes. Não tenha medo do seu corpo. Coloque ambas as mãos no órgão ou glândula doente. Agradeça às células cancerosas por seu trabalho precioso. Agradeça todas as células que conseguiram mantê-lo vivo, apesar das toxinas e da congestão que dificultaram seu trabalho. Incuta nelas a força vital que existe dentro de você, valorizando-as e aceitando-as de volta à sua consciência e presença.

---

91. Para detalhes, veja *Lifting the Veil of Duality – Your Guide to Living Without Judgment*.

O DNA de suas células consegue ouvi-lo exatamente como você ouve uma pessoa. O corpo funciona em princípio pela vibração. Expressar gratidão às células do corpo, aos desafios e bênçãos que a vida se lhe apresenta funciona como uma das vibrações mais poderosas que se pode produzir. A energia de um "obrigado" o reconecta com tudo aquilo do qual você se separou. O que torna a gratidão o principal segredo e pré-requisito para que a cura ocorra.

Com uma atitude renovada, mais amorosa e compassiva em relação ao câncer – lembre-se, elas ainda são parte de seu corpo –, é possível começar realmente a curar as causas físicas e não físicas do câncer. Você se tornará a prova viva de que **o câncer não é uma doença**.

Wishing you perfect health, abundance and happiness!

Andreas Moritz

Referências, Links e Fontes

Referências

ANDERSON, J. W. et al. (1998). "Effects of soy protein on renal function and proteinuria in patients with type 2 diabetes." Am J Clin Nutr 68(6 Suppl): 1347S-1353S.

ANDERSON, J. W. et al. (1995). "Meta-analysis of the effects of soy protein intake on serum lipids." N Engl J Med 333(5): 276-82.

ARJMANDI, B. H. et al. (1998). "Bone-sparing effect of soy protein in ovarian hormone-deficient rats is related to its isoflavone content." Am J Clin Nutr 68(6 Suppl): 1364S-1368S.

BAIRD, D. D. et al. (1995). "Dietary intervention study to assess estrogenicity of dietary soy among postmenopausal women." J Clin Endocrinol Metab 80(5): 1685-90.

BLOEDON,L.T. et al.(2002)."Safety and pharmacokinetics of purified soy isoflavones: single-dose administration to postmenopausal women." Am J Clin Nutr 76(5): 1126-37.

BROWN, N. M.; SETCHELL K. D. (2001). "Animal models impacted by phytoestrogens in commercial chow: implications for pathways influenced by hormones." Lab Invest 81(5): 735-47.

CASSIDY, A. et al. (1995). "Biological effects of isoflavones in young women: importance of the chemical composition of soyabean products." Br J Nutr 74(4): 587-601.

CHIANG, C. E. et al. (1996). "Genistein directly inhibits L-type calcium currents but potentiates cAMP-dependent chloride currents in cardiomyocytes." Biochem Biophys Res Commun 223(3): 598-603.

COOK, J. D. et al. (1981). "The inhibitory effect of soy products on nonheme iron absorption in man." Am J Clin Nutr 34(12): 2622-9.

DIVI, R. L. et al. (1997). "Anti-thyroid isoflavones from soybean: isolation, characterization, and mechanisms of action." Biochem Pharmacol 54(10): 1087-96.

FRENI-TITULAER, L.W. et al. (1986)."Premature thelarche in Puerto Rico. A search for environmental factors." Am J Dis Child 140(12): 1263-7.

GUMBMANN, M. R. et al. (1986). "Safety of trypsin inhibitors in the diet: effects on the rat pancreas of long-term feeding of soy flour and soy protein isolate." Adv Exp Med Biol 199: 33-79.

KENNEDY, A. R. (1998). "The Bowman-Birk inhibitor from soybeans as an anticarcinogenic agent." Am J Clin Nutr 68(6 Suppl): 1406S-1412S.

KHALIL, D. A. et al. (2002). "Soy protein supplementation increases serum insulin-like growth factor-I in young and old men but does not affect markers of bone metabolism." J Nutr 132(9): 2605-8.

MAAKE, C. et al. (1997). "The growth hormone dependent serine protease inhibitor, Spi 2.1 inhibits the des (1-3) insulin-like growth factor-I generating protease." Endocrinology 138(12): 5630-6.

MORTON, M. S. et al. (2002). "Phytoestrogen concentrations in serum from Japanese men and women over forty years of age." J Nutr 132(10): 3168-71.

PAGLIACCI, M. C. et al. (1994). "Growth-inhibitory effects of the natural phyto-oestrogen genistein in MCF-7 human breast cancer cells." Eur J Cancer 30A(11): 1675-82.

PAILLART, C. et al. (1997). "Direct block of voltage-sensitive sodium channels by genistein, a tyrosine kinase inhibitor." J Pharmacol Exp Ther 280(2): 521-6.

PICHERIT, C. et al. (2001). "Soybean isoflavones dose-dependently reduce bone turnover but do not reverse established osteopenia in adult ovariectomized rats." J Nutr 131(3): 723-8.

SANTEN, R. J. et al. (2002). "Treatment of urogenital atrophy with low-dose estradiol: preliminary results." Menopause 9(3): 179-87.

SCHEIBER, M. D. et al. (2001). "Dietary inclusion of whole soy foods results in significant reductions in clinical risk factors for osteoporosis and cardiovascular disease in normal postmenopausal women." Menopause 8(5): 384-92.

SEIBERG, M. et al. (2001). "Soymilk reduces hair growth and hair follicle dimensions." Exp Dermatol10(6): 405-13.

SETCHELL, K. D. (1998). "Phytoestrogens: the biochemistry, physiology, and implications for human health of soy isoflavones." Am J Clin Nutr 68(6 Suppl): 1333S-1346S.

SETCHELL, K. D. (2001). "Soy isoflavones--benefits and risks from nature's selective estrogen receptor modulators (SERMs)." J Am Coll Nutr 20(5 Suppl): 354S-362S; discussion 381S-383S.

SETCHELL, K. D. et al. (1987). "Dietary estrogens--a probable cause of infertility and liver disease in captive cheetahs." Gastroenterology 93(2): 225-33.

SHULMAN, K. I; WALKER S. E. (1999)."Refining the MAOI diet: tyramine content of pizzas and soy products." J Clin Psychiatry 60(3): 191-3.

SU, S. J. et al. (2000). "The potential of soybean foods as a chemoprevention approach for human urinary tract cancer." Clin Cancer Res 6(1): 230-6.

WANGEN, K. E. et al. (2000). "Effects of soy isoflavones on markers of bone turnover in premenopausal and postmenopausal women." J Clin Endocrinol Metab 85(9): 3043-8.

Links e Fontes

Introdução

CNN Health June 6, 2012
<http://articles.mercola.com/sites/articles/archive/2012/06/13/keep-young-girls-away-from-xrays-as-new-study-shows-them-to-increase-breast-cancer-risk.aspx?e_cid=20120609_DNL_artTest_A1>.
<http://www.naturalnews.com/036137_CT_scans_brain_cancer_children.html#ixzz2wtJw17Hc>.

Capítulo Um

<http://www.naturalnews.com/032700_National_Cancer_Institute_Dr_Samuel_Epstein.html#ixzz1PHz GApM3>.
<http://articles.mercola.com/sites/articles/archive/2011/10/15/mayo-clinic-finds-massive-fraud-in-cancer-research.aspx>.
<http://articles.mercola.com/sites/articles/archive/2011/10/21/seeing-red-over-pink-the-dark-side-of-breast-cancer-awareness-month.aspx>.
<http://earcommunity.com/microtiaatresia/more/cat-scan-information/cat-scan-articles/?ak_action=reject_mobile>.
<http://jama.ama-assn.org/>.
<http://www.naturalnews.com/032577_genetic_testing_disease.html#ixzz1 4BMMKaF>.
<http://www.medicalnewstoday.com/articles/243962.php>.
<http://www.naturalnews.com/031230_cough_medicines_infants.html#ixzz1DHezD1A5>.
<http://www.naturalnews.com/031596-cough-medicines_FDA.html#ixzz1G3hDgobv>.

<http://www.naturalnews.com/032067-chemotherapy murder.html>.
<http://www.naturalnews.com/031354 vitamin-D-pregnancy.html#ixzz1E8SETh00>.
<http://www.naturalnews.com/031250 vitamin-D-multiple_sclerosis.html#ixzz1DPw9bc4L>.
<http://www.naturalnews.com/030598 vitamin-D-Institute_of_Medicine.html>.
<http://www.naturalnews.com/031577 vitamin-D-scientific_research.html#ixzz1Fa7yUzHD>.
<http://www.naturalnews.com/03123_drugs-death-risk.html#ixzz1DEAHPYL4>.
<http://www.naturalnews.com/031485-experimental-drugs_cancer.html#ixzz1EuwyVDcb>.
<http://archive.wired.com/medtech/health/news/2004/03/62296?currentPage=all>.
<http://www.dca.med.ualberta.ca/Home/Updates/2007-03-15_Update.cfm>.
<http://pediatrics.aappublications.org/content/107/6/1241.abstract>.
<http://www.ncbi.nlm.nih.gov/pubmed/16490323>.
<http://www.ncbi.nlm.nih.gov/pmc/articles/PMC1742910/pdf/v079p00672.pdf>.
<http://www.netdoktor.de/News/Freie-Radikale-Harmloser-al-1136130.html>.

Capítulo Dois

<http://articles.mercola.com/sites/articles/archive/2011/03/30/the-war-on-cancer-a-progress-report-for-skeptics.aspx>.
<http://www.naturalnews.com/025633_cancer_olive_oil_brst.html#ixzz1QZx7HuwX>.
<http://www.naturalnews.com/031132_cholesterol_Alzheimers.html>.
<http://articles.mercola.com/sites/articles/archive/2011/02/01/statins-raise-stroke-risk.aspx>.
<http://www.naturalnews.com/032996_sunscreen_cancer_risk.html#ixzz1S7W6LwaZ>.
<http://www.naturalnews.com/031448_colon_cancer_vitamin_D.html#ixzz1EvVdE4DK>.

Links e Fontes

<http://www.naturalnews.com/031339_milkweed_sap_skin_cancer.html>.
<http://www.naturalnews.com/032764_drugs_nutritional_deficiencies.html#ixzz1Pv3kqNcm>.
<http://www.naturalnews.com/033511_melatonin_cancer.html#ixzz1XILIw6k8>.
<http://www.naturalnews.com/031287_pharmacogenomics-medicine.html#ixzz1Dl7KxF w>.
<http://www.naturalnews.com/pancreatic_cancer.html>.
<http://www.naturalnews.com/032414_acetaminophen_blood-cancer.html#ixzz1McVj6meS>.

Capítulo Três

<http://articles.mercola.com/sites/articles/archive/2011/05/18/how-properly-prescribed-prescription-drugs-ruined-a-famous-rock-super-star.aspx>.
<http://www.naturalnews.com/032327 sugar health.html#ixzz1Ls0QJZIB>.

Capítulo Quatro

<http://www.naturalnews.com/032018 prostate cancer_surgery.html>.
<http://www.naturalnews.com/033660 prostate biopsy.html#ixzz1YlR6YvFm>.
<http://www.naturalnews.com/030877 PSA screening.html#ixzz19jeL2XKT>.
<http://www.naturalnews.com/032953 nettle root prostate_health.html>.
<http://www.naturalnews.com/031026 prostate cancer_prevention.html#ixzz1BJEjCcTu>.
<http://www.naturalnews.com/032436 coffee prostate_cancer.html#ixzz1MirN0bpz>.
<http://articles.mercola.com/sites/articles/archive/2012/01/09/x-ray-mammography-screenings-finding-cancers-not-there.aspx>.

Capítulo Cinco

<http://www.naturalnews.com/032732_styrofoam_chemicals.html#ixzz1PeiDYhBI>.
<http://www.naturalnews.com/033821_BPA_chemicals.html>.
<http://www.naturalnews.com/033818_canned_foods_BPA.html>.

<http://www.naturalnews.com/033726_sodium_benzoate_cancer.html#ixzz1ZKlycODI>.
<http://www.naturalnews.com/032793_sedentary_lifestyle_health_risks.html#ixzz1QD8y34jr>.
<http://www.naturalnews.com/031113_vaccines_science.html>.
<http://www.naturalnews.com/031313_swine_flu_vaccine_narcolepsy.html#ixzz1DqqkCDqa>.
<http://www.naturalnews.com/031564_Jonas_Salk_medical_experiments.html>.
<http://articles.mercola.com/sites/articles/archive/2011/06/20/uk-scraps-pneumonia-vaccines-because-they-dont-work.aspx>.
<http://www.forbiddenknowledgetv.com/page/998.html>.
<http://www.naturalnews.com/autism.html>.
<http://www.naturalnews.com/measles.html>.
<http://www.dailymail.co.uk/news/article-388051/Scientists-fear-MMR-link-autism.html#ixzz1Bajg4Fra>.
<http://www.naturalnews.com/031173_vaccines_science.html#ixzz1CjX 6MXL>.
<http://www.naturalnews.com/031274_babies_food_health.html#ixzz1Db6dhF9U>.
<http://www.naturalnews.com/032405_diabetics_cancer.html#ixzz1MilmBhfY>.
<http://diabetes.webmd.com/news/20110628/study - vitamin-d-may-cut-risk-of-diabetes>.
<http://www.naturalnews.com/031087 night lights cancer.html#ixzz1BxBa541d>.
<http://www.naturalnews.com/031929 microwaved water plants.html>.
<http://www.cancer.org/cancer/cancercauses/othercarcinogens/intheworkplace/benzene>.
<http://ezinearticles.com/?Why-Are-So-Many-People-Being-Diagnosed-With-Cancer?-Is-It-The-Cleaning-Products?&id=1135065>.
<http://www.naturalnews.com/031372 diet soda stroke.html#ixzz1EFc11afs>.
<http://articles.mercola.com/sites/articles/archive/2011/10/23/rgbh-in-milk-increases-risk-of-breast-cancer.aspx>.

<http://articles.mercola.com/sites/articles/archive/2011/02/28/new-study-confirms-fructose-affects-your-brain-very-differently-than-glucose.aspx>.
<http://articles.mercola.com/sites/articles/archive/2012/03/03/experts-say-avoid-mammograms.aspx>.
<http://articles.mercola.com/sites/articles/archive/2011/07/12/for-every-woman-who-benefits-from-mammograms-ten-womens-lives-will-be-shortened.aspx>.
<http://www.naturalnews.com/031628 mammograms radiation.html>.
<http://www.naturalnews.com/030992_MRI_scans_surgery.html#ixzz1AxF2hac5>.
<http://www.sciencedaily.com/releases/2011/10/111004132532.htm>.
<http://www.naturalnews.com/034190_MRIs_breast_cancer.html>.

Capítulo Seis

<http://www.naturalnews.com/033764_fruits_and_vegetables_colon_cancer.html>.
<http://www.ayurveda-cancer.org/cancerbysystem6.htm>.
<http://www.naturalnews.com/032197_curcumin_cancer.html#ixzz1Kp3s5nv2>.
<http://www.naturalnews.com/031367_colon_cancer_sleep.html#ixzz1EJJywWzz>.
<http://www.naturalnews.com/032561_lifestyle_changes_patients.html#ixzz1Ny9WoySv>.
<http://www.naturalnews.com/032010_plant-based_diet_cancer.html>.
<http://www.naturalnews.com/031284_fruits_vegetables.html#ixzz1Dl8njiSG>.
<http://www.naturalnews.com/033616_stroke_risk_foods.html#ixzz1YNziw9zV>.
<http://www.naturalnews.com/034549_prostate_cancer_processed meat diet.html>.
<http://fitness.mercola.com/sites/fitness/archive/2011/09/02/the-new-natural-wonder-drug-for-cancer.aspx>.
<http://www.naturalnews.com/031272_cancer_raspberries power.html#ixzz1Db8 JG6H>.
<http://www.naturalnews.com/035554_laetrile_cancer_cure cyanide.htmlCyanide fears>.

<http://www.naturalnews.com/033123 laetrile vitamin_B17.html#ixzz1T98SaGts>.
<http://www.naturalnews.com/031498 broccoli cancer.html#ixzz1EysznXUL>.
<http://www.naturalnews.com/032377 cabbage anti-cancer_food.html>.
<http://www.naturalnews.com/031441 organic sulfur crystals.html#ixzz1EmZ3nn00>.
<http://www.naturalnews.com/031169 thermotherapy_chemotherapy.html>.
<http://www.naturalnews.com/032582 Ayurveda breast_cancer.html#ixzz1O7uXkOme>.

Pedras Ionizadas Ener-Chi

As Pedras Ionizadas Ener-Chi são pedras e cristais ionizados, ativados e imbuídos com a força da vida, através de um processo introduzido por Andreas Moritz, criador da Arte Ener-Chi.

O processo de ionização de pedras não foi tentado antes, pois as pedras e rochas raramente foram consideradas úteis no campo da cura. Todavia, as pedras têm o poder inerente de conter e liberar quantidades enormes de informação e energia. Uma vez ionizadas, exercem uma influência equilibrada sobre tudo o que tocam. A ionização das pedras pode ser uma das chaves para a sobrevivência em um mundo que polui cada vez mais e destrói seus sistemas ecológicos.

Nos períodos iniciais de evolução da Terra, cada partícula de matéria continha o esquema de todo o planeta, exatamente como cada célula contém toda a estrutura do DNA de nosso corpo. A informação genética de cada partícula da matéria ainda está lá – ela simplesmente entrou em um estado de dormência. O processo de ionização *desperta de novo* esse esquema, permitindo a liberação das energias associadas. Nesse sentido, as Pedras Ionizadas Ener-Chi estão vivas, conscientes e capazes de energizar, purificar e equilibrar qualquer substância natural com a qual entrem em contato.

Para encomendar livros, arte Ener-Chi e pedras ionizadas Ener-Chi, visite o website Ener-Chi ou entre em contato com:
Ener-Chi Wellness Center, LLC
Website: <http://www.ener-chi.com>.

Ligações gratuitas: +1 (866) 258-4006 (Estados Unidos e Canadá) +1 (709) 570-7401 (mundial)

Para visualizar ou encomendar produtos recomendados por Andreas, clique:

<http://www.ener-chi.com/wellness-products/>.

No Brasil, as Pedras Ionizadas Ener-Chi estão disponíveis no site <www.perlaspril.com.br>

Nota do Editor

A Madras Editora não participa, endossa ou tem qualquer autoridade ou responsabilidade no que diz respeito a transações particulares de negócio entre o autor e o público.

Quaisquer referências de internet contidas neste trabalho são as atuais, no momento de sua publicação, mas o editor não pode garantir que a localização específica será mantida.

Índice Remissivo

A

Absorção 146
Acrilamida 261
Acteia 285
adquirida 250, 324
adrenalina 51, 195, 220, 267, 268
Água 182, 269
Álcool 247
alimentação 21, 34, 52, 63, 64, 80, 84, 138, 164, 182, 196, 203, 216, 221, 232, 275, 283, 284, 288, 290, 297, 299, 300
Alzheimer 143, 153, 154, 177, 180, 269, 270, 289
Americana 32, 41, 191, 273, 299
anormalidade 49
antidepressivos 70, 98, 197, 198, 199
Arsênio 270
ashwagandha 316
Ashwagandha 316
Atividade física 300, 317
autismo 177, 180, 251, 252
Avastin 85, 200, 201, 202
Azedinha 311

B

batatas fritas 169, 173, 175, 260, 261
Benzeno 272
benzoato de sódio 246, 247

C

Câncer 17, 32, 33, 35, 40, 41, 95, 115, 116, 131, 133, 135, 143, 149, 150, 177, 193,

206, 213, 217, 221, 222, 234, 238, 243, 253, 261, 273, 274, 276, 277, 278, 282, 286, 287, 289, 299, 300
câncer de mama   24, 41, 44, 45, 56, 57, 64, 67, 99, 104, 110, 115, 147, 148, 149, 152, 153, 155, 181, 190, 193, 199, 201, 206, 207, 208, 224, 237, 240, 247, 248, 249, 253, 254, 258, 261, 263, 264, 270, 273, 274, 276, 277, 278, 279, 281, 285, 286, 287, 289, 290, 291, 294, 295, 298, 301, 316, 317
Câncer de Mama   253, 261, 278, 287
câncer de pele   154, 174, 184, 185, 186, 187, 188, 189, 190, 191, 194, 262, 283, 291
canola   170
capacidade de cura   17, 90, 98, 105, 222
Carcinomas   117
Carne   143, 274
Catapora   249
Catarata   265
cataratas   81, 185
causas   17, 19, 21, 22, 26, 27, 28, 29, 30, 31, 33, 34, 35, 36, 37, 39, 43, 46, 49, 50, 55, 56, 61, 64, 65, 67, 71, 74, 76, 86, 110, 111, 112, 114, 121, 132, 135, 136, 138, 143, 145, 146, 150, 156, 164, 167, 172, 182, 196, 203, 205, 208, 213, 216, 222, 254, 263, 271, 281, 283, 298, 299, 300, 301, 304, 314, 317, 319, 322, 325
Celular   61
células   17, 18, 19, 28, 29, 30, 35, 40, 42, 43, 44, 45, 49, 50, 51, 52, 57, 58, 61, 64, 76, 80, 100, 101, 102, 103, 104, 105, 106, 114, 118, 119, 121, 122, 123, 126, 127, 128, 129, 131, 132, 133, 134, 136, 137, 138, 139, 140, 141, 142, 143, 144, 145, 147, 148, 149, 150, 151, 152, 153, 154, 155, 156, 157, 158, 160, 161, 165, 166, 167, 168, 169, 171, 172, 173, 175, 176, 177, 178, 179, 180, 181, 185, 187, 189, 193, 198, 202, 207, 208, 210, 211, 215, 216, 218, 220, 222, 223, 224, 225, 226, 227, 228, 229, 230, 231, 232, 233, 234, 236, 241, 247, 251, 256, 262, 263, 264, 266, 267, 268, 270, 274, 275, 276, 277, 278, 282, 283, 285, 286, 287, 288, 297, 298, 301, 302, 305, 306, 307, 308, 311, 312, 313, 314, 315, 316, 323, 324, 325
Células   146
Cérebro   302
Chá   285, 286, 310, 317
Chi   301, 302, 303, 305, 335
cirurgia   19, 70, 71, 86, 115, 125, 130, 149, 207, 216, 226, 235, 240, 276, 280, 324
Cisterna   159
coágulos   86, 150, 151, 153, 156, 199, 201
Cogumelo   286
colágeno   146, 244
Colesterol   146, 237
cólon   60, 114, 115, 163, 167, 175, 181, 193, 203, 212, 268, 273, 274, 284, 288, 291, 298, 301, 302, 305, 307, 308, 312, 320
colorretal   32, 68, 143, 144, 175, 241, 285

Índice Remissivo

complicações 39, 56, 71, 72, 145, 161, 164, 234, 237, 276
componentes 24, 45, 132, 142, 144, 168, 170, 306
Congestão 141
congestionados 147, 158, 182, 232, 267
Consequências 154
Consumo de álcool 273
consumo de carne 143, 144, 299, 300
corpo 17, 19, 20, 22, 23, 27, 28, 29, 30, 31, 35, 36, 37, 38, 39, 40, 42, 43, 46, 47, 51,
    52, 55, 58, 66, 74, 75, 76, 77, 81, 86, 90, 94, 96, 97, 100, 101, 102, 103, 105,
    106, 108, 114, 118, 119, 121, 122, 126, 127, 128, 129, 132, 134, 136, 137,
    138, 140, 142, 143, 145, 147, 148, 158, 161, 163, 164, 165, 166, 168, 172,
    174, 177, 178, 179, 185, 186, 187, 192, 194, 200, 207, 210, 212, 213, 214,
    215, 216, 218, 219, 223, 225, 227, 228, 229, 230, 233, 236, 244, 250, 253,
    267, 268, 269, 274, 275, 277, 280, 283, 284, 291, 293, 294, 295, 296, 297,
    302, 304, 313, 314, 319, 320, 323, 324, 325, 335
Corpo 210, 225
crenças 17, 36, 48, 71, 81, 87, 98, 100, 218, 221, 223, 304, 324
Crianças 177
Cristais 315
crônicos 143, 164, 293, 312
Cura 62, 95
Cúrcuma 288

D

DCIS 240
Depressão 22, 70, 107, 154, 155, 186, 187, 192, 194, 197, 199, 202, 213, 220, 265,
    248, 281, 289, 296, 304, 310, 315
Desidratação 36, 52, 182, 197, 225, 236, 266, 267, 268
Diabetes 61, 79, 83, 91, 160, 167, 175, 181, 183, 188, 193, 196, 197, 198, 200, 237,
    248, 249, 255, 256, 270, 273, 283, 287, 289, 293, 295, 297, 299, 304, 309,
    310, 326, 332
Diagnóstico 20, 28, 35, 38, 39, 40, 44, 47, 59, 61, 66, 72, 74, 75, 78, 95, 97, 105,
    107, 135, 155, 213, 234, 235, 240, 280, 281, 284, 300, 301, 318
Dieta 317
dilema 68, 86, 110, 252, 323
DNA 41, 48, 51, 52, 58, 60, 61, 76, 77, 79, 80, 81, 106, 115, 132, 133, 144, 177, 179,
    180, 181, 211, 216, 223, 228, 231, 249, 252, 262, 277, 325, 335
Doença 17, 32, 95, 221, 265
Doenças 22, 163, 170
Ducto torácico 159, 162

E

efeitos colaterais 19, 29, 38, 47, 54, 65, 70, 74, 75, 79, 86, 91, 93, 96, 111, 113, 115,

118, 120, 150, 188, 197, 199, 200, 201, 202, 213, 234, 236, 265, 282, 288, 292, 315, 316, 319
efeitos desastrosos 170
eficácia 38, 55, 70, 84, 85, 87, 88, 89, 90, 91, 93, 101, 117, 118, 125, 139, 183, 184, 220, 251, 278, 302, 306, 311
Eficácia 87
Ener-Chi 302, 303, 335
envelhecimento 95, 120, 130, 131, 153, 161, 185, 207, 247, 253, 267
Envelhecimento 95
ervas 23, 238, 285, 310, 312
Ervas 286
esclerose múltipla 79, 83, 143, 180, 185, 289, 304
espírito 28, 94, 137, 155, 213, 223, 283
estévia 256
estresse 18, 22, 23, 26, 27, 28, 40, 41, 51, 52, 64, 76, 105, 130, 135, 136, 182, 187, 208, 210, 211, 220, 224, 225, 248, 254, 263, 264, 266, 267, 268, 280, 281, 320

F

fatores de risco 63, 193, 197, 221, 253, 289
Fenóis 245
Fígado 32, 113, 145, 158, 164, 166, 239, 270, 284, 303, 308, 319
Fitoestrógenos 258
Fitoplâncton 316
flúor 25, 243, 244, 260, 268, 269
Flúor 243, 269
Formaldeído 272
fraude 54, 57, 92, 240
Fraude estatística 98
Frutas 174
Ftalatos 245
funções 22, 37, 51, 52, 82, 108, 114, 119, 122, 137, 154, 158, 165, 167, 180, 186, 194, 195, 196, 198, 210, 211, 213, 214, 229, 241, 242, 244, 249, 262, 287, 293, 294, 295, 296, 319, 320

G

Gengibre 286
Gengivite 181
Germes 128
glóbulos brancos 118, 140, 157, 250
gorduras 131, 150, 152, 153, 154, 155, 156, 160, 169, 170, 171, 184, 187, 196, 208, 211, 221, 262
Graviola 286, 306

H

H1N1 249
herança 64
Hidrocarbonetos 245
histórias de sucesso 98
Hodgkin 32, 98, 164, 204, 213, 306
holístico 94
Hormônios 274
Humanos 41, 246, 254

I

Infecções 124
Inibidores 258

L

LDL 146, 151, 154, 237
Leucemia 32
Linfedema 160
luz elétrica 294

M

mamografia 45, 58, 66, 240, 263, 264, 277, 278, 279, 280
medicação 38, 85, 88, 90, 92, 93, 125, 172, 199, 203
medicações 72, 84, 85, 86, 87, 88, 90, 93, 101, 111, 118, 125, 128, 129, 195, 198, 202, 237, 238, 312
medicina 18, 23, 28, 34, 37, 38, 39, 52, 55, 62, 63, 66, 67, 68, 69, 71, 73, 74, 76, 78, 83, 84, 88, 95, 96, 107, 110, 111, 121, 127, 128, 136, 137, 166, 167, 168, 172, 195, 198, 200, 213, 240, 280, 305, 319
Médico 58, 86, 87, 251, 256
melatonina 186, 197, 198, 253, 255, 261, 262, 293, 294, 295, 296
mente e corpo 223
mercúrio 25, 180, 243, 246, 247, 252, 255, 269, 272
Mercúrio 247
Métodos 213
micro-ondas 169, 170, 177, 178, 179, 261, 264, 265, 266, 277
MMR 115, 251, 332
Moderna 113
moléculas 58, 99, 100, 131, 136, 151, 153, 178, 251, 262, 265, 277, 314
Morte 73, 194
mortes 32, 60, 61, 67, 99, 126, 204, 235, 241, 249, 290
mutação 21, 27, 42, 43, 48, 49, 50, 51, 52, 56, 57, 64, 80, 81, 102, 123, 127, 132, 133, 139, 149, 150, 156, 158, 161, 167, 169, 173, 185, 211, 228, 230, 231, 233, 261, 262, 263, 267, 268, 270, 298, 300, 314

N

Níveis 193, 294
nutrição 37, 127, 151, 158, 227, 259, 299, 324

O

Obesidade 163
obstrução 21, 28, 31, 108, 142, 152, 161, 163, 167, 297
Obstrução linfática 12, 157
Ojibwa 310, 311, 312
Óleo 196, 286, 318
origem 19, 23, 111, 117, 135, 138, 142, 151, 160, 164, 166, 172, 189, 196, 225, 299, 300, 314

P

p53 132, 133
pacientes 21, 23, 30, 34, 38, 39, 40, 43, 44, 45, 46, 47, 54, 55, 61, 62, 67, 69, 70, 72, 74, 75, 79, 84, 85, 86, 87, 88, 89, 93, 94, 96, 98, 99, 101, 104, 107, 110, 112, 113, 114, 115, 116, 117, 118, 119, 120, 128, 130, 132, 148, 149, 156, 158, 160, 161, 166, 172, 173, 188, 198, 200, 204, 205, 212, 218, 220, 221, 222, 224, 226, 232, 234, 240, 251, 275, 276, 277, 284, 289, 300, 302, 310, 315, 318, 319
paracetamol 203, 204
PBDE 244
Pele 302
percepção da dor 90
Percloratos 245
perguntas 62, 217
Permixon 238
PFC 244, 245
Placebo 84
prevenção 21, 33, 34, 35, 44, 55, 66, 71, 124, 128, 184, 185, 256, 262, 285, 290, 291, 298, 301
Prevenção 22, 33, 41, 170
privação 122, 152, 293
processamento 144
produção 77, 130, 147, 154, 165, 184, 185, 186, 187, 188, 196, 197, 233, 238, 244, 245, 247, 253, 255, 260, 261, 262, 272, 275, 296, 297, 301, 310
propaganda 196, 243, 257
Próstata 32, 238
protitas 126
puberdade precoce 254, 258
PVC 272, 273

Índice Remissivo

H

H1N1 249
herança 64
Hidrocarbonetos 245
histórias de sucesso 98
Hodgkin 32, 98, 164, 204, 213, 306
holístico 94
Hormônios 274
Humanos 41, 246, 254

I

Infecções 124
Inibidores 258

L

LDL 146, 151, 154, 237
Leucemia 32
Linfedema 160
luz elétrica 294

M

mamografia 45, 58, 66, 240, 263, 264, 277, 278, 279, 280
medicação 38, 85, 88, 90, 92, 93, 125, 172, 199, 203
medicações 72, 84, 85, 86, 87, 88, 90, 93, 101, 111, 118, 125, 128, 129, 195, 198, 202, 237, 238, 312
medicina 18, 23, 28, 34, 37, 38, 39, 52, 55, 62, 63, 66, 67, 68, 69, 71, 73, 74, 76, 78, 83, 84, 88, 95, 96, 107, 110, 111, 121, 127, 128, 136, 137, 166, 167, 168, 172, 195, 198, 200, 213, 240, 280, 305, 319
Médico 58, 86, 87, 251, 256
melatonina 186, 197, 198, 253, 255, 261, 262, 293, 294, 295, 296
mente e corpo 223
mercúrio 25, 180, 243, 246, 247, 252, 255, 269, 272
Mercúrio 247
Métodos 213
micro-ondas 169, 170, 177, 178, 179, 261, 264, 265, 266, 277
MMR 115, 251, 332
Moderna 113
moléculas 58, 99, 100, 131, 136, 151, 153, 178, 251, 262, 265, 277, 314
Morte 73, 194
mortes 32, 60, 61, 67, 99, 126, 204, 235, 241, 249, 290
mutação 21, 27, 42, 43, 48, 49, 50, 51, 52, 56, 57, 64, 80, 81, 102, 123, 127, 132, 133, 139, 149, 150, 156, 158, 161, 167, 169, 173, 185, 211, 228, 230, 231, 233, 261, 262, 263, 267, 268, 270, 298, 300, 314

N

Níveis 193, 294
nutrição 37, 127, 151, 158, 227, 259, 299, 324

O

Obesidade 163
obstrução 21, 28, 31, 108, 142, 152, 161, 163, 167, 297
Obstrução linfática 12, 157
Ojibwa 310, 311, 312
Óleo 196, 286, 318
origem 19, 23, 111, 117, 135, 138, 142, 151, 160, 164, 166, 172, 189, 196, 225, 299, 300, 314

P

p53 132, 133
pacientes 21, 23, 30, 34, 38, 39, 40, 43, 44, 45, 46, 47, 54, 55, 61, 62, 67, 69, 70, 72, 74, 75, 79, 84, 85, 86, 87, 88, 89, 93, 94, 96, 98, 99, 101, 104, 107, 110, 112, 113, 114, 115, 116, 117, 118, 119, 120, 128, 130, 132, 148, 149, 156, 158, 160, 161, 166, 172, 173, 188, 198, 200, 204, 205, 212, 218, 220, 221, 222, 224, 226, 232, 234, 240, 251, 275, 276, 277, 284, 289, 300, 302, 310, 315, 318, 319
paracetamol 203, 204
PBDE 244
Pele 302
percepção da dor 90
Percloratos 245
perguntas 62, 217
Permixon 238
PFC 244, 245
Placebo 84
prevenção 21, 33, 34, 35, 44, 55, 66, 71, 124, 128, 184, 185, 256, 262, 285, 290, 291, 298, 301
Prevenção 22, 33, 41, 170
privação 122, 152, 293
processamento 144
produção 77, 130, 147, 154, 165, 184, 185, 186, 187, 188, 196, 197, 233, 238, 244, 245, 247, 253, 255, 260, 261, 262, 272, 275, 296, 297, 301, 310
propaganda 196, 243, 257
Próstata 32, 238
protitas 126
puberdade precoce 254, 258
PVC 272, 273